普通高等教育“十一五”国家级规划教材
“十二五”普通高等教育本科国家级规划教材

受浙江省哲学社会科学重点研究基地技术创新与企业国际化研究中心资助

第3版

财务分析

鲁爱民 主编
张华良 李花 朱春敏 等参编

图书在版编目（CIP）数据

财务分析 / 鲁爱民主编．—3 版．—北京：机械工业出版社，2014.12（2019.3 重印）
（高等院校会计与财务系列精品规划教材）

ISBN 978-7-111-48649-7

I. 财…　II. 鲁…　III. 财务分析－高等学校－教材　IV. F231.2

中国版本图书馆 CIP 数据核字（2014）第 274713 号

本书是更新版，既阐述了财务分析所应具备的一些基本价值理念，并借助于具体案例引出一些备受企业关注的内容，也侧重于对公司财务报表方面的分析和解读，突出了内容上的综合性、全面性以及应用上的灵活性。另外，本书还对企业融资、财务失败与预警分析、资产经营与资本运营、纳税筹划以及利润分配等各个方面做出了分析。

本书适合财务专业及金融、管理等相关专业学生使用，也适合财会人员作为参考用书。

出版发行：机械工业出版社（北京市西城区百万庄大街 22 号　邮政编码：100037）
责任编辑：程　琨　　责任校对：董纪丽
印　　刷：中国电影出版社印刷厂　　版　　次：2019 年 3 月第 3 版第 3 次印刷
开　　本：185mm×260mm　1/16　　印　　张：19
书　　号：ISBN 978-7-111-48649-7　　定　　价：35.00 元

凡购本书，如有缺页、倒页、脱页，由本社发行部调换
客服热线：(010) 88379210　88361066　　投稿热线：(010) 88379007
购书热线：(010) 68326294　88379649　68995259　　读者信箱：hzjg@hzbook.com

前 言

财务分析是应用性很强的课程，是对财务会计、财务管理、财税法规、成本控制等理论的具体而灵活的运用。目前大部分同类教材的内容主要都是围绕如何阅读与分析财务报告，如何对企业的经营能力、获利能力、现金流量以及综合财务状况等进行数量分析，基本上属于狭义财务分析的范畴，因此也有将书名直接定为《财务报告分析》的。然而，现阶段包括许多正规院校系统的专业教学，以及大量的社会培训和企业的专门培训，在课程设置方面都体现出时间上的紧凑性、内容上的实用性与综合性等特点；特别是培训系列，学员不可能系统地学完一套完整的专业系列课程。而单独围绕报表阅读与分析的一本教材就会出现内容上不够全面，缺乏诸如成本控制、时间价值分析、税务筹划基本常识等一些与财务密切相关且备受企业关注的内容等遗憾之处。

本教材就是基于教学与培训中的这一显著问题和经营管理人员的现实需要，在教材内容的组合与解释方式上进行了大胆尝试，完全针对企业经济活动中的现实要求进行内容的精心编排，突出体现了如下特色。

一是理论上的基础实用性。与其他同类教材开篇直接介绍报表分析不同，本教材首先阐述财务分析所应具备的基本价值理论，并借助于具体的现实案例引出一些备受企业及个人关注的财务分析内容，如资金的合理调配、经营风险与财务风险的日常控制要素及其对企业的现实影响、不同支付方式的机会成本等。本书并不一味追求理论上的高深莫测，而是从发生在身边的常见案例入手，进行提炼说明，以使读者容易接受，易于理解，便于学以致用。

二是在公司财务报表的分析方面更加侧重于对报表的解读过程，特别是强调了在阅读报表中应重点留意的一些最有可能被调整或存在数据粉饰空间的项目，以及对这些项目数据的财务调整可能造成的理解上的偏差。此外，本教材在报表阅读与评价的基础上，还增加了近些年日益受到重视的有关财务失败与财务预警分析方面的基本内容，这在同一层次的教材中是很少涉及的。

三是突出了内容上的完整性与综合性。本书不仅包括了传统意义上对公司财务会计报表进行分析的基本内容，还增加了广义财务分析中所不可或缺的，也是备受企业重视的关于成本控制分析、时间价值应用、融资策略与融资风险分析、资产经营与资本运营分析，以及盈余分红因素的影响等方面的相关内容，构成了一个相对综合的、完整的财务分析体系。

本书每一章开篇都穿插了尽可能新的、恰当的引例，并在每一章结束时也列举了相应的典型案例和分析提示。一方面在于引起读者对相关问题的关注与兴趣；另一方面也希望读者学过之后，能利用相关知识与技巧对所引案例作进一步的分析，以真正巩固与提高财务分析的实际应用能力。

考虑到近几年我国资本市场的变化，以及《公司法》、《企业所得税法》的修订、证监会关于资本市场以及上市公司监管等方面规章制度的进一步完善与规范对企业产生的影响，借此教材修订之机，我们着重做了两方面的修改与完善：一是针对新经济环境下上市公司财务报告中出现的新问题，对报表阅读与理解分析的内容作了必要的修订；二是根据金融与资本市场的新变化、新规则等对企业融资及资产与资本运营等内容也作了一定的补充调整。

本书适合作为高等院校经济管理类学生学习财务分析的教材或参考书，也适合作为工商管理人员的相关培训教材或企业相关经营管理人员解读财务报表、进行财务与经营分析的参考书籍。当然，经济活动是千变万化的，一本教材很难覆盖经济活动的方方面面。由于我们阅历有限、水平有限，书中难免会有一些不成熟的见解和仍需探讨的问题，还请广大读者予以批评指正。

本次修订由鲁爱民担任主编，负责对全书进行修改、总纂和定稿。参加本次教材修订的人员有鲁爱民、张华良、朱春敏、李花等人。此外，虞晓芬教授、施放教授、池仁勇教授、李正卫教授、浙江工业大学会计学科全体教师，以及温相合、李时英、崔志鹏等企业高管都为本书的修订提供了帮助和建议；浙江工业大学以及经贸管理学院、机械工业出版社华章公司等也为本书的修订和出版提供了极大的便利。对此本人代表本书所有编者对各位表示深深的谢意。

谢谢你们！

鲁爱民

2014 年 11 月于杭州

SUGGESTION

教学建议

教学目的

财务分析是经济、管理类学科的重要内容，它是研究企业在一定的理财环境下，如何正确地进行投资、筹资及经营活动评价，如何正确阅读与分析财务报表，并进一步将分析结果运用到实际经济活动中的一门应用性学科。本课程的具体教学目的是帮助学生掌握财务分析与决策的主要技能，包括正确解读和分析财务报告，了解财务管理基本价值观念、投融资分析，以及资产经营与资本运营分析等内容，培养学生实际分析和解决问题的能力。

前期需要掌握的知识

《会计学》、《统计学》、《经济学》、《财税法规》等课程相关知识。

课时分布建议

教学内容	学习要点	课时安排		
		MBA	在职培训	本科
第 1 章 财务分析概论	（1）理解财务分析的动因与作用 （2）掌握财务分析所应具备的基本价值观念：时间价值、机会成本、风险等 （3）了解财务分析的主要信息来源	6	6	4
第 2 章 财务会计报表解读	（1）了解财务报表的形成原理 （2）掌握主要会计报表及其附表解读的基本方法 （3）理解现金流量表所传递的资金流方面的基本信息 （4）辨析公司粉饰报表的手段与案例	8	6	6
第 3 章 财务报表分析	（1）掌握财务报表结构分析的一般方法 （2）了解财务报表趋势分析的基本内容	6	6	6

（续）

教学内容	学习要点	课时安排		
		MBA	在职培训	本科
第 3 章 财务报表分析	（3）掌握并熟练运用各项财务比率指标 （4）理解综合分析指标体系的内涵与运用	6	6	6
课堂讨论	报表阅读与分析课堂讨论	6	4	4
第 4 章 财务失败与财务预警分析	（1）了解财务失败的概念与表现形式 （2）了解财务预警的功能和经典的财务预警模型 （3）掌握建立财务预警模型的基本方法	4	2	
第 5 章 融资分析	（1）掌握融资原则与融资渠道 （2）了解融资风险及其评价与影响因素 （3）了解融资模式与企业的内在关系 （4）理解融资策略选择的基本内容	6	6	4
第 6 章 资产与资本运营分析	（1）了解资产经营（资产运营）与资本运营的概念 （2）了解资产经营模式及效果的影响因素与分析方法：行业、技术、税负、成本等 （3）理解资本运营作用、原则和常见模式 （4）了解并购风险分析 （5）掌握并购中企业价值评估的基本方法	8	8	6
第 7 章 利润及其分配分析	（1）了解利润构成内容、掌握利润变动与质量分析 （2）了解利润分配基本原则及分配模式 （3）了解影响利润分配的因素和股利支付方式 （4）掌握利润分配策略	4	2	2
课时总计		48	40	32

说明：（1）从时间上讲，MBA 较多见的是 48 个课时，经营管理人员培训则多为 32 ～ 40 个学时，而在校本科生因各校课程体系不同，课时差距也更明显：32、40 或 48 个学时都有，以 40 个学时居多。所以本教学建议中给出了三个时间安排，供使用者参考。其中第四章有未标注课时的，表示该内容不一定要讲，教师可以根据不同授课对象进行灵活调整。

（2）本教学建议中特别列出了“报表阅读与分析课堂讨论”内容，是根据编者多年教学经验设计的。“报表阅读与分析”实践性很强，学生听得懂不代表自己一定“看得懂”，需要通过实际演练才能真正有所体会。至于其他章节的讨论或案例分析所需时间已分别包括在各章节教学时间中。

目　录

CHAPTER 1

第1章 财务分析概论

本章要求

- 理解财务分析的动因与作用
- 掌握财务分析所应具备的基本价值观念
- 了解财务分析的主要信息来源

引　例

一位银行资深人士曾向笔者介绍了这样一件事情：有一家经济发展公司在向银行的首次贷款申请中，提出了一次性贷款4 200万元人民币的请求。银行信贷人员在对该公司进行信贷调查分析时发现，公司当年上半年财务会计报表显示：公司注册资金4 950万元，总资产5.13亿元，其中对外债权投资总额近2.5亿元（占总资产的比例大约为48.73%），应收及预付款项近2亿元（占总资产的比例大约为38.99%），其余为固定资产和存货（约占总资产的12.28%）。而其当时的负债总额中，长期与短期借款总额约2.45亿元，与公司同期的对外债权投资总额相差无几。由此银行信贷人员初步产生了一种猜测，怀疑该公司几乎没有自己的主要经营项目，而存在着通过挪用银行贷款，以更高的利率水平向其他企业转贷以获取利差收益的可能行为。

基于报表分析上的这一猜测，信贷人员开始有针对性地对该公司的资金往来及其主要业务活动进行深入细致的调查，并最终证实了自己的猜测。于是，在向银行负责人员如实汇报了分析与调研结果之后，银行基于信贷风险和资金安全的考虑，果断拒绝了该公司的贷款请求。

一年多之后，该公司由于受其债务链上某些企业经营不善的影响，导致资金链中断，资金无法如期收回，步入了清算的边缘。而这家银行由于分析得当，避免了一大笔不良贷款的产生。

虚假信息或存在财务隐患的企业对投资者的不利影响是无须多言的，给信息使用者或相关投资者造成的损失也往往是非常惊人的。这固然有信息披露监管不尽完善、企业出于各种利益追求或不良企图而违规操作、会计人员自身素质或水平低下等种种主客观因素的影响，但如果财务信息的使用者都能够正确理解和分析企业财务报告及其他资料所传递的信息，具有明辨信息真伪、剖析企业财务状况的基本技能，相信虚假信息也就不会那么泛滥，存在财务困境的企业对人们的不利影响程度也会大幅度减少。

财务分析，是指相关利益主体利用公司相关的会计、统计、税务、经营与管理决策活动等方面的资料，特别是公司财务报告等信息，并结合公司所处地区、行业、市场、经济、政策等外部环境，对公司经营策略与经营效果、资本运营与财务状况及其产生原因进行剖析，以便全面客观地评价公司的营运活动、经营业绩和整体实力，为进一步的投资、融资决策以及管理控制等经济活动提供决策依据的一系列分析研究行为。

1.1 财务分析的动因与作用

最早进行财务分析活动的当属 19 世纪末 20 世纪初为银行信贷提供企业信用分析服务的机构。随着 20 世纪初股份制企业的大量涌现和企业规模的不断扩大，企业对外部资金投入的需求明显增多，银行等金融机构在企业筹资活动中的作用也不断增强。伴随着经营风险与各类金融风险的出现，无论是银行还是其他投资者，出于对自身投入资本安全性与增值幅度的考虑，都需要对企业的经营策略、运营成本以及经营与财务状况进行全面细致的分析，并据此判断被投资主体的偿债能力、盈利水平和持续发展潜力，以决定是否考虑继续投资。最初的财务分析便主要是基于经营与财务风险角度、针对企业的偿债能力和信用程度进行调查分析的，主要是为银行的贷款决策提供依据。

随着股份制公司的发展和资本市场的形成，企业利益关系主体的性质或类别越来越丰富。越来越多的个人、单位或组织也开始注重对企业的财务分析。财务分析不仅成为公司整个财务管理体系的重要组成部分，也是其他单位或组织、个人进行财务控制与经济决策时不可或缺的辅助手段。

1.1.1 财务分析的主体及分析动因

进行财务分析的目的一般是希望通过对所分析的经济主体（如公司）一段时期内运营活动的成因、过程与结果的综合比较与评价，为分析者下一步的经济活动和相关决策提供所需要的财务依据和参考建议。由于环境与行为差异的存在，以及决策内容和分析决策主体的不同，财务分析的直接动机也有所不同。具体而言，进行财务分析的主体及分析动机主要可以概括为如下几种：

1. 公司投资者，包括现有的投资者及潜在的投资者

投资者拥有公司最终资产的剩余要求权，也因此成为公司最终风险的承担者。出于对自身财产及经济利益的关心，投资者常常需要及时了解公司总体的经营与获利情况。他们进行财务分析的根本动因是出于资本保全与资本增值，希望借此了解公司的运行状况与投资回报，正确判断公司在资本市场上的投资价值；更进一步地，他们希望通过分析预测，挖掘有效的投资机会、合理合法的避税渠道，展望公司未来的发展趋势，评价公司在激烈的市场竞争中可能具备的竞争优势或隐含的弊端，防范经营者或其他相关人员可能存在的舞弊和欺诈行为。作为公司的所有者和重大事项的最终决策者，投资者必然期望能够合理估测公司经营运作与财务盈利的风险，评估公司潜在成长性，以便最终决定自己的投资进退策略，以及解决对公司经营管理者的续聘与解约等问题。

2. 公司经营管理者

经营管理者可以是公司的股东，但也可能并未拥有公司的任何股份。作为被聘任方，经营管理者往往被授权管理公司的全面生产经营，并在一定程度上影响着公司的资本扩张，也因此对公司的营运业绩和持续发展起着举足轻重的直接影响和决定作用。他们是公司日常生产经营活动的决策者、组织者和管理者，对他们的直接约束是需要对公司董事会及股东大会负责。

常言道："知己知彼，百战不殆。"为了在瞬息万变的市场竞争中站稳脚跟并发展壮大，经营管理者不可避免地需要借助于财务分析手段，全面了解公司当前的财务状况，包括可利用的经济资源的类别、数量、分布及其质量，公司承担的债务金额、类别构成与偿还期限等；同时，他们还需要了解公司对现有资产的利用效率和利用效果，检查各项财务计划指标的完成情况，了解资金流入流出动向并预测未来的现金流量构成，了解公司资产的流动性和资本结构弹性，发现公司可能存在的问题以便及时进行有效控制和科学防范。在全面了解公司内部情况的基础上，经营管理者还需要通过对国家经济发展水平、相关经济、金融与财税政策和行业变化的了解，以及对竞争对手优劣势的分析，掌握公司目前所处的外部境况及所具备的竞争潜力和可能存在的不足，审时度势，及时调整生产与经营战略；进一步抓住机遇，进行科学合理的资本经营、规模扩张、兼并收购等决策。

3. 公司债权人

作为公司外部资金的主要提供者之一，债权人在将资金或其他资源提供给公司之前，为了确保自身权益的安全，必然要了解公司已有的债务负担、公司既往的信用状况，以及目前及未来的持续盈利能力与偿还债务的能力等，以确定债权的风险大小以及是否应该向该公司提供资金或资源。当债权人将资金或资源提供给公司之后，会愈加关心自己的债权是否面临着威胁，能否按时、足额收回。他们通过密切观察公司的经营与财务动态，及时搜集与分析公司相应的财务与非财务信息，从而对公司的即时偿债能力和未来长期的资产变现与债务偿还能力做出理性判断，以便决定是否需要向公司提出其他附加条件，如追加抵押或担保的要求，以及是否应该继续合作、是否应该提前收回债权等。

4. 政府及其他行政管理机构

作为国家利益的代表，政府及其他相关主管部门（包括财税部门、工商行政主管部门、国有资产管理部门、有关政策机构等）也常常需要基于一定的经济主体和行业发展层面进行必要的财务分析。其最主要的动机应该是在全面了解和掌握相关公司、部门、行业以及地区等的整体发展与变动趋势的基础上，取得下一步进行宏观调控所需要的经济信息，以便合理制定或修订有关经济方针与经济、金融及财税政策，加强宏观经济调控，实现经济资源的有效、合理配置和国民经济综合平衡与稳定发展。同时，国家财政、税务、工商等部门还有必要借助于财务分析，掌握各经济主体在遵守法律、法规，以及按时足额缴纳相关税费等方面的情况。

5. 企业职工

作为企业具体经营活动的一线执行者，职工更需要对企业进行必要的了解与分析。当然他们进行财务分析的动机与其他主体有着明显不同，主要是出于对个人职业发展及经济报酬的考虑。因此他们更为关注有关企业可持续性发展前景及规范性经营与获利状况等方面的财务信息。毕竟，企业员工的职业规划与发展、经济收入、福利待遇、未来生活的保险保障水平等，都与企业的发展前景和财务及经营状况息息相关。

6. 关联单位

此处我们所指的关联单位，不仅仅包括会计准则中所特指的、与特定经济主体存在密切关联方关系的各有关企业、组织或个人，也包括与特定经济主体之间存在着竞争、合作，或具有重组、并购与被并购意向等潜在经济关联的各类企业、组织与个人。他们对该特定经济主体进行财务分析的动机，常常是与其战略目标相关联的，通常会涉及对企业的信用分析、财务状况分析、资产质量分析、竞争能力分析、未来市场表现分析，以及投资价值分析等。

财务分析主体及其侧重分析的内容可以借助一幅简要图示来说明，如图 1-1 所示。

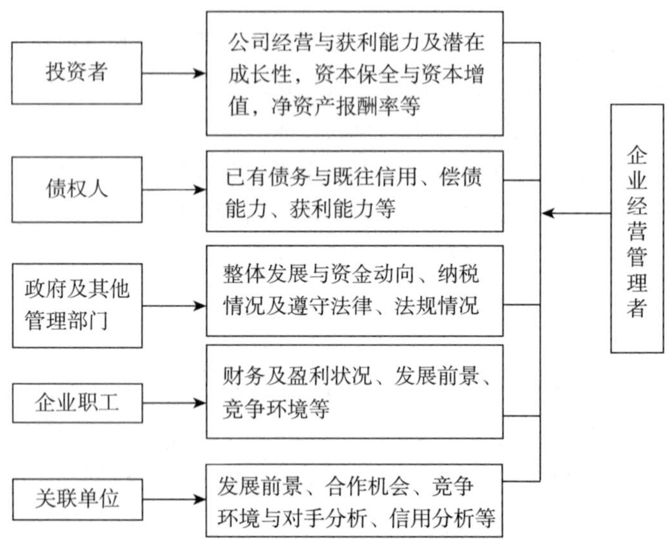

图 1-1　财务分析主体及其侧重的财务分析内容

1.1.2　财务分析的作用

从某种意义上讲，任何从事经营活动或与企业经营相关的经济主体（包括个人），或多或少都需要进行财务分析。它有助于分析主体了解所分析对象的生产经营活动与经营效益，有助于对分析对象进行财务和资金变动与发展预测，合理评价经营绩效，正确进行投资、融资决策和资本运营决策；同时，财务分析还可以为国家进行宏观经济调控、制定相关政策等提供必要的信息资讯。

具体而言，财务分析可以发挥如下各方面的作用：

（1）有助于国家相关部门在全面了解经济动态与经济现状的基础上，制定相关经济、金融、财税与产业政策，维护和整顿经济秩序，减少和惩戒违法、违规等经济行为，通过宏观经济调控与管理，保证国民经济有序稳定地持续发展。

（2）有助于经营管理者了解和把握企业的变动与发展态势，加强管理，剖析企业财务现状形成的原因和产生的根源，发现问题，预防风险，提高资产运用中的安全性和有效性，提高经营决策、投资决策、融资决策等相关决策的科学性和正确性，通过风险预警，达到降低风险、稳步发展、保值增值的目的。

（3）有助于社会各方了解企业情况，并在不断的比较鉴别中，调整资金与经济资源的有效配置与投向。将有限的资源投向经济与社会效益比较高、经营管理业绩卓著、有广阔发展前景的行业或企业中去。利用优胜劣汰的市场竞争机制，达到有限资源的最佳配置和利用效果。

（4）有助于加强企业内部管理与控制制度的进一步完善与具体执行，促进企业内部监督；同时，也有助于发挥社会各方对企业的外部监督作用。

1.2 财务分析的主要内容

财务分析的内容取决于分析主体和分析动机。正如图 1-1 所示，不同的分析主体所关注的经济与财务的侧重点不同，因此分析的内容也有所差异。投资者侧重的是企业的经营状况、经营风险与投资风险、盈利能力及其持续性与稳定性等；银行等债权人侧重的则是企业的偿债与盈利能力和企业资产的安全性；财政、税务部门侧重的是企业税金的缴纳、资源的运用、法规的执行等方面的问题；而企业管理者则需要对企业营业活动的方方面面进行分析，包括财务状况、经营成果、风险与收益等。

1.2.1 财务分析内容的分类

对财务分析内容的分类，存在着不同的分类标准，通常取决于分析的侧重点不同。常见的划分有：

（1）按照公司资金运动或资金循环的主要构成环节进行划分，可以将财务分析内容划分为融资分析、资产及其运用分析和经营成果分析。

1）融资分析。即对公司的融资动因、可利用融资渠道、整体融资策略、融资规模与融资成本、融资过程以及融资效果等方面进行的分析。融资行为是公司维持日常生产经营活动、谋求规模扩张与业务发展的资金保证，贯穿于公司生存、经营与发展的各个时期。如公司筹建时所需固定资金与周转资金的筹措、日常经营中营运资金的维持，以及开发新产品、引进新技术与新设备、拓展新领域等，都不可避免地会对资金产生新的需求。合理选择资金来源，全面分析不同渠道的可利用性、相关条件与限制以及可能产生的成本和风险，正确确定融资方案，及时分析融资效果及其对公司深层次的影响等，构成了融资分析的主要内容。

2）资产及其运用分析。资产是公司对所获得的各项资金来源的具体占用和表现形态，也是对公司拥有或控制的、能够用货币计量的各类经济资源的总称。公司资产结构的合理与否，直接影响着各生产经营环节能否密切衔接、资源能否得到充分利用，公司到期债务能否及时偿还等问题。以制造业公司为例：当公司固定资产之类的生产运营设备偏多而流动资金不足时，容易导致经营与生产能力过剩、机械设备闲置等现象；相反，当流动资金过多而生产设备偏少时，又可能造成公司生产能力的不足。无论是其中哪种情况出现，都会降低资源的有效利用。因此，对资产的结构性进行分析，是财务分析必不可少的内容之一。

经营中对各项具体资产的使用，形成了公司新的资产或构成了公司的各项经营成本与费用。如对货币资金的使用：既能以资金购买设备，形成公司的固定资产成本，又能以资金支付广告费，形成公司的销售费用。而成本费用的高低，又直接影响着公司的经营绩效。进行财务分析，了解公司成本费用的形成原因、成本费用与相应收益的数量配比，以及公司的资金投向、资产与资本运营效果及其偏离或完成计划的各类影响因素等，也成为财务分析的主要内容。

3）经营成果分析。经营是为了发展，为了在对社会做出贡献的同时获得财产的保值与增值。对经营成果进行分析，不但包括对一定时期内公司经营活动和盈利计划或目标的完成程度、实现方式、实现效果以及影响原因等进行的分析，而且包括对公司盈利途径以及对实现盈利的质量与可持续性进行分析，对公司资源的使用与分配，以及留存收益的程度及其利用等所做的分析。

（2）按照分析所涉及的范围，可以划分为综合性财务分析与专题性财务分析两种。

1）综合性财务分析，也称为全面财务分析，是对公司一定期间内整体资产经营与资本运营活动，以及相应的资金流转与财务活动进行的全方位、全过程的系统分析。这种分析，通常集中在对公司各个会计期间（如季度、年度等）财务报告的阅读分析上，利用财务报告所披露的公司各方面汇总的信息，综合分析公司战略、公司治理、投融资决策、资产实力与盈利质量、资产资本运营行为等，整体评价与考核公司资金运用绩效及运用过程中所存在的问题。

2）专题性财务分析，即侧重对某些局部问题或某一方面情况的分析，是针对公司经营与资金运动过程中某一特定内容或特定环节、特定范畴等所进行的分析。如侧重公司战略布局的并购分析，关注公司资本结构与偿债压力的偿债能力分析及债务重组分析，围绕公司资金管理与成本控制的财务预算分析及成本构成分析等。

（3）按照分析主体相对于公司的地位或角色，可以将财务分析分为内部分析和外部分析两种。

1）内部分析。内部分析主要是出于公司经营管理者了解公司整体经营与财务状况、考虑制定下一步运营策略、管理与控制模式、进行经营与投融资决策、实施员工激励等方面的需要而进行的分析。内部分析所涉及的内容相对比较全面，除包含外部分析的一般内容之外，还常常需要结合公司特定时期的特定情况进行特定问题的财务分析。如现实资本结构与可利用筹资渠道的分析、资源投向与资产结构及资产质量的分析、现金预算与利润分配政策的分析，以及业务结构及其成本费用构成与经营绩效的分析等。

内部分析一般多属于综合分析，虽然资料易得，但由于需要考虑各方面影响因素的综合互动作用，因此分析过程较为复杂，分析工作量和难度都较大。

2）外部分析。它是指公司外部各利益主体根据各自的需要对公司进行的财务分析。如图 1-1 中所述的潜在的投资者、债权人、政府及其他管理部门，以及竞争对手等对特定公司进行的分析一般就属于外部分析。这类分析通常主要侧重于对公司的偿债能力、盈利模式及其变化、资产运用效率、公司竞争的优劣势、对社会的影响，以及公司的综合实力等方面进行分析。

外部分析更多侧重于专题分析，因此工作量和难度比较而言都不算大。但相对于内部分析来讲，在进行外部分析之前，通常有必要考虑获得信息的完整性与可靠性的问题。

1.2.2　财务分析与财务管理、财务会计之间的关系

1. 财务分析与财务管理

目前在许多教材中，财务分析一直是作为财务管理的一个重要组成部分或其附属内容而存在的。就财务分析与财务管理的共同点来看，它们研究的都是公司的“财务”问题，都与公司的资金运动有关，因此两者之间研究的最终对象是一致的，必然存在着内容上的重叠与关联。但“分析”与“管理”毕竟属于两个不同的概念，两者之间依然存在着明显不同，主要区别如下。

（1）研究问题的侧重点不同。财务分析侧重于对公司资本运营过程中所呈现出的有关财务表现及其结果所进行的剖析，探讨其形成原因和内在链接及其影响；财务管理则侧重于对公司资金运动的过程——包括从资金的筹措到使用，最终的分配去向等问题——进行的定量分析研究。

（2）采用的方式方法以及形成的研究结果不同。财务分析与财务管理在研究过程中，都包含着动态分析与静态分析、定性分析与定量分析的模式。然而，在定量分析中，财务分析较多采用了指标分析与统计分析的方法，如比较分析法、比率分析法、因素分析法等，着眼于分析问题，属于各有关方面决策的支持系统；而财务管理则较多采用了数学与运筹学，以及统计模型等方法，着眼于方案或项目的设定、评判与选择，属于管理决策系统。同时，财务分析的结果具有一定的确定性，是基于公司会计与财务成果及其他经营管理相关资料的基础上进行的分析，是对以往既定事实和既定经济行为结果的一种客观评价；而财务管理的一些结果则可能是不确定的，因为它可能是基于某些预测或假设等估算出来的，其最终结果有待于未来经济活动的检验。

（3）运用的主体不完全相同。进行财务分析的主体不仅包括公司内部的经营管理者、公司员工等，同时也包括公司外部如债权人、竞争对手及其他相关信息的使用者。而财务管理的主体则以公司内部经营管理者为主。

总之，财务分析与财务管理既紧密相联又有所区别。财务分析贯穿于财务管理过程的始终，而财务管理的每一过程与环节也都蕴含着相应的财务分析的内容。

2. 财务分析与财务会计

财务会计的基本职能是核算与监督，它通过对公司各项生产经营活动进行连续、系统的记录、分类、汇总、计算、总结，采用专门的会计处理方法，为各类使用者提供所需要的财务与会计信息（包括相应的财务报告）。而财务分析在很大程度上便是建立在财务会计信息基础之上，是对财务会计所提供信息的进一步加工与解析利用。可以这样说：财务会计是对公司有关资金运动行为的信息搜集汇总与初加工，而财务分析则是基于这一信息来源之上的深加工。两者相辅相成、互为补充。其中，财务分析结果的正确与否，很大程度上依赖于财务会计所提供信息的全面完整性与正确程度。

总之，财务分析是建立在财务管理、财务会计、运筹学、统计分析、金融工程等相关知识的基础之上的一门应用性学科，是财务管理、财务会计、经营活动分析、资本市场与金融管理分析、统计分析等相关知识与技能的综合运用。随着财务分析内容的充实与发展，财务分析理论体系必将逐步扩展与完善，分析技术也将不断得到改进与提高。

1.3 财务分析的基本理念

由于财务分析是针对社会经济活动，特别是针对企业的生产经营与资本运营活动进行分析的应用性学科，是建立在追求社会经济效益和投资者经济利益目标基础上的实用性技能，因此，对财务分析方法与技巧的掌握，也必须是建立在一些必要的资金运动价值观念的基础之上，如时间价值观念、机会成本理念、风险价值观念、成本效益理念等。如图 1-2 所示。

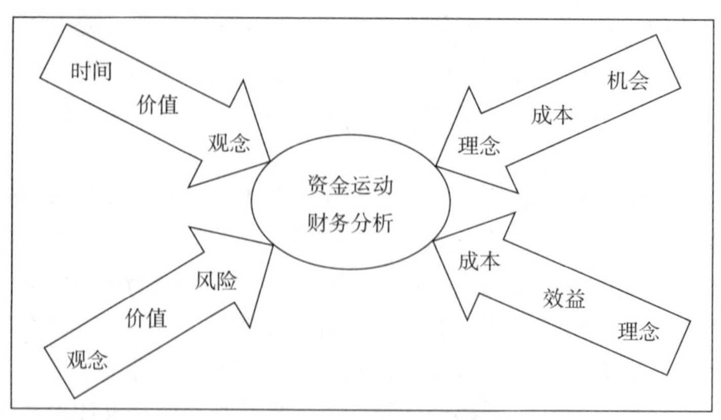

图 1-2 财务分析基本价值理念

1.3.1 时间价值

有一则流传很久的故事，说的是美国一家著名生产企业的老板，一天在检查工作时，遇到一位职员拿着一枚硬币对他说："老板，这是您十几年前送给我的一枚硬币，直到现在我还细心地保存着。"也许员工是想以此表示他对老板和对企业的忠诚——的确，从人力资源管理的角度来讲，员工对企业的忠诚度，很大程度上影响着企业文化与企业发展。然而单纯从直接经济利益角度来讲，这句话却得到了另一个截然不同的后果：第二天老板便将这位员工辞退了。从老板的观点来讲，这位员工缺乏时间价值观念——"一枚硬币虽然很少，但如果将其充分利用，十几年后，它的价值应远远超过当初的一枚硬币了"。

这就是时间价值观念的体现。

所谓时间价值，就是指资金或其他一切经济资源在经过一段时间的反复投资利用所创造与增加的价值。如用一笔钱购买国债（债券投资），一段时期之后会获得相应的利息收益；将一批物资正常加工与销售（生产性投资），会获得相应的销售利润等：这些都是时间价值的经济表现。这一价值理念主要是提醒从事经济活动的人们应注重对资金及其他经济资源的充分运用。闲置资源是不可能产生增值、也不会产生任何有益影响的。只有充分利用，合理投资，才可能获得经济效益，产生价值的增值，进一步体现在资金的增量或实现的利润上。

我们不妨考虑这样一个问题。假设有人购买了一辆汽车，经销商给出的付款方式有三种：第一种方式是目前立即支付车款全价 20 万元；第二种方式是从现在开始，每半年末支付 5 万元，连续支付 4 次（两年），合计也是 20 万元；而第三种方式则是两年以后一次性支付车款 20 万元。假设三种付款方式只影响购买方获得对汽车完全产权的时间而不影响他对汽车的即时使用权（这也符合现实情况），我们会建议此人选择哪种付款方式呢？相信人人都会毫不犹豫地选择第三种！

这说明了什么？三种方式表面上看总额一样，都是合计支付了 20 万元的汽车全价。但由于支付时间的不同，我们显然并没有将三者之间完全画等号，即我们认为三个不同时间的 20 万元其实在经济意义上是不相等的：后付的 20 万元从经济成本上被我们认为是低于前两个 20 万元的。最简单的比较就是：假设以第一种方式支付，则目前付款之后，除了获得汽车的所有权之外，这 20 万元不会再为购买方带来任何其他利益，意味着他实际承担的购车成本就是所支付的20万元价款。但如果他先将此20万元做一项两年期一次性投资，如购买一款年利率为4.5%的两年期国债，然后以第三种方式支付汽车价款，则在两年后支付20万元车款时，购买方除了获得汽车的完全产权之外，还获得了一笔国债利息收益1.8万元（$20\times4.5\%\times2=1.8$），这在一定程度上抵掉了购买方实际承担的部分购车成本，因此他会认为第三种付款方式是成本最低的。

接下来我们假设经销商也出于时间价值的考虑而对上述付款方式有所调整：即保持第一种方式不变，依然是目前支付全款20万元；但第二种方式调整为从现在开始，每半年末支付5.4万元，连续支付4次（两年），合计需付款21.6万元；第三种方式还是两年后一次性支付车款，不过金额提高到22.5万元。我们又会选择哪种付款方式呢？

这一次，估计选择的结果就不统一了，也可能难以立即回答了，因为不同购买者的比较标准是不一样的，不同时间不同数额的资金也是无法直接比较的。这就需要我们在设定标准（机会成本水平）下将其换算为同一个时间点上的价值以便进行比较分析，于是就涉及货币时间价值的计算问题。

考虑到企业经营的实际特点，除部分盈利用于现金分红之外，大多数利润都是以留存收益的形式参与企业再投资、再经营并获取相应收益——类似于“利滚利”的效果。因此，在对货币时间价值进行定量计算时，一般大多采用复利计算的模式，这也是国际上通行的做法，是企业进行财务分析或财务决策中常常采用的比较方式。即不仅资金本金要计算利息，所产生的未支付利息（相当于再投入的资金）也要计算利息。

1. 复利终值与复利现值

实际经营活动中不乏这样的例子：某公司向银行贷款100万元，期限5年，假设贷款年利率为10%，如果公司与银行约定可以到期一次性还本付息，那么到期时需要支付多少资金？

在具体计算之前，我们先约定如下一些常用符号：

P——本金，也称为现值，是指在考虑问题初期时资金的价值，如图1-3所示。

F——本息之和，也称为终值，是指资金在所考虑问题涉及的一定期间终止时的价值，亦即资金P经过若干期投资利用后的总价值（或本利和，如图1-3所示）。

r——利率，也称为折现率、贴现率、资金成本率、最低资金报酬率等，是指资金经过一个单位计量时期的使用所产生的增长比率，如存款按年计算时的年利率等。

n——指资金连续投资使用的计量时期的期数，应该与r保持一致。即当n是按照“年”计算时，r就是指“年利率”或“年资金成本率”等；n是按照“季度”计算时，r就是指“季度利率”或“季度资金成本率”等；反之亦然。

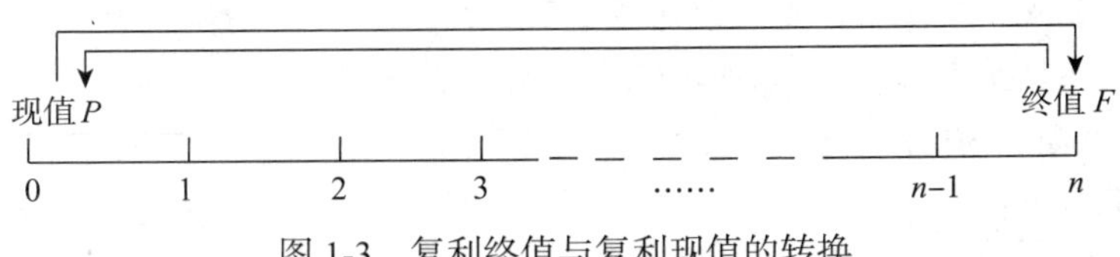

图1-3　复利终值与复利现值的转换

显然，在复利计算的前提下，特定资金P经过若干期投资利用以后积累的终期价值F为：

$$F=P\times(1+r)^n=P(F/P,r,n) \tag{1-1}$$

式中，$(1+r)^n$称为1元复利终值系数，常以$(F/P,r,n)$表示，见本教材附录A。

反过来计算，未来特定时间（n 期期末）的特定资金 F 按照复利计算的现行价值 P 即为：

$$P = F\times(1+r)^{-n} = P(F/P, r, n) \tag{1-2}$$

式中，字母 P、F、r、n 的意义同上，而 $(1+r)^{-n}$ 称为 1 元复利现值系数，以 $(P/F, r, n)$ 表示，见教材附录 B。

现在来回答之前的那个问题，即公司向银行贷款 100 万元，期限 5 年，假设贷款年利率为 10%，则 5 年后需要到期支付的资金为：

$$F = P\times(1+r)^{n} = 100\times(1+10\%)^{5} = 100\times1.6105 = 161.05 \text{ 万元}$$

即 5 年后需要一次性支付本息之和 161.05 万元。也就是说：现在公司借入的 100 万元，在年利率 10% 的作用下，相当于 5 年后的 161.05 万元。

反之也可以理解为：5 年后的 161.05 万元，在年回报率 10% 的背景下，相当于现在的 100 万元。计算过程如下：

$$P = F\div(1+r)^{n} = 161.05\div(1+10\%)^{5} = 100 \text{ 万元}$$

或

$$P = F\times(1+r)^{-n} = 161.05\times(1+10\%)^{-5} = 100 \text{ 万元}$$

例 1-1

假设某公司根据中长期战略规划，拟在 5 年后实施大规模的实体扩张。届时需扩建厂房、扩充生产线，预计将一次性需要投入资金 1 000 万元。假设目前有一基金项目，平均年投资报酬率为 10%。公司计划先将暂时闲置的一笔资金投资该项目，5 年后收回用于实体扩张的需要。那么现在应一次性投资多少，方能保证 5 年后的资金需求？

这就是有关复利现值的时间价值问题，通过查表（附录 B）并计算：

$$P = 1\,000\times(1+10\%)^{-5} = 1\,000\times0.621 = 621 \text{ 万元}$$

即该公司现在只需要一次性投资 621 万元，在投资报酬率为 10% 的前提下，便能保证五年后 1 000 万元的资金需要。

例 1-2

假设某位学生家长现有 10 万元资金，计划通过一段长时间的反复投资，在 19 年后使其本利之和累计达到原来资金的 3 倍（即 30 万元），以便作为孩子未来大学毕业后的创业启动基金。在现实环境中，他的想法能否实现？

这一问题其实就是考虑 10 万元的现值在实际经济条件下能否在 19 年后等于 30 万元的复利终值。

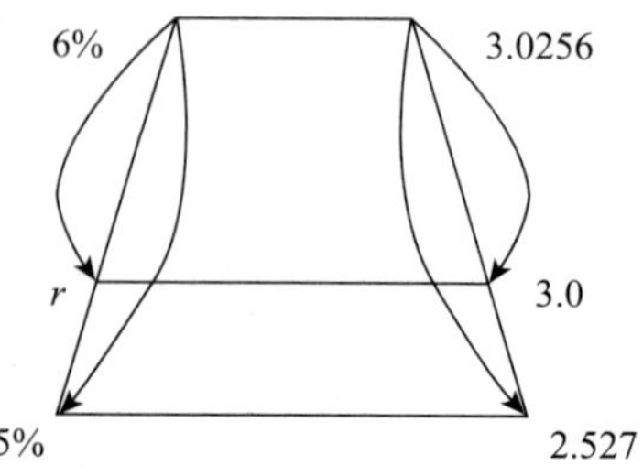

图 1-4　插值法示意图

我们来计算一下：

令 $10\times(F/P, r, 19) = 30$；得出：$(F/P, r, 19) = 3$。

通过查询附录 A 可知：$(F/P, 5\%, 19) = 2.527$，而 $(F/P, 6\%, 19) = 3.025\,6$

应用插值法的计算原理（见图 1-4），即得计算式子：

$$(6\% - r) / (6\% - 5\%) = (3.0256 - 3) / (3.0256 - 2.527)$$

解方程得：$r = 5.95\%$

也就是说，如果该家长选择的投资项目年平均回报率能够达到或超过5.95%的水平，他的想法就可以实现。显然这位家长的想法还是比较容易达到的。

2. 年金终值与年金现值

有关时间价值的定量计算除前面提到的复利终值、复利现值之外，实务中常见的还有年金终值与年金现值等问题。

所谓年金，是指每间隔相等的时间长度，发生一笔相同数额（年金）的款项收付行为。如按期等额支付的租金或借款利息，按期交纳的养老金，分期等额支付的保险费及房屋按揭款等。需要提醒的是："年金"并非一定是指间隔期为一年，它也可以是每间隔半年、一个季度甚至一个月发生一次等额的款项收付。也就是说，只要间隔期相等、每期金额相等的经济行为都属于此处的"年金"范畴，计算中只要注意保持间隔期间与折现率（或称利率、贴现率、资金成本率、最低资金报酬率等）期间一致即可：即如果间隔期间为一年一次，对应的便是年折现率；间隔期间若为一月一次，对应的就应该是月折现率。计算中一般常以字母 A 来表示每一期发生的年金金额。

根据年金发生的起止时间不同，一般将年金划分为普通年金（也称为"后付年金"）、即付年金（或称"先付年金"）、延期年金（也称为"递延年金"）和永续年金四种。

（1）普通年金。普通年金是指那些从第一期开始，每期期末发生的等额收付年金，是最为基本和普遍的年金形式。其终值与现值的计算方法也是计算其他三种年金价值的基础。

1）普通年金终值。普通年金终值是指在连续一段时期中，将每期期末等额收付的年金转换为终期的复利终值之和，如图1-5所示。其中第一期年金实际只经历了 $n-1$ 期，因此其终值为 $A(1+r)^{n-1}$；第 n 期年金实际并未产生时间价值，所以其终值即为 A，但为统一表达起见，也将其写为 $A(1+r)^0$。

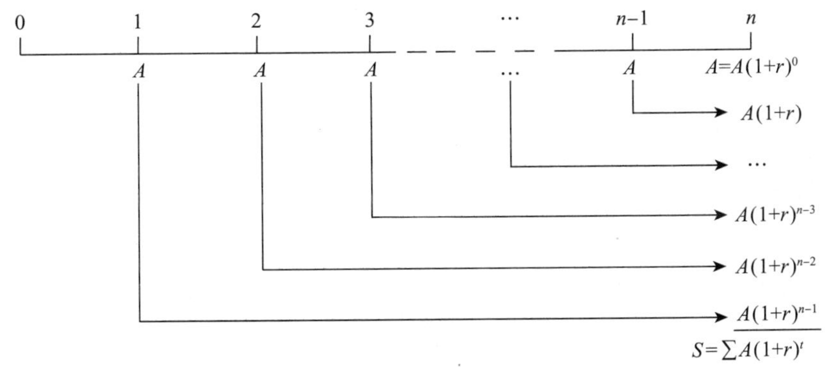

图1-5 普通年金终值计算图

显然，计算普通年金终值就是要将每一期期末的年金 A 分别换算为整个时期终结时点的复利终值 $A(1+r)^t$ 并加总计算其总和 $\sum A(1+r)^t$（$t=0, 1, 2, \cdots, n-1$）。这属于典型的等比级数。因此利用等比级数的计算方法，可以整理得出普通年金终值 S 的计算公式：

$$\text{普通年金终值 } S=\sum_{t=0}^{n-1} A(1+r)^t = A\frac{(1+r)^n-1}{r} = A(S/A, r, n) \tag{1-3}$$

式中，r 为分析期间每一期的折现率（也可以是最低报酬率或资金成本率等）；n 为该连续时段的总期数；A 代表每一期发生的年金金额；$(S/A, r, n)$ 即 $\frac{(1+r)^n-1}{r}$，称为 1 元年金终值系数，其教学中的常用系数数据见本教材后的附录 C。

例 1-3

就投资倾向而言，王某是位基金定投的偏好者。他的投资习惯是选择几只基金进行连续数年的、红利转投资形式的组合投资策略。假设他的规划是从现在开始每间隔半年定额拿出 20 000 元投资某基金组合。如果每半年的收益率基本能保持在 6% 左右，那么当他连续投资十年（共 20 次）之后，其投资组合最终获得的本利之和将会是多少？

分析：如果我们设定王某是在每半年末投资，这明显属于年金终值的范畴。那么在第十年结束之后，他的投资组合最终获得的本利之和将会是：

$$S=\sum_{t=0}^{19} 20\,000(1+6\%)^t = 20\,000(S/A, 6\%, 20) = 20\,000\times 30.786 = 615\,720 \text{ 元}$$

2）普通年金现值。普通年金现值是指将各期期末的等额年金分别换算为该期起点时的复利现值之和。

如果将普通年金终值比喻成复利率下的“零存整取”行为，那么普通年金现值就相当于等额还本付息形式下的现时按揭贷款总额或“目前整存、分期零取”的行为，如图 1-6 所示。

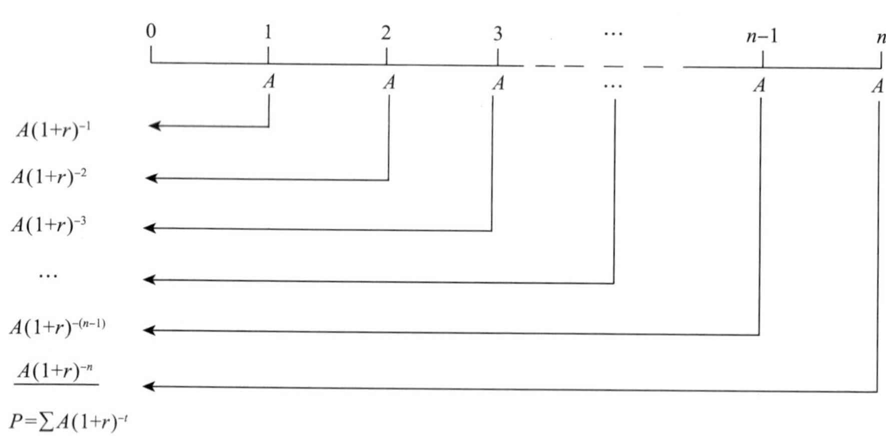

图 1-6 普通年金现值计算图

同样利用等比级数的计算方法，可以整理得出普通年金现值 P 的计算公式：

$$\text{普通年金现值 } P=\sum_{t=1}^{n} A(1+r)^{-t} = A\frac{(1+r)^{-n}}{r} = A(P/A, r, n) \tag{1-4}$$

式中，字母 r、n、A 的经济含义分别与计算普通年金终值的计算公式（1-3）中相同，至于 $(P/A, r, n)$，即 $\frac{(1+r)^{-n}}{r}$，则称为 1 元年金现值系数，其常用教学数据见本教材附录 D。

（2）即付年金。即付年金与普通年金的区别仅在于资金收付时间的起点与终点有所不同：普通年金的资金是发生在每期期末的，而即付年金的收付行为却是发生在每期期初的。因此两者实质上的差距仅仅是每一笔金额都相差一期的时间价值影响，如图 1-7 所示。

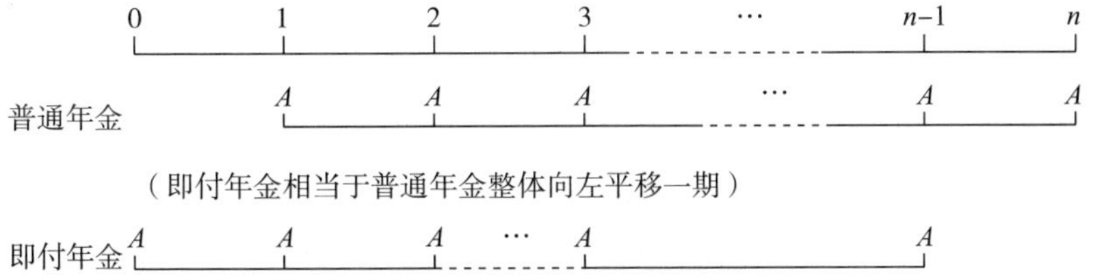

0 1 2 3 … n−1 n

普通年金 A A A … A A

（即付年金相当于普通年金整体向左平移一期）

即付年金 A A A … A A

图 1-7 普通年金与即付年金关系图

仔细观察图 1-7 可以发现：如果将即付年金与普通年金分别当作一个整体进行比较，两者之间也仅仅相差一期，即（$1+r$）的影响而已。

因此，即付年金终值和现值的计算就可以分别通过对普通年金终值和现值的计算公式作适当调整来得到。即：

$$\text{即付年金的终值}=\sum_{t=1}^{n}A(1+r)^{t}=(1+r)\sum_{t=0}^{n-t}A(1+r)^{t}$$

$$=\text{期限与折现率不变时的普通年金终值}\times(1+r) \qquad (1\text{-}5)$$

$$\text{即付年金的现值}=\sum_{t=0}^{n-1}A(1+r)^{-t}=(1+r)\sum_{t=1}^{n}A(1+r)^{-t}$$

$$=\text{期限与折现率不变时的普通年金现值}\times(1+r) \qquad (1\text{-}6)$$

式中，字母 r、n、A 的经济含义仍然分别与计算普通年金终值的计算公式（1-3）中的相同。

例 1-4

某公司购买一套生产用机械设备，经与意向供货商洽谈，可以有两种购买方式：一是钱货两清，即在提取设备时一次性付清货款计 180 万元；另一种是采用分期付款的方式，可以先提取设备，货款分 7 次付清但应付总金额有所增加，具体方式为：提取设备时首付 50 万元，从第二年起每年年初支付 25 万元，连付 6 年即为结清货款。假设公司资金的机会成本率为 10%，你认为公司应采用哪种付款方式比较合理？

分析：本例中，第一种付款方式需要在提取设备时一次性付清货款 180 万元，即该种付款方式下支付的资金总额的现值 P_1 为 180 万元。

而第二种付款方式下，支付的资金总额的现值为：

$$P_2=50+\sum 25(1+10\%)^{-t}=50+25\times(P/A,10\%,6)$$

$$=50+25\times 4.3553=50+108.88$$

$$=158.88\text{ 万元}$$

将两种付款方式下支付的资金总额的现值进行比较，显然 158.88 万元 <180 万元，公司应选择分期付款的方法。

图 1-8 即为此例中购买方采用第二种付款方式下，各期结余金额的直观示意图。由于无论是选择一次性付款还是选择分期付款，对企业所购买机械设备的即时提取和使用而言是没有区别的，差别只在于初始的 180 万元资金在不同付款方式下各期剩余资金的效果有所不同而已。一次性付款方式在将 180 万元资金付出之后便不会再产生除机械设备之外的任何其他收益；而同样是初始的 180 万元，如果采用分期付款，其各期支付后的剩余资金在 10% 机会成本率的作用下，在其后 6 年支付完所有的分期应付款项之后，尚结余 37.4 万

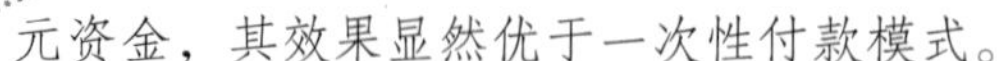
元资金，其效果显然优于一次性付款模式。

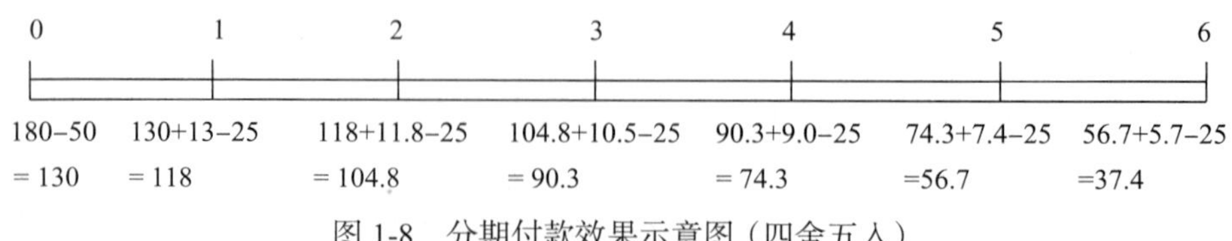

图 1-8 分期付款效果示意图（四舍五入）

类似的计算方法也同样适用于对购房按揭、保险费与保险收益的比较，以及融资租赁等方面的定量分析上。

（3）递延年金。递延年金是将普通年金的首次发生时间延迟若干时期的一种特殊的年金形式，是指在整个分析期间的最初若干时期（m 期）没有发生相关收付款项，而从第 $m+1$ 期开始的其后连续若干期间（n 期）的每期期末，均发生相关的等额系列收付款项的情况，如图 1-9 所示。

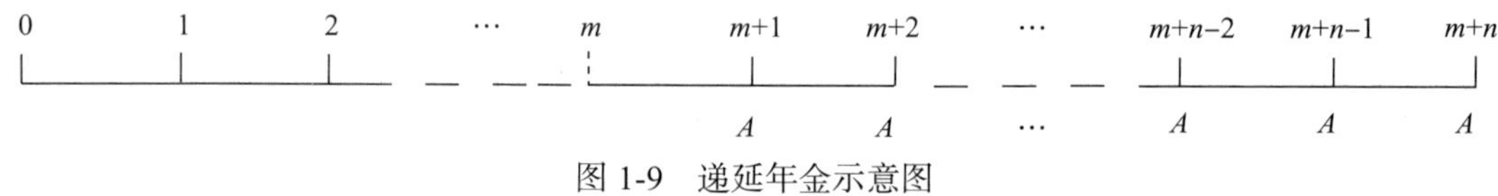

图 1-9 递延年金示意图

从图像上可以看出：由于递延年金终值的计算是将每一期年金向后折算，所以其终值的计算与前面的递延期限长短无关，因此递延年金终值的计算与普通年金终值计算的方法相同，即：

$$\text{递延 } m \text{ 期、发生 } n \text{ 期的递延年金终值} = A\,(S/A,\ n,\ r) \tag{1-7}$$

至于递延年金现值的计算方法，由于向前折算必须跨越递延期限，因此一般有两种方式：

一是先计算递延年金在 n 期期初（即 m 期期末，如图 1-9 中 m 点位置）的现值，再利用复利现值的计算方法将它折现至 m 期期初，即：

$$\text{递延 } m \text{ 期、发生 } n \text{ 期的递延年金现值} = A\,(P/A,\ n,\ r)(P/F,\ m,\ r) \tag{1-8}$$

另一种是先按照 $m+n$ 期计算普通年金现值，再减去没有真实发生的前 m 期的普通年金现值，即：

$$\text{递延 } m \text{ 期、发生 } n \text{ 期的递延年金现值} = A\,(P/A,\ m+n,\ r) - A\,(P/A,\ m,\ r) \tag{1-9}$$

例 1-5

江某今年 45 岁，前不久刚刚购买了一款保险产品。根据双方签订的保险协议约定，江某在 60 岁退休之后，每年年末可获得一笔 30 000 元的退休生活保障金，直至 80 岁保险协议终止为止。假设根据江某本人的实际情况，恰当的机会成本率（复利利率）为 8%，则按照这一协议内容，江某购买这款保险产品之后，未来可以获得的全部退休生活保障金（假设江某的健康状况足以使他生存至 80 周岁以上）相当于现在的多少金额？

这便是典型的递延年金模式：在江某目前购买这款保险产品时，他日后能够获得的退休生活保障金将从 15 年之后开始的每年年末取得，并连续取得 20 年。我们可以利用递延年金现值的计算公式来计算一下他未来所得金额的现值，即：

$$P = 30\,000 \times (P/A，8\%，20) \times (P/F，8\%，15)$$
$$= 30\,000 \times 9.818\,1 \times 0.315\,2 = 92\,839.95（元）$$

也就是说，江某购买的这款保险未来获得的全部退休生活保障金（直观总金额为 60 万元，即 30 000×20 = 600 000），在 8% 机会成本率水平下，仅相当于现在的 92 839.95 元。由此也可以感受到时间价值观念的巨大影响。

（4）永续年金。简单地讲，永续年金就是在普通年金形式下，将各期年金 A 发生的连续时间期数无限期延长而形成的一种特殊的年金形式。由于这种年金无最终期限，显然也就谈不上所谓的年金终值概念。至于永续年金的现值，则可以通过对普通年金现值的时间期数 n 求极限而获得，具体计算公式为：

$$永续年金的现值\ P = A \times \lim_{n \to \infty} \frac{1-(1+r)^{-n}}{r} = \frac{A}{r} \tag{1-10}$$

式中，r 为每一期的折现率（也可能是最低报酬率或资金成本率等）；A 代表每一期发生的年金金额。

1.3.2 机会成本

所谓机会成本，是指如果一项资源可用于多种用途或多类经济业务，那么由于对资源的使用在同一时间上的唯一性（即当企业选择了将该项资源用于某一用途或业务方案，就意味着在同一时间不可能再将该资源用于其他用途或业务方案），也就意味着因此放弃了将该项资源用于其他用途或业务方案时所可能取得的最佳收益的机会，这一可能取得的最佳收益就是相对于所选方案的机会成本，也可以说是所选择方案因此而付出的潜在代价。

机会成本并不会造成企业实际的现金收付，也并非实际发生的成本费用支出，它只是企业因资源使用时的“顾此、失彼”而放弃了的潜在的收益。

例如某公司计划将目前暂时闲置的部分资产用于整体对外投资，假设市场与投资部门的相关人员经过可行性分析之后，提出了 A、B、C 三个备选方案。其中 A 方案预计获利总额将达到 86 万元；B 方案预计可以获得的总利润为 73 万元；而 C 方案的预计获利总额为 64 万元。

这种情况下，如果公司最终选择了 A 方案，便意味着公司放弃了 B 方案预计可能带来的 73 万元利润和 C 方案预计可能带来的 64 万元利润，其中放弃的最大可能利润为 B 方案的 73 万元，因此选择 A 方案的机会成本就是 73 万元。类似地，选择 B 方案或 C 方案的机会成本就都是因此放弃的 A 方案的可能利润 86 万元。如果 A、B、C 三个备选方案在其他方面的影响因素都相当的话，决策者显然应该选择机会成本相对最低的 A 方案以获得较高收益。当然，如果这三个备选方案在其他方面的影响因素有明显差别，那么企业还必须统筹考虑各方案的综合效益再作决定。

机会成本虽然不是企业实际发生的成本费用开支，但是对财务分析和经营决策而言，却是必须把握的一个基本价值观念。毕竟，在资源有限的市场经济条件下，要实现“企业价值最大化”或“股东财富最大化”这一财务与经营管理目标，就必须最大限度地发挥经济资源的效用。不仅要注重账簿与报表上的会计利润，还需要注重账簿与报表上未能反映的、企业所拥有或控制的经济资源本身在正常使用情况下所应该取得的最佳收益。而机会成本观念不仅要求企业将会计利润与潜在的经济盈亏相结合，也有利于企业正确评价决策方案，以保证决策方案的综合效益最优化，保证企业最大限度地使用经济资源、获得经济利益。

实际应用中，机会成本经常以相对数的形式在定量分析时扮演着最低投资报酬率或折现率的角色。

1.3.3 风险观念

风险是指事物本身的不确定性。企业的生产经营与管理等各项活动都是在一定的市场经济条件下进行的，难免会受到各种各样难以预料或难以控制的因素的影响，造成企业经营活动结果的可变性，或使其实际经营成果与预计收益相背离。这种不确定性对企业的财务预算与经营计划都会产生不利影响。就投资者的本性而言，没有哪个企业或其经营管理者愿意毫无意图地去冒险，人们总是希望承担较低的风险而获取较高的收益。然而，低风险高收益的产业或项目势必会吸引众多投资者蜂拥而入，从而导致产业或项目的竞争加剧、利益均分、风险加大；而高风险低收益的产业或项目又会因一些投资者的陆续退出而逐步资源集中，从而降低了该产业或项目的竞争与经营风险。因此从总体趋势来看，风险与收益两者的变动调节趋向是呈正相关关系的，即总体上形成“高风险高收益、低风险低回报”的变动关系。企业在财务分析与经营管理活动中，应该正确估计或预测风险，分析各种可能存在的结果和影响因素，趋利防弊，追求风险与收益的价值平衡，并尽可能以阶段性的最小风险谋求最大的收益。

1. 风险的种类

通常，按照风险是否可以借助于多元化投资与经营行为进行分散或降低，可以将风险划分为系统风险与非系统风险两大类。

系统风险，也称为不可分散风险，是由于外部经济大环境的变化所引起的，对所有公司都可能产生或多或少影响的那些因素所形成的不确定性，如战争因素、通货膨胀因素、经济繁荣或萧条等产生的不确定性影响。这类风险涉及面广，一般很难通过多元化经营或组合投资等形式来分化掉；特别是在公平竞争的市场经济环境下，除极少数垄断行业或垄断部门之外，绝大多数公司都难以避免地会受到市场变幻的影响。这也是市场经济的一个基本特征。

需要说明的是，风险是一个中性词，系统风险虽然说几乎对所有公司或经济主体都会产生影响，但并非影响方向一致，也并非完全是不利的影响。如战争因素所造成的风险，对绝大多数经营主体和普通民众而言，无疑会给他们的生产经营和日常生活带来极大的不便和巨额损失；但对军火商而言，战争风险却可能会给他们带来一定的经济收益。

非系统风险，也称为可分散风险或公司特有风险，是指存在于各个特定公司或经济主体内的某些事件上的不确定性。如研发新产品或技术创新的风险、成本管理与控制的风险、融通资金的风险、产业政策变动的风险、劳资纠纷的风险，以及生产管理与市场营销的风险等。非系统风险的发生是相对随机的，一定程度上可以通过组合投资或多元化经营来化解与分散影响。这就如同我们在证券市场上进行股票投资，显而易见：投资于多个公司、特别是不同行业或不同产业的公司的股票，其所承担的整体风险往往要小于仅仅投资于某一单个公司股票所承担的风险。而一旦我们投资的股票种类足够多时，我们所面临的便主要只是系统风险，我们的投资组合盈亏便主要是与整个证券市场的涨跌同进、同退了。

2. 公司特有风险分析

公司特有风险是特定公司或经济主体在经营活动过程中所面临的各种不确定性。这种不确定性的程度大小与公司在市场上的影响力和控制能力密切相关，同时也与公司对相关经济信息的取得与分析推理能力和判断能力相关。此外，公司特有风险也常常是在一定的金融风险、政策风险和市场风险的背景之下形成的。

狭义的公司特有风险常常体现为决策风险、信用风险、经营风险和财务风险等几个方面：

（1）决策风险。公司决策风险，是指由于公司内外部各种经济、政策、市场等环境因素，以及决策者自身素质与决策方式方法等的不同影响而导致的决策的最终实施结果达到或偏离预期目的的可能性或不确定性。

任何一项决策的出台和实施，都是基于一定的环境基础、按照一定的决策程序和实施原则进行的。具体可以归纳为主、客观两个方面的因素影响。主观方面主要体现在决策者自身素质、阅历、经验、技能的不同所产生的影响，甚至一定程度上还与决策者的情感因素和决策时的情绪相关；而客观因素则主要包括决策制定时的经济与政策环境、决策程序、方式方法，以及决策者可资利用信息的真实性与充分、完整性等。

（2）信用风险。信用风险通常是指在市场交易或资金借贷活动中，由于受信方或借款人违约、拒绝或无力支付与偿还等行为而对提供信用一方造成影响的可能性。市场经济离不开信用，信用作为企业融通资金、扩大交易规模的一种手段，在维持与经常性客户的生意往来、提高存量资产的流转、提高资本运营能力，以及提高产品市场占有率和市场竞争力等方面，都发挥了一定的促进作用。

较为常见的信用风险主要表现为两种形式：一是受信方履约能力的变化导致对约定信用行为无法全部或部分履行的可能性。如在商品交易中，销售方出于市场竞争的需要，向购买方提供一定的商业信用，即允许购买方赊购、延期一段时间再付款；而购买方随后却因经营问题导致财务状况恶化，在约定的付款期内无法如数支付货款。二是信用双方或其中的某一方的履约意识或履约意愿发生了改变，从而影响到原来约定信用行为的具体实施而对信用双方产生影响的可能性。如交易双方签订了某项技术开发合作协议，执行过程中由于费用分摊等一些实际问题协商未果，一方自行中止合作，从而对双方在生产经营、经济技术支撑等相关方面产生明显影响。

信用风险时常与信用双方当时所处的内外部经济环境与政策、双方资产经营效果与财务状况，以及双方的经营品德等息息相关。有时，企业某些重大经济事项的发生也会造成较大的信用风险，如对重大项目的投资、涉及金额较大的产权纠纷等。

（3）经营风险。广义的经营风险是指企业整体运作过程中各种不确定性所导致的风险，包括技术创新与研发实力、产品质量与营销市场、企业文化与劳资关系、投资机会与管理决策水平、企业的市场调控与定价能力、生产经营成本的控制以及各类成本的构成结构等。

而从财务视角来看，狭义的经营风险主要体现在产品市场及其定价水平、成本调控以及固定成本在总体成本费用中的比重等方面。

从理论上讲，企业的成本费用可以依据其与企业的经营业务量之间的关系，定量划分为变动成本、固定成本和混合成本三类。而在允许一定误差的前提下，多数混合成本又可以分解成变动成本和固定成本的综合作用，如车间的设备维护费、部分水电费等（为避免内容重复，有关案例可具体参阅本教材“6.2.4 资产经营项目分析”中的相关内容）。因此考虑狭义的经营风险中的成本因素时，我们主要考虑变动成本和固定成本的影响。

其中，变动成本是指成本总额随业务量的变化而同比例变化的那类成本，如不考虑规模效应时生产产品所耗用的某类原材料总额、计件工资总额等。在一定业务量范围内，变动成本总额与业务量之间的相互关系可以表示为：

$$V = b \times Q$$

式中，V 代表变动成本总额；b 代表单位业务量所产生的变动成本（简称“单位变动成本”）；Q 表示业务发生总量。

而固定成本是指成本总额不随业务量的变化而变化，即在一定业务量范围内总额固定不变的那些成本，一般常以 F 或 a 来表示。如平均年限法下特定固定资产的折旧、既定行政人员的基本薪酬、租用特定设备或其他资产所支付的租金费用等。

在不考虑无法线性分解的混合成本的前提下，任何一项经济业务的经营利润 L 可以用如下公式简单计算：

$$\text{经营利润 } L = (\text{销售单价 } P - b) \times Q - F$$

$$= (P - b)(Q - Q_0) \quad (1\text{-}11)$$

式中，其他字母的含义与前述一致，而 Q_0 表示该项经济业务的保本点销售量（指业务量处于这一销售水平时，该经济项目的经营利润恰好等于 0），即（$P - b$）$Q_0 - F = 0$

或

$$Q_0 = F \div (P - b) \quad (1\text{-}12)$$

根据式（1-11）可知，企业要想经营获利，就必须同时满足 $P - b > 0$ 和 $Q - Q_0 > 0$ 这两个约束条件。也就是说，在不考虑资金来源的情况下，如果也不存在无法线性分解的混合成本，则企业经营获利取决于两方面的风险影响：一是产品本身的市场售价与企业对变动成本的控制水平之间的数量差距；二是企业实际完成的销售规模能否超越其保本点销售量的要求。

1）产品本身的市场售价与企业对变动成本的控制水平之间的数量差距。变动成本的特性决定了当企业不进行任何项目的生产经营活动时，就不会有相应的变动成本发生；而一旦开始某项目的生产经营，就会产生与该项目业务量成特定比例的变动成本。因此，项目经营活动的最基本利润来源——也是最原始的利润来源——必然是该经营项目的变动成本低于销售价格的那一部分，称为项目的边际贡献（或称“边际利润”），即：

$$\text{边际利润} = (P - b) \times Q$$

当产品的边际收入大于边际成本（即产品单位销售价格 P 大于产品单位变动成本 b）时，边际利润为正，意味着项目的生产销售行为直接产生了盈利；此时产销量越大，企业销售毛利润也就越多，对企业最终盈利的贡献也就越大。相反地，若产品的边际收入 P 小于边际成本 b 时，边际利润为负数，意味着项目的产销行为产生了直接亏损，此时产销量规模越大，亏损也就越多，意味着企业有必要考虑对该项目进行减产、停产或转产等。

企业的市场影响力及其营销策略、产品技术含量与产品质量以及产品定位等，很大程度上影响着产品的市场售价，从而直接影响着边际利润的大小。而对变动成本的控制，主要包括原材料的耗用、直接人工开支、生产辅料及燃料动力开支等，也是影响边际利润大小的又一重要因素。售价与变动成本的差额这一边际利润，形成了企业最根本、最初始的利润源泉。

2）实现的销售规模能否超越其保本点销售量的要求。由于固定成本在一定范围内与经营活动业务量的多少无关，换言之，即使没有相应的生产经营业务活动，也会出现必要的基本固定耗费。这种固定成本的存在，使企业每一特定生产周期内生产所获得的初始边际利润不可能全部成为企业最终的营业所得，而是必须先用于补偿固定成本开支。只有边际利润超过固定成本的那部分收益，即实际销售量超过保本点销售量 Q_0 的那部分超额销量所对应的边际利润，才能最终构成企业的经营利润。

我们以一个简单事例来说明这种内在关系：

假设某个体工商户，以每月 4 000 元的价格租借了一间店面房，专门用于经销某品牌服装（以某一款式为例）；又以每月 4 600 元的固定工资聘请了一位员工负责销售。在不考虑税费等其他开支的前提下，该个体工商户一个月的固定成本为 8 600（= 4 000 + 4 600）元。假设他所经销的品牌服装的平均进货价为 450 元 / 件，零售价为 650 元 / 件，即出售一件服装存在 200（= 650 − 450）元的单位边际利润，就该件服装的买卖而言，该个体工商户是有利可图的；但就一个月的整体情况来讲，出售一件服装所获得的 200 元边际利润远远不能支付其 8 600 元的固定性开支，因此他的实际经营状况其实是亏损的，还有 8 400 元的净开支没有收回。而要想全部收回每月 8 600 元的固定成本，该个体工商户每月必须至少出售 43 件服装（即 8 600÷200）才行。这 43 件服装的边际利润总额恰好可以抵补 8 600 元的固定性开支，因而此时才算真正地实现了保本。该工商户当月实现的超过 43 件服装之外的销售量，才构成了其最终的经营利润。如假设当月实际销售了 60 件服装，超过保本点（43 件）之外的部分（17 件）的边际利润 200×（60 − 43）= 3 400 元才是其最终的经营利润。

从式（1-12）可以看出：保本点不是固定不变的，其大小高低不但与产品的单位边际利润（$P-b$）息息相关，更直接与固定性成本费用 F 的多少呈正比例。当固定性成本费用在企业总的成本费用中所占比例过高时，企业真正的盈利起点——保本点的水平也相应会提高，这也是我们时常提到的经营风险的又一体现。

因此，从经营业务起点到经营的直接成果这一过程中，经营风险最终体现在实现的销售量的变动对息前税前利润的影响上，而对这一内在关系的反映，便形成了经营杠杆系数的概念：

$$\text{经营杠杆系数}（DOL）=\frac{\Delta EBIT \div EBIT}{\Delta Q \div Q} \tag{1-13}$$

式中，$EBIT$ 即为式（1-11）中经营利润的概念，由于该经营利润是还没有扣除所得税费用、也没有扣除债务利息的直接经营所得，因此也通常称为“息前税前利润”或“息税前利润”，即：

$$EBIT=(P-V)\,Q-F \tag{1-14}$$

式（1-13）中的 $\Delta EBIT$ 则表示当期息税前利润相比上期息税前利润的变动额；ΔQ 表示当期销售量相比上期销售量的变动额。

将式（1-14）代入式（1-13）中并作必要的整理，可以得出：

$$\text{经营杠杆系数}（DOL）=\frac{(P-V)\,Q}{(P-V)\,Q-F}=\frac{Q}{Q-Q_0} \tag{1-15}$$

式中，$Q-Q_0$ 也称为安全边际，它所对应的边际利润（$P-b$）（$Q-Q_0$）便是企业的息前税前利润。安全边际 $Q-Q_0$ 在实际销售量 Q 中所占的比例（$Q-Q_0$）/Q 通常被称为“安全边际率”；该比值越大，意味着企业产销现状越不可能跌破保本点，经营获利就越有保障，经营风险也就越小。由于经营杠杆系数是安全边际率的倒数，因此经营杠杆系数越小，意味着安全边际率越大、经营风险越小；反之，经营杠杆系数越大，则安全边际率越小、经营风险就越大。

（4）财务风险。财务风险是企业不同的资金来源对企业最终获利产生的不确定性影响。具体而言，便是由于债务资金及其衍生利息的存在，一方面要求企业以收抵支、按期偿债；另一方面，利息负担的高低也对企业最终净利，即股东收益水平的高低产生了冲减调节作用。

我们以 *EPS* 表示股东获得的每股净利润（也称为每股盈余），*I* 表示债务资本的衍生利息，*T* 表示企业适用的所得税税率，*D* 表示优先股股息，*N* 表示普通股总股数。则有：

$$EPS = [(EBIT - I)(1 - T) - D]/N \tag{1-16}$$

显然，由于债务利息的存在，经营利润必然要先满足利息的偿付要求，才有可能成为股东的最终净利润。因此，当资金来源确定、债务利息维持在某一特定水平时，经营利润的变动必然会造成股东收益更为剧烈的变动，这一内在联系可以用财务杠杆系数来反映：

$$\text{财务杠杆系数 } DFL = \frac{\Delta EPS \div EPS}{\Delta EBIT \div EBIT}$$

$$= \frac{EBIT}{EBIT - I - D/(1 - T)} \tag{1-17}$$

如果不存在优先股，则式（1-17）将简化为：

$$\text{财务杠杆系数 } DFL = \frac{EBIT}{EBIT - I} \tag{1-18}$$

由于经营利润（即息前税前利润 *EBIT*）只有在扣除利息费用 *I* 之后，其结余才可能成为企业股东所获得的利润，因此利息费用在经营利润中所占比重越小，企业偿债越有保证，其利润结余（$EBIT - I$）也就越多，从而财务风险越小。财务杠杆系数便是利润结余（$EBIT - I$）在经营利润中所占比重的倒数。因此，财务杠杆系数越小，财务风险越小；反之亦然。

正常经营情况下，只要企业有带息债务资金来源，财务杠杆系数应该都是大于 1 的，说明存在一定的财务风险。此外，将式（1-17）变形可得：

$$\frac{\Delta EPS}{EPS} = DFL \times \frac{\Delta EBIT}{EBIT}$$

意味着当息税前利润变动时，每股盈余将会以更大的幅度发生变动，这就是财务杠杆效应。当然，财务杠杆效应是双面性的，即如果息税前利润增加，每股盈余的增幅将会更大；但若息税前利润减少，则每股盈余也将以更大的幅度减少。一旦息税前利润减至利息费用以下时，意味着企业经营所得不足以支付利息开支，每股盈余将成为负值，这显然会造成企业较大的财务压力及不利风险。

财务风险与经营风险的综合体现便构成了企业的总体运营风险，定量分析时常以总杠杆系数（也称为综合杠杆系数）来表示：

$$\text{总杠杆系数 } DTL = \frac{\Delta EPS / EPS}{\Delta Q / Q} = \frac{\Delta EBIT / EBIT}{\Delta Q / Q} \times \frac{\Delta EPS / EPS}{\Delta EBIT / EBIT}$$

即：

$$\text{总杠杆系数 } DTL = \text{经营杠杆系数 } DTL \times \text{ 财务杠杆系数 } DFL \tag{1-19}$$

例 1-6

某公司上一年度实现的销售额为 9 400 万元，经营性变动成本率约为 72%，经营性固定成本（不含债务利息费用）约为 650 万元。公司当年年末的资产总额为 8 000 万元，资产负债率约为 40%，全部债务的加权平均利息率约为 8%，公司适用的所得税税率为 25%。

本年年初，公司在做了充分的市场调研并对自身生产与技术实力作了较为客观的分析之后，提出了今年经营扩张的初步计划：打算追加项目投资 2 200 万元。如果该计划实施，预计公司全年的经营性固定成本将因此增加 245 万元；但由于生产规模的扩大和产品质量及技术含量的提高，公司的销售业绩也会大幅度提高。预计年销售额将会增加 15% 左右，同时经营性变动成本率也会从目前的 72% 下降到 68%。

但是，2 200 万元的资金仅靠公司自有资金显然难以支撑。公司投资与财务部门提出了两个解决方案：一是向银行贷款 1 500 万元（贷款利率假设为 10%），再由大股东追加投资 300 万元，其余 400 万元以现有资金解决；二是除 400 万元现有资金之外，其余 1 800 万元均由投资者追加投入。

公司决策层在讨论两种融资方案之前，首先确定了决策标准：即在按期偿债付息的前提下，不增加公司经营的综合风险（即总杠杆系数），同时能够提高所有者的权益净利率。

对该问题的计算分析如下：

投资与财务部门提出的两个方案，相当于增加公司的总量资金，即总资产增加 1 800 万元（另外 400 万元是以现有资金解决的，不影响公司的总资产规模）。而按照决策层的决策标准，应首先计算比较增资前后的所有者权益净利率以及总杠杆系数。

（1）增资之前：息税前利润 $EBIT$ = 销售额 9 400 − 变动成本 9 400 × 72% − 固定成本 650 = 1 982（万元）

所有者权益净利率 = （$EBIT - I$）（1 − T）/ 所有者权益总额

= （$EBIT$ − 8 000 × 40% × 8%）（1 − 25%）/8 000（1 − 40%）

= （1 982 − 256）× 75% ÷ 4 800 = 26.97%

经营杠杆系数 = 边际利润 ÷ 息税前利润

= （9 400 − 9 400 × 72%）÷（9 400 − 9 400 × 72% − 650）= 1.33

$$财务杠杆系数 = \frac{EBIT}{EBIT - I} = 1\,982/(1\,982 - 8\,000 \times 40\% \times 8\%) = 1.15$$

总杠杆系数 = 经营杠杆系数 × 财务杠杆系数 = 1.53

（2）如果采用第一种增资方案，贷款增加 1 500 万元，所有者权益增加 300 万元。上述各相关指标的数值将变为：

息税前利润 $EBIT$ = 9 400（1 + 15%）（1 − 68%）−（650 + 245）= 2 564.2 万元

所有者权益净利率 =（2 564.2 − 256 − 1 500 × 10%）（1 − 25%）/（4 800 + 300）= 31.7%

经营杠杆系数 = 9 400（1 + 15%）（1 − 68%）÷ 2 564.2 = 1.35

财务杠杆系数 = 2 564.2/（2 564.2 − 256 − 1 500 × 10%）= 1.19

总杠杆系数 = 经营杠杆系数 × 财务杠杆系数 = 1.60

此方案明显增加了所有者权益净利率，但由于总杠杆系数略有增加，即总体风险有些加大（具体体现在经营风险和财务风险都有所增加），就公司决策要求而言，该方案显然不符合要求。

（3）如果采用第二种增资方案，所有者权益将增加 1 800 万元，而债务总额不变，则：

息税前利润 $EBIT$ = 9 400（1 + 15%）（1 − 68%）−（650 + 245）= 2 564.2 万元

所有者权益净利率 =（2 564.2 − 256）（1 − 25%）/（4 800 + 1 800）= 26.2%

经营杠杆系数＝9 400（1＋15%)(1－68%）÷2 564.2＝1.35

财务杠杆系数＝2 564.2/（2 564.2－256）＝1.11

总杠杆系数＝经营杠杆系数 × 财务杠杆系数＝1.50

此方案的总杠杆系数略有下降，即总体风险没有加大（具体体现在经营风险略有加大，而财务风险有所降低)，符合公司风险控制方面的要求；但该种模式下的所有者权益净利率却有小幅下降，不符合公司提高权益净利率的决策标准，因此该方案也不合适。

由于上述两个方案都不能完全满足决策标准，因此都不可取，也意味着在这种情况下，公司还是应维持原来的经营规模。

1.3.4 成本效益理念

市场经济环境下，追求经济效益的最大化始终是企业经营不变的目标。而在资源有限的条件下，要想达到效益最大化，就必须尽可能做到收益最大而成本最低。所谓成本效益理念，就是要求企业在进行投资及相关经营决策行为时，必须坚持综合效益大于综合成本的价值观念。

任何投资或经营行为都难免会发生代价，这就是成本。现代财务分析中的成本概念，不仅仅包括物质耗费成本，同时也应包括人力资源成本、占用资金成本、服务成本、社会责任成本以及环境保护成本等。对成本的控制管理也不能仅仅停留在单纯地降低物质耗费或人力、资金的耗费上，还需要同时考虑各种资源的合理利用与时间上的有效配置，以及资源与资本产出的效益，包括经济效益与社会效益。

成本效益理念，并非是指必须通过降低成本的绝对支出额来达到增加企业收益的效果；有时，适当地增加成本投入也有可能会提高企业的综合效益。比如进行员工技能培训，就短期而言，显然需要一笔不菲的培训成本开支；然而，员工技术水平提高之后，在未来更长的时间内，生产效率、产品质量、创新意识和创新能力等都可能会得到促进与提高，废品率或返修率有可能相应下降，决策失误的可能性会相应减少，企业的市场竞争实力会因此增强……整体上最终还是增加了企业经济效益。这种为未来的长期利益而适当增加成本开支的行为也体现了成本效益观念。

1.4 财务分析的主要信息来源

财务分析的信息来源，主要是企业本身披露的信息资料和外部机构提供的信息资料两部分。

来自于企业本身披露的财务信息资料主要包括企业的财务报告、招股说明书、上市公告书、临时公告及其他相关资料。

而源于企业外部有关机构提供的信息资料主要包括注册会计师的审计报告、行业发展的有关经济与金融政策、行业内其他可比公司的经营与财务信息、其他中介或分析机构对企业的价值评估与分析评价报告等。以下我们将有选择地针对一些主要信息来源的形式和内容作简要介绍。

1.4.1　企业财务报告

财务报告，是综合反映企业某一特定日期财务状况和某一会计期间经营成果、现金流量等会计信息的书面文件，是进行财务分析的非常重要的信息来源。

财务报告按照其编制内容所涵盖的时期不同，可以分为年度决算财务报告和半年度、季度、月度等中期财务报告。

年度决算财务报告也称为“年报”，反映了公司一个完整会计年度终止时的财务状况和该年度公司经营盈亏情况，以及资金的流入流出状况、股东权益的变动情况等；半年度、季度、月度等中期财务报告，则分别对应的是公司在半年度、一个季度、一个月度时期内的财务信息。根据我国目前制度规定：年度报告应当在每个会计年度结束之日起 4 个月内，半年报告应当在每个会计年度的上半年结束之日起 2 个月内，季度报告应当在每个会计年度第 3 个月、第 9 个月结束后的 1 个月内编制完成并披露。

企业财务报告包括会计报表及其附注和其他应当在财务会计报告中披露的相关信息和资料。其中，会计报表是财务报告的重要组成部分，是对企业财务状况、经营成果和现金流量的结构性表述。

根据《企业会计准则》的要求，财务报告至少应当包括下列组成部分：①资产负债表；②利润表；③现金流量表；④所有者权益（或称股东权益，下同）变动表；⑤报表附注；⑥其他应当披露的相关信息和资料。其基本构成如图 1-10 所示：

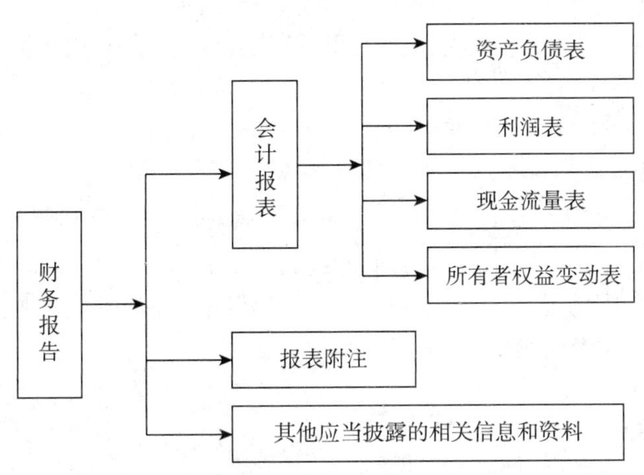

图 1-10　财务报告的基本组成

各部分反映的基本内容分别为：

（1）资产负债表：总括反映企业某一特定日期的财务状况，包括所拥有的经济资源及其具体大类构成、所承担的债务类别及其金额，以及企业净资产（即所有者权益总额）等情况。其编制依据是会计基本等式，即：资产＝负债 ＋ 所有者权益。

（2）利润表：该表反映的是企业一定时期的经营成果，包括企业经济活动中所得与所耗之间的配比效果，以及资本利得方面的信息。其编制依据为利润的计算公式，即利润＝收入 － 费用。

（3）现金流量表：这是提供企业一定会计期间内有关现金和现金等价物的流入、流出以及净流量等信息情况的会计报表，是为报表使用者提供有关企业获得与使用资金的渠道、规模与能力，以及未来资金偿付需求等方面信息的报表。它是以现金为基础编制的。这里的现金包括：企业拥有的库存现金、银行存款、其他货币资金和现金等价物等。

（4）所有者权益变动表：该表反映了构成企业所有者权益的各个组成部分在报表披露当期的增减变动情况，它不仅包括所有者权益总量的增减变动，还包括构成所有者权益的具体项目如股本、资本公积、留存收益等各部分的增减变动信息，提供了有关企业所有者权益构成的变动情况，特别是直接计入所有者权益的利得和损失等信息，因此在一定程度上体现了企业的综合收益。

（5）会计报表附注：这是财务会计报告中不可或缺的组成部分，是对资产负债表、利润表、现金流量表和所有者权益变动表等报表中所列示项目的进一步文字描述和明细解释，以及对未能在这些报表中列示的、或会计报表本身无法或难以充分表达的、但对企业或报表使用者的分析判断具有一定影响的内容和项目的补充完善和详细说明。

根据《企业会计准则第 30 号——财务报表列报》第三十九条的规定，会计报表附注一般应包括如下文字信息：

1）企业基本情况及财务报表的编制基础；

2）遵循企业会计准则的声明；

3）重要会计政策与会计估计的说明（包括报表项目的计量基础和会计政策的确定依据，下一会计期间很可能导致资产、负债的账面价值出现重大调整的会计估计的确定依据等），以及会计政策与会计估计变更和会计差错更正的说明；

4）对资产负债表、利润表、现金流量表和所有者权益变动表中的重要项目做的进一步解释说明；

5）对或有事项和承诺事项、资产负债表日后非调整事项的说明；

6）对关联方关系及关联方交易等事项的说明等。

此外，企业在会计期间发生的“其他综合收益”各项目余额及其调节情况和所得税影响，涉及重要资产的转让、出售，终止经营的损益与所得税费用，以及重大的投资、融资活动，会计期间利润的实现和分配情况，以及其他对企业财务状况、经营成果和现金流量有重大影响的事项，也都应该按照规定及时披露。

1.4.2 招股说明书

招股说明书是股份有限公司在向社会公众发行股票时，按照规定向社会公众公开有关发行信息的书面文件。根据我国证监会 2006 年 5 月修改的《公开发行证券的公司信息披露内容与格式准则第 1 号——招股说明书》中的规定，公司首次公开发行股票，必须制作招股说明书，供社会公众了解公司发起人和即将发行股份的有关事宜。招股说明书一般应包含如下内容：

（1）封面、书脊、扉页、目录、释义。这部分主要说明公开发行股票的发行人、保荐人、主承销商的基本情况；公司拟发行股票的类型、股数、预计发行日期、申请上市的证券交易所；发行人董事会的声明与解释等。

（2）概览。简要介绍发行人及其控股股东和实际控制人的情况，发行人的主要财务数据与财务指标，本次即将发行情况及募股资金的主要用途等。

（3）本次发行概况。包括发行股票的种类、股数，发行量占发行后总股本的比例，每股发行价，市盈率与市净率，预测净利润及发行后的每股盈利，发行前后的每股净资产，本次股票的发行方式与发行对象及承销方式，本次发行预计募集的资金总额和实收募股资金以及发行费用的概算等；以及发行人及相关中介、服务机构、收款银行等主体的基本情况。

此外，在发行概况中还会同时披露发行公告刊登的日期、询价日期、定价公告日期、申购期、预交款期、预计股票上市日期等。

（4）风险因素。与发行人相关的所有重大的不确定性因素，特别是发行人在业务、市场营销、内部控制、资产价值与成本费用的波动幅度、技术、财务（含资金流量）、募股资金投向及发展前景等方面存在的潜在困难、障碍、或有损失等；以及对所披露风险的定量与定性分析，已采取或准备采取的风险对策或措施等。这部分尤其应该引起分析者的注意，因为它可能是未来公司经营活动面临的首要问题，也可能是导致公司日后业绩滑坡的内在原因。

（5）发行人的基本情况介绍。除发行人的基本概况之外，这部分主要应该关注的是发行人改制重组的相关情况，股本结构及股本变动（含前十大股东情况），以及关联方关系等方面的信息。

（6）业务与技术。这部分也是分析者特别应该注意的内容。根据规定，发行人应披露公司所处行业的基本情况及影响行业发展的有利与不利因素（如政策法规、技术与行业竞争等）；公司业务范围与主营业务，主要资产、产品与服务的质量控制情况；公司主要客户与供应商的必要信息；特许经营权、核心生产技术及研发情况等。这些方面的资料所揭示的内容有可能影响或决定着公司未来的竞争实力、发展潜力和盈利水平。

（7）同业竞争与关联交易，以及避免或解决同业竞争的具体措施等。

（8）有关发行人董事、监事、高级管理人员与核心技术人员相关情况的必要介绍和说明。

（9）公司治理结构，包括治理机构的设置，近 3 年公司是否存在违法违规行为的相关说明、是否为控制股东或实际控制人及其所控制企业提供担保或出现被其占用资金的情况的声明，以及对公司内部控制的评价与鉴证等。

（10）财务会计信息，包括公司近 3 年简要的会计报表（含合并报表）及其必要的解释；资产、债务、股东权益的基本情况；报告期公司现金流量及重大投资、筹资活动的影响；以及分部信息、非经常性损益情况、报告期发生的重大资产置换、收购兼并等事项情况；同时还包括验资报告、会计师事务所的审计报告、必要的基本财务指标数据及其他信息等。这是分析者了解公司目前财务状况与经营管理绩效，预测未来盈利水平的最基本、最重要的信息来源。

（11）管理层的讨论与分析，它主要是公司管理层结合近 3 年及当期的财务报表对公司财务状况、盈利能力、资本性支出等重要方面的分析，以及对公司重大会计政策与会计估计变更及其与可比上市公司之间存在差异的说明与分析；此外，这部分还包括了管理层对公司目前涉及的重大担保、诉讼、或有事项等情况可能产生的影响的说明，以及对公司在行业、业务经营等方面具备的主要优势和存在的困难的简要分析。

（12）业务发展目标，包括发行当年及未来两年的业务发展计划，做出计划所依据的条件及实施中面临的困难；实现目标的主要经营理念与模式；募集资金对实现目标的作用等。

（13）募股资金运用。如募股资金的总量，募股资金的具体用途及其对公司主要财务状况与经营成果的影响等。

（14）股利分配政策。它包括公司近 3 年的股利分配政策、本次募集发行之前滚存利润的分配安排，以及本次发行之后的股利分配政策等。

（15）其他重要事项。这部分主要披露的是发行人建立信息披露的制度及相关负责部门与负责人的联系方式，发行人对生产经营活动及未来发展与财务状况有重要影响的合同内容，以及对其财务、经营、未来前景、公司声誉等可能产生较大影响的诉讼与仲裁事项（包括关联方涉及的重大诉讼与仲裁事项）等。

（16）董事、监事、公司高管及有关中介机构对履行职责、确保信息质量等所作的声明。

（17）附录与备查文件。

1.4.3 上市公告书

上市公告书是发行人在其股票上市交易之前，向公众公告与发行上市有关事项的书面文件。根据上海交易所 2013 年 12 月 27 日颁布的《股票上市公告书内容与格式指引（2013 年修订）》中的规定，上市公告书一般应包括以下几个部分：①重要声明与特别风险提示；②发行人、主承销商、参与网下配售的投资者及相关利益方关于维护公司股票上市后价格稳定的协议或约定（如果有的话需要披露）；③发行人及其控股股东、公司董事及高级管理人员关于持股锁定期、股份减持价格、公司股票市价波动方面的有关声明或承诺；④发行人及其控股股东、实际控制人、公司董事、监事、高级管理人员等相关责任主体，保荐机构、会计师事务所等证券服务机构，关于因相关披露信息中的虚假记载、误导性陈述或重大遗漏导致投资者遭受损失的，将依法承担相应赔偿责任的公开承诺及未能履行承诺时的约束措施、保荐机构和发行人律师对上述承诺及约束措施发表的意见；⑤发行人公开发行前持股 5% 以上股东的持股意向及减持意向。⑥股票上市相关信息，如上市时间、地点、股票代码与简称、本次发行数量与发行后总股本；⑦本次发行前后的股本结构变动情况，前十大持股股东及其持股数量及持股比例；⑧发行人、控股股东及实际控制人的基本情况；⑨本次发行基本情况，如发行数量与发行价格、发行方式与发行费用、募集资金总额、净额及注册会计师对资金到位的验证情况、发行后每股净资产与每股收益；⑩主要会计数据及财务指标等财务会计情况：

除此之外，按照新的披露规定，发行人还需要在上市公告书中披露自招股意向书刊登日至上市公告书刊登之前已经发生的、可能对发行人公司有较大影响的其他重要事项，包括主要业务发展目标的进展，所处行业或市场的重大变化，订立的对发行人财务状况与经营成果可能产生重大影响的重要合同，公司董事、监事、高级管理人员及核心技术人员的变化，重大关联交易，重大投资活动，重大担保、诉讼与仲裁事项，保荐机构相关情况与推荐意见等。

上市公告书的内容一般都概括了招股说明书中的基本内容和公司自招股说明书披露日至上市公告书刊登日之间所发生的、对相关决策者可能有重大影响的信息及其他一些近期的重要资料。因此在阅读时应该与招股说明书结合起来进行分析。例如应该重点关注或留意自招股说明书披露日至上市公告书刊登日之间公司所发生的重大事项与显著变化，所募集资金的运用计划及风险、收益预测，投资项目是否与招股说明书中的相吻合、是否改变了投向、是否按计划使用了所募集的资金等。

1.4.4 注册会计师审计报告

审计报告是注册会计师依据中国注册会计师独立审计准则的规定，在实施审计工作的基础上，对企业财务报告发表审计意见的书面文件。审计报告作为民间审计的主要形式，通常具有一定的权威性和法定证明效力。财务报告使用者或分析者在阅读分析企业财务报告之前，有必要先阅读一下注册会计师出具的审计报告，了解注册会计师对企业财务报告的审计结果。毕竟大部分的报表使用者对企业的日常经营活动一无所知，也难以及时获得有关企业日常行为的确切信息，更不可能对企业进行实地核查，因而也就无法对企业财务报告的真实、合法与完整性做出恰当的判断与评价。对审计报告的阅读，有助于报表使用者借助于注册会计师的审计行为初步获得有关企业财务状况是否真实、可靠、合法的“旁证”，了解财务报告所披露的信息是否存在可能会影响其分析与决策的相关事项等。

按照我国证监会 2001 年 12 月 22 日发布的《公开发行证券的公司信息披露编报规则第 14 号——非标准无保留审计意见及其涉及事项的处理》中的解释，审计报告一般包括标准无保留意见审计报告与非标准审计报告。当注册会计师出具的无保留意见审计报告不附加说明段、也无强调事项段或任何修饰性用语时，即为标准审计报告；而非标准审计报告，是指标准审计报告以外的其他情况的审计报告，包括带强调事项段的无保留意见审计报告、保留意见审计报告、否定意见审计报告和无法表示意见的审计报告等。不同的审计报告代表着注册会计师不同的审计结论，也代表着注册会计师对企业财务报告质量的不同评判结果。从某种程度上讲，它就相当于是注册会计师经过必要的审计程序之后，对企业财务报告出具的一份质量鉴定书。

1. 标准审计报告

标准审计报告即标准无保留意见审计报告，是指注册会计师经过审计后，认为被审计单位的会计报告是按照适用的会计准则和相关会计制度的规定编制的，公允反映了被审计单位的财务状况、经营成果和资金流量的变动情况，账务处理中对会计政策与会计估计的选择和确定能够合理保证财务报表不存在重大错报。也就是说，注册会计师认为财务报告质量合格，所披露的信息能够基本满足非特定信息使用者的基本需要，财务报告信息的可信度较高。

标准审计报告通常由三部分组成：第一部分是明确被审计单位管理层对财务报表的责任；第二部分是明确注册会计师的责任。这两部分的文字和格式一般几乎是固定不变的，所以没必要特别关注。第三部分是注册会计师的具体审计意见，也可以说是审计报告中最核心的内容或结果。标准审计报告的第三部分也基本是固定的文字，如例 1-7 所示（考虑篇幅，此处只列示核心的第三部分的全部文字）。

例 1-7 注册会计师为青岛海尔股份有限公司 2013 年度财务报告出具的审计报告

青岛海尔股份有限公司全体股东：

我们审计了后附的青岛海尔股份有限公司（以下简称海尔股份公司）财务报表，包括 2013 年 12 月 31 日的合并及母公司资产负债表，2013 年度的合并及母公司利润表、合并及母公司现金流量表、合并及母公司股东权益变动表以及财务报表附注。

一、管理层对财务报表的责任

……

二、注册会计师的责任

……

三、审计意见

我们认为，海尔股份公司财务报表在所有重大方面按照企业会计准则的规定编制，公允反映了海尔股份公司2013年12月31日的合并及母公司财务状况以及2013年度的合并及母公司经营成果和合并及母公司现金流量。

××××会计师事务所（特殊普通合伙） 中国注册会计师：×××，×××

二〇一四年四月二十五日

2. 非标准审计报告

非标准审计报告，一般包括带强调事项段的无保留意见审计报告、保留意见审计报告、否定意见审计报告和无法表示意见的审计报告等，这几种审计报告，相当于注册会计师认为被审计单位的会计报告反映出企业一定的问题或存在一定程度上的不合格事项。

（1）带强调事项段的无保留意见审计报告。这是在标准的无保留意见审计报告之后，还附带有一些强调事项段的审计报告。这种情况并非是说被审计单位的财务报告本身不合格，而是注册会计师认为：被审计单位的财务报告虽然是公允、完整的，但其自身经营状况存在一些重大财务问题或财务风险，对报表使用者的分析判断或决策可能产生重要影响，有必要提醒以引起关注。

例1-8 注册会计师为新疆天宏纸业股份有限公司2012年度财务报告出具的带强调事项段无保留意见审计报告（节选）

新疆天宏纸业股份有限公司全体股东：

我们审计了后附的……

三、审计意见

我们认为，贵公司财务报表在所有重大方面按照企业会计准则的规定编制，公允反映了贵公司2012年12月31日的财务状况以及2012年度的经营成果和现金流量。

四、强调事项

我们提请报表使用人关注，天宏纸业2012年11月9日董事会临时公告因冬季原料短缺，不能保持连续生产，致使生产成本增大，产品质量不稳定，鉴于此，公司生产系统中文化用纸及木质素生产线自2012年11月1日起停机，预计到2013年3月中旬恢复生产。

天宏纸业主业持续亏损，2012年度营业利润–4 021.29万元，净利润–3 833.27万元，其中：归属于母公司所有者的净利润为–3 807.56万元，扣除非经常性损益后归属于母公司所有者的净利润为–4 058.83万元。2012年12月31日公司所有者权益为10 358.40万元，归属于母公司所有者权益为10 366.70万元，其中：股本为8 016.00万元。天宏纸业已在其财务报表附注第十项中的（二）部分披露了拟采取的改善措施，但其持续经营能力仍然存在不确定性。

此外，我们注意到，天宏纸业原在中国农业银行石河子兵团分行的贷款4 818.93万元，该贷款已逾期，中国农业银行石河子兵团分行根据股份制改制方案作为不良贷款剥离，天宏纸业在2009年已做停息挂账处理。如天宏纸业财务报表附注第七项中的（三）部分所述，中国农业银行石河子兵团分行对上述不良贷款是否会向本公司收取利息具有不确定性，新疆生产建设兵团农业第八师（以下简称“农八师”）就此已承诺：如果中国农业银行石河子兵团分行未来向本公司收取上述贷款自2008年11月20日以后产生的利息和罚息，则该利息和罚息均由农八师承担。

上述强调事项的内容不影响已发表的审计意见。

××××会计师事务所（特殊普通合伙）　　　　中国注册会计师：×××，×××

二〇一三年一月二十九日

证监会在《公开发行证券的公司信息披露编报规则第14号——非标准无保留审计意见及其涉及事项的处理》中明确规定：“凡注册会计师对上市公司的财务报告出具非标准无保留审计意见的，应当根据中国注册会计师独立审计准则的要求，在其审计报告中清楚地说明出具该意见的原因及依据，并对该意见涉及事项对上市公司财务报告的影响做出估计，无法估计的应当说明原因。”

（2）保留意见的审计报告。一般是注册会计师经过必要的审计流程之后，认为被审计单位的财务报告就其整体而言基本上是公允的，但在某些方面还存在着一些问题。主要表现在两方面：

一是在对极个别事项的会计处理上，会计政策与会计估计的选择确定或相关报表信息的披露不符合会计准则和会计制度的规定，但经注册会计师指出后被审计单位又拒绝就此进行调整；

二是注册会计师对被审计单位个别问题的会计处理方法是否合适或恰当持有怀疑，但受制于审计手段或方法、区域的原因，不能获取充分的审计证据，无法就此做出具体审计判断的情况。

保留意见的审计报告，通常是由于上述个别问题的存在而引起的。除此之外，在不涉及这些个别事项的前提下，被审计单位的财务报告在其他方面所披露的信息仍然是公允和可利用的。

例1-9　注册会计师为吉林紫鑫药业股份有限公司2013年度财务报告出具的保留意见审计报告（节选）

吉林紫鑫药业股份有限公司全体股东：

我们审计了后附的……

三、导致保留意见的事项

紫鑫药业存货中含有2011年内购入的野山参1 803根计8 172.38克，账面含税价值129 298 206.98元，虽已取得延边山参研究所出具的野山参鉴定证书，并由中国科学院北京基因组研究所出具单品抽样测试检验报告，但其中仍有部分未取得购买发票等合规入账凭证。虽然紫鑫药业本期有少量市场销售行为，但鉴于野山参货品的特殊性，目前尚无公开的令人信服的市场交易报价体系，亦无价值认定权威机构或部门，我们无法取得充分适当的审计证据以判定紫鑫药业对该等存货认定的恰当性。

四、保留意见

我们认为，除“三、导致保留意见的事项”段所述事项可能产生的影响外，紫鑫药业的财务报表在所有重大方面按照企业会计准则编制，公允反映了紫鑫药业 2013 年 12 月 31 日合并及母公司财务状况以及 2013 年度合并及母公司经营成果和现金流量。

××××会计师事务所（特殊普通合伙）　　　　中国注册会计师：×××，×××

二〇一四年二月二十四日

（3）否定意见的审计报告。如果被审计单位的财务报告被注册会计师出具了否定意见的审计报告，说明该财务报告存在较多公允性或可靠性方面的问题，没有完全遵循适用的会计准则和相关会计制度的规定，未能在所有重大方面公允反映被审计单位的财务状况、经营成果和现金流量；或者被审计单位的报表严重歪曲了其实际的财务状况、经营成果与资金流量变动等情况，被审计单位又拒绝对此进行调整。由于这些重大错报会误导报表信息的使用者做出错误的判断或决策，因此报表信息已基本上失去了其分析使用的实际价值，充其量只能作为一种粗略的参考而已。

2012 年 4 月 29 日，上海交易所（以下简称“上交所”）和深圳交易所（以下简称“深交所”）相继发布了《关于完善上海证券交易所上市公司退市制度的方案》和《关于改进和完善主板、中小企业板上市公司退市制度的方案》（征求意见稿），在已有的上市公司退市实践经验和问题的基础上，进一步完善上市公司退市制度，增加了财务、审计、市场等方面的相关评价指标。其中关于审计意见类型方面，上交所规定：“上市公司最近一年的年度财务报告被会计师事务所出具否定意见或无法表示意见的，对其股票实施退市风险警示；最近两年均被出具否定意见或无法表示意见的，其股票应暂停上市”、“因净利润、净资产、营业收入或审计意见类型触及规定的标准被暂停上市后，其后一年的财务报告被会计师事务所出具否定意见或无法表示意见的，其股票应终止上市”。而深交所的规定虽然措辞不同，但意思与上交所基本一致。

也许是该方案的震慑作用，近年来上市公司财务报告被会计师事务所出具否定意见的审计报告几乎没有。但与其相关的是：2010 年 4 月，财政部、证监会、审计署、银监会和保监会五部委联合发布了《企业内部控制应用指引》、《企业内部控制评价指引》、《企业内部控制审计指引》和《关于 2012 年主板上市公司分类分批实施企业内部控制规范体系的通知》等，要求境内外同时上市的公司以及中央和地方国有控股主板上市公司，应在披露 2012 年公司年报的同时，披露董事会对公司内部控制的自我评价报告以及注册会计师出具的内部控制审计报告。据统计资料显示，当年共有 2 244 家上市公司披露了内部控制评价报告，1 532 家上市公司披露了内部控制审计报告。其中审计结论为标准无保留意见的上市公司 1 506 家，带强调事项段的无保留意见的上市公司为 22 家，而北大荒（600598）、贵糖股份（000833）、天津磁卡（600800）、海联讯（300277）等四家上市公司的内部控制则被注册会计师出具了否定意见审计报告。

（4）无法表示意见的审计报告。注册会计师在履行审计职责时，常常需要借助于包括审阅、查账、函证、监盘等一系列必要的手段与审计程序，才能获取充分、适当的审计证据，以对被审计单位财务报告的合法性、公允性做出恰当的判断与评价。然而，如果在审计过程中，审计范围受到委托人、被审计单位或客观环境等的严重限制，使得注册会计师不能获取充分、恰当的审计证据时，注册会计师就无法对财务报告整体所反映的内容发表评判意见，只能出具无法表示意见的审计报告。这种情况下，被审计单位的财务报告并不一定存在严重问题，只是由于必要的审计工作受到限制而导致的。因此与被出具了否定意见审计报告的财务报表在报表质量与可利用性方面还是有所区别的。但即便如此，鉴于许多公司通常会抱有“家丑不外扬”的心理，这类财务报告的信息风险还是应引起报表使用者的特别注意。

例1-10 **注册会计师为深圳新都酒店股份有限公司2013年度财务报告出具的无法表示意见审计报告（节选）**

深圳新都酒店股份有限公司全体股东：

我们审计了后附的……

三、导致无法表示意见的事项

如财务报表附注六、七、十所述等，新都酒店为关联方提供违规担保，根据公司独立董事告知该项担保从未经公司董事会、股东大会审议，是在公司及董事会不知情的情况下擅自以公司名义所做的担保，另新都酒店向关联方购买资产、向关联方出租资产等，在审计中，我们无法实施满意的审计程序，获取充分适当的审计证据，以识别新都酒店的全部关联方，我们无法合理保证新都酒店和关联方交易的相关信息得到恰当的记录和充分的披露，这些交易可能对新都酒店的财务报告产生重大影响，我们也无法判断是否还存在其他对财务报表产生重大影响的诉讼、担保情况等。

四、审计意见

由于“三、导致无法表示意见的事项”段所述事项的重要性，我们无法获取充分、适当的审计证据以为发表审计意见提供基础，因此，我们不对新都酒店合并及母公司财务报表发表审计意见。

××××会计师事务所（特殊普通合伙） 中国注册会计师：×××，×××

二〇一四年四月二十八日

当然，即使是经过注册会计师审计、被出具了标准无保留意见审计报告的财务报表，也不一定就完全真实、全面地反映了被审计公司的实际情况。现实中，由于会计政策与会计估计本身的局限性、财务会计数据的滞后性，以及相关当事人特别是被审计公司管理当局和注册会计师的职业道德、专业水平等主、客观因素的影响，可能会导致公司公布的财务报告与其现实情况存在一定程度的脱节。例如，按照历史成本计价的资产账面价值有时不一定对等于其现时的变现能力，而对固定资产可使用年限与净残值的估计也不一定能客观反映其真实的价值损耗，因而也就不能准确反映公司的财务与经营状况。此外，公司管理当局出于某种特殊目的而人为操纵利润、粉饰报表，也影响着其报表数据的可信度。

除上述介绍的一些相关财务信息形式之外，验资报告、资产评估报告、项目评估报告、企业社会责任报告、内部控制评价报告等，也是有助于我们了解企业实际情况，正确进行企业评价判断的主要外部信息资料。

案例与思考

本章介绍了财务分析的基本价值观念。这些观念既可运用于企业经营决策，也可以运用于人们的日常生活。下面的案例即为现实中常见的一类情况。

案例 1-1 按揭购房者的财务分析

小 W 夫妇今年末已有积蓄 25 万元。以后每月的工资收入合计在 9 000 元左右，维持日常生活开支每月花费 4 000 元左右，每月可积蓄约 5 000 元。现在他们准备投资购置一处二手房产。总房价约为 80 万元，准备首付一部分房款，余款实行银行按揭。假设银行按揭的月利率为 0.5%，按揭从明年 1 月开始。有关情况如下：

（1）如果小 W 夫妇考虑在现有积蓄中留存 8 万元准备装修之用，购房时首付 17 万元，按揭年限想短一些，初步定在 10 年，采用按月等额还款方式。那么以小 W 夫妇目前每月 5 000 元的支付能力能否支付每月的按揭款？理性的按揭期限设定在多长时期内比较好？

（2）如果小 W 夫妇目前打算将房产用以出租，以租养房。考虑到房屋装修及必要的通风等需要大约半年时间。假设该房产半年后可以出租，月租金约为 2 000 元。那么按照小 W 夫妇目前每月 5 000 元的结余收入及房租收入（房租收入从第 7 个月开始计算），最快能在多长时间内还清贷款？

思考

考虑不同情况下现金流量的净现值，利用年金现值的方法进行比较分析。

案例 1-2 企业经营中的时间价值与风险观念

有这么一家企业，规模不大，专门经营出口皮具的生产。2000 年，该公司为扩大生产规模，准备引进两条进口生产线。当时，在国际金融市场上，美元利率一路攀升；而在国内资本市场，人民银行连续调低存款利率。在此之前，企业为了保持良好的偿债能力和日常生产经营所需资金的周转需要，在当地银行账户中保留了大量的现金存款。此时，面临固定资产的投资需求，是动用自有流动资金，还是利用银行长期贷款，成为企业经营决策者所必须回答的问题。若动用现金存款，流动资产必然减少，流动比率下降，企业可能会承担一定的财务风险；而如果向银行贷款，期限自然不会太短，企业就必须承担高额的贷款利息。

企业决策层在摸清本企业目前的财务状况和资金流量，论证了企业近几年的经营业绩之后认为：企业多年来连续保持着理想且比较稳定的经营业绩，在客户中间和在社会上都树立了良好的商业信誉和公众形象，这对企业在必要的时候从银行获得优惠的短期流动资金贷款很有帮助。如果为了维持正常的流动比率而将自有资金低息存入银行，却又以高息贷入银行长期借款，两者之间仅在利息上的差额就十分可观。以 200 万元资金为例，如果存入银行活期，按照当时利率计算，1 天的利息仅 100 元左右；而若向银行贷款 200 万元，则 1 天的利息就相当于企业 1 位员工 1 周的工资！

权衡利弊之后，决策层果断决定：用现有存款资金加少量的银行贷款来购买这两条进口生产线。这种做法将闲置的现金流动资产转化为了固定资产，也使企业的流动比率暂时由原来的 1.27 下降为购买固定资产之后的 0.83。

现金存款转换为固定资产之后，企业对现金的日常调度和管理控制提出了更高的要求。财务部门从内部挖掘潜力，利用网络提供的便利，提高现金收支的计划管理，加快现金回收力度。日常经营出现的暂时性资金短缺通过利率优惠的短期流动资金贷款来解决：资金不足时靠贷款补给，资金回笼后随时还贷。这样既保证了日常生产经营对资金的周转需要，又减少了利息支出，规避了潜在的汇率风险，维护了企业信誉。这两项措施实施后的次年上半年，企业便实现了现金存量 200 万元的控制目标并获得了可观的经济效益。

思考

市场经济下，企业的几乎每一类生产经营活动，都离不开资金的支持，也离不开对资源的利用和管理。如何分析决策资金的筹措、如何分析决定对资源的具体配置与使用，很大程度上影响着企业的经营绩效。请结合此案例，留意分析你身边存在的相关财务事项。

资料来源：环球咨询信息网。

第2章 财务会计报表解读

本章要求

- 了解财务报表的形成原理
- 掌握资产负债表及其附表解读的基本方法
- 掌握利润表及其附表解读的基本方法
- 理解现金流量表所传递的资金流方面的基本信息

引 例

近20年来，我国部分公司的财务报告舞弊案件似乎从未停止过。从20世纪90年代初期轰动一时的北京长城机电非法集资案、深圳原野虚假财务验资案，到20世纪90年代中末期的琼民源、红光实业、东方锅炉等的财务舞弊案，再到2000年的黎明股份、2001年的麦科特舞弊案，以及蓝田股份、银广夏风暴，近几年的新大地、万福生科欺诈上市等，随着国家监管力度与查处力度的加强，越来越多的财务信息虚假事件被掀起了冰山一角，也将上市公司财务报告舞弊问题推向了公众舆论的焦点。财务报告造假一个比一个隐蔽、金额也一个比一个让人触目惊心！

"风起云涌"的财务造假、"前仆后继"的报表陷阱，程度一个比一个严重，金额也一个比一个惊人，直接损害的是广大中小投资者的切身利益。银广夏造假曝光之后，连续15个跌停板，减少的不仅仅是投资者的经济利益，也同时影响到社会公众对上市公司、中介机构，甚至是对整个资本市场的信心和支持。万福生科涉嫌欺诈上市被查处后，虽然原公司董事长、原保荐机构及保荐人等都相应受到了处罚，也设立了专项基金对投资者损失进行一定的赔偿，但这种赔偿却难以消除投资者对资本市场信息质量的失望。

2007年开始实施的新会计准则，将公允价值重新列入了计量模式。在客观反映企业真实资产价值与财务状况的同时，也让个别公司挖掘到一条粉饰报表业绩的新途径，这也就对报表信息的使用者正确理解企业盈利，特别是经常性的、可持续性盈利能力等提出了更高要求。

财政部2013年12月16日披露了"中华人民共和国财政部会计信息质量检查公告（第二十六号）"，对央企、上市公司、外资企业等共计106家企业财务信息和57家有证券审计资格的会计师事务所开展了会计监督检查。检查公告明确指出，部分企业在会计核算、财务管理、内部控制等方面依然存在严重违规行为。如"天津松江股份有限公司未按规定申报缴纳土地增值税1.57亿元、营业税及附加1.93亿元、企业所得税2.08亿元等各项税款共5.6亿元。安徽皖能股份有限公司部分子公司财务指标缺少会计凭证等"。

触目惊心的造假与粉饰行为，使人们不得不对所看到的财务信息产生怀疑。“除了‘假话’是真的，其他信息都是假的”。这种说法虽然有些偏激，但能引得国务院前总理朱镕基在视察国家会计学院时挥笔题下“诚信为本，操守为重，坚持准则，不做假账”的警训，也不能不引起人们的思考……

企业通过财务报告向外界传递其有关财务状况、经营成果、资金流量等方面的信息，投资者借此进行相应的分析与投资决策，国家管理与监督部门借此对企业实行宏观管理与监督控制。然而，出于不同目的的考虑，一些企业可能会想方设法绕过法律法规这根“高压线”，竭尽所能进行报表粉饰；个别公司甚至可能铤而走险，向外界提供虚假财务信息。即所谓的“对内一本真账，对外一本假账；对主管部门一本业绩账，对税务机构一本哭穷账；对债权人一本糊涂账，对投资者一本朦胧账”。

如何正确理解和利用企业对外提供的财务报表信息，识别企业优劣，预测企业未来？高效准确地解读财务报表尤为重要。

财务报告是企业向外界传递自身经营活动及财务状况，以及资金流量等信息的一种专门载体，是企业按照一定的规范性要求对外披露的反映其某一特定日期财务状况和某一会计期间经营成果、资金流量等相关资料的书面或电子文件，包括数据化信息和非数据化信息。其中数据化信息包括了资产负债表、利润表、现金流量表和所有者权益变动表及其合并报表中的有关数据资料；而非数据化信息则包括董事会报告、监事会报告、公司重大事项说明、财务报表附注等。

随着行业竞争风险的加剧以及高科技的发展，经验决策的影响因素瞬息万变。人们对会计信息的期望与要求也在不断提高，现行财务报告所提供的会计信息的效用正受到极大的挑战，其信息的公允性和有用性已引起监管层与理论、实务界人士的普遍关注。

大多数的财务分析都是以企业财务报告所反映的数据及其他相关信息为主要原始资料进行分析的。因此，对于企业财务报告，特别是财务报表的阅读与理解，便成为决定财务分析质量的基本要素之一。本章将重点介绍有关企业财务会计报表阅读与理解的一些基本知识与方法，帮助读者正确理解会计报告所传递的基本信息。

2.1　财务报表的形成原理

财务报表的编制，依据的是企业真实发生的交易或事项，以及正确、完整的会计账簿记录等资料，按照会计基本准则及相关会计制度的规定编制而成的。因此，正确理解财务报表，首先应对构成会计账簿与会计报表的六大会计要素，以及影响会计账簿数据记录的基本核算原理和会计政策与会计估计等有所了解。

2.1.1　六大会计要素

会计要素是对会计核算对象——企业（或其他会计主体）经济业务活动中能够以货币计量的资金运动——进行的基本分类，它既是对会计核算对象的具体化，又是最终形成企业会计报表的基本要素。按照企业会计准则的规定，会计要素一般分为六大类，即资产、负债、所有者权益、收入、费用和利润。

其中资产是企业拥有或控制的资源，也是企业各类资金来源在经营活动中的具体表现形态；对这些资源的使用，预期会给企业带来一定的经济利益。

负债则是企业承担的现时债务，也构成了企业因占用债主资金而形成的债务性资金来源；对这些债务的履行，预期会导致企业经济利益的流出。

所有者权益也称为“股东权益”，是指企业股东（或现有投资者）对企业全部资产扣除债务之后的净额（也称为“净资产”）的所有权或剩余要求权，也形成了企业的权益性资金来源。由于对任何一家企业而言，资金来源总额一定等于企业同期对这些资金的具体占用，因此便形成了如下会计恒等式：

资产＝负债 ＋ 所有者权益

收入是指企业在日常活动中形成的、与投入资本无关但会引起所有者权益增加的企业经济利益总流入。

费用与收入相对立，是指企业在日常活动中发生的、与利润分配无关但会引起所有者权益减少的企业经济利益的总流出；从最终影响上讲，费用也可以说是对资产的价值耗费。

利润则是收入（含资本利得）扣除费用（含资本损失）之后的净额，即：收入－费用＝利润。如果该净额大于零，意味着企业盈利，所有者权益将因此增加；反之，如果该净额小于零，说明企业发生了亏损，所有者权益将因此减少。

任何企业的财务报表，都是围绕这六大要素的具体内容及其变动情况进行编制和信息披露的。其中资产、负债、所有者权益这三大要素，构成了企业资产负债表中的主要内容，所以也被称为是“资产负债表要素”；反映了企业某一特定时点所拥有的资源、所承担的债务，以及股东享有的利益构成等存量方面的财务信息。而收入、费用和利润这三大要素，则构成了企业利润表的主要内容，是从动态角度反映企业在某一特定时期经营运作活动的所得与所耗，体现了企业投入产出水平与经营盈亏成果；至于现金流量表，则基本提供的是企业“资产”要素中现金及现金等价物在一段时期内的收付情况的资料；所有者权益变动表，则说明的是“所有者权益”要素中各具体构成项目的明细变动情况。

六大要素的明细构成项目将在随后的“资产负债表解读”与“利润表解读”章节中一一介绍。

2.1.2 权责发生制

由于财务报表反映的是企业特定会计期间六大要素的具体情况，因此对企业经营活动中所获得的收入以及产生费用的归属时期的确认，便直接影响到对不同会计期间经营绩效的确认与评价问题。由于实务中常常会出现现金收支流向与实施具体业务事项的时间不尽同步的问题，如产品已经售出但售货款尚未收到、电力已经使用但电费尚未缴纳、给某报刊的广告费已经预付但广告尚未刊登等。这种情况下，究竟是以现金收支时间作为确认收入、费用的时间标准（即“收付实现制”），还是以业务事项的具体实施时间作为确认收入、费用的时间标准（即“权责发生制”）？两种方式显然会得出不同的计算结果。

所谓权责发生制，是指企业对于收入和费用的确认，应当以创造收入或产生费用的具体业务行为实际发生的时期（即收入、费用的归属期）作为计量确认的时期标准：即凡是当期创造的收入或发生的费用，无论当期是否同步收付货币资金，都应当作为当期的收入或费用予以确认；相应的，对于那些具体创收或耗费行为不是发生在当期的，即使当期收到或支付了货币资金，也仅仅只能作为债权或债务处理，而不能确认为当期的收入和费用。

权责发生制原则，在确认不同会计期间的收入和费用时，注重的是事件发生的客观事实，因而有利于恰当合理地反映企业财务状况，特别是对不同时期经营业绩进行正确评价。因此成为企业会计要素确认与计量时的基本核算原则。

2.1.3　会计政策与会计估计

企业在对日常经济业务进行会计核算时，除了要考虑收入、费用在不同会计期间的确认问题，还需要基于会计准则的要求和企业实际情况确定一定的会计政策与会计估计（即确定对经济业务进行会计确认和处理时的具体原则与方法和对结果不确定的事项所做的必要判断），如对领用材料或出库产品成本的计算方法、对坏账损失和借款费用的账务处理方法、对固定资产计提折旧的方法等的具体规定，以及对固定资产可使用年限和预期净残值的估计、对产品“三包”期限内预期售后服务费用的估计、对建造合同完工进度的测算等。会计政策与会计估计的确定具有一定的技术性和专业性，同一财务数据在不同背景或不同会计处理方法下所传递的信息内容可能是不完全一样的；而同一经济业务在不同会计处理方法下所形成的数据信息也可能是不完全一样的。这就有可能造成同一经济事项在会计账簿乃至财务报表所提供信息中的不同表现结果。

例 2-1

以固定资产折旧方法为例：假设我们上年年末新增投入一套生产设备，取得及安装调试等的全部成本为 960 万元（为简化起见，此处我们不考虑增值税的问题）。预计该套设备可使用年限约十年整，十年后设备处置的预期净残值率估计为原价（即取得时的全部成本）的 5%，即十年之内，该套设备应确认的总折旧额为 960×（1 － 5%）＝ 912 万元。

如果企业按照最简单的“平均年限法”计提固定资产折旧，则该套设备每年的折旧额均为 91.2 万元（即 912÷10 ＝ 91.2 万元），在产销基本平衡的情况下，意味着企业每年就此确认的折旧“费用”为 91.2 万元，受此影响，每年实现的经营利润将因此减少 91.2 万元，而作为资产的设备净价值也将因此每年减少 91.2 万元。

而如果企业按照加速折旧法中的“年数总和法”计提折旧，则该套设备每年的折旧额各不相同，以头两年为例，每年的折旧额将分别为 165.82 万元和 149.24 万元，如表 2-1 所示。

表2-1　不同折旧方法对财务报表中会计要素的影响　（单位：万元）

	当期计提折旧额（费用要素）		账面净值（资产要素）		对经营利润的影响	
	第　一　年	第　二　年	第　一　年	第　二　年	第　一　年	第　二　年
平均年限法	912÷10 ＝ 91.2	912÷10 ＝ 91.2	960 － 91.2 ＝ 868.8	868.8 － 91.2 ＝ 777.6	每年减少 91.2 万元	
年数总和法	912×10÷55 ＝ 165.82	912×9÷55 ＝ 149.24	960 － 165.82 ＝ 794.18	794.18 － 149.24 ＝ 644.94	减少 165.82 万元	减少 149.24 万元

显然，对该套设备的正常使用这一经济行为是客观存在和确定不变的，但在上述两种方法下，会计账簿及相应的财务报表中所记录和反映的资产价值、费用与利润水平却明显

不同，进一步便会直接影响到使用者不同的后续分析与评价，甚至影响到使用者相应的后续经济行为决策。因此，了解企业具体采用的会计政策与会计估计，对于正确理解财务信息、准确解读财务报表是至关重要的。

2.1.4 谨慎性与实质重于形式原则

人们时常会听到这样一句话："做最坏的打算，追求最好的效果。"体现在会计实务方面，便称之为谨慎性或稳健性原则。如前述例 2-1 所示：由于企业在进行经济业务的会计处理时，在现行政策允许的范围内，有时会遇到不同的会计处理方法或会计流程可供选择，但不同的选择会造成对会计要素或财务报表的不同程度的影响。此时为了避免企业或财务信息使用者盲目乐观，便设定了谨慎性原则。它要求会计人员在遇到多种可供选择的会计核算处理方法时，应充分估计可能发生的损失或费用，而不要过多估计可能获得的资产或收益，以便使企业所形成的账簿或报表等反映财务状况与经营成果信息的资料都建立在稳妥可靠的基础上，防止因浮夸或过于乐观而导致的盲目投资，以增强企业抵御风险的能力。

例如对于应收款项在报表中的披露问题，由于应收款可能存在着收不回来的风险，因此会计制度规定企业应采用备抵法进行账务处理，即按照账龄分析法或个别确认法等方法分析期末应收款项中可能存在的潜在坏账，并通过计提坏账准备的形式将其不利影响提前消化，期末列示在资产负债表上的应收款项则是扣除坏账准备余额后的数值。这就避免了现有应收款日后一旦成为坏账给企业经营带来的不良影响，体现了谨慎性的要求。

类似的如存货计价方法的选择、资产减值准备的提取，以及固定资产采用加速折旧法等，均体现了谨慎性的原则。

会计实务中除谨慎性原则之外，实质重于形式原则也是其特有的要求。虽然说现实中绝大多数经济业务的法律形式和经济表现（即经济实质）在时间上是基本一致的，但偶尔也会出现同一时期两者不对应的情况。典型而又常见的如企业的融资租赁行为：对固定资产承租方而言，融资租入的某项固定资产，从法律形式上讲企业并未拥有该资产的所有权而只拥有使用权，因此是不应该作为承租企业自己的资产进行记录的；然而从经济影响的实质来看，融资租赁的特点之一就是租入方对租入资产的长期占用并分期支付包含有出租方潜在利润的租金；融资租入资产的大部分有效使用期以及所能产生的经济利益几乎都被租入方所享有，本质上类同于分期付款买入资产所产生的影响。因此从如实反映经济业务对企业的真实影响这一会计基本要求来讲，会计上对于融资租入的固定资产，规定应遵循"实质重于形式原则"、将其视同自有资产进行纪录和核算，并按照一定的方法计提折旧。也就是说，公司财务报表中所列示的资产，并非一定都是公司拥有所有权的资产，也有可能仅仅只是拥有控制权的资产。

2.2 资产负债表解读

资产负债表是反映企业某一特定日期财务状况的会计报表，由资产、负债、所有者权益三大会计要素构成，属于一张静态报表。根据企业会计制度的规定，每月及每年年末企业都应该编制当期的资产负债表，用以反映截至该期末企业拥有或控制的、能以货币计量的经济资源及其总体分布形态、企业所承担的债务结构以及企业净资产（即所有者权益）的组成与变动情况等。

2.2.1　资产负债表的作用及其结构

1. 资产负债表的作用

对于报表阅读与分析者而言，资产负债表所传递的信息能够发挥如下作用：

（1）有助于使用者全面了解企业资产规模、结构与资产质量，判断企业持续生产经营的能力和竞争实力。由于资产是任何一家企业赖以生存、运营并获利的基本要素。资产数量的多少，很大程度上决定着企业经营规模的大小；不同类别的资产在数量上是否匹配、质量上是否符合要求，也直接影响着生产经营计划能否顺利实施。因此对于资产相关信息的分析，是评价企业可持续性发展、以及潜在盈利能力与竞争实力的基础。

（2）有助于了解企业的资本结构、评价企业进一步融资的能力及潜在的财务风险。资本结构是指企业不同资金来源的构成。从大类上讲，企业资金主要来自于两类：一是来自于债主，形成企业各种各样的负债。由于债务通常附有特定的偿还期限，因此会对企业资金支付形成一种压力；二是来自于股东，形成企业的所有者权益。在持续经营假设下，来自于股东的资金无须偿付、可永久占有和使用。一般而言，当企业资产负债率偏高时，意味着债务资金来源占比过大，未来的资金支付压力偏大，造成潜在的财务风险增加，这将影响企业的偿债能力及信用评级，进而影响其进一步举债经营的能力。

（3）有助于分析判断企业财务状况，特别是资金需求的未来变动趋势。通过对资产质量及其即时变现能力的分析，以及对债务结构、特别是债务期限与偿还方式的分析，并结合现金流量表所反映的信息，有助于使用者分析推测企业未来的资金流入水平与资金流出需求。

2. 资产负债表的结构

资产负债表的编制基础是会计基本等式，即：

资产＝负债 ＋ 所有者权益

对这一等式的不同变形，便决定了资产负债表可以有不同的编制结构。常见的有账户式和报告式两类。

（1）账户式。账户式资产负债表是直接以“资产＝负债 ＋ 所有者权益”这一基本等式为依据，将资产负债表设计为左右两列。其中资产项目列示于报表左方，而负债与所有者权益项目列示于报表右方，依据会计基本等式，使报表左右双方永远保持相互平衡，以反映资金来源与资金占用之间的对应关系，如表 2-2 所示：

表2-2　资产负债表（账户式）

ABC 股份有限公司　　××年 12 月 31 日　　单位：　元；币种：人民币

项　目	期末余额	年初余额	项　目	期末余额	年初余额
流动资产：		略	流动负债：		略
货币资金	274 054 407.72		短期借款	341 270 000.00	
以公允价值计量且其变动计入当期损益的金融资产	16 812 006.57		以公允价值计量且其变动计入当期损益的金融负债		

（续）

项　　目	期末余额	年初余额	项　　目	期末余额	年初余额
应收票据	18 417 161.88		应付票据	11 059 706.75	
应收账款	39 049 329.00		应付账款	45 620 799.94	
预付款项	8 936 476.88		预收款项	10 010 234.77	
应收利息			应付职工薪酬	13 652 662.16	
应收股利			应交税费	12 908 021.79	
其他应收款	13 209 997.68		应付利息	982 844.00	
存货	94 651 610.56		应付股利		
一年内到期的非流动资产			其他应付款	40 080 743.30	
其他流动资产			一年内到期的非流动负债		
流动资产合计	465 130 990.29		其他流动负债	827 643.40	
非流动资产：			流动负债合计	476 412 656.11	
可供出售金融资产			非流动负债：		
持有至到期投资			长期借款		
长期应收款			应付债券		
长期股权投资	139 302 161.24		长期应付款		
投资性房地产			专项应付款		
固定资产	360 517 773.28		预计负债		
在建工程	27 417 448.12		递延收益		
工程物资			递延所得税负债	136 539.63	
固定资产清理			其他非流动负债	2 333 689.72	
生产性生物资产			非流动负债合计	2 470 229.35	
油气资产			负债合计	478 882 885.46	
无形资产	113 729 756.15				
开发支出			所有者权益：		
商誉			实收资本（或股本）	140 675 760.00	
长期待摊费用	320 833.31		资本公积	192 413 846.14	
递延所得税资产	654 599.56		减：库存股		
其他非流动资产			其他综合收益		
非流动资产合计	641 942 571.66		盈余公积	29 756 818.84	
			未分配利润	69 720 394.16	
			所有者权益合计	628 190 676.49	
资产总计	1 107 073 561.95		负债和所有者权益总计	1 107 073 561.95	

账户式资产负债表能够比较清楚地反映企业资产、负债与所有者权益三大要素之间的数量对应关系。我国目前规定采用的资产负债表一般都是“账户式”结构。

（2）报告式。报告式资产负债表是将基本等式变形为“资产 － 负债＝所有者权益”的形式并在此基础上编制的。它的特点是将上述三大会计要素按照“先列示资产，后列示负债，最后是所有者权益”这一顺序自上而下依次披露，就如同做报告一般条理分明、排列有序。但本质上与“账户式”结构所反映的内容完全一致。由于该报表格式在我国很少使用，本处不再多述。

2.2.2　资产负债表中各具体项目解读

1. 资产项目

资产是指企业因为过去的交易或事项而形成的、企业所拥有或控制的、预期会给企业带来经济利益的资源。

资产负债表中所列示的资产，一般是按照其流动性强弱或周转速度的大小来排列的，分为流动资产和非流动资产两大类。其中流动性强的流动资产依次排在上面，流动性弱的非流动资产则排在后面。具体排列顺序如表 2-2 左方项目所示。

（1）流动资产：这是企业经营活动中的周转性资产，一般是指企业预计在一个正常营业周期或一个会计年度内（含一年）可以变现、出售或耗用，以及为交易目的而持有的、用于交换其他资产或清偿负债的能力不受限制的现金或现金等价物等。它主要包括货币资金、以公允价值计量且其变动计入当期损益的金融资产、应收票据与应收账款、预付账款，应收股利、应收利息、其他应收款、存货、一年内到期的非流动资产等。

1）货币资金。货币资金是企业在经营活动中处于货币状态的资产，包括库存现金、银行结算户存款、外埠存款、银行汇票与银行本票存款、信用卡及信用证存款和企业存出投资款等。货币资金是企业生产经营活动得以顺利进行的必要保证。企业货币资金量过少，日常生产运营所需周转资金便会紧张，即时支付与购买能力以及偿债能力便可能下降；然而，货币资金量过多，又可能产生资金闲置与不必要的资金占用成本，甚至引发资金安全方面的问题。因此，对货币资金的持有量应该视企业生产经营规模与特点、运营周期、业务资金收支的频率，以及组织与调配资金的能力等因素而定。

2）以公允价值计量且其变动计入当期损益的金融资产。该项目其实包含两部分内容：一是企业为了在近期内出售而暂时持有的金融资产，包括以短期获利方式进行管理的国债、企业债券、股票、基金，以及期货等衍生工具。但是根据《企业会计准则第 22 号——金融工具确认和计量》中的规定，被指定为有效套期工具或属于财务担保合同的衍生工具、以及与在活跃市场中没有报价且公允价值不能可靠计量的权益工具投资挂钩且须通过交付该权益工具结算的衍生工具等都不属于此列。二是企业出于风险管理或战略投资等需要而直接确定为以公允价值计量且其变动计入当期损益的金融资产。这两种金融资产平时都通过“交易性金融资产”科目进行记录和计量。

按照规定，该项金融资产期末是以公允价值计量且由此出现的价值变动金额是计入当期损益的，即在会计期末，如果存在公允价值的变动金额，需要在调整该交易性金融资产账面价值的同时，以“公允价值变动损益”的形式同时计入企业当期损益，进而影响当期利润表数据。因此，当资本市场在一段时期出现较大波动时，有可能导致相应金融资产公允价值的大幅度波动，从而使报表中的期末数据与未来实际可变现价值之间可能存在着差距。当该项交易性金融资产未来的公允价值相对稳定或总体上升时，对企业资产质量以及基于这一信息而做出的投资决策不会产生太过明显的负面影响；然而一旦该项资产未来的公允价值出现持续或大幅度下滑，那么目前高企的报表数据就有可能造成信息使用者因盲目乐观而导致不必要的损失。因此，在考虑企业该项资产实力或可利用资金价值时，不仅要考虑其报表数值，更应该经常关注其市场上可变现价值的变动情况，以便在分析决策时对报表数据做出相应的资产价值调整。

3）应收票据。应收票据是企业由于商品销售或提供劳务等行为而获得的商业汇票所赋予的债权。一般依据票据承兑人的不同，可以分为商业承兑汇票和银行承兑汇票两种。其中商业承兑汇票是由收款方或付款方签发并由付款方承诺到期无条件付款的商业汇票；而银行承兑汇票则是由收款方或付款方签发并经由付款方开户银行承诺到期无条件付款的商业汇票。两者的主要区别在于因承诺人的不同而导致当购货方到期无法及时付款时、对收款方的债权保障有所不同：持有商业承兑汇票的收款方将无法按期顺利收回货款，应收票据将转换为应收账款，若购货方进一步财务恶化，则此应收款项也有可能最终演变为坏账损失。而同样情况下，持有银行承兑汇票的收款方则会从承兑银行那里收到银行代付的货款，从而避免了应收票据转换为应收账款甚至成为坏账损失的可能。显然，从风险角度分析，持有银行承兑的应收票据这一资产的质量便明显高于持有的商业承兑汇票这一应收票据资产的质量。

对应收票据的了解与分析，除了关注票据的种类、期限以外，还应该关注那些虽然尚未到期但已经被企业贴现的商业承兑汇票的金额。

应收票据的贴现，实质上是企业融通资金的一种形式。然而由于票据贴现一般具有追索权，即当票据到期而付款人无力支付时，银行将有权向票据贴现企业追索已贴现的票据款。对贴现企业而言，这将意味着货币资金再次向应收账款的转换，意味着企业该项资产质量的下降。所以也应引起报表使用者的注意。

4）应收账款。应收账款是指企业因销售商品、提供劳务等经济行为而形成的应收债权（包含企业因销售商品而代客户垫付的运杂费等）。通常企业在确认赊销收入实现的同时确认应收账款，且确认金额中按规定不包括企业作为促销手段、为鼓励客户多买而给予客户的商业折扣，但包含企业为早日收回货款而许诺给予买方在现金折扣期内付款而享受的现金折扣。这便意味着企业未来实际收回的款项可能因付款方享受了现金折扣而略低于目前应收账款中所列示的金额。

例如：企业采用赊销方式将一批产品售出，不含税价 300 万元，增值税 51 万元，合同约定的付款方式为（2/20，*n*/60），即如果客户在 20 天内付款，将给予客户不含税售价的 2% 的现金折扣；如果客户不能在 20 天内付款，则应该在 60 天内（即剩余的后 40 天内）按照销售合同全额付款。

在这种情况下，当企业完成销售行为时，会计上即确认了 351 万元的应收账款。然而，如果客户在 20 天内付款，则企业实际收到的款项仅为 345 万元（即 $351-300\times2\% = 345$），另外 6 万元的现金折扣将作为企业的资金调配代价列入“财务费用”账户。

应收账款作为商业信用的衍生物，在促进销售的同时，也包含了潜在的信用风险——出现坏账损失的可能性。通常，企业应收账款余额越多、账龄越长，出现坏账损失的可能性就越大。会计制度目前规定对此风险一般应采用备抵法进行处理，即会计期末按照应收账款年末余额百分比法或账龄分析法等计提坏账准备，并将应收账款合计数扣除坏账准备余额后的数值列示在资产负债表上。这一规定体现了谨慎性原则。

然而，由于会计上在计提坏账准备时，是同时把它列入当期的“资产减值损失”（利润表项目）中；而冲减或转回坏账准备时，则相应冲减“资产减值损失”项目。因此，一些企业有可能借助于人为调整各年应该计提的坏账准备金额来相应调整利润表项目，以期达到调整各期经营成果、粉饰报表的作用。读者对此应特别引起注意。阅读与分析报表时，一定要同时留意报表附注中有关“坏账准备”的计提方法、计提比例、当期计提或冲减转回的坏账准备金额等，以便对报表中应收账款的质量以及因计提或转回减值准备对当期利润产生的影响有较为客观的分析。

例 2-2

2011 年以来，曾经在资本市场上红极一时的光伏企业——上海超日太阳能科技股份有限公司（简称：*ST 超日，证券代码：002506）在上市仅仅一年（公司于 2010 年 11 月 18 日上市交易）之后，便陷入了“应收账款”带来的巨大不利影响之中。2011 年年末，公司应收账款余额从上年年末的 6.50 亿元猛增至 22.4 亿元，增长幅度高达 2.45 倍！这直接导致公司年末货币资金存量从上年年末的 24.9 亿元骤降至 2011 年年末的 6.76 亿元。天健会计师事务所对该年度公司财务报告出具了保留意见，认为公司大量境外应收账款存在风险：“能否收回以及何时收回该等应收账款仍存在不确定性。”

之后，*ST 超日改聘了会计师事务所，但 2012 年年报显示：公司应收账款依然居高不下，年末余额为 21.4 亿元，占公司总资产的 28.25%，这使得公司货币资金持有量继续下降至年末的 2.09 亿元，而资产负债率却从 2010 年年末的 31.31% 上升至 2011 年的 57.99% 并继续上升至 2012 年的 84.2%。改聘后的大信会计师事务所对 *ST 超日 2012 年的年度财务报告仍然出具了保留意见的审计报告，甚至认为公司的持续经营能力存在不确定性。

而在 *ST 超日 2013 年三季报中，应收账款总额已经高达 20.56 亿元，远远超过公司 8.13 亿元的净资产总额！资产负债率继续攀升至 90.1%。至 2013 年年末，当年年报中显示，应收账款总额虽然已经下降至 14.7 亿元，但货币资金持有量也在大幅度下降，年末仅剩下 6 043 万元，股东权益已成为负值（－2.78 亿元），资产负债率达到 104.44%，明显的资不抵债。

5）预付账款与其他应收款。预付账款是购货方企业根据购货合同或协议的要求，在接受商品之前预先支付给供货方企业货款所形成的一项物项债权。在商品市场逐渐向买方市场转换的情况中，预付账款在企业流动资产中所占的比重相对较小。如果该项资金在企业流动资产中所占份额不正常地偏大，则报表阅读者就应该考虑企业是否将不符合预付账款的项目（如应收账款或其他应收款等）变相转化为了预付账款，或者是企业变相向关联方提供了隐蔽的贷款等。

其他应收款是指除应收票据、应收账款、预付账款以外的其他各种应收、暂付款项，包括应收的各种赔款、罚款，应收出租包装物租金，存出保证金，应向职工收取的各种垫付款项，以及不符合预付款性质而按规定转入其他应收款的预付账款等。与“应收账款”项目一样，资产负债表中“其他应收款”项目所列示的金额是扣除了坏账准备后的净额。

与预付账款类同的是，正常情况下，其他应收款一般也不会太多。该项资产如果长期大量存在，常常与关联公司，特别是母公司或其大股东非正常挪用或侵占资金有关。

例如，人福医药集团股份公司（简称：人福医药，证券代码：600079）2012年年报显示：公司年末其他应收款总额高达8.91亿元，比上年年末增长近6亿元，增幅达到199.87%！其中仅关联方欠款就有6.04亿元，占其他应收款总额的64.05%；而关联方欠款中，绝大部分都是控股股东及其子公司欠款（合计欠款5.15亿元，占其他应收款总额的54.62%）。这种高额应收款项的存在给公司带来的不利影响，直接表现为公司因资金紧张而出现大量有息负债的增加。从该公司当年年报中不难发现，公司2012年的财务费用为1.36亿元，比上年同期增长了74.30%。这种大股东非正常挪用或侵占资金的结果，不但恶化了上市公司的财务状况，也造成了上市公司巨额的财务费用，形成其经营业绩的重大利空。

6）存货。存货是指企业在正常生产经营活动中持有以备耗用或出售的、或者为了出售而正处于生产过程中的各类物资。具体包括库存商品、半成品、在产品（包含在期末“生产成本”账户余额中）和各类材料、物料、包装物等。

分析存货，重点应该了解企业存货的种类、计价方式，以及期末企业计提或冲减的存货跌价准备金额等。其中，存货的种类直接影响企业的生产经营活动内容，也影响着流动资产中所包含的未实现剩余价值及资产的变现能力，进而影响企业的短期偿债能力。

从计价方法上讲，现行会计制度规定，企业存货的入账基础及初始计量的基础依然为存货的历史（实际）成本。由此决定了企业购入存货的入账价值应包括购买价、价内税和运杂费等从采购到入库前所发生的全部支出（不含增值税等价外税）。而企业委托加工或自行生产的存货（库存商品与半成品等），则应该以加工或生产时所耗用的料、工、费之和作为存货的实际成本计入相关账户中。如果是接受投资者投入的存货，应按照投资双方确认的价值作为实际成本入账。

日常生产经营活动中，企业取得与使用存货的频率是很高的。然而，由于取得存货的时间、地点、批次、方式等的不同，同一种存货的单位入账成本也经常有可能出现不同。这就造成了发出（使用）存货时采用不同的计价方法下，当期成本费用与留存资产金额的不一致。从而为企业借助于不同计价方法来粉饰报表提供了可能。对此应引起报表阅读者的注意。

关于存货发出的计价方法，会计实务中除了使用计划成本法之外，在采用实际成本法时，具体又可以分为先进先出法、全月一次加权平均法、移动加权平均法、个别计价法、毛利率法、零售价法等。

先进先出法，是指在计算发出存货的成本时，是基于“先取得（先入账）的存货先使用”这样一种假设的流转程序基础之上。在这种计价方式下，不同单位成本取得的同一种存货，在物质形态上是不做划分而存放在一起的；但在价值形态上则需要区别不同时间、批次顺序记账，以便在使用时按照入账时间的先后顺序，计算结转其使用数量与相应的单位成本。

全月一次加权平均法，简称为加权平均。这种计价方式下，日常取得存货时，顺序记录其取得数量与成本金额；而领用或发出存货时，平时只计发出的数量却不计算其单价与金额。等到月末，再按照当月总共可以使用的数量与其取得时的总成本一起，统一计算该项存货的加权平均单位成本，作为当月领用和发出该项存货的单位成本。

移动加权平均法，是一种滚动平均的成本计算方法。在这种方法下，同类存货在物质形态上仍然存放在一起；而在价值形态上，每取得一批该类存货，就需要对目前可供使用的存货量（原剩余存量加新取得的存货量）计算一次最新的加权平均单位成本；并在此后领用或发出时，按照最新计算出来的加权平均单位成本作为该批次发出存货的单价进行计算。

个别计价法，即区别不同批次、不同单位成本分别计算的方法。在这种方法下，不同单位成本取得的同一种存货在物质形态上就需要分别存放、分别标明其单位成本；在领用或发出时，依据其在不同存放点所领用的数量及其对应的单位成本分别计算，汇总之后作为该次领用存货的总成本入账。

毛利率法和零售价法一般多用于商品流通企业中。鉴于篇幅所限，此处不作展开。

如前所述，现实中由于取得存货的来源与方式，以及时间、批次等的不同，同一种存货的单位入账成本也常常会有所区别。在企业不可能完全做到严格意义上的“零库存”的前提下，对于相同的经济业务，采用不同的计价方法便会得出截然不同的结果，也可能会因此导致会计信息的使用者对企业的财务与经营状况做出不同的评价。这一点可以从表 2-3 的实例中生动地体现出来。

表2-3　某月某种材料收发与结存成本计算对照表

a）

XX 年		摘　要	收　入			发出量	发出材料在不同方法下的成本					
							先进先出		移动平均		加权平均	
月	日		数量	单价	金额		单价	金额	单价	金额	单价	金额
9	1	月初数							24			
	5	购入	230	24.5	5 635				24.38			
	8	领用				200	24 24.5	1 680 3 185	24.38	4 877		
	12	购入	150	25.2	3 780				24.87			
	23	领用				170	24.5 25.2	2 450 1 764	24.87	4 228.4		
	30	本月合计	380		9 415	370		9 079		9 105.4	24.66	9 122.2

b）

XX 年		摘　要	结存材料在不同方法下的成本								
			先进先出			移动平均			加权平均		
月	日		数量	单价	金额	数量	单价	金额	数量	单价	金额
9	1	月初数	70	24	1 680	70	24	1 680	70	24	1 680
	5	购入	70 230	24 24.5	1 680 5 635	300	24.38	7 315	300		
	8	领用	100	24.5	2 450	100	24.38	2 438	100		
	12	购入	100 150	24.5 25.2	2 450 3 780	250	24.87	6 218	250		
	23	领用	80	25.2	2016	80	24.87	1 989.6	80		
	30	本月合计	80	25.2	2016	80	24.87	1 989.6	80	24.66	1 972.8

在表 2-3 中，企业 9 月初的结余数量与金额是确定的，9 月份购入的两批物资的数量、单价与总成本也都是客观确定的数字。然而，在不同的计价方法下，计算得出的当期费用（发出存货的成本）却有所不同，因此会导致企业的当期利润及结余资产（结存材料的成本）

也有所不同。

现行会计准则规定：企业所采用的会计方法一经选定，通常不得随意变更；确有必要变更时，应当说明变更的理由与变更内容，以及变更对企业财务状况与以往经营成果的累积影响数额。其目的便是阻止企业利用不同会计处理方法的选择与变更人为调整报表信息。

与应收款项计提坏账准备的处理方法及其影响相类似，一些企业也有可能借助于人为调整各年应该计提或转回的存货跌价准备的金额来调整报表项目，特别是与利润相关的报表项目。因此，在阅读与分析报表时，一定要同时留意存货的资产减值准备的变动情况。

7）一年内到期的非流动资产及其他流动资产。一年内到期的非流动资产，是指长期应收款、持有至到期的投资、长期待摊费用等非流动性资产中将于1年内到期或摊销完毕的部分。其中一年内到期的长期应收款和持有至到期的投资，将等同于其他应收款和交易性金融资产；而剩余摊销年限不到1年的长期待摊费用，将在1年内全额从资产转化为企业费用，从而直接影响企业未来1年的经营利润。

其他流动资产则是指企业拥有的、不属于上述各具体项目的流动资产，如涉及纠纷的物资及一些临时性项目等。

（2）非流动资产：是指企业拥有或控制的、除流动资产之外的其他各类资产，通常是指变现周期超过一年的资产。对生产制造型企业而言，这部分资产的多少常常在一定程度上影响或决定着企业生产与经营能力的规模。由于这部分资产占用资金相对较大，而周转速度却相对较低，因此对企业运营效果会产生明显的影响。

非流动资产主要包括可供出售金融资产、持有至到期投资、长期股权投资、投资性房地产、固定资产、无形资产和商誉等。

1）可供出售金融资产。这项资产是指企业初始获得并确认时即被划定为可供出售的非衍生金融资产，以及除应收款项、交易性金融资产、持有至到期投资、长期股权投资等资产以外的金融资产。如可供出售的股票投资、债券投资等。

可供出售金融资产期末也是以公允价值计量，但其公允价值相对于账面价值变动的差异在调整该项金融资产账面价值的同时，不是计入当期损益，而是计入了所有者权益中的“其他综合收益”项目（2014年7月1日之前）是记入所有者权益中的“资本公积”项目，即直接引起所有者权益金额的同方向变化。对此需提请报表使用者注意的是：当市场上该项可供出售金融资产的公允价值明显下跌且幅度较大时，意味着该项资产出现了潜亏。但此时上述会计方法处理的结果仅仅只是通过“其他综合收益”调减了所有者权益总额，却并没有在当期利润表中体现出来，这就有可能形成“虚盈实亏”的情况，对投资者的分析产生误导。

例2-3

2007年11月，中国平安保险（集团）股份有限公司（简称“中国平安”）发布公告称：公司以18.1亿欧元（均价19.05欧元/股，折合总投入人民币约196亿元）购入了荷兰/比利时富通集团的9 501万股股票，占富通集团总股本的4.18%。次年3月，中国平安再次以15欧元左右的平均单价增持了富通集团1 799万股股份，从而将持股比例增加至4.99%。2008年6月，中国平安又同比例参与了富通集团的配股方案，获得配股750万股，使公司总计持有富通集团1.205亿股股权，累计投资成本折合人民币高达238.7亿元。然而，受金融危机的影响，2008 年 6 月以来，富通集团资产质量与偿债能力进一步恶化，股价大幅度下挫。截至 2008 年 6 月底，以市场价计算的中国平安所持富通集团的股份市值已累计缩水近 105 亿元人民币。

2008 年 7 月 3 日，中国平安发表声明称：按照公司长期持有富通集团股票的投资策略和相关会计政策，公司持有的富通集团股票归类为可供出售金融资产，以公允价值计量，因此不需要对该股票投资计提减值准备。在这种“巧妙的”会计处理方法下，富通集团股价巨额缩水所造成的账面浮亏并没有在当期利润表中体现出来，而是直接以负值冲减了所有者权益中的“资本公积”项目。中国平安当年的中报显示：公司 2008 年上半年实现净利润 97 亿元，仅仅比上年同期下滑了 2.5%。但公司所有者权益却因该股价大跌、资本公积调减而减少了 25% 左右。这种做法被财务专家认为是“有违会计准则中的谨慎性原则”、“有粉饰报表的嫌疑”。毕竟，如果将这部分账面浮亏计提长期投资减值准备，即将 105 亿元浮亏计入当前损益，则中国平安 2008 年上半年将不是实现净利润，而是面临 8 亿元的亏损了。

随着富通集团股价的持续走低，2008 年 9 月 25 日，富通集团股价收盘于每股 6.55 欧元，26 日开盘不久又大跌超过 10%，降至每股 5.70 欧元附近。27 日，中国平安发布公告称，将审慎决策是否在第三季度财报中对该项股票投资进行计提减值准备处理，以反映市值变动所造成的损失。10 月，中国平安披露的第三季度财报显示：对该项股票投资计提了 157 亿元的减值准备，导致公司三季度出现亏损。而在 2009 年 4 月披露的中国平安 2008 年年报中，对富通集团的该项投资累计计提人民币 227.9 亿元减值准备，这直接导致了中国平安 2008 年税前利润出现 29.79 亿元的亏损。

现行制度规定，当可供出售金融资产出现了价值的大幅度下跌（跌幅超过 20%），或所持有的该类资产出现了短期内预期不会好转的持续性（如持续 6 个月及以上）下跌时，企业应对该可供出售金融资产计提资产减值准备，其减值部分通过“资产减值损失”科目列入当期损益（即调减当期利润金额）。而普通情况下该资产的公允价值变动，则是通过“其他综合收益”核算的。由于公允价值的可变性或不固定性，报表数据与相关金融资产实际利用时的变现价值难免可能存在偏差。因此信息使用者在考虑可供出售金融资产的可利用价值或可用以偿还债务的金额时，应该适当考虑决策当时资本市场的价值波动情况，以便进行相应的估值调整。

2）持有至到期投资。持有至到期的投资，是指到期日和未来可收回金额都相对固定或可确定、且企业有明确意图和能力将其持有至到期的非衍生金融资产。通常，能够归类为持有至到期投资的金融资产，主要是债权性投资（如国债投资、公司债券投资等）；而股权投资由于没有所谓的到期日，一般是不属于持有至到期投资的。

资产负债表中“持有至到期投资”项目金额，反映的是企业持有的以摊余成本计量的该项资产的价值。而摊余成本是按照实际利率法计算确认的，是以持有至到期投资的期初账面摊余成本乘以实际利率作为当期利息收入，与当期按票面利率计算确定的应收未收利息相比较，所得差额作为该项资产账面价值的调整金额（即摊销额），调整后的账面价值即为摊余成本。

例 2-4

HM 公司 20×1 年 1 月 1 日从活跃市场上购入某公司发行的企业债券一批，该批债券的票面价值为 200 万元，票面利率 8.74%，每年年底支付利息，本金到期一次性支付。目前该债券的剩余有效年限还有 4 年。HM 公司支付的全部投资款为 192 万元（含交易费用），并将该项投资归类为持有至到期投资。计算出该投资的实际利率为 10%。

由此我们可以列出各年末按摊余成本计量的该项资产在报表上反映的价值，如表 2-4 所示。

表2-4 各年摊余成本的计量 （单位：万元）

	年初摊余成本①	当年实际利息②	当年应收利息③	年末摊余成本
计算公式	年初数值[①]	年初数值 × 实际利率	票面价值 × 票面利率	①+②－③
20×1 年	192.00	19.2	17.48	193.72
20×2 年	193.72	19.37	17.48	195.61
20×3 年	195.61	19.56	17.48	197.69
20×4 年	197.69	19.79[②]	17.48	200.00

①年初数值即为上年末摊余成本。

②包含了计算过程中四舍五入产生的累计误差。

显然，在采用摊余成本计量期末价值的情况下，资产负债表中“持有至到期投资”的数据在投资到期之前并不代表该项投资期末可收回的实际金额，而仅仅表示在实际利率法下未来可收回金额的现值，即由所投资债券的面值、按票面利率计算的已产生但未到付息期限的利息，以及按照实际利率法计算确认的摊销余额三部分构成，与通常认为的即时可利用资金是有本质区别的。

当然，如果持有至到期投资出现了持续性贬值，企业还需要按规定计提该项资产的减值准备，则资产负债表上的“持有至到期投资”是减去了相应的资产减值准备之后的账面价值。

3）长期应收款。该项目是考虑到企业分期收款销售商品等特殊模式的会计处理问题而于 2007 年会计准则中新增加的科目，主要反映的是企业因融资租赁而产生的应收款项，以及因采用递延方式分期收款，实质上具有融资性质的销售商品和提供劳务等经营活动所产生的应收款项。但现实中，不少企业将与控股公司或其他关联方企业之间的长期资金往来拆借也挂在此科目之下，而其中常常会存在大股东长期无偿占用资金的情况；尤其是当该项金额长期居高不下时，更应该引起报表使用者的特别注意，即需要特别关注此项资产的闲置情况及其质量和相应的收账风险。

4）长期股权投资。简单而言，长期股权投资包括三种权益性投资：一是投资方企业能够对被投资方企业实施控制（即属于对子公司投资）；二是投资方企业与其他合营方一同对被投资方单位实施共同控制且对被投资方净资产享有权利的权益投资，即对合营企业投资；三是能够对被投资方产生重大影响的权益性投资，也称为对联营企业投资。资产负债表中的“长期股权投资”，反映了企业期末所持有该项股权投资的账面价值。

根据会计准则中的规定，目前在会计核算上对长期股权投资依然存在着两种不同的处理方法——“成本法”与“权益法”。这两种方法的存在，导致在没有长期股权投资减值准备的情况下，该项资产账面金额所反映的含义也各不相同。

一般地，当采用成本法时，长期股权投资以初始投资成本，即取得成本入账。除追加投资或收回投资之外，一般在企业持有期间，其账面价值通常保持不变。被投资方的经营盈亏对采用成本法核算的投资方的股权投资账面价值不会产生直接的影响。当被投资方宣告或发放红利或现金股利时，投资方只是在增加应收股利或货币资金的同时，相应增加企业的“投资收益”金额，而“长期股权投资”的账面金额并不改变。

如果企业对长期股权投资采用的是权益法进行核算，虽然投资当时也是按照取得成本入账的，但随着被投资方企业的经营盈亏、发放现金股息，以及其他引起被投资方企业所有者权益总额变动的事件发生，投资方企业的“长期股权投资”账面金额需要根据所持有的对被投资方企业的股权比例作同方向的相应调整，即投资企业的“长期股权投资”账面金额将随着被投资企业所有者权益总额的增减变动而同方向、甚至是同比例地变动，从而比较接近于其在被投资企业所有者权益总额中所对应份额的账面价值或实际价值。

表 2-5 以某项股权投资事例简单但却形象地说明了成本法与权益法这两种不同核算方式下“长期股权投资”数值含义的主要区别（假设公司宣布及发放现金股息的时间一致，此处为简便起见，不通过“应收股利”项目核算，而直接通过存款项目核算）。

表2-5　成本法与权益法的主要区别　（单位：万元）

有关事项	投资企业 A 的有关账务处理与数值含义	
	成本法	权益法
20×1 年年初，A 公司投资 100 万元购入 B 公司 20% 的股份计 5 万股。B 公司此时的股东权益总额为 480 万元	借：长期股权投资　100 贷：银行存款　100	借：长期股权投资——投资成本　100 贷：银行存款　100 “长期股权投资”账面余额与在 B 公司享有的股东权益份额相差 4 万元
20×1 年，B 公司实现净利润 30 万元，此时 B 公司股东权益总额达到 510 万元	不做处理 “长期股权投资”账面余额依然为 100 万元	借：长期股权投资——损益调整　6 贷：投资收益　6 “长期股权投资”账面余额 106 万元，与在 B 公司享有的股权份额依然相差 4 万元
20×2 年 3 月，B 公司宣布并发放现金股利 10 万元，发放之后 B 公司股东权益总额 500 万元	借：银行存款　2 贷：投资收益　2 “长期股权投资”账面余额依然为 100 万元	借：银行存款　2 贷：长期股权投资——损益调整　2 “长期股权投资”账面余额 104 万元，与在 B 公司享有的股东权益份额差额不变
20×2 年，B 公司出现亏损 12 万元，此时 B 公司股东权益总额下降至 488 万元	不做处理 “长期股权投资”账面余额依然为 100 万元	借：投资收益　2.4 贷：长期股权投资——损益调整　2.4 “长期股权投资”账面余额 101.6 万元，与在 B 公司享有的股东权益份额差额不变
20×3 年，B 公司扭亏为盈，实现盈利 46 万元，股东权益总额上升至 534 万元	不做处理 “长期股权投资”账面余额依然为 100 万元	借：长期股权投资——损益调整　9.2 贷：投资收益　9.2 “长期股权投资”账面余额 110.8 万元，与在 B 公司享有的股东权益份额差额不变
20×3 年年末小计：B 公司股东权益总额为 534 万元	20×3 年年末，“长期股权投资”账面金额依然维持在初始的 100 万元	20×3 年年末，“长期股权投资”账面金额 110.8 万元，与在 B 公司享有股权份额所对应的数值（534×20% = 106.8）依然相差 4 万元

从表 2-5 实例可以发现，当不出现特殊情况（如投资方部分收回投资、投资方计提投资减

值准备，以及被投资方股东权益出现负值等）的时候，成本法下的“长期股权投资”账面金额一般维持其初始投资时候的数值，即反映的是企业最初投资时候的实际取得成本；而权益法下的“长期股权投资”账面金额，反映的则是投资方在被投资方企业当前股东权益总额中按持有股份比例所对应的账面金额（包含取得时可能出现的投资差额）。

显然，不同的核算方法会产生不同的核算结果和报表金额。虽然会计制度中对企业长期股权投资所采用的核算方法作了原则上的规范，如当投资方对被投资方能够实施控制时，应该采用成本法核算；而当投资方对被投资方具有共同控制或重大影响时，则应该采用权益法进行核算等。然而，由于一些不确定性因素的存在，一些企业在具体核算时仍有可能出于报表业绩等相关方面的考虑，在会计方法的选择及其变更上掺入较多的主观能动因素的影响。因此，阅读报表时对这类涉及不同方法的选择问题也应引起注意。

5）固定资产、在建工程、工程物资和固定资产清理等。固定资产，是指企业拥有或控制的、单位价值比较高、是为生产商品、提供劳务、出租或自身经营管理等而持有的、使用寿命超过一个会计年度的有形资产，包括房屋建筑物，机器设备，运输工具，机械器具等。

由于固定资产通常周转相对较慢而占用资金却相对较高，因此在很大程度上影响着企业的经营内容、经营能力与生产规模。为了充分反映这一信息，资产负债表中的“固定资产”项目一般要考虑固定资产的原价、累计折旧和固定资产减值准备等，其最终反映的是固定资产的账面净值。

其中，固定资产原价是指企业取得固定资产并使其达到正常可使用状态时所付出的全部代价。

固定资产在使用过程中会产生损耗，包括有形损耗与无形损耗。其中有形损耗是由于固定资产的使用、磨损所造成的；而无形损耗则是与技术进步导致原有固定资产性能与质量等的相对落后息息相关。会计上对于固定资产因各类损耗而产生的价值减少，一般是通过“累计折旧”这一科目来反映。“累计折旧”余额既反映了企业固定资产在账面价值方面的减少（但实物数量并未减少），也在一定程度上反映了企业通过计提折旧，同时确认相应费用而从收入中已经得到补偿或回收的固定资产价值。

涉及折旧的计算与确认方法有许多。在我国会计实务中，一般存在着两大类共四种折旧方法，即广义直线法下的平均年限法、工作量法、加速折旧法下的双倍余额递减法与年数总和法。与上述介绍的发出存货的不同计价方法相类似，不同的折旧方法对企业各期的成本费用与固定资产净值也会产生不同影响。以下我们通过一个简单实例进行比较。

例 2-5

假设某公司 20×× 年年底新增一项固定资产，取得时的全部实际成本为 62 万元，预计可以使用 5 年，5 年后的预计净残值为 2 万元。该固定资产预计总的可利用工时为 30 000 工时（假设各年的利用工时预计分别为 5 200 工时、7 000 工时、6 800 工时、6 000 工时和 5 000 工时）。暂时不考虑固定资产减值以及提前报废等情况。则在不同折旧方法下，对该项资产各年计提的折旧费用以及该资产的账面净值如表 2-6 所示。

表2-6　不同折旧方法下各年的折旧费用及固定资产净值比较　（单位：万元）

		广义直线法		加速折旧法	
		平均年限法	工 作 量 法	双倍余额递减法	年数总和法
计算公式	年折旧率	$\frac{1-预计净残值率}{预计可使用年限}$	$\frac{原值（1-预计净残值率）}{预计总的可使用工时}$	$\frac{2}{预计可使用总年限}$	$\frac{预计总年限-已使用年限}{预计总年限（1+预计总年限）/2}$
	年折旧额	原值×年折旧率	当年使用工作时数 × 单位折旧额	年初固定资产账面净值 × 年折旧率	（原值－预计净残值）× 年折旧率
年折旧率		$\frac{1-3.2\%}{5}=19.4\%$	$\frac{62-2}{3}=20$ 元 / 工时	$\frac{2}{5}=40\%$	$\frac{5-已使用年限}{15}$
第一年	折旧额	62 × 19.4% = 12	0.52 × 20 = 10.4	62 × 40% = 24.8	（62－2）× 5/15 = 20
	折旧累计	12	10.4	24.8	20
	年末资产净值	50	51.6	37.2	42
第二年	折旧额	62 × 19.4% = 12	0.7 × 20 = 14	37.2 × 40% = 14.88	（62－2）× 4/15 = 16
	折旧累计	24	24.4	39.68	36
	年末资产净值	38	37.6	22.32	26
第三年	折旧额	62 × 19.4% = 12	0.68 × 20 = 13.6	22.32 × 40% = 8.928	（62－2）× 3/15 = 12
	折旧累计	36	38	48.608	48
	年末资产净值	26	24	13.392	14
第四年	折旧额	62 × 19.4% = 12	0.6 × 20 = 12	（13.392 － 2）/2 = 5.696	（62－2）× 2/15 = 8
	折旧累计	48	50	54.304	56
	年末资产净值	14	12	7.696	6
第五年	折旧额	62 × 19.4% = 12	0.5 × 20 = 10	同第四年 5.696	（62 － 2）× 1/15 = 4
	折旧累计	60	60	60	60
	年末资产净值	2	2	2	2

从财务数据上讲，在影响各期固定资产折旧的因素中，固定资产的取得成本很容易确定，也不易调整；而固定资产的净残值，特别是其使用年限的确定却包含着很大的主观能动作用。既受到固定资产有形磨损与无形磨损的影响，也与企业所处行业相关，与科技进步和技术发展相关。因此，企业就有可能以各种各样的理由变更固定资产折旧年限乃至变更折旧方式以操纵利润。

企业除每个月要按期计提固定资产折旧之外，还应当在资产负债表日判断固定资产是否存在可能发生减值的迹象。一旦存在减值迹象，就应当估计固定资产的可收回金额。例如当固定资产的市价大幅度下跌且跌幅超过预期，或固定资产陈旧过时、发生实体损坏，以及固定资产预计使用方式发生重大不利变化及其他有可能表明固定资产已经发生减值的情况下，通过计算可收回金额并与账面价值进行比较，按照可收回金额低于账面价值的差额计提固定资产减值准备，一方面将固定资产账面价值调低到可收回金额水平，另一方面也同时将计提减值准备形成的资产损失列入当期损益（资产减值损失），以体现财务上的谨慎性原则。

考虑到固定资产发生减值后，其价值回升的可能性比较小，同时也为了避免企业通过计提减值准备的方法人为调整资产价值、操纵利润。因此，《企业会计准则第 8 号——资产减值》中明确规定：固定资产减值准备一经确认，在以后会计期间内是不得转回的。

例 2-6

2012 年 4 月，广东开平春晖股份有限公司（简称：春晖股份，证券代码：000976）发布了关于计提固定资产减值准备的公告。公告中称：经公司聘请的北京天健兴业资产评估有限公司对春晖股份公司存在减值迹象的固定资产的减值测试评估，测算出公司固定资产的可收回金额低于账面价值共计约 1.437 亿元。为了如实反映公司 2011 年度的经营成果和资产情况，公司就此计提了固定资产减值准备 1.437 亿元，相应当年的固定资产总值及净利润等也因此分别减少 1.437 亿元。

在建工程，是指企业尚未完工交付使用的，正处于安装、新建、改扩建，或转入大修理及更新改造过程中的各项工程的账面价值。而“工程物资”则是计划用于固定资产建造的各类建筑材料，包括企业为基建工程、更新改造工程或已有固定资产的大修理工程等所准备的钢筋、水泥、玻璃等各种物资的账面价值。在建工程与工程物资这两个项目，反映的是企业未来固定资产的价值增量，也可能同时包含着固定资产规模的增量，预示着企业未来生产经营规模与生产能力的扩张可能。

至于“固定资产清理”项目，则是指企业出于出售、报废或毁损等原因，已经转入清理过程但尚未清理完结的固定资产的净价值，以及已经在清理过程中发生的清理费用与清理收入的差额。通常情况下，企业对不再需要的资产应尽快进行清理，以便尽早收回占用在这些资产上的可利用资金或资源。因此大多数情况下，转入清理的资产都会在编制会计报表之前完成清理工作，因而报表上该项目数据通常为零；但也有可能在特殊情况下来不及处理，则此时报表中的“固定资产清理”金额，基本上反映的是截至期末，已经转入清理但尚未清理完结的固定资产中还没有完全收回的初始投资成本。

6）投资性房地产。投资性房地产是指企业为赚取租金或谋取资产的增值而持有的房地产，主要包括已经出租的和目前持有并准备增值之后转让的土地使用权，以及已经出租的建筑物等，不包括企业为自身的生产或经营管理而拥有的房地产（这部分属于企业的固定资产）以及作为产品开发的房地产（这部分属于企业的存货类资产）项目。

值得注意的是：投资性房地产在会计核算中存在着两种计量模式——成本模式和公允价值模式。如果企业采用的是成本模式进行核算，则资产负债表中的“投资性房地产”项目与“固定资产”项目一样，反映的是该项资产的取得成本扣除累计折旧（摊销）和减值准备之后的账面净值，与该房地产项目目前的实际市场价值可能存在较大的偏差。而如果采用的是公允价值模式进行核算，则报表中该项目是以期末的公允价值列示的，与现实中的实际价值较为接近，在价值增长的情况下，可能意味着会带来日后租金收入或转让价收入的提高。

7）生产性生物资产和油气资产。生产性生物资产，是指企业为产出农产品或提供劳务，以及出租等目的而持有的生物资产，如林木、产畜和役畜等。这类资产与普通资产最大的不同在于它的自我生长性，即在被耗用的同时自我补偿、自我修复，从而能够在生产经营的过程中被长期的反复使用或不断产出农产品。

油气资产，是指油气开采企业所拥有或控制的油气井及其相关设施和矿区权益。由于该类资产——特别是油井、天然气等自然资源——在被大量开采、利用后会逐渐耗竭，无法或难以恢复、更新，属于典型的递耗性资产，因此通常价值高昂，在油气开采企业总资产价值中往往占有相当大的比重，是油气生产企业经营中至关重要的资产。

相对于大多数企业生产经营中所持有的物资、机械设备、房屋建筑等非货币性资产而言，生产性生物资产和油气资产是非常特殊的两类非货币性资产。对报表中这两类资产的解读，关键在于了解该生物资产或油气资产的具体构成及其性能，以及在相应企业生产经营中所发挥的作用。

8）无形资产、开发支出和商誉。无形资产，是指企业拥有或控制的、没有实物形态的可辨认非货币性资产，包括专利权、非专利技术、商标权、著作权、土地使用权、水域养殖权等。

按照我国会计准则的规定，无形资产只有当其成本能够可靠计量，并且为企业获得的经济利益很可能流入企业时才可以按照取得时的实际成本入账。而对于企业自创的商誉及其他不满足无形资产确认条件的项目，便不能作为无形资产记账。

无形资产虽然能够为企业带来经济效益，但这种经济效益常常是在与其他有形资产合并利用时发挥作用的，具有一定程度上的不确定性。同时，由于专利权、非专利技术等无形资产极容易因为科学技术的发展进步而被淘汰或在短期内出现价值的剧烈波动。因此，报表中所反映的无形资产，仅仅说明了其目前的账面价值，而并不一定代表其目前或未来一定可实现的经济价值或市场价值。

开发支出是指企业目前正处于内部研发无形资产的过程中所发生的研发支出，它实际上反映的是未来一项（或几项）可能的无形资产目前汇总的内部研究与开发过程中的开支。需要提醒的是：这部分开发支出中可能有一些会成为日后的管理费用（不符合资本化条件的部分），而另一些符合资本化相关条件的开发支出将在项目研发成功之后转为企业的“无形资产”，但这仅仅只代表该项资产可确认的取得成本，并不能反映出它的实际市场价值。

商誉是指企业获得超额收益的能力。通常是企业由于所处的地理位置优越、管理得当、经营效益好，或历史悠久、积累了丰富的运作经验，或技术先进、售后服务完善等原因，赢得了客户的信任而形成的可能带来超额利润的无形价值。这种无形价值具体表现在该企业具有超凡的声誉，并因此拥有超过了一般企业的获利能力。

商誉不同于其他有形或无形资产的特别之处，在于它的不可辨认性，即商誉与拥有该商誉的企业本身是不可分割的。因此，实务中只有在非同一控制下的企业合并时，在符合会计制度规定的有关条件的前提下才能对商誉予以确认。它一般反映的是企业合并中发生的合并成本大于合并中取得的被合并方可辨认净资产（即可辨认资产扣除应承担的负债部分）的公允价值后的差额部分。因而从某种程度上讲，资产负债表中的“商誉”，其实就是企业合并中“超额支付的合并成本”，相当于一项待摊销的“费用”。

9）递延所得税资产。该项目是由于会计准则与企业所得税法在确认收入与费用方面存在的一些时间上的不一致所形成的企业未来可抵扣暂时性差异导致的所得税资产。与下面的递延所得税负债相对应，两者都是在计算确认所得税时产生的。为了更便捷且清楚地说明该项目的经济含义，我们将在解读利润表中“所得税费用”一项时统一进行解析并举例说明。

10）其他资产。其他资产是指不能包括在上述长期投资、固定资产和无形资产等各项目之中的长期资产，主要包括长期待摊费用和其他长期资产。

长期待摊费用，是指企业已经付出，但需要由本期及以后数期承担的费用，如经营租赁方式租入的固定资产发生的改良支出等。报表使用者在阅读分析长期待摊费用时，应重点注意该项目的形成原因、分摊方式等，以便判断企业是否有可能将应计未计的当期耗费列入了长期待摊费用之中，从而低估了当期成本费用，而多计了资产与利润。

从偿债角度来讲，由于长期待摊费用反映的是企业已经支出但尚未列入当期损益的未来的“费用”，因此，作为一项暂时性的、特殊的“资产”而言，长期待摊费用对企业的后续偿债能力是没有明显促进作用的。

其他长期资产主要包括企业按照规定经国家批准储备的特种物资，以及被银行冻结的存款、涉及诉讼的财产和一些临时设施等。

2. 负债项目

负债是指企业由于过去的交易或事项所形成的现时义务，履行这一义务预期会导致企业经济利益的流出。负债在报表中一般按照其偿还期限划分为流动负债与非流动负债两种。

（1）流动负债。这是指企业需要在一年或超过一年的一个营业周期内偿付的债务，如短期借款、交易性金融负债、应付票据、应付账款、预收账款、应付职工薪酬、应交税费、应付利息、应付股利、其他应付款等。

1）短期借款。短期借款是企业向银行或其他金融机构借入的、偿还期限在一年以内的各类贷款。这些借款的发生通常是为了缓解企业日常生产经营过程中出现的短期资金紧张状况，因此其绝大多数利息费用一般是作为财务费用计入当期损益的。只有极少数与购建固定资产等长期资产相关的短期借款，在符合借款费用资本化条件的情况下，可以将利息费用通过“在建工程”等账户计入所购建的长期资产成本之中。

由于短期借款的期限较短，其利息费用相对较低，实务中一般采用预提或付息时予以确认利息费用的处理方法。因此，列示在资产负债表上的短期借款金额便只表示企业截至会计期末尚未偿还的短期借款的本金数额。

2）以公允价值计量且其变动计入当期损益的金融负债。该项目是指企业为了在近期内出售或回购而持有的，以及采用（对方）短期获利方式进行融资管理的，或指定以公允价值计量且其变动计入当期损益的金融负债，如应付短期融资券。这类债务的报表数据反映的是截至资产负债表日企业承担的该项债务基于市场价格基础上确定的公允价值。至于该项债务的利息费用以及公允价值变动的部分，按照规定都记入到当期损益之中了。实务操作中，绝大部分企业习惯于将短期融资归类于“短期借款”、“短期应付债券”、“应付票据”等项目并按照实际成本法进行核算。因此报表中该项目金额经常为零。

3）应付票据。这是由出票人出票，委托付款人在票据指定日期无条件支付确定金额给持票人的一种票据，一般是企业在赊购交易中签发并承诺到期无条件付款的商业汇票。我国目前规定商业汇票的付款期限最长不超过6个月。对于已经到期的票据，企业需要无条件支付相应款项；无力支付的，将转入应付账款或逾期贷款之中。

由于商业汇票分为带息与不带息两种，其中不带息的商业汇票直接表现为面值；而带息商业汇票还需要在期末计算已经产生但尚未支付的票据利息，并在计入财务费用的同时，相应增加应付票据账面金额。因此，期末列示在资产负债表上的应付票据金额表示的是企业截至会计期末尚未到期支付的应付票据的本息之和。

4）应付账款。应付账款是企业由于已经购买了商品或接受了劳务而产生的应付未付的款项。报表上的应付账款一般表示赊购时的实际应付金额。但由于收款方出于早日收回款项的目的，有时可能会向付款方提供一定的现金折扣选项，如约定付款条件为（2/10，*n*/60）。这种赊购情况下，如果企业能够在 10 天的现金折扣期内付款，就可以享受原应付款金额 2% 的现金折扣，即实际只需要支付 98% 的应付款金额即可，少付的部分便是以理财收益的形式冲减企业当期的财务费用；而如果企业在 10 天之后，即超过现金折扣期之后付款，便需要全额支付原应付账款金额。显然，在存在现金折扣选项下，企业未来实际支付的金额将有可能小于其原有应付账款的账面金额数。

5）预收账款。这是指企业依据买卖合同或劳务协议，在售出商品、提供劳务之前，预先向购货方及接受劳务方收取的货款或定金。它形成了企业的一项债务，需要未来以转交商品或提供劳务等形式来偿付。资产负债表中的预收账款即表示企业截至期末尚未以商品资产或劳务形式偿还的预收款金额。它既是企业以往现金流入所产生的未来非货币性债务，同时在预收定金的形式下，也意味着企业后续履约时还应该会获得一定量的增量资金。

6）其他应付款。其他应付款是指企业除应付账款与预收账款之外、应付或暂收其他单位与个人的款项。一般包括暂收其他单位与个人的保证金和押金、应付的保险费、应付经营性租入资产的租金，以及应付统筹退休金等。

正常情况下，其他应付款金额一般不会太大。但若企业出现了长期、高额的其他应付款，就应该考虑有可能与公司之间的资金拆借有关，或者是变相占用了子公司或其他关联方的资金所致。此时，在报表上它虽然是一笔短期债务，但实际上也可能是一项长期占用的无息或低息资金来源。

7）应付职工薪酬。应付职工薪酬，是指企业为获得职工提供的服务或与其解除劳动关系而按有关规定应该支付而尚未支付给职工的各种形式的报酬或补偿，包括应该支付给所有与企业订立了劳动合同的或虽未与企业订立劳动合同，但由企业正式任命的各类人员，以及其他为企业提供了与企业职工类似服务性质的人员的工资、奖金、津贴、补贴、职工福利费、社会保险费（含医疗保险、失业保险、养老保险、生育保险及工伤保险等）、住房公积金、工会经费和职工教育经费，以及那些非货币性福利、解除劳动关系应给予的补偿金及其他相关支出等。如果是外商投资企业，还包括了按规定从净利润中提取的职工奖励及福利基金。

应付职工薪酬是企业对职工个人确认的一种负债，也是企业因使用了职工的知识、技能、时间和劳务等而应用于职工的一种劳动力补偿。它在一定程度上体现了企业员工的待遇水平和受重视程度，也影响着企业未来可持续性的劳动力供应关系。但由于大多数企业都是按月结算和发放薪酬的，因此资产负债表中的这一数据通常仅仅反映企业截至期末已经确认、但尚未支付或用于职工福利方面的劳动力成本余额，至于职工实际获得的薪酬情况还应结合着现金流量表中“支付给职工以及为职工支付的现金”一项来分析。

8）应交税费。这是指企业截至资产负债表日应交未交的各种税金，包括增值税、消费税、营业税、资源税、城市维护建设税、土地增值税、房产税、土地使用税、车船使用税、企业所得税、代扣代缴的个人所得税、教育费附加、矿产资源补偿费等。至于企业交纳的印花税和耕地占用税，由于按照相关规定属于应税事项发生时一次性计算并交纳的，因此不包括在“应交税费”项目中。通常，由于各项税金的计算确认与交纳时间往往会不一致，“应交税费”账户便常常存在一定程度的余额。资产负债表中的“应交税费”金额表明企业已经确认为相关成本费用但截至期末尚未交纳的税费余额；不过，如果负债表中这一项目前是“－”号，则代表企业截至目前多交或可以按规定抵扣但尚未抵扣的税金数额。

9）应付利润或应付股利。该项目是指企业根据董事会提请股东大会批准的利润分配方案中所确定的、应该分配给股东但尚未支付的现金股利或利润金额。企业作为独立核算的经济实体，当实现盈利并按规定提取了必要的盈余公积金之后，在货币资金比较充裕的情况下，一般会依据确定的利润分配政策对剩余可分配利润进行分配，以体现对投资者的投资回报。通常，非股份有限公司习惯以“应付利润”来反映；而股份有限公司则常常以“应付股利”来记录企业已经宣告但尚未支付的股利。

10）其他流动负债。它是指不包括在上述各项流动负债中的其他短期债务。实际中较少出现，偶尔会有个别需要确认但不属于上述各项目的或有负债之类包括在该项目中。

（2）非流动负债。企业所承担的流动负债以外的债务即归类为非流动负债，主要包括长期借款、应付债券、长期应付款等。这些债务无须在下一年或下一个经营周期等较短的时期内全额偿还，因此一般成为企业长期资金来源的一个重要组成部分。

1）长期借款。长期借款是指企业向银行或其他金融机构借入的、偿还期限在一年以上的款项。这些款项一般多用于满足企业购建或改建、扩建固定资产的需求，以及企业日常运营中对资产的正常需要等。

现行会计准则规定，企业发生长期借款时，应按照借款本金计入“长期借款——本金”中，同时将实际取得的借款与本金之间的差额另行计入“长期借款——利息调整”科目。会计期末，一方面应按借款的期初账面金额和实际利率计算确认利息费用，同时按借款本金和合同利率计算确认应付利息；另一方面应按照当期利息费用与应付利息的差额调整“长期借款——利息调整”科目。对于一年内即将到期的长期借款，应单另在资产负债表中列入“一年内到期的非流动负债”项目内反映。因此，资产负债表中的长期借款项目表示的是企业期末已经借入但尚未归还的、剩余偿还期限依然在一年期以上的长期借款本金与未调整的利差之和。

会计上对于长期借款的利息费用，是根据其不同期间及不同用途区别处理的：属于企业筹建过程中产生的、与购建固定资产或无形资产等长期资产无关的利息费用，一般暂列入“待摊费用”项目，并在企业开始生产经营活动时一次性计入开始生产经营当期的损益之中；属于正常生产活动中对周转性资金的需求而产生的借款利息费用，按规定是计入发生当期的“财务费用”中的；至于那些需要较长时间（通常指一年及以上）的生产与购建才可能达到预定可销售或可使用状态的存货、固定资产与投资性房地产等资产的生产与购建期间所产生的利息费用，在符合会计制度中有关借款费用资本化条件的前提下，一般都是通过“生产成本”、“在建工程”等账户最终转为相关资产的账面价值，即不影响当期利润，而是将其“资本化”了，成为相应资产成本的一部分；如若不满足资本化条件，则仍应计入“财务费用”之中，在当期利润表中给予扣除。

显然，对长期借款利息费用的不同处理方式，将直接影响企业报表中资产、费用乃至利润的金额。企业若将不能资本化的利息费用予以资本化，会因相应减少当期财务费用而虚增利润，同时虚增相关资产金额，这就有可能导致报表使用者因此盲目乐观，产生决策分析上的失误。因此，在阅读与分析报表时，对于企业借款费用的处理，也应引起必要的重视。这方面可以借助于报表附注中有关“借款费用”处理政策的说明来了解。

2）应付债券。应付债券是指企业在符合债券发行条件的前提下，按照一定的筹资策略所发行的、偿还期限在一年以上的各种债券，如普通债券以及可转换公司债券等。由于债券发行不可避免地会受到经济、金融环境以及公司自身财务状况、债券期限、票面利率与实际市场利率等多种因素的影响，因此其发行价格便有可能存在着溢价（发行价格大于债券面值）、平价（发行价格等于债券面值）和折价（发行价格小于债券面值）三种情况。

根据目前会计准则的要求，企业在核算应付债券时，先是将应付债券的面值计入“应付债券——债券面值”科目中，同时将溢价或折价金额计入“应付债券——利息调整”科目并在债券的有效存续期间内，按照实际利率法进行摊销。因此，期末资产负债表上的“应付债券”金额，可能包含三方面的内容，即：截至资产负债表日企业应付债券的面值、已经产生但尚未支付的债券利息，以及包含（或已经扣除）尚未摊销完的债券溢价（或折价）的摊余部分。

3）长期应付款和专项应付款。除了长期借款和长期应付债券之外，企业其他的长期负债，通常是通过“长期应付款”或“专项应付款”项目进行反映的。其中，长期应付款主要包括应付补偿贸易引进设备款和应付融资租赁款，以及以分期付款方式购入固定资产而发生的长期应付款项等。而专项应付款则是指企业取得政府（或其他渠道）拨入的、尚未完工核销的、具有专门或特定用途的款项，如专项用于技术改造、技术研究与开发的款项。这部分专项应付款由于在项目完成后，通常是核销并转入企业资本公积中，因此一般情况下在发生了相应的研发或技术改造支出后是无须偿还的，构成了企业一项无偿的长期资金来源。

4）预计负债。预计负债是指根据或有事项等相关准则确认的一些需要预计的债务，如因对外提供担保、未决诉讼、产品质量保证、重组义务以及固定资产或矿区权益弃置修复义务等产生，可以合理估算的预计经济资源的流出。

根据《企业会计准则第 13 号——或有事项》的规定：预计负债应该在资产负债表中单独反映，并同时在报表附注中对导致各项预计负债的原因和金额作相应的披露，这也有助于报表阅读者充分了解企业可能存在的未来义务，以及这些义务对企业的影响。

5）递延收益。该项目是根据《企业会计准则第 16 号——政府补助》的规定，记录和反映企业获得的、应分配计入以后相应会计期间损益的政府补助金额，包括财政拨款、财政贴息、税收返还、无偿划拨非货币性资产等。它反映了企业从政府那里获得的财政支持，也显示着企业未来特定时期将会因分摊递延收益而产生一定的利得收入。

6）递延所得税负债。与“递延所得税资产”相对应，“递延所得税负债”是由于会计准则与企业所得税法在确认收入与费用方面存在的时间上的不一致所形成的企业未来应纳税暂时性差异导致的所得税负债。与前面的递延所得税资产类同，两者都是在计算确认所得税时产生的。为了避免重复，我们将在解读利润表中“所得税费用”项目时统一对两者进行解析并举例说明。

3. 所有者权益项目

所有者权益，是指企业所有者（或股东）在企业资产中所享有的经济利益。从资金价值的对应关系上讲，相当于企业全部资产偿还全部债务之后的余值。一般包括实收资本、资本公积、其他综合收益和留存收益等。

（1）实收资本。实收资本是指企业收到的、由投资者投入的、构成企业注册资本金的那部分投入资本（股份有限公司通常称其为“股本”）。一般包括国家资本金、法人资本金和个人资本金等。《公司法》及其他相关法律法规中对企业成立时的注册资本金规定了最低限额，即所谓的法定注册资本金。企业在正常生产经营活动中一般应该保持实收资本的相对稳定。投资者除依法转让其所持有的股权份额之外，除非特殊情况，一般不能抽回投资。确有必要增减实收资本的，也必须是在经过股东大会或相关决策机构的认可、并在不违反有关法律法规规定的前提下、通过必要的程序方可实施。因此，在没有进行增资扩股的情况下，资产负债表中所列示的企业各期的实收资本或股本一般是相同的。

除企业或公司章程中另有规定之外，投资者在企业所拥有的权益多少，并不完全取决于他投入企业的资源总数，而是取决于他所投资源中计入实收资本（或股本）中的金额大小与占比高低。通常，对后加入企业的投资者而言，往往都是溢价出资，即他所投入企业的资源价值，有一部分是不计入实收资本（或股本）的，而是计入下述的“资本公积”中。这一方面是对原有投资者为企业做出的贡献进行的补偿，另一方面也是因后加入的投资者将与原投资者共同分享企业以往的既得利益而对原投资者支付的对价。

（2）资本公积。这是企业所有者权益中不构成实收资本或股本、但也并非来源于企业赢利的那部分资本。它可能是来源于投资者投入资本中超过注册资本的那一部分，也可能是来源于其他单位或个人投入企业但不构成企业实收资本的那些资源的价值。具体而言，资本公积通常包括资本溢价（或股本溢价）和直接计入所有者权益的利得和损失，如权益法核算方式下，被投资方因净损益、其他综合收益及利润分配等原因之外的因素产生了所有者权益变动，投资方按持股比例确认的其他资本公积。由于资本公积中常常很大一部分是来自于资本溢价，即属于企业的一种准资本，其主要用途便是在一定条件下按照法定程序转增实收资本。因此我们基本上可以大致认为资产负债表上的资本公积数额，便是企业截至期末累计积累的、满足一定条件之后可用于转增股本的“准注册资本”。

（3）库存股。库存股也有称为库藏股，是指发行公司回购自己公司的股票之后尚未转让或核销的那部分股份金额。通常情况下，我国《公司法》是不允许企业回购自己公司的股票的；但实施股权激励或减资及因与持有本公司股票的其他公司合并等个别原因除外。上市公司通常会出于股权激励的需要而在恰当时机和允许额度内部分回购自己公司的股票。这部分收回的股票在没有转让或出售给激励对象之前，是不带有任何表决权利的，相当于公司实际流通股股票数量的减少。因此在资产负债表上是列为所有者权益（主要对应股本和资本公积）的减项。只有当该库存股转让或出售、再度成为发行在外的股票时，才有可能恢复相应的表决权和分配股利的权利。

（4）其他综合收益。“其他综合收益”是从以往计入“资本公积（其他资本公积）”的项目中新分出来的一类项目，反映的是企业按照会计准则的规定、不列入会计损益而直接确认为所有者权益的利得和损失扣除所得税影响之后的净额。如可供出售金融资产因公允价值变动而产生的与原账面价值的差额、现金流量套期工具所获得的利得和损失中属于有效套期的部分，以及外部报表折算差额等。该项目不属于企业日常经营所得，一般也不适合参与评价企业的经营绩效。

（5）留存收益。它是指企业从净利润中提取留存下来或尚未以股利等形式分配给股东的那部分所有者权益，包括盈余公积和未分配利润两部分。

根据《公司法》及其他有关法律法规的规定，企业当年实现净利润后，应该按照一定的顺序进行利润分配。以股份公司为例，通常的利润分配顺序包括：

1）弥补以前年度尚未弥补的亏损；

2）按照当年净利润补亏之后的余额的一定比例（通常为10%）计提法定盈余公积金；

3）向优先股股东发放优先股股息（如果存在优先股的话）；

4）依据股东大会决定的计提比例，提取任意盈余公积金；

5）在以往及当年剩余利润总和的范围内，向普通股股东发放普通股股息。

企业按规定从利润中提取的盈余公积金，既可用于日后出现亏损的弥补，也可用于转增股本以扩大企业的资本规模。但现实中企业一般只是以资本公积转增股本而极少以盈余公积进行转增。这主要是因为从会计处理上讲，资本公积的用途较窄（基本上只能用于转增股本），而盈余公积用于弥补亏损的作用相比转增资本的影响更为重要。当然，如果真有企业以盈余公积转增资本，现行制度还规定：转增之后剩余的盈余公积不应低于转增前企业注册资本金的25%。此外，特殊情况下，企业也可以在履行一定程序后，以盈余公积弥补完累计亏损之后的余额分派股利，但此时分派股利总额不得超过股本总额的6%，且派发股利后留存的盈余公积也不应低于企业注册资本金的25%。所以，期末资产负债表中披露的盈余公积金额，只是企业截至目前从利润中提取但尚未用于补亏或转增资本等用途的账面结余金额，实际上也是企业结余利润的一部分。

未分配利润是指企业尚未确定特定用途、留待以后年度进行分配的利润结存。资产负债表中所列示的该项目，是指企业以前各期至本期期末累积结存的、尚未明确用途或尚未分配的净利润金额；如果该项为负值，则表示各年至今累积发生的尚未弥补的净亏损。

2.2.3 资产负债表的初步简单分析

在真正读懂并理解资产负债表中各具体项目的基础上，报表使用者便可以先做一些比较简单的数值对比分析，如资本结构分析、资产构成分析、基本偿债保障分析等。

1. 资本结构分析

狭义的资本，通常是指企业来自于股东权益的那部分资金来源；而广义的资本一般是指企业所有的资金来源。资本结构分析是对广义的资本而言的，既包括企业资本总额中债务资本与股东权益资本的比例分析，也包括债务资本与股东权益资本各自的组成情况分析。

资本结构影响着企业经营活动初级收益的分配方式。企业利用全部经济资源获得的各种运营收益总额（简称“息税前利润”），首先需要支付债权人利息，其次才是缴纳所得税和进行利润分配。当资本结构中债务资本过多而债务资金成本很低时，股东会由于财务杠杆正效应而获得超额利润回报。但当债务资金成本过高时，息税前利润中的绝大部分将主要以利息形式支付给债权人；如果息税前利润较少，甚至将不足以支付债权人利息。此时，股东权益性收益便明显减少甚至出现负收益。这种双面作用会提醒经营管理者注意保持合理科学的资本结构，努力改进或完善经营管理，提高总资产报酬率（即息税前利润与企业当期总资产平均值之比）。

同时，资本结构也决定了企业承受内外部经济冲击的能力。当债务资本偏高时，内外部经济波动对企业的影响，特别是对企业资金链的影响就有可能加剧，意味着企业面临的经营风险与财务风险较大。

2. 资产构成分析

资产结构是指企业资产总额中流动资产与非流动资产或长期资产总额之间的比例，以及流动资产与长期资产各自具体的构成情况等。资产结构与企业所处行业及经营类型有关，也会受其经营规模和不同资金来源渠道等的影响。资产结构是否合理、资产质量是否稳定、能否满足生产的需要和资金来源的特定要求，将直接影响着日常生产经营活动各环节的有效衔接与循环周转，以及企业未来持续发展的潜力，同时也在很大程度上影响着企业的及时偿债能力。

3. 基本偿债保障

对基本偿债保障的简单分析，主要是从资产总量及其表现形态能否满足及时、足额偿还债务的需求方面进行的。

企业负债，需要以资产，特别是流动性强的资产来偿还；即使是以劳务形式偿债，也包含着未来在劳务方面的资产支付。因此，从总量上看，资产总额是否大于债务总额？从形态上讲，资产的流动性或变现能力是否满足及时偿付的需求等，都影响着企业对债务的基本保障力度。

例如，企业的流动负债一般需要在一年或超过一年的一个营业周期之内偿还，而欠债还钱是最常见的偿债方式。因此，能够在一年内或超过一年的一个经营周期内变现的流动资产，特别是货币资金即成为偿还短期债务的主要资产形式。理论上讲，流动资产应该尽可能保持大于或等于流动负债的水平。而且，由于长期债务会随着时间的推移而不断转化为流动负债，且最终需要以流动资产来偿还，因此，若能使长期债务不超过营运资金（即流动资产减去流动负债后的差额）水平，也就可以基本避免企业因长期债务向流动负债的转化而造成流动资产小于流动负债，导致无法按期偿债的不利状况。

2.3 利润表解读

利润表反映的是企业在一定时期所获得的收入、费用、利润等经营结果以及资本利得或损失的情况，属于一张动态报表。现行会计制度规定，企业每个月都应该编制当月的利润表。上市公司则需要按规定披露季度、半年度和年度的利润表，用以反映企业在各个时期的盈亏情况以及所得与所耗之间配比效果方面的信息。

2.3.1 利润表的内容与作用

对报表使用者而言，利润表主要提供了企业以下几方面的信息：

（1）当期生产经营活动中的成本耗费及其产生的收益情况。这是企业持续性经营利润的主要来源，一定程度上具有较为稳定的可预测性，有助于了解企业正常生产经营项目的综合获利水平。

（2）在经营性成果的基础上，利润表还提供了企业相关的资本利得与损失情况，如投资收益、公允价值变动损益、营业外收入与营业外支出等，有助于分析企业当期的利润构成，以及企业利用全部资产的整体效果；同时，也有助于了解企业全部资产的完整性及投资者投入资本的保值与增值状况。

（3）通过连续各期利润表数据的比较，有助于分析预测企业未来的经营成果以及利润的发展变动趋势。

2.3.2　利润表的格式

利润表的编制依据是收入、费用与利润三者之间的数量关系，即“收入－费用＝利润”。

不同国家和地区对有关利润的信息需求有所不同，所以对上述利润等式的分解运用也有所不同。一般存在着两种利润表的编制格式——多步式利润表和单步式利润表。其中，单步式利润表简单套用“收入－费用＝利润”这一定量关系，先分别计算特定时期所有活动的收入总和与费用总和，再将两者简单相减得出当期利润总额，而不考虑具体收入类别与费用类别之间的因果配比关系。这种利润表形式简单，编制容易也很直观，但不利于对利润构成进行分析，也不利于对不同时期经营成果的因素比较分析。

多步式利润表是将“收入－费用＝利润”这一基本公式，按照收入与费用之间的因果关系进行配比，先分步计算不同运营类型的盈亏得失，再汇总计算利润总额和净利润。一般分为如下几步：

第一步，从营业收入出发，按照“营业收入－营业成本－营业税金及附加－销售费用－管理费用－财务费用－资产减值损失＋公允价值变动收益（减变动损失）＋投资收益（减投资损失）＝营业利润”这一顺序，编制和反映企业当期整个资产运营活动所获得的经营所得。这是企业利润来源的基础和重心，一定程度上具有可持续性，因此也是分析预测利润发展变动趋势的主要信息之一。

第二步，从营业利润出发，依据“营业利润＋营业外收入－营业外支出＝利润总额”的关系式，披露和反映利润总额各组成要素的当期影响金额。

第三步，在利润总额的基础上，减去所得税费用，得出净利润，即为企业当年可供分配利润的主要组成增量部分。

最后一步是在上述净利润的基础上，以普通股股数为基数，计算企业当期的每股收益，即反映企业当期为普通股股东创造的利润水平。

多步式利润表有助于使用者分析了解企业经营所得与所耗，了解企业的经营效果。我国现行会计制度规定，企业应采用多步式利润表编制格式，如表 2-7 所示。

表2-7　利润表

ABC 股份有限公司　　2007 年度　　单位：元　币种：人民币

项　目	本期金额	上期金额
一、营业收入	525 090 149.83	530 276 720.81
减：营业成本	442 658 675.82	474 625 446.42
营业税金及附加	1 563 288.44	912 802.00
销售费用	9 428 974.26	7 930 817.28
管理费用	23 405 833.11	22 645 611.53
财务费用	17 327 890.33	9 205 546.39
资产减值损失	326 782.84	−616 552.21
加：公允价值变动收益（损失以“–”号填列）	683 951.22	131 455.19

（续）

项 目	本期金额	上期金额
投资收益（损失以“–”号填列）	44 523 468.44	2 244 927.43
其中：对联营企业和合营企业的投资收益	6 530 696.01	–1 167 353.41
二、营业利润（亏损以“–”号填列）	75 586 124.69	17 949 432.02
加：营业外收入	13 859 850.46	24 362 257.89
其中：非流动资产处置利得		
减：营业外支出	2 536 310.69	5 949 689.40
其中：非流动资产处置损失	1 867 347.97	1 995 842.85
三、利润总额（亏损总额以“–”号填列）	86 909 664.46	36 362 000.51
减：所得税费用	8 904 413.04	8 387 615.65
四、净利润（净亏损以“–”号填列）	78 005 251.42	27 974 384.86
五、其他综合收益的税后净额		
（一）以后不能重分类进损益的其他综合收益		
1. 重新计量设定受益计划净负债或净资产的变动		
2. 权益法下在被投资单位不能重分类进损益的其他综合收益中享有的份额		
……		
（二）以后将重分类进损益的其他综合收益		
1. 权益法下在被投资单位以后将重分类进损益的其他综合收益中享有的份额		
2. 可供出售金融资产公允价值变动损益		
3. 持有至到期投资重分类为可供出售金融资产损益		
4. 现金流量套期损益的有效部分		
5. 外部财务报表折算差额		
……		
六、综合收益总额		
七、每股收益：		
（一）基本每股收益	0.36	0.06
（二）稀释每股收益	0.36	0.06

2.3.3 利润表中各具体项目解读

我们按照多步式利润表中各项目顺序进行解释。

1. 营业收入

营业收入包括企业的主营业务收入和其他业务收入。

主营业务收入是指企业主要经营活动所产生的收入。不同行业不同单位的主营业务活动有所不同，主营业务收入所包含的内容也有所区别。如对工业企业而言，主营业务收入主要是指销售商品、自制半成品、代制品、代修品、提供工业性劳务等所创造的收入；而对酒店、餐饮企业而言，客房收入与餐饮收入即构成其主要的营业收入内容；至于租赁公司，则租金收入便成为其主营业务收入等。主营业务收入一般在企业的营业性收入中占有较大比例，对企业日常运营及相应的经济效益起着举足轻重的影响。

其他业务收入是企业在基本业务之外，从事其他生产经营活动所取得的收入。如制造型企业的运输业务收入、出售多余原材料所获得的收入，以及非租赁公司经营型出租资产的租金收入以及出租包装物收入等。

营业收入是企业获取经营利润的根本，也是反映企业业务规模大小的直接指标。但相同的营业收入却可能存在质量上的明显区别，这主要与营业收入也包含着赊销收入有关。企业创造一定量的营业收入，可能对应着等量的货币资金增量，也可能在赊销形式下对应着应收账款，两者的后续可利用价值及其质量显然有所不同。因此，评价营业收入的质量，应该同时结合现金流量表中“销售商品、提供劳务收到的现金”项目来进行。

2. 营业成本

该项目与营业收入相对应，反应的是企业为创造营业收入而发生的直接代价，包括主营业务成本和其他业务成本两类。

主营业务成本是指企业为了获取主营业务收入而直接发生的经济代价。如为获得销售商品的收入而发生的所售出商品的取得成本、为获得劳务收入而付出的劳务成本、为取得租金收入而产生的出租物价值损耗等，属于创收过程中的直接代价。主营业务收入与主营业务成本之间的差额，形成了企业主要经营业务的初始利润空间（毛利），也是企业获取经营利润的基本源泉。

其他业务成本则是企业在获得其他业务收入时所付出的代价，包括运输业务的直接耗费、出售多余原材料的成本、出租包装物所摊销的价值，以及应由其他业务支出直接承担的流转税及附加费用等。

3. 营业税金及附加

营业税金及附加是指企业从事生产经营活动、按税法规定应交纳并在会计上应从营业利润中扣除的各项流转税额及其附加，包括营业税、消费税、关税、资源税、城市维护建设税，以及应交教育费附加等，体现的是企业生产经营环节中的税收负担。该项目总额通常与当期营业收入之间存在一定的正相关关系。因此通过对以往几期营业税金及附加与营业收入之间的数据对比，可以大致了解企业经营收入所需承担的流转税负的大致情况。

4. 期间费用

期间费用是指企业经营活动过程中所发生的，容易确定其发生期间或归属期间，但难以直接或间接将其归属于某一具体产品或劳务项目成本的费用。根据权责发生制和配比原则的要求，这些费用应直接在发生当期的损益中列支，具体包括销售费用、管理费用和财务费用三项。

（1）销售费用。它是指企业为促销商品、推销劳务而发生的、应由当期损益承担的费用，如产品宣传费、推广费、运输费、装卸费、保险费、展览费、陈列费等，以及企业专设营销机构所产生的各项运行经费，如专属营销机构的人员工资、福利、办公费、折旧费、培训费、固定资产折旧与修理费用等。

销售费用的高低在一定程度上反映了企业的营销力度，是企业当期为了开拓市场、促销产品而产生的，需要在发生时列入当期利润表，从营业所得中得到补偿。

（2）管理费用。它是指企业行政管理部门为组织和管理生产经营活动而发生的各项费用，包括企业筹建期间内发生的开办费的摊销，董事会和行政职能部门在企业经营管理活动中发生的董事会费和公司经费，应由企业统一负担的工会经费、职工教育经费、聘请中介机构的费用，以及诉讼费、审计费、咨询费、绿化费、排污费、业务招待费、房产税、车船使用税、土地使用税、印花税、技术转让费、矿产资源补偿费、研究开发费用及其他行政性费用等。

管理费用是维持企业正常运行的基本开支，在发生时列入当期利润表中，直接影响当期营业利润。管理费用开支过多，可能意味着企业经费控制不得力，管理效率低下、存在一定程度的浪费或虚报行为；但管理费用过低，也可能是过度压缩了一些必要的开支，如缩减职工教育经费、降低研究开发费用等，这种短期行为反而可能会影响企业长期的经营管理效应。

（3）财务费用。它是指企业在生产经营活动中为募集或调配所需资金而发生的相关费用，包括利息收支的净差额（利息支出减去利息收入）、汇兑净损失、支付给金融机构的手续费以及企业发生或收到的现金折扣及其他相关费用等。其中：

利息收支净差额是指企业发生的、用于正常生产经营活动中的经营性借款利息、应付债券利息、票据贴现息等利息支出，扣除相应的存款利息收入后的净额。它反映的是企业利用净经营性金融负债所支付的资金使用代价。

而汇兑净损失则是企业存在外币业务的情况下，因汇率波动导致不同时期折算汇率的不同而产生的货币性资产与货币性负债的折算差额。当汇率波动不大时，汇兑净损失往往也是比较小的；但若在一段较长时期内，汇率的波动趋势呈单一方向变动时，企业就有可能面临较大的汇兑净损失或汇兑净收益。无论哪种情况，现实中汇率不可能永远朝着一个方向波动，因此汇兑净损益也常常带有较大的不确定性，在一定程度上也并不属于企业的经营所得或所耗。

例 2-7

对于大部分航空公司而言，飞机作为重要的经营性资产，需要从国外大量进口。而飞机的高昂成本与售价，使不少航空公司在购机时基本上采用了分期付款的模式，这就形成了航空公司的巨额债务。由于目前全球飞机采购主要还是以美元进行结算，因此各大航空公司几乎都有较大比例的美元负债。

以中国国际航空股份有限公司（简称：中国国航）为例，2012 年半年报的附注说明中显示：公司期末全部负债中，人民币负债仅占 18%，而美元负债却高达 76%；而同期东方航空股份有限公司的全部外债中，美元外债也占比达 90% 以上。

因此，如果人民币兑美元升值，则我国国内这些拥有高额美元债务的航空公司就可以获得较为可观的汇兑收益；反之，如果人民币兑美元贬值，则这些航空公司就会遭遇财务账面上的汇兑损失。表 2-8 是近 5 年中国国航的部分财务数据，从中可以大致了解汇率波动对我国航空公司的财务影响。

从表 2-8 可以看出：2010 ~ 2011 年，中国国航连续两年财务费用出现负值，这主要得益于人民币对美元的持续升值所带来的巨额汇兑净收益。以 2011 年为例，当年人民币对美元累计升值近 5.1%，中国国航因此获得了高达 30.63 亿元的汇兑净收益，占该公司当年净利润的近 41%。

表2-8 近5年中国国航的部分财务数据 （单位：亿元）

	净 利 润	财务费用	同 比 增	汇兑净收益	同 比 增
2009 年	50.29	12.059 31		1.09	
2010 年	122.08	-5.395 25	减 17.45	18.91	增 17.82（增 16.3 倍）
2011 年	74.77	-15.50	减 10.10	30.63	增 11.72（增 61.93%）
2012 年	49.48	21.99	增 37.49	1.19	减少 29.43（-96%）
2013 年	33.19	7.77	减 14.23	19.38	增 18.19（增 15.3 倍）

但到了 2012 年，人民币兑美元汇率一改过去几年单边升值的走势而呈现出波动性变化，全年人民币升值幅度收窄为 1.03%，航空业昔日“坐享其成”的好日子风光不再。汇兑收益和投资收益的减少成为中国国航当年净利润大幅度下滑的主因。如表 2-8 中所示：2012 年公司汇兑净收益仅 1.19 亿元，相比上年 30.63 亿元来讲明显缩水，减少幅度达到 96%，直接造成公司净利润的大幅下降。

2013 年人民币对美元的再次大幅升值，给中国国航直接带来了 19.38 亿元的汇兑净收益。这也在一定程度上减缓了因国际经济复苏艰难、国内经济增速放缓等因素对公司净收益的不利影响。

现金折扣是指销售方为早日收回货款而许诺给予买方在约定期限内提前付款所享受的价格折扣。这也就意味着销售企业在提供了现金折扣付款条件的前提下，未来实际收回的款项有可能因付款方享受了现金折扣而低于目前应收账款中所列示的金额。这部分已经产生的现金折扣对销售方而言，是作为企业的理财费用列入“财务费用”之中的；而对于购买企业而言，则作为其理财收益冲减“财务费用”金额。

通常情况下，由于支付给金融机构的手续费以及上述现金折扣等金额都相对较小，因此，在汇率波动不明显、汇兑净损益不大的前提下，企业的财务费用便主要是由用资代价构成的，则此时的财务费用主要反映了企业一定时期的资金使用成本情况。

5. 资产减值损失

根据《企业会计准则——基本准则》中对“资产”的定义，资产应该是企业拥有或控制的、能为企业带来经济利益的资源。实际经济活动中，随着对资产的使用和经济、技术环境的发展变化，经济资源的作用也难免会发生相应改变，其未来可能给企业带来的经济利益的预期也就会出现调整。一旦某项经济资源所能为企业带来的预期经济利益已不复存在或明显低于其账面价值，说明该项资产发生了价值减损，即出现了潜在的损失。此时，财务上便应当将该资产的账面价值进行必要的调整，调减至该资产未来的可收回金额，以便在资产负债表上真实反映资产的实际可利用价值；而因此调减的部分即确认的资产减值损失反映在利润表中。对此不妨参考前文中例 2-3 中国平安保险（集团）股份有限公司的案例。

资产减值损失是企业资产当期发生的无形损耗，它不会直接产生货币资金的流出，仅属于资产使用过程中的“潜亏”，因此会减少企业的当期利润。然而，由于资产日后能为企业带来的经济利益毕竟只是一种预期，带有一定的不确定性。在某些时期可能会发生预期的减损，而在另一时期或环境下也有可能出现预期的增加。我国《企业会计准则第 8 号——资产减值》第十七条明确规定“资产减值损失一经确认，在以后会计期间不得转回”。这自然是为了防止个别企业借用资产预期价值的变动人为调整和粉饰报表；但同时也意味着在某些特定情况下，一些已经确认了减值损失的资产，未来也有可能出现价值回升，从而为企业带来一定的潜在利益。

因此，对资产减值损失的理解与分析，应结合资产的具体特性和特定的经济运行环境来考虑，包括对未来的合理预期。

6. 公允价值变动损益

公允价值变动损益主要包括企业交易性金融资产和交易性金融负债在会计期间由于公允价值变动所产生的账面利得或损失，以及指定采用公允价值模式计量且变动计入当期损益的其他金融资产与金融负债、投资性房地产、套期保值业务等的公允价值变动所形成的计入当期损益的利得或损失。

值得注意的是，公允价值是基于较为成熟的公开市场以及较为完善的信息沟通的基础上确定的资产或负债的市场估价，随着市场环境的变化，公允价值也可能出现波动。账面上或报表上的公允价值变动损益虽然影响着企业当期的利润，但在相应的资产或负债没有真正转移或处置之前，这些变动损益还仅仅只是一笔带有不确定性的预期。一旦市场环境出现了逆转，这些损益有可能大幅度减少甚至消失或出现相反的情况。

例如，一项交易性金融资产（如所持有的股票资产），假设取得时的成本为 480 万元，当股市处于大幅攀升的牛市格局时，该股票的市场价值（即公允价值）也有可能大幅上涨，如果期末该只股票（以持有量计算）的市场价值为 620 万元，则企业会因此确认 140 万元的公允价值变动收益，当期利润总额也会因此增加 140 万元。可是，如果由于某些原因，企业并未将该股票转让出售，而是持有至第二期期末，此时由于某些利空消息的影响，股市出现了较长时期和较大幅度的回调，该只股票（以持有量计算）的市场价值下降至 465 万元，则企业又将因此确认 155 万元的公允价值变动损失，当期利润总额也会因此减少 155 万元。然而，无论是第一期期末确认的 140 万元的变动收益，还是第二期期末确认的 155 万元的变动损失，其实在该只股票没有最终转让出售之前，都只能是一种预期，对企业真实的现金流量和经营业绩并没有实质性的影响。

7. 投资净收益

该项目是指企业对外投资（包括债权投资和股权投资）所取得的投资收益扣除投资损失之后的净额。

投资收益是指企业在对外投资活动中所获得的利润，包括债券投资获得的利息收入、股权投资获得的股息收入、收回投资所获得的高于其账面投资价值的部分，以及用权益法核算股权投资时、按照所持有被投资单位的股份比例和被投资单位当期实现的净利润所计算确认的部分。

投资损失则为企业收回投资时所产生的收回所得低于其账面价值的部分，以及用权益法核算股权投资时、按照所持有被投资单位的股份比例和被投资单位当期发生的净亏损所计算确认的部分。

新企业会计准则将投资净收益归属于企业营业利润的范畴，这具有一定的合理性。毕竟目前许多企业在日常生产经营的同时，也非常注重对经济资源的充分、合理利用，以及多元化投资与扩张。对外投资无疑成为不少企业利用资源、维持产业链、蓄势扩张、增加收益的一项经常性措施。然而，对外投资所得毕竟与企业自身的产品生产与日常经营所得有所不同：前者在很大程度上依赖于被投资方的营运业绩和市场评价以及利润分配政策，存在部分收益的非持续性（如来自于证券买卖价差的那类收益）；后者则更多依赖于企业自身的技术、成本控制，以及生产与管理水平，具有较大的连续性和可预期性。两者对未来的可预期影响明显不同。因此，报表阅读者在依据营业利润等数据分析企业盈利能力时，有必要就此分别考虑，甚至暂时将投资净收益对营业利润的影响予以剔除，以便于对未来经营状况的合理预测。

8. 营业外收入与营业外支出

营业外收入与营业外支出是指与企业日常生产经营活动没有直接关系的各项收入与支出。这类收支不影响企业的营业利润，通常也不具有持续性或稳定性。但作为一项已经发生的客观行为，这类收支对企业当期的利润总额乃至净利润还是会产生明显影响。

其中，营业外收入主要包括企业处置固定资产、无形资产等非流动资产所产生的净收益，以及非货币性资产交换利得、债务重组收益、接收捐赠的收益和来自政府的补助等。

而营业外支出则主要包括企业处置固定资产、无形资产等非流动资产的净损失和企业已有资产的盘亏净损失、非货币性资产的交换损失，以及债务重组损失、捐赠支出、罚款支出、非正常财产损失等。

9. 所得税费用

所得税是指企业按照税法规定，就其一定时期的应纳税所得，按照规定税率计算缴纳的税款。利润表上的“所得税费用”，是指企业在一定会计期间内、在不影响向国家如数缴纳应交所得税的前提下，按照企业所得税会计政策所确认的所得税“费用”。此处应特别强调如下两个问题：

（1）企业当期应该向国家缴纳的所得税（即应交所得税）金额，并不一定等于企业当期的利润总额与当期适用的所得税税率的乘积。

利润表上的利润总额，一般是依据企业会计准则的各相关原则与方法核算确认的，目的是为了全面、如实地反映企业一定会计期间的财务及其变动状况与经营成果，强调的是“真实性”和“完整性”。而计算交纳所得税时采用的利润基数则是根据税法及相应的税收法规计算确认的应纳税所得额，突出的是“经济合理、公平税负、有利竞争”的原则。因此两者之间难免会在个别收入或费用的确认问题上有所不同。

由于会计制度与税收法规之间在收益的实现以及费用的扣减问题上存在着确认口径或确认时间等方面的不同，因此，按照会计制度计算的税前会计利润（即利润总额）与按照税法规定计算的应纳税所得额之间也不可避免地存在着差异。例如，会计上将持有国债所获得的利息收入作为投资收益列入利润总额，但按照税法规定，国债利息收入是无须计缴所得税的，也就是不必计入应纳税所得额中；再如，企业发生的非公益性赞助支出、行政处罚支出，会计上都作为营业外支出在税前利润总额中全额扣除，但按照税法规定，这些开支在计算应纳税所得额时是不允许先行扣除的等。因此，企业计算当期应交所得税时，应首先根据税法规定对利润表中的利润总额作相应调整，计算出应纳税所得额，然后再以应纳税所得额与相应税率相乘计算出应交所得税税额。即：

应纳税所得额＝利润总额 ± 纳税调整事项（即税法规定与会计处理在确认收入与费用方面的当期差额）

本期应交所得税＝应纳税所得额 × 当期所得税税率

例 2-8

假设 A 公司适用的所得税税率为 25%，20×× 年公司实现税前利润总额 600 万元。除下列事项之外，公司当年在其他方面涉及收入与费用的会计处理都与税法中的相关规定完全一致。下列事项是会计上计算利润总额时的部分相关资料：

（1）当年会计上按照双倍余额递减法提取某类固定资产折旧费用 42 万元；而按照税法的规定，该类固定资产只能采用平均年限法计提折旧。采用平均年限法应提折旧 37 万元。

（2）公司全年实际发生业务招待费支出 210 万元，会计上已经据实确认为当期费用；但依据税法规定允许税前列支的业务招待费为 189 万元。

（3）公司当年发生了对外非公益性赞助支出 10 万元，会计上已经据实确认为营业外支出。

（4）公司当年投资收益总额中包含国债投资利息收入 3 万元、企业债券投资利息收入 4.5 万元。

（5）公司以前年度累计未弥补的亏损总计 746 万元。其中五年内的经营性亏损 110 万元，五年以前的亏损 636 万元。

分析上述情况可以知道：公司当年实现的利润总额 600 万元中，减去了某类固定资产的折旧费 42 万元，而按税法规定只能扣减 37 万元；因此在计算应纳税所得额时应该加还两者的差额 5 万元。同理，利润总额中按实际业务招待费支出减去了费用 210 万元，而按税法规定只能扣减允许税前列支的 189 万元，超过的部分（210 － 189）不能在税前列支，因此计算应纳税所得额时也应加还这 21 万元。还有公司发生的对外非公益性赞助支出 10 万元也不能在税前列支，所以也应该加还。而投资国债的利息收入 3 万元按照税法规定是无须缴纳所得税的，但会计上在计算利润总额时已经将其算入，故应在计算应纳税所得额时要从中减去；至于投资企业债券的利息收入，由于是不能免税的，所以无须调整。此外按照现行税法规定，公司在五年内的经营性亏损是可以用税前利润进行弥补的，因此在计算应纳税所得额时还可以再扣除 110 万元。即：

公司当年应纳税所得额＝ 600 ＋（42 － 37）＋（210 － 189）＋ 10 － 3 － 110 ＝ 523 万元。

当年应交所得税＝ 523×25% ＝ 130.75 万元。

上例中，如果假设其他条件不变，仅仅将第（5）个条件中五年内的经营性亏损由 110 万元改为 640 万元，则此时公司的应纳税所得额等于：

应纳税所得额＝ 600 ＋（42 － 37）＋（210 － 189）＋ 10 － 3 － 640 ＝－ 7 万元。

由于此时应纳税所得额出现负值，则公司当年便无须缴纳企业所得税，即应交所得税＝ 0。

由此可见，企业当期是否应该缴纳所得税，以及应该缴纳多少所得税，并不是完全由当期实现的利润总额决定的，而是与当期调整后的应纳税所得额和相应的税率直接相关。当应纳税所得额小于零时，即使利润表中的利润总额为正数，企业当期也无须缴纳所得税；反之，如果应纳税所得额大于零，那么即使利润表中的利润总额为负数，企业当期也应该照章纳税。

（2）利润表上的“所得税费用”，并不一定等于企业当期实际应交的所得税税额，而仅仅只是财务上在当期确认的所得税“费用”。

根据所得税会计的相关理论，实务中对于有关所得税的会计处理，一直存在着两种不同的核算方法，即应付税款法和纳税影响会计法。

1）应付税款法。该方法是基于收付实现制基础上进行的会计处理。在这种方法下，对税前会计利润（即利润总额）和应纳税所得额之间存在的所有差异（含暂时性差异和永久性差异）对当期应交所得税的影响，均在当期确认为所得税费用。也就是说，此时会计上完全不考虑上述差异的具体情况，一律按照企业实际应交所得税税额的多少确认相应的所得税费用。因此这种方法下的所得税费用与当期应交所得税金额是完全一致的。即：

本期所得税费用＝本期应交所得税

在这种方法下，利润表上的“所得税费用”金额便一定等于企业当期实际承担的所得税税赋，即等于当期实际应该交纳的所得税额。

2）纳税影响会计法。这是在权责发生制基础上进行的所得税会计处理。该方法是将因暂时性差异产生的对所得税的影响，递延或分配到以后各期（及在以后各期中转回）。在这种方法下，所得税被视为是企业在经营活动中为获得收益而付出的一项代价或费用。因此根据配比原则的要求，应该与相应的收益与耗费列入同一个会计期间。由此而产生的暂时性差异对所得税的影响，包括在利润表的“所得税费用”项目及资产负债表的“递延所得税资产”或“递延所得税负债”之中。

实务中，纳税影响会计法又可以划分为递延法和债务法两种，区别主要在于税率出现变动时对“递延所得税资产”或“递延所得税负债”是否调整的问题。根据《企业会计准则第18号——所得税》中的规定，我国所得税会计采用的是债务法核算，即当企业适用税率发生变化时，应对已确认的“递延所得税资产”或“递延所得税负债”重新计量调整，并将变动影响数计入当期“所得税费用”中。

例 2-9

上例中，公司当年应纳税所得额为523万元，当年应交所得税130.75万元。如果公司对所得税的会计处理采用债务法核算，则当期因折旧方法不同而产生的暂时性差异5万元（其他为永久性差异）在会计核算时是不需要调整的。假设不考虑税率变动等其他因素，则债务法下，会计上计算出来的所得税费用为：

所得税费用＝{600＋（210－189）＋10－3－110}×25%＝129.50万元。

即当期列入利润表中的“所得税费用”为129.50万元，它与公司实际应交所得税130.75万元相比，两者之间存在着差额1.25万元（这便是因折旧方法不同而产生的暂时性差异的影响：5×25%＝1.25万元），便作为“递延所得税资产”列示在资产负债表中。相当于从会计角度来讲：公司当年的所得税“耗费”为129.50万元，但却交纳了130.75万元的所得税，则1.25万元的差额即为当期“预交”的部分，因此应视同一项“债权类”资产。

显然，在这种方法下，利润表上的“所得税费用”金额便不一定等于企业当期实际承担的所得税税赋了。

10.“其他综合收益的税后净额”和“综合收益总额”

“其他综合收益”的含义见资产负债表中所有者权益大类下该项目的解释。此处利润表中的“其他综合收益的税后净额”，是指其他综合收益各项目分别扣除所得税影响之后的净额，反映的是企业直接确认为所有者权益的利得和损失扣除所得税影响之后的部分。具体又分为以后不能重分类进损益、即不影响企业以后会计期间损益的税后利得和损失；以及以后将重分类进损益、即影响以后会计期间损益的税后利得和损失两部分。无论属于哪一种，“其他综合收益的税后净额”都不影响企业的当期损益，也不属于企业日常经营成果。

以“可供出售金融资产公允价值变动损益”为例：该项变动金额仅仅表示企业持有的可供出售金融资产因公允价值变动而产生的当期账面影响数额，但由于公允价值的连续变动特性，因而并不一定表示企业最终可以实现的该项资产的价值增值（或减值）幅度。

类似地，在企业对长期股权投资采用权益法核算时，由于被投资单位因接收捐赠、获得财政补贴等原因引起了所有者权益总额的变动，投资企业会按照持股比例确认相应的利得即“其他综合收益”。显然，这在一定程度上也带有被动性和偶然性的色彩。同时，这种影响也仅仅只是账面上的数值变动，对投资方未来损益和所有者权益究竟有多少实质性影响，还取决于市场对该被投资单位价值的整体评价。

“综合收益总额”则是净利润与其他综合收益的税后净额相加后的合计数，反映了公司当期除增资扩股及资本公积变动之外的所有者权益总额的变动金额。

11. 每股收益

每股收益也称为每股盈余，是企业一段时期所实现的归属于普通股股东的税后净利润与普通股股数的比率。反映了普通股股东每持有一股普通股所能享有的当期净利润或所应承担的当期净亏损。每股收益属于衡量企业业绩水平的一项财务指标，也是投资者评价企业赢利与成长潜力的重要指标之一。根据计算时对普通股股数的确定方法的不同，每股收益指标又进一步分为“基本每股收益”和“稀释每股收益”两种。其中基本每股收益的计算公式如下：

$$\text{基本每股收益}=\text{当期归属于普通股股东的净利润}\div\text{普通股股数的加权平均数}$$

公式中“普通股股数的加权平均数”是考虑到企业当期因增资扩股等情况对实际可利用股权资本的不同利用时长而进行的必要调整，其计算公式为：

$$\begin{aligned}\text{普通股股数的加权平均数}=&\text{期初普通股股数}+\text{当期新增普通股股数}\\&\times\text{新增后至期末的持续时间}\div\text{报告期时间}\\&-\text{当期回购的普通股股数}\times\text{回购后至期末的持续时间}\\&\div\text{报告期时间}\end{aligned}$$

而稀释每股收益，则是以基本每股收益为基础，假设企业所有发行在外的稀释性潜在普通股（如可转换公司债券、认股权证、股份期权等未来行权或转换时会影响普通股股数的项目）均已转换为普通股股票，并在此假设下对归属于普通股股东的当期净利润以及发行在外的普通股股数的加权平均数进行调整，以调整后的数据计算而得的每股收益。稀释每股收益反映了企业在未来潜在普通股兑现后的股权资本结构下的预期盈利水平。

2.3.4 利润表的简单分析

企业管理当局有时出于某种特殊目的，有可能使用一些非专业人士难以发觉的一些隐蔽手法，人为调整财务报表，特别是利润表中的数据。因此，正确解读和分析利润表，对了解企业真实财务与经营状况是必不可少的。

对利润表的简单分析主要侧重于从收入、费用的结构及变动趋势分析企业经营活动创收能力的稳定性与成长性，以及分析企业非经常性项目损益对当期利润总额及净利润的影响。

企业营业收入的稳定与否及其成长水平在一定程度上决定了企业未来盈利能力的发展变化趋势。如果营业收入不显著，或者虽然营业收入很多，但其收入与成本费用的构成与以前年度相比出现了较大幅度的波动或不合理性，都有可能预示着企业日常经营业务发生了变化，营业利润乃至利润总额或净利润的不确定性及风险性有可能增大。

当然，就企业当期利润而言，除经营性收入与利润之外，还受许多其他因素的影响。如投资收益、公允价值变动损益、营业外收支净额等。这其中特别值得关注的是一些不确定事项、偶然事项及“非经常性损益”项目对利润数额的影响。如上述对“公允价值变动损益”的说明，以及处理被投资单位股权而产生的损益、非货币性交易损益、期限较短的税收返还、减免及政府补贴、资产盘盈等。由于“非经常性损益”项目最容易被管理者用于粉饰报表、操纵利润，因此对这部分影响因素应特别引起注意。

2.3.5 分部报告

分部报告是指企业按照内部各大类构成（如按照业务大类形成的业务分部、或按照地区形成的地区分部）所提供的有关各大类分部的收入、费用及资产、负债等财务信息的报告。

在市场竞争日趋激烈的经济环境中，出于竞争与发展的需要，企业的生产经营规模、经营范围、涉足的行业与地区等都有可能日益扩张，成为在多地区从事多种经济业务活动的多元化经济实体。然而，由于不同行业的经营特点不同，不同地区的经济、政治及法律环境不同，使得企业处于不同行业、不同地区的经营活动所面临的风险各不相同，因此对企业整体生产经营及盈利水平和未来发展的影响也各不相同。为了便于报表使用者全面了解企业主要经营业务构成、可能承担的经营风险与预计经营业绩，国际会计准则及美国、日本等许多国家的会计制度都相继要求上市公司及正处于上市过程中的公司，都应当披露其分部报告。我国证监会在发布的《公开发行股票公司信息披露的内容与格式准则第 2 号——年度报告的内容与格式》的附件——《会计报表附注指引》中也提出了“公司的经营涉及不同行业，若行业收入占主营业务收入 10%（含 10%）以上的，则应按行业类别披露有关数据”。在我国《企业会计准则第 35 号——分部报告》中也明确提出“企业存在多种经营或跨地区经营的，应当按照本准则规定披露分部信息”等要求。

分部报告具体包含业务分部和地区分部的报告。

其中，业务分部是指企业内部可以区分出来、提供单项或一组相关产品或劳务，且承担着与其他业务分部不同的风险和报酬的业务组成部分。业务分部可以是企业内部的一个部门，也可以是由若干个相关部门组成的一个整体。

地区分部是指企业内部处于特定经济环境下提供产品或劳务，且承担着与其他处于不同经济环境下从事经营活动的组成部分所不同的风险和报酬的组成部门。地区分部大到可以是一个国家或数个经营风险与经营报酬相近似的多个国家的组合，小到一国之内的一个或数个行政区域的组合。

当一个分部的收入或资产达到企业各个分部收入总额或资产总额的 10% 以上，或一个分部的营业利润（或营业亏损）达到企业各个盈利（或亏损）分部营业利润（或营业亏损）合计数的 10% 及以上时，意味着该分部在企业整体经济运营中具有明显的重要性，按照规定就应该作为报告分部披露其分部的营业收入与营业成本、分部的期间费用与营业利润，以及分部的资产、负债及其与个别报表或合并报表总额信息之间的调节情况等。

阅读与分析分部报告，是为了更为合理地分析评价企业的经营活动、经营风险与经营业绩，以便对企业整体做出更为准确合理的判断，为相关决策提供依据。

2.4 现金流量表解读

现金流量表，是反映企业一定会计期间内有关现金和现金等价物的流入、流出情况及其净流量的会计报表。它是以现金为基础编制的，包括库存现金、银行存款、其他货币资金和现金等价物等。其中，现金等价物是指企业持有的期限较短（一般在 3 个月之内）、流动性较强、容易转换为已知金额的现金且价值变动风险很小的投资，如 3 个月内到期的短期债券投资等。

2.4.1 现金流量表的作用

与资产负债表和利润表有所不同，现金流量表是基于收付实现制的基础上编制的，主要发挥如下一些作用：

（1）提供公司现金流量方面的信息，便于报表使用者了解公司一定会计期间内现金流入与流出的主要来源与去向，并据此推测未来现金流量的可能情况。同时，通过现金流量表与利润表中相关项目的比较，有助于使用者客观评价公司当期实现的营业收入与营业利润的质量。

（2）从公司经营的直接目的而言，似乎利润是评价公司经营业绩的主要指标；然而，从生产经营过程的需求上讲，一家公司要想生存下去，首先必须要做到以收抵支和按期偿债。无论是日常运营活动，还是资产的更新换代或企业的规模扩张、兼并重组，充足的现金流量都是最基本的保证因素。对现金流量表进行趋势分析和构成分析，有助于报表使用者分析公司当前现金流量的来龙去脉，预测公司未来获取现金的能力。

（3）有助于报表使用者了解公司那些虽然不涉及当前经营活动的现金、但对日后生产经营有可能产生重要影响的投资和筹资活动的信息，从而预测和评价公司资本投入等投融资活动对未来现金流量的影响，以便对公司整体资金状况和正常运营能力及即时偿债能力做出客观公正的评价。

2.4.2 现金流量表的格式

现金流量表有直接法和间接法两种编制方法。这两种方法都是相对于经营活动产生的现金流量净额的不同表现形式而言的。其中直接法是指以营业收入为起算点，通过调整与经营活动有关的各个项目的增减变动，直接列示各类主要经营活动的现金收入与现金支出，以此计算经营活动的现金净流量；而间接法则是以净利润为起算点，通过调整不涉及现金（但涉及利润）

的收入、费用、资产减值损失等有关经营活动的项目，以及不涉及利润（但涉及经营活动现金流量）的应收、应付款以及存货等有关项目的增减变动，并剔除与经营活动无关（但与净利润有关）的投融资项目金额，计算出经营活动的现金净流量。两种方法与格式的区别主要在于如何计算和反映经营活动的现金流量净额。

在我国会计实务中，现金流量表中的现金流量通常被分为三大类，即经营活动产生的现金流量；投资活动产生的现金流量和筹资活动产生的现金流量。

其中，经营活动产生的现金流量，是指企业除投资活动和筹资活动以外的其他所有交易或事项所产生的现金流量，如购销商品、提供或接受劳务、缴纳税费、支付职工薪酬、进行日常管理与营销活动等行为中所涉及的现金流入与流出等。

投资活动产生的现金流量是指企业对外进行的股权或债权性投资、对内发生的购建或处置固定资产、无形资产及其他长期资产等活动中所涉及的现金流量。如股票与债券投资、收到股息与利息、收回股权与债权、购买或转让固定资产、无形资产等。

而筹资活动产生的现金流量则是指企业所有与筹款相关的直接活动所涉及或引起的现金流量。如企业借款、发行股票与发行债券、融资租赁、偿还债务本金与利息、派发现金股息等。

我国目前现金流量表包括正表和补充资料两部分。正表一般采用直接法编制，但在补充资料中也同时用间接法反映经营活动产生的现金流量。

现金流量表正表的具体格式如表 2-9 所示。

表2-9　现金流量表

ABC 股份有限公司　　20×× 年年度报告　　单位：元

项　目	本期金额	上期金额
一、经营活动产生的现金流量：		
销售商品、提供劳务收到的现金	46 098 765.73	106 581 547.16
收到的税费返还		109 887.46
收到其他与经营活动有关的现金	4 153 366.00	23 963 602.77
经营活动现金流入小计	50 252 131.73	130 655 037.39
购买商品、接受劳务支付的现金	23 131 823.52	109 442 131.38
支付给职工以及为职工支付的现金	8 964 223.74	18 576 955.32
支付的各项税费	4 606 691.12	1 673 270.24
支付其他与经营活动有关的现金	6 315 712.35	15 620 163.23
经营活动现金流出小计	43 018 450.73	145 312 520.17
经营活动产生的现金流量净额	7 233 681.00	-14 657 482.78
二、投资活动产生的现金流量：		
收回投资收到的现金	604 160.00	8 163 796.90
取得投资收益收到的现金	14 695 798.44	18 751 995.19
处置固定资产、无形资产和其他长期资产收回的现金净额	16 982 361.69	
处置子公司及其他营业单位收到的现金净额	3 603 319.03	
收到其他与投资活动有关的现金	14 703 000.00	16 860 000.00
投资活动现金流入小计	50 588 639.16	43 775 792.09

（续）

项　　目	本期金额	上期金额
购建固定资产、无形资产和其他长期资产支付的现金	298 731.39	4 564 691.81
投资支付的现金	31 061 913.00	604 160.00
取得子公司及其他营业单位支付的现金净额		
支付其他与投资活动有关的现金		
投资活动现金流出小计	31 360 644.39	5 168 851.81
投资活动产生的现金流量净额	19 227 994.77	38 606 940.28
三、筹资活动产生的现金流量：		
吸收投资收到的现金		
取得借款收到的现金	60 000 000.00	80 000 000.00
收到其他与筹资活动有关的现金	300 000.00	31 000 000.00
筹资活动现金流入小计	60 300 000.00	111 000 000.00
偿还债务支付的现金	80 000 000.00	110 000 000.00
分配股利、利润或偿付利息支付的现金	11 236 996.38	7 489 850.00
支付其他与筹资活动有关的现金		1 350 000.00
筹资活动现金流出小计	91 236 996.38	118 839 850.00
筹资活动产生的现金流量净额	−30 936 996.38	−7 839 850.00
四、汇率变动对现金及现金等价物的影响		
五、现金及现金等价物净增加额	−4 475 320.61	16 109 607.50
加：期初现金及现金等价物余额	85 851 307.76	69 741 700.26
六、期末现金及现金等价物余额	81 375 987.15	85 851 307.76

资料来源：http://www.sse.com.cn/sseportal/ps/zhs/home.html.

而现金流量表补充资料的格式如表 2-10 所示。

表2-10　现金流量表补充资料　（单位：元）

补充资料	本期金额	上期金额
1. 将净利润调节为经营活动的现金流量		
净利润	78 005 251.42	
加：资产减值准备	326 782.84	
固定资产折旧、油气资产折耗、生产性生物资产折旧	4 224 789.00	
无形资产摊销	1 008 465.66	
长期待摊费用摊销		
处置固定资产 、无形资产和其他长期资产的损失	1 867 347.97	
固定资产报废损失(收益以“–”号填列)		
公允价值变动损失（收益以“–”号填列）	−683 951.22	
财务费用（收益以“–”号填列）	17 327 890.33	
投资损失（收益以“–”号填列）	−44 523 468.44	

（续）

补充资料	本期金额	上期金额
递延所得税资产减少（增加以“-”号填列）		
递延所得税负债增加（减少以“-”号填列）		
存货的减少（增加以“-”号填列）	-34 688 934.00	
经营性应收项目的减少（增加以“-”号填列）	-15 630 492.56	
经营性应付项目的增加（减少以“-”号填列）		
其他		
经营活动产生的现金流量净额	7 233 681.00	
2. 不涉及现金收支的重大投资和筹资活动		
债务转为资本	0	
一年内到期的可转换公司债券	0	
融资租入固定资产	0	
3. 现金及现金等价物净变动情况	-4 475 320.61	
现金的期末余额	54 005 087.15	
减：现金的期初余额	42 851 307.76	
加：现金等价物的期末余额	27 370 900.00	
减：现金等价物的期初余额	43 000 000.00	
现金及现金等价物净增加额	-4 475 320.61	

2.4.3 现金流量表中个别项目解读

由于现金流量表是基于收付实现制的基础上编制的，即是以现金及其等价物的收付时间为确认标准：凡是当期收到或付出的款项，不论其相关具体业务行为的归属期如何，一律作为当期的现金流入或流出量列示在现金流量表中，因此现金流量表虽然编制比较烦琐，但阅读起来却比较简单易懂。以下便对该表格中一些主要项目作些必要的解读。

1. 经营活动现金流量项目

企业的现金流量产生于多种多样的业务与经济行为。这些行为的性质不同，对现金流量的可持续性影响也有所不同。经营活动产生的现金流量，是企业在日常营业活动中、从事经常性经营业务所产生的现金流量，包括物资的采购、商品的销售、提供或接受劳务、缴纳税款、支付工资、发生相关经营销售费用等行为中所涉及的现金流量。在持续经营的会计基本前提假设之下，经营活动现金流量反映的是企业经常性的、持续的资金流入和流出情况。

（1）“销售商品、提供劳务收到的现金”。该项目反映企业从事正常经营活动所获得的，与销售商品、提供劳务等经营业务相关的现金收入（含在业务发生时向客户收取的增值税销项税额等）。具体包括收到的在本期发生的相关业务的现金收入，以及在以前会计期间发生但在本期才收到款项的业务收入，以及至今尚未发生但在本期已经预收了业务款项的现金收入等。

正常情况下，企业的资金所得，主要依赖于日常经营业务，而销售商品、提供劳务收到的现金，就反映了企业日常经营活动中所能够提供的、有较大可持续性的资金流入。同时，将这一金额与利润表中“营业收入”项目作比较，还有助于我们粗略了解企业收入及利润实现的质量水平。

（2）“收到的税费返还”。这一部分主要披露企业当期收到的各种税费返还的现金额，包括收到的增值税返还、消费税返还、营业税返还、所得税返还，以及教育费附加返还等，体现了企业在税收方面享受政策优惠所获得的已缴税金的回流金额，也构成企业短期内经营现金流量的一项补充来源。

（3）“收到的其他与经营活动有关的现金”。该项目反映企业除了销售商品、提供劳务收到的现金，以及收到的税费返还之外，所收到的其他与经营活动有关的现金流入，如对违约客户的罚没收入、流动资产损失中由责任人赔偿所收到的现金等。这部分资金来源在企业“经营活动现金流入量”中所占比重很小，通常带有一定程度上的偶然性因素。

（4）“购买商品、接受劳务支付的现金”。该项目反映企业在正常经营活动过程中所支付的、与购买物资、接受劳务等活动相关的现金流出（包括在业务发生时向客户一并支付的增值税进项税额等），具体包括支付在本期发生的部分业务成本的现金，以及在以前会计期间发生的该类事项但在本期才支付款项的业务金额，以及至今尚未发生但在本期已经预付了业务款的现金支出等。

与（1）中所述内容相对应，“购买商品、接受劳务支付的现金”是维持企业正常运转、保证企业经常性生产对劳务与物资需求的资金流出，也是企业获得经营业务收入所需物质基础与劳务保证的资金保障。

（5）“支付给职工以及为职工支付的现金”。这是指企业当期实际支付给从事生产经营与管理活动的在职职工的工资、奖金、津贴和补贴，以及为这些职工支付的诸如养老保险、失业保险、商业保险、住房公积、困难补助等其他各有关方面的现金等。

职工是企业生产经营活动中不可或缺的具体业务的实施者，支付给职工以及为职工支付的现金是保证劳动者自身生存及其再生产的必要开支。因此该项目也属于企业持续性的现金支出项目。

需要提醒的是：“支付给职工以及为职工支付的现金”中并不一定包含了企业为其全体职工支付的现金，而仅仅只是为从事生产经营与管理活动的在职职工支付的现金。如果是企业支付给从事固定资产建造的在建工程人员的现金，一般列示在后面“购建固定资产、无形资产和其他长期资产支付的现金”项目中；而若是支付给离退休人员的现金，则列示在“支付的其他与经营活动有关的现金”项目中。这两者虽然也属于企业经常性的现金流出，但与企业日常经营运作中所形成的人力成本略有不同：前者构成了企业非货币性长期资产的成本的一部分，而后者则体现了企业在离退休人员的安置赡养等方面所承担的部分社会责任。

（6）“支付的各项税费”。这是指企业按规定在当期以现金缴纳的所得税、增值税、营业税、房产税、土地增值税、车船使用税、印花税，以及教育费附加、城市建设维护费、矿产资源补偿费等各类相关税费，反映了企业除个别情况之外所实际承担的税费负担。从该项目覆盖的时间上讲，包含了当期发生且缴纳的相关税费，以及补交以前各期应缴未交的有关税费和预交日后的相关税费等；从涉及的税费类型上讲，包含了企业所缴纳的几乎各种税费，当然也有例外事项：例如企业支付的、按规定应计入固定资产成本中的耕地占用税，以及在购买商品时随交易价款一并结算支付的增值税等，都不在这一项目中反映。前者列示在“购建固定资产、无形资产和其他长期资产支付的现金”项目中；后者则包含在“购买商品、接受劳务支付的现金”项目中。

（7）“支付的其他与经营活动有关的现金”。该项目反映企业除了上述购买商品、接受劳务所付出的现金，支付给职工以及为职工支付的现金和支付的各项税费之外，所发生的其他与经营活动有关的现金流出金额，如支付给离退休人员的各项费用，以及企业支付的罚款支出、差旅费与业务招待费支出、保险费支出、办公费用及营销费用的货币资金支出等。

经营活动现金流量的最大特点，在于它与企业日常营运活动的直接的密切关系。无论是现金流入量还是流出量，都体现了企业在维持目前生产能力和生产规模状态下对现金及其等价物的获得与支出水平。若要体现“收支相抵、略有节余”的现金要求，经营活动现金净流量一般应该大于零才有利。

2. 投资活动现金流量项目

此处的投资活动是指企业有关对外进行股权或债权投资，以及对内进行非货币性长期资产（如固定资产、无形资产及其他长期资产等）投资的活动。而“投资活动现金流量”便是反映企业在股权与债权投资中，以及与添置或处置非货币性长期资产相关的事务中的现金收付金额。

企业对外进行股权或债权投资，并不直接影响其当期的经营活动，但是其日后的转让与收回，却是企业未来一笔不小的资金流入；此外，股权投资所可能带来的对被投资方的控股或重大影响，也有可能对企业未来获得经营物资或打开购销渠道、增强经营活力与获取现金的能力等提供潜在的和良好的帮助；甚至有助于企业达成经营方面的战略合作。

至于企业构建或处置固定资产、无形资产及其他非货币性长期资产，则会在很大程度上影响未来的经营规模与生产能力，甚至在一定程度上还会改变企业的资产结构与经营方向。构建这类非货币性长期资产的现时资金的大量流出，可能意味着企业未来营运规模的扩张、生产技能的改进与经营策略的调整；而处置这类非货币性长期资产的现时资金的过多流入，也可能预示着企业压缩经营规模，或出于转变经营方向的需要而大量处置原有设备等长期资产。

（1）“收回投资所收到的现金”，这是指企业在当期收回所持有的对外股权或债权投资所收到的现金，包括出售或转让可供出售的金融资产与持有至到期的金融资产等长期股权或债权投资，以及出售或转让各类不属于现金等价物的交易性金融资产所收到的现金。

（2）“取得投资收益所收到的现金”，这一项目是指企业基于各种对外投资而在当期获得的现金股利与利息，以及由于被投资方分配利润而收到的现金等。将这一金额与企业持有的当期对外投资余额的平均数额进行比较，有助于评价当期持有对外投资所获得的平均现金收益水平。

（3）“处置固定资产、无形资产和其他长期资产收回的现金净额”，该项目主要是指企业在当期由于处置固定资产、无形资产和其他长期资产时，所收到的现金扣除由于处置行为而产生的现金支付之后的净现金流入量，以及由于自然灾害等意外事项造成企业该类长期资产损失而获得的保险赔偿等所收到的现金。

该项目的现金流入量与企业的日常运营通常没有直接的必然联系，因而也不具有持续性。所以在分析考虑企业未来获取现金的能力时，对该项指标不应过多计入。但如果该项现金流入量的金额过大，也有可能意味着企业借助于大量处置现有的固定资产、无形资产等来压缩生产经营规模以缓解资金紧张或市场萎缩的现状，或者是为了配合战略目标转移、改变经营方向而进行相应的产能结构调整。此时该项行为虽然对当期的经营性现金流量没有明显的影响，但完全有可能对未来的经营活动以及相应的经营性现金流量产生重大影响。

（4）“处置子公司及其他营业单位收到的现金净额”，该项目一定程度上可以理解为是从上述（1）、（3）中分离出来的特殊内容，包括企业处置子公司（类同于出售或处置长期股权投资）及其他营业单位（类同于出售或处置其他长期资产）时所取得的现金，扣除相关处置费用以及子公司及其他营业单位持有的现金和现金等价物后的净现金流入金额。这类处置活动一般多多少少会影响企业整体经营布局和运营规模。其中处置子公司主要影响的是企业与该子公司原本可能存在的业务往来的未来持续性及其交易变动；而处置其他营业单位则可能直接减少或压缩了企业本身的经营范围或业务规模。这些行为对企业未来经营性活动现金净流入量一般都会产生削减的作用。但如果企业处置的是长年亏损、入不敷出的营业单位，则这种剥离反而会减轻企业负担、增加未来经营性活动的现金净流入量。

（5）“收到的其他与投资活动有关的现金”，这是反映企业除前面 4 项内容之外所收到的其他与投资活动有关的现金流入，如企业在购买股票、债券等证券投资时，所支付价款中包含了被投资方已宣告发放但尚未发放的股息、或者已到付息期但尚未支付的利息，则在投资之后收到这些股息或利息时，显然不属于“取得投资收益所收到的现金”范畴，而是应计入在本项目中进行反映。这一项目金额通常不大或很少出现，对企业资金流量的总体影响也相对较小。

（6）“购建固定资产、无形资产和其他长期资产支付的现金”。在这一项目中，包含了企业在当期由于购置或自行建造固定资产、获取无形资产和其他长期资产而发生的直接现金支付。如购置该类资产所支付的买价、税金、运杂费、安装调试费等，以及建造该类资产所产生的人员开支等。

与上述第（3）项相呼应的是：“购建固定资产、无形资产和其他长期资产支付的现金”本身也与企业当期的日常运营没有太多直接的必然联系。然而，该项现金流出量的发生，有可能预示着企业未来某些方面生产经营规模的调整与扩大，从而对企业未来经营活动所需资金流出以及相应的经营成果带来的资金流入量都会产生较大的、不可忽视的影响。

（7）“投资所支付的现金”项目中，反映企业当期在各项对外投资（包括股权投资、债权投资等金融性资产投资，以及联营投资等）行为中所支付的全部现金。不但包含企业购买股票、债券等直接发生的交易或投资行为的价格支出，也包括因此而支付的佣金、手续费等相关附加费用上的现金流出。

“投资所支付的现金”，作为企业当期的一笔现金流出，同时也意味着企业未来获得股息、利息、利润以及转让或出售投资所得的现金流入的潜在可能。

（8）“取得子公司及其他营业单位支付的现金净额”，该项目是企业购买子公司及其他营业单位所发生的、以现金和现金等价物支付的那部分买价中，扣除所购买的子公司及其他营业单位所拥有的现金和现金等价物之后的净现金支出额。

与前面处置子公司及其他营业单位可能产生的影响类似，购买子公司及其他营业单位也会影响企业未来的整体运作规模。其中购买子公司一方面会影响企业日后的投资收益，另一方面当购入子公司与企业存在一定的产业链关系时，关联交易便在所难免，对企业的影响便可能是更深层次的；而购买其他营业单位主要会扩大企业本身的经营范围或业务规模，对企业未来经营性活动现金净流入量一般都会产生促进的作用。

（9）“支付的其他与投资活动有关的现金”项目，主要是指企业发生的不属于“购建固定资产、无形资产及其他资产”；也不属于“取得子公司及其他营业单位”或“对外投资”项目的其他与投资活动有关的现金支付金额，如企业购买股票、债券时所暂时垫付的被投资方已宣告发放但尚未发放的股息及已到付息期而尚未领取的利息，以及为进行投资而支付的咨询费等。这类金额一般也很小或几乎没有，更谈不上有经常性，所以对企业未来的现金流影响也十分微弱。

投资活动现金流量的最大特点，在于就当期而言，它与企业日常营运活动几乎是并列或独立的，对当期经营活动的影响也可能是微乎其微的。但是却对企业未来的现金流量产生着一定的，甚至有时是巨额的、不容忽视的作用：目前大量的投资活动现金流入可能意味着未来相关经营活动现金流入的大幅度萎缩（如企业压缩经营规模而大量处置长期资产）；而目前大量的投资活动现金流出，又可能蕴含着未来会产生或促使大量的经营活动现金流入（如企业为扩大经营规模而大量购置固定资产等），这便形成了投资活动与经营活动的潜在促进关系。

3. 筹资活动现金流量

正常情况下，企业经营活动中的资金需求主要由其经营活动中的资金流入量来满足，即所谓的“以收抵支”甚至还应略有剩余。然而，由于生产经营活动中也存在着各有关环节衔接不当的情况，可能会造成企业短期内资金周转不畅、出现现金紧缺问题；或者企业出于其战略调整、规模扩张、资本运营等目的而对现金需求量提出更高的要求等，企业便不可避免地需要从外部筹措增量资金，于是便产生了企业的筹资活动。

筹资活动现金流量，反映了企业出于各种现实需求而进行资金筹措所产生的现金流入与流出金额。对这类现金流量的阅读，关键在于理解企业所筹资金的来源渠道及其规模大小、推测企业所筹资金的用途或动机以及可能对未来产生的资金压力及财务风险等。

（1）“吸收投资所收到的现金”，是指企业以发行股票、配股、发行债券等方式获得的投资者投入的、扣除佣金等发行费用支出之后的净现金所得。

企业以发行股票或配股方式筹集资金，在带来可供其长期使用而无须偿还的股权资金的同时，由于在一定程度上降低了资产负债比率，从而提高了企业对其债权人利益的保障程度，也为企业日后的债务筹资提供了更有力的支撑。

而企业若以发行债券的方式筹集资金，则在带来目前可供使用的债务资金的同时，也造成了日后按期还本付息的资金压力。因此，如果“吸收投资所收到的现金”金额过大，而当期资产负债表及所有者权益变动表显示实收资本或股本变动较小或无变动，则说明此项现金流主要来源于债务性筹资，报表使用者就应充分考虑和分析该企业未来获取现金、偿付本息的能力，以及偿还时大量的资金流出给企业正常生产经营所可能带来的负面影响。

（2）“取得借款所收到的现金”，即企业在当期向银行或非银行金融机构举借各种长期或短期款项所收到的现金。如同以发行债券的方式筹集资金一样，企业在向银行或非银行金融机构举借债务、获得目前可供使用的资金的同时，同样会造成日后按期还本付息的资金压力。即现时的现金流入会导致未来相应的现金流出。

（3）“收到的其他与筹资活动有关的现金”，这是指企业除吸收投资以及借款所收到的现金之外，在其他归并于筹资活动的有关项目上所收到的现金，如接受的现金捐赠等。这类现金流入通常在企业筹资活动现金流入量中所占的比例不高，有时甚至不会出现。

（4）“偿还债务所支付的现金”。如前所述，企业在以往筹资活动中，以发行债券的方式或向银行及非银行金融机构借款的方式筹措获得所需资金，无论期限多长，都需要在未来一定期限内还本付息。"偿还债务所支付的现金"便是反映企业在当期偿还已经到期的各项债务本金所产生的现金支出金额。

将"偿还债务所支付的现金"与前面所提到的"吸收投资所收到的现金"以及"取得借款所收到的现金"进行数量比较，如果前者大于后者，说明企业当期所筹资金基本上是用于偿债之需，这也传达出企业目前资金紧张、偿债压力偏大的信息；而如果后者大于前者，则说明企业当期所筹资金更多地用于生产经营或资本扩张之所需，此时应结合"经营活动现金流量"和"投资活动现金流量"的具体内容再作进一步分析。

（5）"分配股利、利润或偿付利息所支付的现金"。使用别人的资金是需要付出代价的，企业以吸收投资或借款的方式获得对投资者或债权人资金的占有和使用权，自然也需要付出相应的使用代价，这种使用代价的现金表现便是以现金形式支付给股东的股息、利润，以及支付给债权人的借款利息或债券利息等。该项资金流量的大小，从某种程度上也传递着企业用资成本的高低。

（6）"支付的其他与筹资活动有关的现金"项目，是指企业除偿还债务所支付的现金以及分配股利、利润或偿付利息所支付的现金之外，因其他与筹资活动有关的情况而发生的现金流出金额。例如企业为发行股票而支付的审计费、咨询费，以及企业对外捐出现金，或为购建固定资产、无形资产等而发生的可以资本化的借款利息支出，以及以融资租赁形式租入固定资产而发生的租赁费开支等。

筹资活动现金流量的最大特点，在于它现时现金流量与未来现金流量在一定程度上的对应性：即目前该类现金流入量的发生，在一定程度上意味着未来要求有相应的现金流出量；而目前该类现金流出量的存在，则是以往相应的现金流入量所引起的必然结果。

4. 现金流量表的补充资料

现金流量表的补充资料即采用间接法，以净利润为起算点，通过对影响利润或现金流量的一些相关项目金额的调整，倒推出经营活动现金净流量的过程。这一调整过程，一方面其结果与正表中经营活动现金净流量相对应，是从另一个侧面说明企业经营获利与现金流量的各项具体影响要素及其影响程度；另一方面也传达了企业当期所发生的不涉及现金收支的重大投资与筹资活动信息。这些活动在当期虽然不涉及现金收支，但对企业未来各期现金流量却可能会产生深远的影响。

在现金流量表的补充资料中，需要调整的项目主要有：

（1）当期没有实际收到或付出现金的经营活动事项。如赊购物资、赊销商品，计提固定资产折旧、摊销无形资产和长期待摊费用，以及提取资产减值准备等，这些项目虽然构成了企业的当期收入或费用，影响着企业的当期利润和资产；但从资金流转角度而言，现金流是提前或滞后发生的，并没有引起企业当期的现金流入或流出，自然也就不会影响现金净流量。

（2）不属于经营活动的损益项目。如当期发生的利息费用，以及固定资产、无形资产处置时的净损益等。这些项目的产生，与企业的筹资或投资活动息息相关，却不属于日常生产经营活动范畴，也不构成企业经营活动的现金净流量。但它对企业未来经营活动却可能产生一定的影响。如利息费用的发生，意味着企业带息债务的负担和财务风险的存在，也形成对企业息税前经营创利水平的最低要求。

（3）经营性应收、应付项目的变动。如应收、应付账款，应收、应付票据，应交税费，其他应收、应付款，应付职工薪酬等。这些项目的变动，可能并不涉及企业的当期利润，但却对当期的现金流入与流出量有直接的影响。

（4）因计价或核算方法而引起的调整项目，如公允价值变动损益、递延所得税资产或递延所得税负债等。这些项目与（1）类同，影响了企业的当期利润或净利润，但从资金流转角度而言，却并没有引起现金流量的丝毫变动。

除上述调整事项之外，现金流量表补充资料还列示了企业当期发生的、不涉及现金收支的重大投资与筹资活动，如债务转为资本、即将到期的可转换债券、融资租赁等信息。这些资料传递的是对企业未来运营资金的影响。如债务转为资本，意味着企业未来财务负担与资金压力的减轻；但所有者权益会因此增加，净资产报酬率、资产负债率等指标会因此有所降低。

2.4.4 现金流量表的简单分析

借鉴财务管理的理论，企业生存和发展的最终目的是创利、是实现企业价值最大化。因此从长期角度来讲，盈利是企业得以持续经营的理论基础。然而，不可否认的是：现金却是企业维持日常生产经营运作的“血液”或“动脉”。资产负债表和利润表中都是以权责发生制为编报基础来反映企业财务状况和经营成果的，这就在一定程度上存在着企业报表中的利润与实际现金流转增量之间的脱节，出现部分企业所谓的“有利润却没钱”的现象。考虑到账面利润的可操作性或存在的弹性空间，我们认为：相比而言，现金流量似乎更具有客观性或可检验性。因此对现金流量表的分析也就显得非常重要。无论在对企业的盈利能力还是偿债能力进行分析，人们通常习惯使用每股收益或净资产报酬率、资产负债率、流动比率等一系列指标，却可能忽略了有关现金流量的相关指标。而事实上，就即时经营需求与现时偿债压力而言，每股现金净流量、经营活动现金净流量与流动负债的比重等指标显然要比每股收益、资产负债率、流动比率等更能反映企业维持经营运作所需资金以及支付股利与利息和按期还债的能力。

通常，经营活动的现金流量大小，反映了企业依靠正常的生产经营活动获得现金的能力，这是保证企业获得持续稳定资金来源的主要途径。从“以收抵支”这一资金基本运作要求来讲，一个企业的经营活动所产生的现金流入量与现金流出量的差额（即经营活动的现金净流量）应该大于零。这样才能在满足日常开支的基础上，最终保证企业按期偿债并维持正常的营业周转。当然，如果企业经营活动的现金净流量占其全部现金净流量的比例越大，说明企业的资金来源越稳定，财务状况也越安全。

不过，在分析企业经营活动的现金流量时，还应该结合资产负债表和利润表以及企业披露的其他信息一起进行。特别是在辨别报表信息真伪时，更应将各种数据结合起来分析。毕竟，企业通过造假提供虚假盈利信息的迹象不仅仅会体现在资产负债表和利润表中，有时也会在现金流量表中露出马脚。例如在蓝田股份公司 2000 年的年度现金流量表中可以发现：该公司当年“支付给职工以及为职工支付的现金”全年仅 2 256 万元。以该公司披露的 13 000 名职工计算，2000 年度该公司职工人均每月收入仅 144.5 元，而 2001 年上半年人均收入为 185 元。如此低廉的收入水平，无论是对于 30% 以上为大专水平的蓝田股份员工，还是对于历年业绩十分“优异”的蓝田股份，都是令人难以置信的。这就有可能隐含着公司利用对工资成本的转移调减费用、虚增利润的嫌疑。

对投资活动的现金流量进行分析，主要是了解企业投资规模的变动可能对未来产生的影响。通常，企业增加对长期资产、特别是固定资产的投资，极有可能意味着未来生产规模的扩大。反映在当期现金流量表中，表现为“购建固定资产、无形资产和其他长期资产所支付的现金”大幅度增加，企业将面临新的发展机遇或进入生产与经济快速增长阶段。如果企业对外投资所发生的现金流出量显著提高，则有可能是企业在寻找新的经济增长点，对未来经营活动的现金流量将会有较大的促进作用。在这些情况下，当期投资活动的现金净流量便可能出现负值。反之，如果在企业投资活动的现金流量中，“收回投资所收到的现金”或“处置固定资产、无形资产和其他长期资产收回的现金净额”异常增加，一方面有可能是企业借助于大量收回对外投资所获得的资金来支付到期债务，意味着企业资金的相对紧张或对外投资效果的不理想，或目前没有理想、合适的扩张机会等；另一方面也有可能是企业生产经营规模的急剧萎缩所致。此时，企业当期投资活动的现金净流量便可能出现净流入量，但未来经营活动的现金流入量将可能因此会有较大幅度的减少。

筹资活动现金流量会直接影响企业的资本结构及偿债压力，也会对企业生产经营规模与投资规模产生明显的影响。一般情况下，如果筹资活动现金流入量较大且净流量大于零，而投资活动的现金流出量较大，经营活动现金净流量相对稳定，则说明该企业在保持日常经营活动稳步进行的基础上，利用外部筹资，进一步扩大生产规模或经营范围，在促进日后经营活动现金流入量增长的同时，也增加了企业日后偿债的压力和偿债所需资金的流出。如果经营活动现金净流量小于零（即入不敷出），投资活动的现金流入与流出量基本平衡，此时，若筹资活动的现金净流入量大幅度增加，说明企业处于需要靠借债来维持日常运营的境地，财务状况相对较差，财务风险明显增加，需要引起足够的重视。而如果企业筹资活动的现金流出量大幅度增加，则说明企业正处于大量债务到期，需要偿还的阶段，此时筹资活动的现金净流量将小于零。

2.5 所有者权益变动表

所有者权益，是指企业所有者（或股东）在企业资产中所享有的经济利益。从资金价值的角度而言，相当于企业全部资产偿还全部债务（即资产扣除负债）之后的余值。从要素的组成内容上讲，一般包括股本（或实收资本）、资本公积、其他综合收益、盈余公积和未分配利润五部分。

《企业会计准则第 30 号——财务报表列报》中明确提出：财务报表除前述资产负债表、利润表、现金流量表和附注之外，还必须包括所有者权益变动表，该表主要披露当期构成所有者权益的各组成部分的增减变动情况。

2.5.1 所有者权益变动表的内容与格式

根据新准则的规定，所有者权益变动表不仅包含了以往会计报表中所反映的有关所有者权益总量的增减变动信息，还包含了导致所有者权益总量变动的各构成要素发生金额变动的一些主要的结构性信息，便于报表使用者了解企业的所有者权益增减变化究竟是源于持续性的日常经营活动盈亏，还是源于偶然性或非经营性的利得和损失，以便他们对企业的现状和所有者权益的未来走向做出恰当的评价和预期。

我国目前所有者权益变动表采用的是矩阵式结构，针对所有者权益的五个组成部分（即股本或实收资本、资本公积、其他综合收益、盈余公积和未分配利润），区别不同的影响要素以及当期的影响金额进行披露，包括当期实现的净利润以及进行的利润分配、直接计入所有者权益的利得和损失、会计差错更正或会计政策变更导致的累积影响以及所有者投入资本等项目，如表 2-11 所示。

表2-11 所有者权益变动表

ABC 股份有限公司　　20××年度　　单位：千元

项目	本年金额							上年金额						
	实收资本（或股本）	资本公积	减：库存股	其他综合收益	盈余公积	未分配利润	所有者权益合计	实收资本（或股本）	资本公积	减：库存股	其他综合收益	盈余公积	未分配利润	所有者权益合计
一、上年年末余额	140 675.76	189 967.75			26 278.84	20 198.34	377 120.69	102 711.60	231 715.62			27 038.45	23 140.82	384 606.49
加：会计政策变更									−2 601.93			−1 168.2	−6 619.79	−10 389.92
前期差错更正														
二、本年年初余额	140 675.76	189 967.75			26 278.84	20 198.34	377 120.69	102 711.6	229 113.69			25 870.25	16 521.03	374 216.57
三、本年增减变动金额（减少以“–”号填列）					3 477.98	22 861.27	26 339.25	37 964.16	−39 145.94			408.59	3 677.31	2 904.12
（一）综合收益总额						34 779.8	34 779.8		−1181.78				4 085.90	2904.12
（二）所有者投入和减少资本														
1. 所有者投入资本														
2. 股份支付计入所有者权益的金额														
3. 其他														
（三）利润分配					3 477.98	−11 918.53	−8 440.55					408.59	−408.59	
1. 提取盈余公积					3 477.98	−3 477.98						408.59	−408.59	

（续）

项目	本年金额							上年金额						
	实收资本（或股本）	资本公积	减：库存股	其他综合收益	盈余公积	未分配利润	所有者权益合计	实收资本（或股本）	资本公积	减：库存股	其他综合收益	盈余公积	未分配利润	所有者权益合计
2. 对所有者（或股东）的分配						−8 440.55	−8 440.55							
3. 其他														
（四）所有者权益内部结转								37 964.16	−37 964.16					
1. 资本公积转增资本（或股本）								37 964.16	−37 964.16					
2. 盈余公积转增资本（或股本）														
3. 盈余公积弥补亏损														
4. 其他														
四、本年年末余额	140 675.76	189 967.75			29 756.82	43 059.62	403 459.94	140 675.76	189 967.75			26 278.84	20 198.34	377 120.69

2.5.2 所有者权益变动表中主要项目解读

1. 会计政策变更

会计政策，是指企业在会计实务工作中，进行会计确认、会计计量和会计报告时所采用的相关会计原则和会计处理方法，如发出或使用存货的计价方法、收入与费用的确认原则、借款费用的处理方式、非货币性交易的计量与确认，以及投资性房地产的后续计量、长期股权投资的计量与核算方法等。

通常，为了保证财务报告信息的可比性，会计制度要求企业原则上应该保持所采用会计政策在各期的一致性，不得随意变更。然而，随着经济环境的发展变换，一些原本使用的会计方法也许已不能适应新形势下报表使用者对财务信息可靠性与相关性的要求，因此企业出于更好地提供更相关、更可靠信息的考虑，或依循相关法律法规或国家统一会计制度对会计政策变更的规定，有可能改变其会计政策与会计处理方法。此时，除国家相关法律法规或统一会计制度有明确规定的处理方法之外，一般都采用追溯调整法进行相应的账务处理：即对涉及会计政策变更的交易或事项，视同其初次发生时即采用新的会计政策进行处理，并因此调整报表中相关项目的金额。对以前各期由于政策变更产生的留存收益的累计影响金额，直接调整报表期初数据。因此，所有者权益变动表中“会计政策变更”一项，指的便是企业当期由于所采用的会计原则或会计处理方法的变动，而对账面上所有者权益数值产生的累积影响。该项目不涉及企业当期的经营盈亏，不属于企业当期实质性的权益变动，而仅仅只是因处理方式的变化导致对账面数据的相应调整。

2. 前期差错更正

前期差错，是指企业当期发现的、属于以前会计期间因会计政策运用错误、计量错误、曲解或忽视了当时的客观事实等行为而导致的报表信息的错报或漏报。根据会计制度的规定：企业对于不重要的前期会计差错，可以采用未来适用法进行简化处理（即直接调整发现当期的相关项目数据），而对于重大会计差错，则应当同会计政策变更一般，采用追溯调整法进行相应的账务处理，并调整报表中相关项目的期初金额。对以前各期由于差错更正产生的留存收益的累计影响，也直接调整报表的期初数据。因此，所有者权益变动表中“前期差错更正”一项，指的便是企业当期由于发现并调整了以前会计期间出现的重大会计差错，而对账面上所有者权益数值产生的累积影响。该项目也不涉及企业当期的经营活动，不属于当期实质性的权益变动，而仅仅只是对前期存在的重大差错导致的账面数据错误的相应调整。

例 2-10

假设某公司 20×2 年 7 月发现了上年存在的一笔重大会计差错：公司在 20×1 年 6 月新增投入的一套污水处理设备当年忘记计提折旧。该设备原价 1 230 万元，预计可使用 6 年，假设 6 年后的预计净残值为 30 万元。公司对该类设备一直以来都是采用直线法进行折旧。由于设备是在 6 月新增投入的，因此当年只需要计提半年的折旧费用，即 20×1 年应该计提折旧费为：[（1 230 − 30）÷ 6] ÷ 2 = 100 万元。

公司 20×2 年 7 月发现这一差错之后，会计上应作如下更正：一方面增加累计折旧 100 万元，另一方面，由于确认的折旧是通过相关费用减少利润，并进一步影响应交所得税和盈余公积、未分配利润等项目。因此，公司 20×2 年在更正这一前期会计差错时，还需要相应调减上年年末的盈余公积 10 万元以及未分配利润 90 万元（假设不考虑所得税的影响，而盈余公积按照 10% 的比例提取）。

3. 综合收益总额

这是直接来自于利润表中第“六”项的数据，包含了企业当期实现的净利润（或净亏损）和以其他综合收益形式直接计入所有者权益的利得和损失。理论上讲，这是引起所有者权益总额增减变动的最主要形式，特别是其中的“净利润”，更是企业实现所有者权益保值增值的基础和根本途径。

4. 所有者投入和减少资本

无论是投资者追加投资（包括发行股票、配股，或以现金及其他非货币性资产投资），以及企业因债务重组等原因而将债务转为股权，或是企业以股份支付的结算方式换取职工提供劳务等，本质上都属于投资者对企业的权益性投资，因此会造成企业“股本（或实收资本）”及“资本公积”等所有者权益项目的相应增加；而当企业出于各种原因减资或进行股份回购时，便会造成企业“股本（或实收资本）”及“资本公积”“未分配利润”等项目的相应减少。

5. 利润分配

这是企业对当期及以往累计实现利润的再分配，包括按规定提取盈余公积、向股东分配股息等。其中提取盈余公积或向股东分配股票股利，并不会引起所有者权益总额的变化，而只是使所有者权益内部各组成要素之间的结构发生相应改变；如果是向股东分派现金股利，则在减少所有者权益总额的同时，也等额减少了企业的货币资金。

6. 所有者权益内部结转

这主要反映在所有者权益内部各组成要素之间的项目结转，如以资本公积或盈余公积转增资本、以盈余公积弥补亏损等，所有者权益总额并未因此发生改变，也丝毫不影响企业的现金流量。

2.5.3 所有者权益变动表的简单分析

日常分析中，人们习惯于在没有追加投资的前提下，简单地认为所有者权益的增加就意味着企业当期盈利，投资者投入资本得到了经营回报，忽视了引起所有者权益变动的除了经营获利与追加投资之外，还存在其他不涉及当期利润、但构成资本利得或损失的影响因素。

对所有者权益变动表的阅读分析，有助于报表使用者了解引起所有者权益变动的真正原因及其影响程度，全面客观地评价企业的综合效益。通过计算净利润对所有者权益的贡献大小，可以正确分析企业实际经营获利水平和资本真实的增值幅度；而对那些由于政策变更、会计差错更正、资产评估增值、金融性资产公允价值变动等原因引起的所有者权益的变动的比较，可以帮助报表使用者对其他相关影响因素有一个较为全面地认识，了解资本利得或损失在财务报告中的影响作用，以便信息使用者在客观评价的基础上做出下一步正确决策。

案例与思考

华夏建通科技开发股份有限公司2007年年度报告阅读分析

2008年4月26日，华夏建通科技开发股份有限公司（现已更名为廊坊发展股份有限公司，证券简称：廊坊发展，证券代码：600149）首次披露了公司2007年年报。不久，公司年报即被多名专家学者指出存在明显的信息披露失真问题。证监会上海稽查局也于2008年5月19日向该公司发出了立案调查通知。2008年5月31日，该公司重新披露了修改之后的2007年年报。

限于教材篇幅，下面只列出了该公司修改之前的2007年年报原文，并在不影响读者分析评价的前提下，对报表中部分内容进行了删减。建议读者认真阅读并仔细思考其中存在的问题或存在的矛盾之处；再另行查阅公司2008年5月31日公布的修改后的年报，并将其与修改前的原始财务报告进行比较分析。

资料来源：中国证券报披露的该公司2007年年报。

华夏建通科技开发股份有限公司2007年年度报告（有删减）

公告日期：2008-04-26

一、重要提示

（1）本公司董事会……人员保证本报告所载资料不存在任何虚假记载、误导性陈述或者重大遗漏，并对其内容的真实性、准确性和完整性承担个别及连带责任。

（2）中喜会计师事务所有限责任公司为本公司出具了标准无保留意见的审计报告。

二、公司基本情况简介：公司名称、法人代表、注册地等，略

三、主要财务数据和指标：见报表，略

（1）总资产变化的主要原因是公司归还贷款及2007年年度盈利所致。

（2）营业利润变化的主要原因是公司2006年年末资产重组后，公司原有的轧辊加工业务已置出，公司的业务发生结构性变化，目前公司的主营业务为社区大屏幕系统、多媒体系统等。

（3）净利润变化的主要原因是公司的业务发生结构性变化所致。

四、股本变动及股东情况：略

五、董事、监事和高级管理人员

（一）董事、监事、高级管理人员情况

（单位：股）

姓　　名	职　　务	性别	年龄	任期起始日期	任期终止日期	报告期内从公司领取的报酬总额（万元）（税前）	是否在股东单位或其他关联单位领取报酬、津贴
何强	董事长	男	45	2003-12-26	2010-04-29	42.80	否
方林	副董事长、总经理	男	46	2007-04-30	2010-04-29	29.41	否
李冬	董事、副总	男	39	2007-04-30	2010-04-29	—	是
郑秋涛	董事	男	44	2005-04-25	2008-03-19	—	是
陈文浩	董事	男	52	2003-12-26	2010-04-29	—	是
张浩	独立董事	男	63	2003-12-26	2010-04-29	5	否
吕廷杰	独立董事	男	52	2003-12-26	2010-04-29	5	否

（续）

姓　名	职　务	性别	年龄	任期起始日期	任期终止日期	报告期内从公司领取的报酬总额（万元）（税前）	是否在股东单位或其他关联单位领取报酬、津贴
吕国英	独立董事	男	42	2005-04-25	2010-04-29	5	否
华家蓉	副总、董秘	女	34	2007-04-30	2010-04-29	18.19	否
张志坚	董事、财务总监	男	40	2007-04-30	2008-03-19	16.63	否
孙利明	监事长	男	45	2007-04-30	2010-04-29	—	是
高惠娴	监事	女	27	2006-08-25	2010-04-29	—	是
韩静蓉	职工监事	女	25	2007-04-30	2010-04-29	4.05	否

（五）公司员工情况

截至报告期末，公司在职员工为 49 人。员工的结构如下：

1. 专业构成情况

专业类别	人　数
技术人员	25
财务人员	5
行政人员	19

2. 教育程度情况

教育类别	人　数
本科以上	22
大中专	27

八、董事会报告

（一）管理层讨论与分析

公司 2007 年度主营业务收入 2 527.67 万元，比去年同期减少 84.86%，利润总额 628.09 万元，比去年同期减少 18.10%，净利润 692.54 万元，比去年同期减少 1.99%。

（二）公司主营业务及其经营状况

1. 公司主营业务的范围及其经营情况

（1）公司主营业务经营情况的说明。全年实现营业收入 2 527.67 万元，营业利润 628.09 万元。公司的控股子公司世信科技发展有限公司主要开展多媒体交费系统业务、社区大屏幕软件开发及销售业务，报告期世信科技发展有限公司实现营业收入 895.79 万元，营业利润 423.22 万元。报告期公司从铁通华夏电信有限责任公司获得投资收益－253.15 万元，从北京华夏通网络技术服务有限公司获得投资收益 1 263.28 万元，从益民基金管理有限公司获得投资收益 509.15 万元。

（5）主营业务盈利能力与上年相比发生重大变化的原因说明。2006 年年末资产重组后，公司原有的轧辊加工业务已置出，公司的主营业务发生结构性变化，目前公司的主营业务为社区大屏幕系统、多媒体系统等。

（三）公司投资情况：略

（四）报告期内公司财务状况经营成果分析

（单位：元）

项目名称	期末数	期初数	增减额	增减幅度（%）
总资产	616 118 190.76	722 815 903.62	−106 697 712.86	−14.76
营业利润	6 280 855.43	8 754 614.09	−2 473 758.68	−28.26
净利润	6 925 382.13	7 066 238.27	−140 856.14	−1.99
现金及现金等价物净增加额	−83 790 861.79	69 638 714.76	−153 429 576.55	−220.32
股东权益	610 497 684.52	604 709 668.60	5 788 015.92	0.96

（1）总资产变化的主要原因是公司归还贷款及2007年年度盈利所致。

（2）营业利润变化的主要原因是公司2006年年末资产重组后，公司原有的轧辊加工业务已置出，公司的业务发生结构性变化，目前公司的主营业务为社区大屏幕系统、多媒体系统等。

（3）净利润变化的主要原因是公司的业务发生结构性变化所致。

（4）现金及现金等价物净增加额变化的主要原因是2006年公司出售轧辊分公司相关资产，收回出售款导致2006年年末现金及现金等价物大幅增加以及2007年公司开展社区大屏幕系统所发生的应收账款及其他应收款、预付账款的增加所致。

（五）公司会计政策会计估计变更重大会计差错更正的原因及影响

公司于2007年1月1日起执行新企业会计准则，并依据财政部新企业会计准则规定认定2007年1月1日为首次执行日。根据财政部规定对首次执行日有关资产、负债及所有者权益项目的账面余额进行复核，并对股东权益调节表进行修正。

（1）按企业会计准则的相关规定，期初会计报表项目追溯调整过程如下：

（单位：元）

调整内容	原科目	新科目	金额
1）将待摊费用调至其他流动资产	待摊费用	其他流动资产	800 542.18
2）将应付工资及应付福利费调至应付职工薪酬	应付工资、应付福利费	应付职工薪酬	1 786 743.07
3）将应交税金、其他应交款调至应交税费	应交税金、其他应交款	应交税费	−2 390 304.78
5）将预提费用调至应付利息	预提费用	应付利息	1 186 285.00

（2）修正后2006年12月31日股东权益差异调节表如下：

（单位：元）

项目	2007年年报披露数	2006年年报披露数	差异
2006年12月31日股东权益（按原会计制度或准则）	593 579 804.72	593 579 804.72	
……			
12. 所得税	4 979 338.52	991 240.01	3 988 098.51
13. 少数股东权益	6 150 525.36	6 150 525.36	
14. 其他			
2007年1月1日股东权益（按企业会计准则）	604 709 668.60	600 721 570.09	3 988 098.51

根据《企业会计准则第38号——首次执行企业会计准则》和《企业会计准则第18号——所得税》的有关规定，公司于首次执行日对资产、负债项目的账面价值与计税基础不同形成的暂时性差异及可抵扣亏损及税款抵减产生的暂时性差异进行了认定，确认递延所得税资产并相应调增股东权益共计4 979 338.52元，影响本公司合并报表2007年1月1日留存收益共

计 4 979 338.52 元（其中归属于母公司的所有者权益增加 4 747 366.34 元，少数股东权益增加 231 972.18 元）。

公司报告期未发生会计差错更正事项。

（七）利润分配或资本公积转增情况

经中喜会计师事务所有限责任公司审计，2007 年公司实现净利润 6 925 382.13 元，加年初未分配利润 113 847 792.46 元，提取法定盈余公积后，2007 年年底累计可供分配的利润为 120 080 636.37 元。由于公司经营业务范围发生变更，考虑公司未来发展需要，经董事会研究决定本年度不进行利润分配，也不利用资本公积金转增股本。

九、监事会报告：略

十、重要事项

（一）重大诉讼仲裁事项：无

（二）报告期内公司收购及出售资产、吸收合并事项

1. 收购资产情况

本公司已与中寰卫星导航通信有限公司的股东中国卫星通信集团公司和中国四维测绘技术总公司于 2007 年 4 月 30 日在北京市签署了增资扩股协议，本公司出资 1 亿元人民币（其中 51 147 541 元作为注册资本，48 852 459 元作为股权溢价）对中寰卫星导航通信有限公司进行增资扩股。增资扩股后，中寰卫星导航通信有限公司的注册资本为 131 147 541 元，股权结构为中国卫星通信集团公司持股比例为 57.95%，中国四维测绘技术总公司持股比例为 3.05%，本公司将持有中寰卫星 39% 的股权。

2. 出售资产等：无

（三）报告期内公司重大关联交易事项

1. 与日常经营相关的关联交易

1）购买商品、接受劳务的重大关联交易。

（单位：元）

关联方	关联交易内容	关联交易定价原则	关联交易金额	占同类交易额的比重（%）	结算方式	市场价格	对公司利润的影响
海南亿林	接受劳务	协议价格	2 400 000	100			
万利达	采购商品	协议价格	70 000 000	100	银行转账		

2）关联债权债务往来。

（单位：万元）

关联方	关联关系	向关联方提供资金		关联方向上市公司提供资金	
		发生额	余额	发生额	余额
华夏建通集团	参股股东			–159.67	
北京华夏通网络技术服务有限公司	合营公司	1 534.37	1 041.96	552.41	
海南亿林农业有限公司	参股股东	240.00	240.00		
海南中谊国际经济技术合作限公司	控股股东	–200.00	0		
铁通华夏电信有限责任公司	合营公司			–161.18	58.49
万利达集团有限公司	控股股东的参股股东	7 000.00	5 426.50	–1 573.50	
合计		8 574.37	6 708.46	1 022.60	58.49

报告期内上市公司向控股股东及其子公司提供资金的余额 0 元人民币。

关联债权债务形成原因：与万利达和海南亿林的关联债权债务为正常的生产经营资金往

来，与华夏通和华夏建通集团、海南中谊的为暂借款。

关联债权债务清偿情况：①海南中谊的暂借款已于2007年12月31日前清偿完毕。②由于本公司已与海南中谊于2008年3月19日签订了《资产转让协议》，将藤药产权出售给海南中谊，2008年4月10日召开2008年第二次临时股东大会审议通过了该方案，海南亿林与本公司的经营性往来已于2008年年4月11日归还本公司。

报告期末资金被占用情况及清欠方案：2008年年底前以现金或资产方式偿还完毕。

（七）担保情况

（单位：万元）

担保对象	发生日期	担保金额	担保类型	担保期限	担保是否履行完毕	是否为关联方担保
铁通华夏电信公司	2004-08-13	523.22	连带责任担保	2005-01-13至2007-05-12	否	是
报告期内担保发生额合计						
报告期末担保余额合计						523.22
公司担保总额情况（包括对控股子公司的担保）						
担保总额						523.22
担保总额占公司净资产的比例（%）						0.86
其中：为股东、实际控制人及其关联方提供担保的金额						523.22

2004年8月13日，本公司为合营公司铁通华夏电信有限责任公司提供担保，担保金额3 800万元人民币，该担保存在反担保，已逾期，逾期金额3 800万元，该事项已于2005年7月27日刊登在中国证券报上。

2005年7月25日，本公司收到北京市第一中级人民法院民事裁定书[（2005）一中民初字第7694号]，中国工商银行北京市南礼士路支行诉铁通华夏电信有限责任公司一般借款合同纠纷案，本公司作为铁通华夏电信有限责任公司的该笔人民币3 800万元借款的担保人承担连带责任。

截至2007年12月31日，铁通华夏电信有限责任公司尚欠中国工商银行北京市南礼士路支行借款本金5 232 217.33元。截至2008年4月24日，铁通华夏电信有限责任公司未归还逾期借款。

（十一）聘任、解聘会计师事务所情况

报告期内，公司改聘会计师事务所，公司原聘任河北华安会计师事务所有限公司为公司的境内审计机构，支付其上一年度审计工作的酬金共约36万元人民币，截至上一报告期末，该会计师事务所已为本公司提供了8年审计服务。公司现聘任中喜会计师事务所有限责任公司为公司的境内审计机构，拟支付其年度审计工作的酬金共约36万元人民币，截至本报告期末，该会计师事务所已为本公司提供了0年审计服务。

（十四）其他重大事项及其影响和解决方案的分析说明

1. 公司持有非上市金融企业、拟上市公司股权的情况

持有对象名称	最初投资成本（元）	持股数量（股）	占该公司股权比例（%）	期末账面价值（元）
益民基金管理有限公司	20 000 000	20 000 000	20	18 742 998.04
小　计	20 000 000	20 000 000	—	18 742 998.04

十一、财务会计报告

公司年度财务报告已经中喜会计师事务所有限责任公司注册会计师审计，并出具了标准无保留意见审计报告。

（一）审计报告：略

（二）财务报表

合并资产负债表

2007 年 12 月 31 日

编制单位：华夏建通科技开发股份有限公司　　　　单位：元

项　目	附　注	期末余额	年初余额
流动资产：			
货币资金		4 625 054.41	85 272 943.93
交易性金融资产			
应收票据			73 266 471.77
应收账款		6 868 628.01	5 265 853.45
预付款项		60 420 047.64	30 552 489.58
其他应收款		69 587 849.82	80 422 542.10
存货		26 272 385.50	10 686 557.76
其他流动资产			800 542.18
流动资产合计		167 773 965.38	286 267 400.77
非流动资产：			
长期股权投资		314 871 182.72	299 678 379.24
固定资产		347 458.74	383 209.18
无形资产		127 149 144.91	131 507 575.91
递延所得税资产		5 976 439.01	4 979 338.52
非流动资产合计		448 344 225.38	436 548 502.85
资产总计		616 118 190.76	722 815 903.62
流动负债：			
短期借款			76 536 300.00
应付账款		1 045 680.00	14 133 635.49
预收款项			561 750.55
应付职工薪酬		1 593 419.81	1 786 743.07
应交税费		−63 301.66	−2 390 304.78
应付利息			1 186 285.00
其他应付款		3 044 708.09	11 845 558.00
流动负债合计		5 620 506.24	103 659 967.33
非流动负债：			

（续）

项　　目	附　　注	期末余额	年初余额
长期借款			13 575 643.86
专项应付款			870 623.83
非流动负债合计			14 446 267.69
负债合计		5 620 506.24	118 106 235.02
所有者权益（或股东权益）：			
实收资本（或股本）		380 160 000.00	305 640 000.00
资本公积		54 192 962.50	130 202 902.50
盈余公积		49 329 014.32	48 636 476.10
未分配利润		120 080 636.37	113 847 792.46
归属于母公司所有者权益合计		603 762 613.19	598 327 171.06
少数股东权益		6 735 071.33	6 382 497.54
所有者权益合计		610 497 684.52	604 709 668.60
负债和所有者权益总计		616 118 190.76	722 815 903.62

公司法定代表人：何强　　主管会计工作负责人：张志坚　　会计机构负责人：王春根

合并利润表

2007年1～12月

编制单位：华夏建通科技开发股份有限公司　　单位：元

项　　目	附　　注	本期金额	上期金额
一、营业总收入		25 276 673.37	166 994 373.62
其中：营业收入		25 276 673.37	166 994 373.62
二、营业总成本		34 188 621.42	155 617 158.50
其中：营业成本		19 337 396.95	132 791 429.24
营业税金及附加		241 852.64	1 551 380.46
销售费用		50 000.00	
管理费用		13 357 347.45	20 568 743.17
财务费用		1 291 950.65	7 707 136.76
资产减值损失		−89 926.27	−7 001 531.13
加：公允价值变动收益（损失以“−”计）			
投资收益（损失以“−”计）		15 192 803.48	−2 622 601.03
三、营业利润（亏损以“−”计）		6 280 855.43	8 754 614.09
加：营业外收入			
减：营业外支出			1 085 297.75
四、利润总额（亏损总额以“−”计）		6 280 855.43	7 669 316.34
减：所得税费用		−997 100.49	22 692.94
五、净利润（净亏损以“−”计）		7 277 955.92	7 646 623.40

（续）

项　　目	附　　注	本期金额	上期金额
归属于母公司所有者的净利润		6 925 382.13	7 066 238.27
少数股东损益		352 573.79	580 385.13
六、每股收益：			
（一）基本每股收益		0.018	0.023
（二）稀释每股收益		0.018	0.023

本期发生同一控制下企业合并的，被合并方在合并前实现的净利润为：0元。

公司法定代表人：何强　　主管会计工作负责人：张志坚　　会计机构负责人：王春根

合并现金流量表

2007年1～12月

编制单位：华夏建通科技开发股份有限公司　　单位：元

项　　目	附　　注	本期金额	上期金额
一、经营活动产生的现金流量：			
销售商品、提供劳务收到的现金		80 112 139.48	164 100 044.05
收到其他与经营活动有关的现金		228 346 588.86	41 338 672.11
经营活动现金流入小计		308 458 728.34	205 438 716.16
购买商品、接受劳务支付的现金		110 853 108.50	98 471 639.17
支付给职工以及为职工支付的现金		1 852 302.12	19 381 322.65
支付的各项税费		552 060.29	14 878 028.91
支付其他与经营活动有关的现金		255 211 314.90	13 706 068.35
经营活动现金流出小计		368 468 785.81	146 437 059.08
经营活动产生的现金流量净额		−60 010 057.47	59 001 657.08
二、投资活动产生的现金流量：			
收回投资收到的现金			
取得投资收益收到的现金			
处置固定资产、无形资产和其他长期资产收回的现金净额		62 115 700.00	53 236 300.00
处置子公司及其他营业单位收到的现金净额			
收到其他与投资活动有关的现金			
投资活动现金流入小计		62 115 700.00	53 236 300.00
购建固定资产、无形资产和其他长期资产支付的现金		60 673.00	276 300.00
投资支付的现金		4 219 057.10	24 580 942.89
支付其他与投资活动有关的现金			
投资活动现金流出小计		4 279 730.10	276 300.00
投资活动产生的现金流量净额		57 835 969.90	28 379 057.11
三、筹资活动产生的现金流量：			

（续）

项　　目	附　　注	本期金额	上期金额
吸收投资收到的现金			
取得借款收到的现金			23 000 000.00
收到其他与筹资活动有关的现金		14 529.30	
筹资活动现金流入小计		14 529.30	23 000 000.00
偿还债务支付的现金		76 536 300.00	36 000 000.00
分配股利、利润或偿付利息支付的现金		1 731 991.25	
支付其他与筹资活动有关的现金		220 040.00	4 741 999.43
筹资活动现金流出小计		78 488 331.25	40 741 999.43
筹资活动产生的现金流量净额		−78 473 801.95	−17 741 999.43
四、汇率变动对现金及现金等价物的影响			
五、现金及现金等价物净增加额		−80 647 889.52	69 638 714.76
加：期初现金及现金等价物余额		85 272 943.93	15 634 229.17
六、期末现金及现金等价物余额		4 625 054.41	85 272 943.93

法定代表人：何强　　主管会计工作负责人：张志坚　　会计机构负责人：王春根

合并所有者权益变动表

2007年1～12月

编制单位：华夏建通科技开发股份有限公司　　单位：元

项　　目	本期金额					
	归属于母公司所有者权益				少数股东权益	所有者权益合计
	实收资本	资本公积	盈余公积	未分配利润		
一、上年年末余额	305 640 000.00	130 202 902.50	48 636 476.10	109 100 426.12	6 150 525.36	599 730 330.08
加：会计政策变更				4 747 366.34	231 972.18	4 979 338.52
前期差错更正						
二、本年年初余额	305 640 000.00	130 202 902.50	48 636 476.10	113 847 792.46	6 382 497.54	604 709 668.60
三、本年增减变动金额（减少以“−”计）	74 520 000.00	−76 009 940.00	692 538.22	6 232 843.91	352 573.79	5 788 015.92
（一）净利润				6 925 382.13	352 573.79	7 277 955.92
（二）直接计入权益的利得和损失		−1 489 940.00				−1 489 940.00
1. 可供出售金融资产公允价值变动净额						
2. 权益法下被投资单位其他所有者权益变动的影响						
3. 与计入所有者权益项目相关的所得税影响						

（续）

项目	本期金额					
	归属于母公司所有者权益				少数股东权益	所有者权益合计
	实收资本	资本公积	盈余公积	未分配利润		
4. 其他		−1 489 940.00				−1 489 940.00
上述（一）和（二）小计		−1 489 940.00		6 925 382.13	352 573.79	5 788 015.92
（三）所有者投入和减少资本：无						
（四）利润分配			692 538.22	−692 538.22		
1. 提取盈余公积			692 538.22	−692 538.22		
2. 提取一般风险准备						
3. 对所有者的分配						
4. 其他						
（五）所有者权益内部结转	74 520 000.00	−74 520 000.00				
1. 资本公积转增资本	74 520 000.00	−74 520 000.00				
2. 盈余公积转增资本						
3. 盈余公积弥补亏损						
4. 其他						
四、本期期末余额	380 160 000.00	54 192 962.50	49 329 014.32	120 080 636.37	6 735 071.33	610 497 684.52

上年同期金额

项目	归属于母公司所有者权益					
	实收资本	资本公积	盈余公积	未分配利润	少数股东权益	所有者权益合计
一、上年年末余额	305 640 000.00	130 202 902.50	47 428 647.53	103 223 466.09	5 651 175.65	592 146 191.77
加：会计政策变更前期差错更正				4 765 916.67	150 936.76	4 916 853.43
二、本年年初余额	305 640 000.00	130 202 902.50	47 428 647.53	107 989 382.76	5 802 112.41	597 063 045.20
三、本年增减变动金额（减少以“−”计）			1 207 828.57	5 858 409.70	580 385.13	7 646 623.40
（一）净利润				7 066 238.27	580 385.13	7 646 623.40
（二）直接计入所有者权益的利得和损失：		无				
上述（一）和（二）小计				7 066 238.27	580 385.13	7 646 623.40
（三）所有者投入和减少资本：无						

（续）

项　　目	归属于母公司所有者权益				少数股东权益	所有者权益合计
	实收资本	资本公积	盈余公积	未分配利润		
（四）利润分配			1 207 828.57	–1 207 828.57		
1. 提取盈余公积			1 207 828.57	–1 207 828.57		
2. 提取一般风险准备						
3. 对所有者的分配						
4. 其他						
（五）所有者权益内部结转：无						
四、本期期末余额	305 640 000.00	130 202 902.50	48 636 476.10	113 847 792.46	6 382 497.54	604 709 668.60

公司法定代表人：何强　　　主管会计工作负责人：张志坚　　　会计机构负责人：王春根

（三）会计报表附注（有删减）

附注 1　公司简介

2007 年 8 月 16 日，公司注册资本因股改方案流通股股东每持有 10 股流通股可获得转增股份 6 股，共计转增 74 520 000 股，公司注册资本变更为 38 016 万元，并领取了新的《企业法人营业执照》；注册号为 3100001007392；住所：上海市虹口区广纪路 173 号 1003 室；法定代表人：何强；注册资本为人民币 38 016 万元。

公司的经营范围：机械专业领域内的技术开发、技术咨询、技术服务、技术转让，机械设备、电器设备、金属材料，国内贸易（除专项审批，凡涉及行政许可的，凭许可证经营）。

附注 4　主要会计政策、会计估计和合并会计报表的编制方法

4.5　现金等价物的确定标准：本公司现金等价物是指持有的期限短（不超过 3 个月）、流动性强、易于转换为已知金额现金、价值变动风险很小的投资

4.6　金融资产和金融负债的确认和计量

4.6.1　交易性金融资产或金融负债：本公司将为了在近期内出售而持有的金融资产或近期内回购而承担的金融负债确认为交易性金融资产或金融负债，采用公允价值计量，公允价值的变动计入当期损益。

4.6.2 持有至到期投资：本公司将到期日固定、回收金额固定或可确定，且有明确意图和能力持有至到期的非衍生金融资产确认为持有至到期投资。持有至到期投资采用实际利率法，按摊余成本计量。

4.6.3　可供出售金融资产：本公司将没有划分为以公允价值计量且其变动计入当期损益的金融资产、应收款项、持有至到期投资的其他金融资产，作为可供出售金融资产核算，可供出售金融资产持有期间取得的利息或现金股利，计入投资收益。资产负债表日，可供出售金融资产以公允价值计量，其公允价值变动计入资本公积。

4.7　应收款项坏账准备的确认标准、计提方法

应收款项包括应收账款、其他应收款等。本公司对外销售商品或提供劳务形成的应收账款，按从购货方应收的合同或协议价款的公允价值作为初始确认金额。应收款项采用实际利率

法，以摊余成本减去坏账准备后的净额列示。

对于单项金额重大的应收款项，当存在客观证据表明本集团将无法按应收款项的原有条款收回所有款项时，根据其预计未来现金流量现值低于其账面价值的差额，单独进行减值测试，计提坏账准备。

对于单项金额非重大的应收款项，与经单独测试后未减值的应收款项一起按信用风险特征划分为若干组合，根据以前年度与之相同或相类似的、具有类似信用风险特征的应收账款组合的实际损失率为基础，结合现时情况确定以下各项组合计提坏账准备的比例，据此计算当期应计提的坏账准备。

公司根据以前年度与之相同或类似的、具有类似信用风险特征的应收款项组合（即账龄组合）的实际损失率为基础，结合现实情况确定以下应收款项组合计提坏账准备的比例：

账 龄	比例（%）
1年以内	0
＞1年	10
＞2年	15
3年以上	20
确认难以收回	100

本公司对关联方之间的往来款项不计提坏账准备。

4.8 存货核算方法

本公司存货包括库存商品、低值易耗品等。其中：存货以成本与可变现净值孰低计量，各项存货按实际成本计价，低值易耗品在领用时一次摊销。

期末，在对存货进行全面盘点的基础上，对存货遭受毁损、全部或部分陈旧过时或销售价格低于成本等原因，预计其成本不可收回的部分，按单项、按其可变现净值低于成本的差额提取存货跌价准备。

4.9 长期股权投资核算方法

4.9.1 长期股权投资分类

（1）通过在同一控制下的企业合并取得的长期股权投资，在合并日，按照取得被合并方所有者权益账面价值的份额作为初始投资成本；通过在非同一控制下的企业合并取得的长期股权投资，在合并日，按照取得的被购买方可辨认资产、负债及或有负债的公允价值中所占份额的部分作为初始投资成本。

对被投资单位能够实施控制的长期股权投资以及对被投资单位不具有共同控制或重大影响并且在活跃市场中没有报价、公允价值不能可靠计量的长期股权投资，采用成本法核算；对被投资单位具有共同控制或重大影响的长期股权投资，采用权益法核算。

4.10 投资性房地产核算方法：略

4.11 固定资产计价和折旧方法

4.11.1 固定资产标准为：使用年限在一年以上的房屋建筑物、机器、运输工具以及其他与生产、经营有关的设备、器具、工具等；不属于生产、经营主要设备的物品，若单位价值在2 000元以上，并且使用年限超过2年的，也作为固定资产。

4.11.2 固定资产计价：固定资产按实际购建成本入账。

4.11.3 固定资产折旧：采用直线法计提。

各类固定资产预计使用年限、预计残值率及折旧率如下：

类 别	预计残值率（%）	使用年限（年）	年折旧率（%）
房屋建筑物	5.00	25 ~ 40	3.80 ~ 2.38
运输设备	5.00	5 ~ 10	19.00 ~ 9.50
电子设备	5.00	5	19.00

4.12 在建工程核算方法

在建工程系指各项固定资产购建、扩建、安装工程所发生的实际支出；在建工程自达到预定可使用状态时转入固定资产，并按规定计提折旧。

4.13 借款费用资本化的确认原则：略

4.14 无形资产计价和摊销方法

4.14.1 初始确认：本公司的无形资产包括土地使用权、专利技术、非专利技术、商标使用权、软件等，无形资产按照成本或公允价值（若通过非同一控制下的企业合并增加）进行初始计量。

4.14.2 后续计量：无形资产按照其估计收益年限确定的带来经济利益的期限等依次确定使用寿命分为有限或无限，无法预见无形资产带来经济利益期限的作为使用寿命不确定的无形资产。

使用寿命有限的无形资产，其应摊销金额在使用寿命内系统合理摊销，无法可靠确定预期实现方式的，采用直线法摊销。使用寿命不确定的无形资产不摊销，但每年均对该无形资产的使用寿命进行复核，并进行减值测试。

4.14.4 内部研究开发项目研究阶段支出和开发阶段支出的划分。

内部研究开发项目研究阶段的支出，于发生时计入当期损益。

内部研究开发项目开发阶段的支出，同时满足下列条件的，确认为无形资产：

（1）完成该无形资产以使其能够使用或出售在技术上具有可行性；

（2）具有完成该无形资产并使用或出售的意图；

（3）无形资产产生经济利益的方式，包括能够证明运用该无形资产生产的产品存在市场或无形资产自身存在市场，无形资产将在内部使用的，可证明其有用性；

（4）有足够的技术、财务资源和其他资源支持，以完成该无形资产的开发，并有能力使用或出售该无形资产；

（5）归属于该无形资产开发阶段的支出能够可靠地计量。

4.16 收入确认原则：略

4.17 所得税的会计处理方法

所得税采用资产负债表债务法核算。在报告期末按照暂时性差异和适用所得税税率计算的结果确认递延所得税负债、递延所得税资产以及相应的递延所得税费用（或收益）。

4.18 合并财务报表编制方法

4.18.1 合并财务报表的编制方法

合并财务报表的合并范围以控制为基础予以确定。控制是指本公司能够决定被投资单位的财务和经营政策，并能据以从被投资单位的经营活动中获取利益的权力。本公司对其他单位投资占被投资单位有表决权资本总额 50%（不含 50%）以上，或虽不足 50% 但有实质控制权的，全部纳入合并范围。

4.18.2　合并财务报表所采用的会计方法

合并财务报表系根据《企业会计准则第 33 号——合并财务报表》的规定，以母公司和纳入合并范围的子公司的财务报表为基础，根据其他有关资料，按照权益法调整对子公司的长期股权投资后编制而成。子公司所采用的会计政策和会计处理方法与母公司一致，合并范围内各公司间的交易和资金往来等，在合并时已予抵消。

4.19　重要会计政策和会计估计变更以及会计差错更正的说明

4.19.1　会计政策变更

根据财政部 2006 年 2 月 15 日发布的财会 [2006] 3 号《关于印发〈企业会计准则第 1 号——存货〉等 38 项具体准则的通知》的规定，公司于 2007 年 1 月 1 日起执行新企业会计准则，并依据财政部新企业会计准则规定认定 2007 年 1 月 1 日为首次执行日。

根据财会 [2007] 14 号“财政部关于印发《企业会计准则解释第 1 号》的通知”规定企业在编制首份年报时，应当对首次执行日有关资产、负债及所有者权益项目的账面余额进行复核，并披露年初股东权益的调节过程以及作出修正的项目、影响金额及其原因。

本公司按照上述规定进行了复核并对股东权益调节表进行修正。

（1）按企业会计准则的相关规定，期初会计报表项目追溯调整过程如下：

（单位：元）

调整内容	原科目	新科目	金额
1. 将待摊费用调至其他流动资产	待摊费用	其他流动资产	800 542.18
2. 将应付工资及应付福利费调至应付职工薪酬	应付工资、应付福利费	应付职工薪酬	1 786 743.07
3. 将应交税金、其他应交款调至应交税费	应交税金、其他应交款	应交税费	–2 390 304.78
5. 将预提费用调至应付利息	预提费用	应付利息	1 186 285.00

（2）修正后 2006 年 12 月 31 日股东权益差异调节表如下：

（单位：元）

项目	2007 年报披露数	2006 年报披露数	差异
2006 年 12 月 31 日股东权益（按原会计制度或准则）	593 579 804.72	593 579 804.72	
12. 所得税	4 979 338.52	991 240.01	3 988 098.51
13. 少数股东权益	6 150 525.36	6 150 525.36	
14. 其他			
2007 年 1 月 1 日股东权益（按企业会计准则）	604 709 668.60	600 721 570.09	3 988 098.51

根据《企业会计准则第 38 号——首次执行企业会计准则》和《企业会计准则第 18 号——所得税》的有关规定，公司于首次执行日对资产、负债项目的账面价值与计税基础不同形成的暂时性差异及可抵扣亏损及税款抵减产生的暂时性差异进行了认定，确认递延所得税资产并相应调增股东权益共计 4 979 338.52 元，影响本公司合并报表 2007 年 1 月 1 日留存收益共计 4 979 338.52 元（其中归属于母公司的所有者权益增加 4 747 366.34 元，少数股东权益增加 231 972.18 元）。

4.19.2　会计估计变更：本报告期内，本公司未发生重大会计估计变更。

4.19.3　会计差错更正：本报告期内，本公司未发生重大会计差错更正。

附注5　主要税项

（1）增值税：本公司商品销售收入适用增值税，销项税率17%，符合规定的进项税额从销项税额中抵扣；

（2）营业税：本公司技术服务收入适用营业税，税率5%；

（3）城建税：按照应交流转税额的7%计缴；

（4）教育费附加：按照应交流转税额的3%计缴；

（5）所得税：本公司及控股子公司世信科技发展有限公司适用税率33%，子公司世信科技发展有限公司已获上海市地方税务局卢湾区分局“卢税政（04）332203730号”批文，同意自2004年1月1日起，至2004年12月31日止，免征企业所得税，自2005年1月1日起，至2007年12月31日止，减半征收企业所得税。本公司本公司及控股子公司适用的企业所得税率自2008年1月1日起从33%调整为25%。

附注7　合并财务报表主要项目注释

7.1　货币资金　本期末较上期末货币资金余额减少94.58%，主要原因系本期归还银行借款所致。

7.2　应收票据

（单位：元）

项　目	2007-12-31	2006-12-31
银行承兑汇票		73 266 471.77
合　计		73 266 471.77

本期末较上期末减少100%，原因为部分收到款项及注销本公司邢台轧辊分公司时将剩余应收票据转为应收账款，其债权债务转由中钢集团邢台机械轧辊有限公司承接所致。

7.3　应收账款

7.3.1　按账龄分类：

（单位：元）

账　龄	2007-12-31			2006-12-31		
	金　额	占总额比例（%）	坏账准备	金　额	占总额比例（%）	坏账准备
一年以内	6 857 828.01	99.83		4 090 122.45	49.14	
一至二年	12 000.00	0.17	1 200.00			
二至三年				1 108 944.52	13.32	166 341.68
三年以上				3 124 315.05	37.54	2 891 186.89
合　计	6 869 828.01	100.00	1 200.00	8 323 382.02	100.00	3 057 528.57

7.3.2　应收账款期末余额中欠款金额前5名的单位共计6 869 828.01元，占应收账款期末余额的100%。

7.3.3　本期末较上期末增加30.44%，主要原因是销售货物未收的货款增加所致。

7.3.4　应收账款期末余额中无持有本公司5%（含5%）以上表决权股份的股东欠款。

7.3.5　应收账款期末余额中无应收关联公司款项。

7.4　预付款项

7.4.1 按账龄分类：

（单位：元）

账龄	2007-12-31		2006-12-31	
	金额	比例（%）	金额	比例（%）
一年以内	59 970 047.64	99.26	30 530 000.00	99.93
一至二年	450 000.00	0.74		
二至三年			22 489.58	0.07
三年以上				
合计	60 420 047.64	100.00	30 552 489.58	100.00

7.4.2 本期末较上期末增加97.76%，主要原因是采购货物预付的货款增加所致。

7.4.3 预付款项期末余额中无预付持有本公司5%（含5%）以上表决权股份的股东款项。

7.4.4 预付款项期末余额中预付关联方款项占预付账款总额的89.81%，详见附注9。

7.5 其他应收款

7.5.1 按账龄分类：

（单位：元）

账龄	2007-12-31			2006-12-31		
	金额	占总额比例（%）	坏账准备	金额	占总额比例（%）	坏账准备
一年以内	61 869 390.64	87.03		70 636 384.09	86.03	
一至二年	48 123.82	0.07	4 812.38	3 970 580.09	4.84	303 786.64
二至三年	3 970 580.19	5.59	457 137.03	2 341 997.83	2.85	351 299.67
三年以上	5 202 130.73	7.32	1 040 426.15	5 160 833.00	6.28	1 032 166.60
合计	71 090 225.38	100.00	1 502 375.56	82 109 795.01	100.00	1 687 252.91

7.5.3 其他应收款期末余额中欠款金额前5名的单位共计66 369 314.00元，占其他应收款期末余额的93.36%。

7.5.4 期末余额中无应收持有本公司5%（含5%）以上表决权股份的股东款项。

7.5.5 其他应收款期末余额中应收关联方款项占其他应收款总额的14.66%，详见附注9。

7.6 存货

（单位：元）

类别	2007-12-31		2006-12-31	
	金额	跌价准备	金额	跌价准备
原材料			8 084 677.42	
库存商品	26 272 385.50		2 601 880.34	
合计	26 272 385.50		10 686 557.76	

期末存货未发现存在减值的迹象，未计提存货跌价准备。

7.7 长期股权投资

（单位：元）

项目	2007-12-31	2006-12-31
长期股权投资	314 871 182.72	299 678 379.24

（续）

项　目	2007-12-31	2006-12-31
其中：成本法核算的投资		
权益法核算的投资	314 871 182.72	299 678 379.24
其中：对联营企业投资	314 871 182.72	299 678 379.24
减：长期投资减值准备		
合　计	314 871 182.72	299 678 379.24

7.7.1 权益法核算的联营企业

（单位：元）

被投资单位名称	本公司持股比例	本公司表决权比例	期末净资产总额	本期营业收入总额	本期净利润
铁通华夏电信有限责任公司	49%	49%	519 799 899.89	16 000 000.00	−5 166 239.35
益民基金管理有限公司	20%	20%	68 257 543.10	112 574 636.67	25 457 447.11
北京华夏通网络技术服务公司	48%	48%	84 658 420.92	48 829 436.80	26 318 273.63

7.7.2 按权益法核算的联营企业投资

（单位：元）

被投资单位名称	初始投资成本	2006-12-31	本期损益调整	累计损益调整	2007-12-31
铁通华夏电信有限公司	241 417 617.91	257 226 870.62	−2 531 457.28	13 277 795.43	254 695 413.34
益民基金管理有限公司	20 000 000.00	13 651 508.62	5 091 489.42	−1 257 001.96	18 742 998.04
北京华夏通网络技术服务公司	28 800 000.00	28 800 000.00	12 632 771.34	12 632 771.34	41 432 771.34
合　计	290 217 617.91	299 678 379.24	15 192 803.48	24 653 564.81	314 871 182.72

7.8 固定资产及累计折旧

（单位：元）

项　目	2006-12-31	本期增加	本期减少	2007-12-31
固定资产原值				
运输设备	270 400.00			270 400.00
电子设备	317 738.19	60 673.00		378 411.19
合　计	588 138.19	60 673.00		648 811.19
累计折旧				
运输设备	24 043.03	26 228.76		50 271.79
电子设备	180 885.98	70 194.68		251 080.66
合　计	204 929.01	96 423.44		301 352.45
固定资产净值	383 209.18			347 458.74
固定资产减值准备				
固定资产净额	383 209.18			347 458.74

7.9 无形资产

（单位：元）

项 目	原 值	2006-12-31	本期增加	本期摊销	2007-12-31	摊余年限
棕榈藤、益智产权	131 898 967.91	131 507 575.91		4 358 431.00	127 149 144.91	29年
合 计	131 898 967.91	131 507 575.91		4 358 431.00	127 149 144.91	

本公司与海南中谊国际经济合作技术有限公司于2008年3月19日签订了《资产转让协议》，本公司拟将所拥有的棕榈藤产权、南药益智产权作价130 031 790元出售给海南中谊国际经济合作技术有限公司。

7.10 递延所得税资产

（单位：元）

项 目	2007-12-31	2006-12-31
坏账准备	261 436.26	372 008.15
未来可弥补亏损	5 715 002.75	4 607 330.37
合 计	5 976 439.01	4 979 338.52

7.11 资产减值准备

（单位：元）

项 目	2006-12-31	本期增加	本期转回	本期转销	2007-12-31
一、坏账准备合计	4 744 781.48	94 951.08	184 877.35	3 151 279.65	1 503 575.56
其中：应收账款	3 057 528.57	94 951.08		3 151 279.65	1 200.00
其他应收账款	1 687 252.91		184 877.35		1 502 375.56
二、存货跌价准备等其他减值准备：无					

本期转销金额为注销本公司邢台轧辊分公司时，将债权债务转由中钢集团邢台机械轧辊有限公司承接所致。

7.12 短期借款

（单位：元）

借款类别	2007-12-31	2006-12-31
担保借款		53 536 300.00
抵押借款		23 000 000.00
合 计		76 536 300.00

本期末较上期末减少100%，为归还银行借款所致。

7.13 应付账款

（单位：元）

项 目	2007-12-31	2006-12-31
应付账款	1 045 680.00	14 133 635.49
合 计	1 045 680.00	14 133 635.49

7.13.1 本期末较上期末减少92.60%，为支付应付货款所致。

7.13.2 应付账款期末余额中无持有本公司5%（含5%）以上表决权股份的股东单位款项。

7.13.3 应付账款期末余额中无应付关联公司款项。

7.14 预收款项

（单位：元）

项 目	2007-12-31	2006-12-31
预收账款		561 750.55
合 计		561 750.55

本期末较上期末减少100%，为注销本公司邢台轧辊分公司时，将债权债务转由中钢集团邢台机械轧辊有限公司承接所致。

7.15 应付职工薪酬

（单位：元）

项 目	2006-12-31	本期增加	本期减少	2007-12-31
工资、奖金、津贴和补贴	693 842.39	1 640 100.52	1 705 272.49	494 700.42
职工福利费	895 333.53		62 751.50	966 552.03
社会保险费	319.00	40 243.46	42 079.26	−1 516.80
住房公积金	273.00	29 290.00	29 493.00	70.00
工会经费和职工教育经费	196 975.15	16 639.01	80 000.00	133 614.16
合 计	1 786 743.07	1 726 272.99	1 919 596.25	1 593 419.81

7.16 应交税费

（单位：元）

税 种	2007-12-31	2006-12-31
增值税	437 466.74	−1 006 832.31
营业税	−546 956.93	400 000.00
城市维护建设税	28 554.71	37 548.48
企业所得税		−1 880 731.93
个人所得税	−4 152.72	38 254.70
教育附加费	12 237.73	16 092.21
河道工程修建维护管理费	9 548.81	5 364.07
合 计	−63 301.66	−2 390 304.78

本期末较上期末增加主要原因为注销本公司邢台轧辊分公司时企业所得税退回及本期商品销售应交增值税增加所致。

7.17 其他应付款

（单位：元）

项 目	2007-12-31	2006-12-31
其他应付款	3 044 708.09	11 845 558.00
合 计	3 044 708.09	11 845 558.00

7.17.1 本期末较上期末减少74.30%，为支付应付货款所致。

7.17.2 其他应付款期末余额中无持有本公司5%（含5%）以上表决权股份的股东单位款项。

7.17.3 其他应付款期末余额中欠关联方款项占其他应付款总额的19.21%，详见附注9。

7.18 长期借款

（单位：元）

借款类别	2007-12-31	2006-12-31
保证借款		13 575 643.86
合　计		13 575 643.86

本期末较上期末减少100%，为注销本公司邢台轧辊分公司时，债权债务由中钢集团邢台机械轧辊有限公司承接，原本公司在中国工商银行股份有限公司石家庄新华支行的比利时政府转贷款转由中钢集团邢台机械轧辊有限公司承接该笔贷款所致。

7.19 专项应付款

（单位：元）

项　目	2007-12-31	2006-12-31
增值税返还		870 623.83
合　计		870 623.83

本期末较上期末减少100%，为注销本公司邢台轧辊分公司时，将债权债务转由中钢集团邢台机械轧辊有限公司承接所致。

7.20 股本

2007年3月5日，本公司股权分置改革方案经2007年度第一次临时股东大会暨相关股东会议审议通过。公司以2006年9月30日流通股本124 200 000股为基数，以资本公积金向股权分置改革方案实施股权登记日（2007年3月13日）登记在册的全体流通股股东转增股本，总股本由305 640 000股增至380 160 000股，业经河北华安会计师事务所有限公司冀华会验字（2007）1004号验资报告验证。

7.21 资本公积

（单位：元）

项　目	2006-12-31	本期增加	本期减少	2007-12-31
股本溢价	120 895 163.54		74 520 000.00	46 375 163.54
其　他	9 307 738.96		1 489 940.00	7 817 798.96
合　计	130 202 902.50		76 009 940.00	54 192 962.50

7.21.1 股本溢价为发行股票所得价款超过其面值总额并扣除发行费用后的部分。

7.21.2 其他项下主要为2006年度与上海浦东发展银行广州分行债务重组收益转入。

7.21.3 本期减少主要为以资本公积金转增股本。

7.22 盈余公积

7.25 营业收入及营业成本

7.25.1 按行业划分。

（单位：元）

项　目	2007年度		2006年度	
	主营业务收入	主营业务成本	主营业务收入	主营业务成本
主营业务				
其中：受托加工业务			141 728 544.22	113 846 702.74

（续）

项　目	2007 年度		2006 年度	
	主营业务收入	主营业务成本	主营业务收入	主营业务成本
电子产品销售	23 965 811.95	18 952 164.21	17 059 829.40	18 095 726.50
技术服务业务	1 310 861.42	385 232.74	8 144 000.00	849 000.00
其他业务			62 000.00	
合　计	25 276 673.37	19 337 396.95	166 994 373.62	132 791 429.24

7.25.2　主营业务按地区划分。

（单位：元）

地区名称	2007 年度		2006 年度	
	营业收入	营业成本	营业收入	营业成本
邢台市			141 790 544.22	113 846 702.74
北京市			8 144 000.00	849 000.00
上海市	25 276 673.37	19 337 396.95	17 059 829.40	18 095 726.50
合　计	25 276 673.37	19 337 396.95	166 994 373.62	132 791 429.24

7.25.3　营业收入本年度较上年度减少 84.86%，主要原因是在 2006 年本公司将经营性固定资产转让给中钢集团邢台机械轧辊有限公司后，本公司原有的轧辊加工业务即已置出，主营业务发生结构性变化，目前本公司的主营业务为社区大屏幕系统、多媒体系统等电子产品销售及配套技术服务收入。

7.25.4　本公司销售收入前五名的客户销售额为 25 276 673.37 元，占总销售额的 100%。

7.26　营业税金及附加

（单位：元）

项　目	2007 年度	2006 年度
营业税	65 543.07	407 200.00
城建税	108 716.37	728 167.02
教育费附加	51 919.39	410 649.37
河道管理费	15 673.81	5 364.07
合　计	241 852.64	1 551 380.46

营业税金及附加本年度较上年度减少 84.41%，主要原因是营业收入减少所致。

7.27　财务费用

（单位：元）

项　目	2007 年度	2006 年度
利息支出	545 706.25	6 375 889.44
减：利息收入	81 152.32	19 770.94
手续费	10 729.14	386 085.55
汇兑损益	816 667.58	964 932.71
合　计	1 291 950.65	7 707 136.76

财务费用本年度较上年度减少 83.24%，主要原因是银行借款减少所致。

7.28 资产减值损失

（单位：元）

项目	2007 年度	2006 年度
坏账损失	−89 926.27	−7 001 531.13
合计	−89 926.27	−7 001 531.13

7.29 投资收益

（单位：元）

被投资单位	2007 年度	2006 年度
铁通华夏电信有限责任公司	−2 531 457.28	1 135 353.84
北京华夏通网络技术服务有限	12 632 771.34	
益民基金管理有限公司	5 091 489.42	−3 757 954.87
合计	15 192 803.48	−2 622 601.03

投资收益本年度较上年度增加679.30%，主要原因是按权益法核算的北京华夏通网络技术服务有限公司及益民基金管理有限公司的净利润增加所致。

7.30 所得税

（单位：元）

项目	2007 年度	2006 年度
当期所得税费用		85 178.03
递延所得税费用	−997 100.49	−62 485.09
合计	−997 100.49	22 692.94

7.32 现金流量表

7.32.1 收到的其他与经营活动有关的现金 228 346 588.86 元主要为往来款。

7.32.2 支付的其他与经营活动有关的现金 255 211 314.90 元主要为往来款。

7.32.3 支付的其他与筹资活动有关的现金 220 040.00 元主要为股改支付的费用。

7.32.4 合并现金流量表补充资料。

（单位：元）

项目	本期金额	上期金额
1. 将净利润调节为经营活动现金流量		
净利润	7 277 955.92	7 646 623.40
资产减值准备	−89 926.27	−7 001 531.13
固定资产折旧、油气资产折耗、生产性生物资产折旧	96 423.44	12 365 698.64
无形资产摊销	4 358 431.00	391 392.00
固定资产报废损失		10 2876.30
财务费用	1 778 054.49	7 340 822.15
投资损失（减：收益）	−15 192 803.48	2 622 601.03
递延所得税资产减少（减：增加）	−997 100.49	−62 485.09
存货的减少（减：增加）	−16 067 336.85	−4 890 858.54
经营性应收项目的减少（减：增加）	63 353 428.60	23 380 214.65

（续）

项　目	本期金额	上期金额
经营性应付项目的增加（减：减少）	−104 527 183.83	17 106 303.67
经营活动产生的现金流量净额	−60 010 057.47	59 001 657.08
2. 不涉及现金收支的投资和筹资活动		
债务转为资本		
一年内到期的可转换公司债券		
融资租入固定资产		
3. 现金及现金等价物净增加情况		
现金的期末余额	4 625 054.41	85 272 943.93
减：现金的期初余额	85 272 943.93	15 634 229.17
现金及现金等价物净增加额	−80 647 889.52	69 638 714.76

9.5　关联交易

9.5.1　接受劳务。2007 年 3 月 6 日本公司与海南亿林农业有限公司签署关于棕榈藤及南药益智资产的委托管理合同，由本公司委托海南亿林农业有限公司对该项资产进行维护、看护等。合同总价款为 240 万元，本公司已于 2007 年 3 月 22 日将 240 万元支付给海南亿林农业有限公司。2008 年 4 月 11 日海南亿林农业有限公司将 240 万元汇回本公司，该合同取消。

9.5.2　购买商品及代表企业或由企业代表另一方进行债务结算。本公司控股子公司世信科技发展有限公司与万利达集团有限公司（以下简称万利达公司）签订社区大屏幕采购合同，合同总金额为 2 940 万元；签订液晶投影平台合同，合同总金额为 1 000 万元；与清华同仁公司签订社区大屏幕采购合同，合同总金额为 3 060 万元，由万利达公司对此项资金进行监管。本公司共向万利达公司支付货款 7 000 万元，万利达累计向本公司交付社区大屏幕合计 1 573.50 万元，截至 2007 年 12 月 31 日，本公司账面预付万利达货款余额为 5 426.50 万元。

9.5.3　提供担保：本公司为本公司参股子公司铁通华夏电信有限责任公司提供担保，详见附注 10。

9.6　关联方往来款项

9.6.1　预付款项。

（单位：元）

企业名称	2006-12-31	本期增加	本期减少	2007-12-31
万利达集团有限公司		70 000 000.00	15 735 000.00	54 265 000.00
合计		70 000 000.00	15 735 000.00	54 265 000.00

9.6.2　其他应收款。

（单位：元）

企业名称	2006-12-31	本期增加	本期减少	2007-12-31
北京华夏通网络技术服务有限公司	600 000.00	15 343 747.70	5 524 115.50	10 419 632.20
海南亿林农业有限公司		2 400 000.00		2 400 000.00
海南中谊国际经济技术合作有限公司	2 000 000.00		2 000 000.00	
合　计	2 600 000.00	17 743 747.70	7 524 115.50	12 819 632.20

9.6.3 其他应付款。

（单位：元）

企业名称	2006-12-31	本期增加	本期减少	2007-12-31
华夏建通科技开发集团有限责任公司	1 596 724.66	1 826 315.52	3 423 040.18	
铁通华夏电信有限责任公司	2 196 701.25		1 611 803.09	584 898.16
合　计	3 793 425.91	1 826 315.52	5 034 843.27	584 898.16

附注 10 或有事项

2004 年 8 月 13 日，本公司为本公司参股子公司铁通华夏电信有限责任公司提供担保，担保金额为 3 800 万元，担保期限为 2005 年 1 月 13 日至 2007 年 5 月 12 日。

2005 年 7 月 25 日，本公司收到北京市第一中级人民法院民事判决书［（2005）一中民初字第 7694 号］，中国工商银行北京市南礼士路支行诉铁通华夏电信有限责任公司一般借款合同纠纷案，本公司作为铁通华夏电信有限责任公司的该笔人民币 3 800 万元借款的担保人承担连带责任。

截至 2007 年 12 月 31 日，铁通华夏电信有限责任公司尚欠中国工商银行北京市南礼士路支行借款本金 5 232 217.33 元。截至 2008 年 4 月 24 日，铁通华夏电信有限责任公司未归还逾期借款。

附注 11 承诺事项

截至 2007 年 12 月 31 日，本公司无应予披露的承诺事项。

附注 12 资产负债表日后事项

12.1 经本公司与海南中谊国际经济合作技术有限公司（以下简称海南中谊，为本公司控股股东）协商，双方于 2008 年 3 月 19 日签订了《资产转让协议》，本公司将所拥有的棕榈藤产权、南药益智产权出售给海南中谊。经海南中力信资产评估有限公司出具《海中力信资评报字（2008）第 001 号》评估确认，评估基准日为 2007 年 12 月 31 日，该交易标的账面价值为 127 149 144.91 元，评估价值为 130 031 790.00 元。双方协商确定本次公司出售资产价格为 130 031 790.00 元。本次交易构成关联方交易。2008 年 4 月 10 日召开的 2008 年第二次临时股东大会审议通过了该项决议。

12.2 本公司于 2005 年投资 2 000 万元参股益民基金管理有限公司（以下简称益民基金），持有其 20% 的股权，截至 2007 年 12 月 31 日，益民基金经审计总资产 11 716.10 万元，净资产 9 676.10 万元。现本公司拟将持有的益民基金全部股权转让给中山证券有限责任公司，转让价格为 5 500 万元。2008 年 4 月 10 日召开的 2008 年第二次临时股东大会审议通过了该项决议，根据中国证监会的有关规定，本次转让还须得到有关部门批准。

附注 13 其他重要事项

13.1 本公司与中寰卫星导航通信有限公司的股东中国卫星通信集团公司和中国四维测绘技术总公司于 2007 年 4 月 30 日在北京市签署了《中国卫星通信集团公司与华夏建通科技开发股份有限公司关于中寰卫星导航通信有限公司增资扩股协议》，根据协议约定，本公司出资 1 亿元人民币（其中 51 147 541.00 元作为注册资本，48 852 459.00 元作为股权溢价）对中寰卫星导航通信有限公司进行增资扩股。增资扩股后，中寰卫星导航通信有限公司的注册资本为 131 147 541.00 元，股权结构为中国卫星通信集团公司持股比例为 57.95%，中国四维测绘技术总公司持股比例为3.05%，本公司将持有中寰卫星39%的股权。截至2007年12月31日本公司实际出资40 000 000.00元，尚未办理工商登记。

13.2　2007年2月9日，公司原第二大股东中钢集团邢台机械轧辊有限公司与海南中谊国际经济技术合作有限公司的股权转让获得国务院国有资产监督管理委员会的批准（国资产权[2007] 95号），海南中谊国际经济技术合作有限公司以人民币12 450万元的价格受让中钢集团邢台机械轧辊有限公司所持有的本公司49 740 200股股份，（占本公司转增股本后总股本的13.08%）。此次股权转让后，本公司的第二大股东由中钢集团邢台机械轧辊有限公司变更为海南中谊国际经济技术合作有限公司。

由于中国工商银行南士礼路支行起诉本公司参股公司铁通华夏电信有限责任公司、华夏建通科技开发集团有限责任公司借款合同纠纷一案的有关民事裁定书已发生法律效力，公司第二大股东海南中谊国际经济技术合作有限公司通过参加由北京市第一中级人民法院委托中联国际拍卖中心有限公司组织的转让股权的公开拍卖，获得本公司24 317 800股股份，占本公司总股本的6.40%。此次股权受让后，海南中谊国际经济技术合作有限公司持有本公司74 058 000股股份，占本公司总股本的19.48%，成为本公司第一大股东。海南中谊国际经济技术合作有限公司的股东为李关潮、万利达集团有限公司、钟亚文，实际控制人为李关潮。2007年5月31日，相关过户手续已办理完成。

13.3　根据本公司第五届董事会第三次会议决议，本公司拟注销邢台分公司。在清理相关债权债务后，2007年11月15日本公司与中钢集团邢台机械轧辊有限公司（以下简称中钢邢轧）签署关于邢台分公司存续终止事宜的《协议书》及《债权债务转移协议》，将邢台分公司的债权债务全部交由中钢邢轧承接，截至2007年11月15日，邢台分公司账面资产总值为26 275 876.16元，其中主要有：货币资金1 989 362.74元、应收账款22 210 513.42元；负债为18 076 012.22元，其中主要有：应付账款2 190 606.31元、长期借款14 392 311.44元。中钢邢轧按照承接的资产与负债的差额8 199 863.94元支付给本公司。另邢台分公司原账面的银行存款在2007年12月有4 971.47元存款利息。截至2007年12月31日中钢邢轧尚需支付本公司8 204 835.41元。2008年3月10日，邢台市工商行政管理局批准注销邢台分公司。

附注14　其他财务指标

14.1　净资产收益率和每股收益

（单位：元）

项　目	报告期利润	全面摊薄净资产收益率（%）	加权平均净资产收益率（%）	基本每股收益（元/股）	稀释每股收益（元/股）
归属于公司普通股股东的净利润	6 925 382.13	1.15	1.15	0.02	0.02
扣除非经常性损益后归属于公司普通股股东的净利润	6 925 382.13	1.15	1.15	0.02	0.02

重新计算的2006年度相关财务指标

（单位：元）

项　目	报告期利润	全面摊薄净资产收益率（%）	加权平均净资产收益率（%）	基本每股收益（元/股）	稀释每股收益（元/股）
归属于公司普通股股东的净利润	7 066 238.27	1.18	1.19	0.02	0.02
扣除非经常性损益后归属于公司普通股股东的净利润	2 198 711.02	0.37	0.37	0.01	0.01

（1）全面摊薄净资产收益率的计算公式如下：

$$全面摊薄净资产收益率 = P \div E$$

式中，P 为归属于公司普通股股东的净利润或扣除非经常性损益后归属于公司普通股股东的净利润；E 为归属于公司普通股股东的期末净资产。

（2）加权平均净资产收益率（ROE）的计算公式如下：

$$加权平均净资产收益率 = P/(E_0 + NP \div 2 + E_i \times M_i \div M_0 - E_j \times M_j \div M_0 \pm E_k \times M_k \div M_0)$$

式中，P 分别对应于归属于公司普通股股东的净利润、扣除非经常性损益后归属于公司普通股股东的净利润；NP 为归属于公司普通股股东的净利润；E_0 为归属于公司普通股股东的期初净资产；E_i 为报告期发行新股或债转股等新增的、归属于公司普通股股东的净资产；E_j 为报告期回购或现金分红等减少的、归属于公司普通股股东的净资产；M_0 为报告期月份数；M_i 为新增净资产下一月份起至报告期期末的月份数；M_j 为减少净资产下一月份起至报告期期末的月份数；E_k 为因其他交易或事项引起的净资产增减变动；M_k 为发生其他净资产增减变动下一月份起至报告期期末的月份数。

（3）基本每股收益的计算公式如下：

$$基本每股收益 = P \div S$$

$$S = S_0 + S_1 + S_i \times M_i \div M_0 - S_j \times M_j \div M_0 - S_k$$

式中，P 为归属于公司普通股股东的净利润或扣除非经常性损益后归属于普通股股东的净利润；S 为发行在外的普通股加权平均数；S_0 为期初股份总数；S_1 为报告期因公积金转增股本或股票股利分配等增加股份数；S_i 为报告期因发行新股或债转股等增加股份数；S_j 为报告期因回购等减少股份数；S_k 为报告期缩股数；M_0 为报告期月份数；M_i 为增加股份下一月份起至报告期期末的月份数；M_j 为减少股份下一月份起至报告期期末的月份数。

（4）稀释每股收益的计算公式如下：

稀释每股收益 = [P +（已确认为费用的稀释性潜在普通股利息－转换费用)(1－所得税率)] /（$S_0 + S_1 + S_i \times M_i \div M_0 - S_j \times M_j \div M_0 - S_k$ + 认股权证、股份期权、可转换债券等增加的普通股加权平均数）

式中，P 为归属于公司普通股股东的净利润或扣除非经常性损益后归属于公司普通股股东的净利润。

14.2 非经常性损益：本公司本期无非经常性损益项目

附注 15 补充资料

15.1 利润表调整项目

（单位：元）

项　目	调　整　前	调　整　后	差　　额
一、营业收入	166 932 373.62	166 994 373.62	–62 000.00
减：营业成本	132 791 429.24	132 791 429.24	
营业税金及附加	1 551 380.46	1 551 380.46	
其他业务利润	62 000.00		62 000.00
销售费用			
管理费用	13 567 212.04	20 568 743.17	–7 001 531.13
财务费用	7 707 136.76	7 707 136.76	

（续）

项　　目	调　整　前	调　整　后	差　　额
资产减值损失		−7 001 531.13	7 001 531.13
加：公允价值变动收益（损失以“−”列）			
投资收益（损失以“−”列）	−2 622 601.03	−2 622 601.03	
其中：对联营企业和合营企业的投资收益			
二、营业利润（亏损以“−”列）	8 754 614.09	8 754 614.09	
加：营业外收入			
减：营业外支出	1 085 297.75	1 085 297.75	
其中：非流动资产处置损失			
三、利润总额（亏损总额以“−”列）	7 669 316.34	7 669 316.34	
减：所得税费用	85 178.03	22 692.94	62 485.09
四、净利润（净亏损以“−”列）	7 584 138.31	7 646 623.40	−62 485.09

第 3 章 财务报表分析

本章要求

- 掌握财务报表结构分析的一般方法
- 了解财务报表趋势分析的基本内容
- 掌握并熟练运用各项财务比率指标
- 理解综合财务分析指标体系的内涵与运用

引　例

历经多年的风吹雨打，经历了数次从希望到失望的锤炼，我国证券市场上的众多投资者开始逐渐从盲从走向理性，崇尚公司价值、注重报表分析、抽丝剥茧剔除虚假信息的理念得以形成。质地优良的股票最终傲立股海浪尖潮头，而绩差公司再高明的装饰表演也终究会被掀去面纱、以狼狈收场。

据中国证券报报道：2012 年 5 月，在监管部门的核查之下，ST 鲁北（证券代码：600727）2011 年年报中的“猫腻”被曝光。ST 鲁北 2011 年年报中披露其收回了部分以前长期挂账的应收账款。公司报表附注显示：2011 年年初，公司账龄在 1 年以内的应收账款为 648 万余元、账龄在 1 ~ 2 年的约 501 万元，而账龄长达 3 ~ 5 年的应收账款高达 814 万余元。由于 2011 年公司已将这些账龄较长的应收账款收回，因此期末冲回了坏账准备 962.17 万元。从会计处理上讲，这说明公司通过调减“资产减值损失”科目金额而减少了当年的费用总额、从而提升了公司利润总额 962.17 万元。然而经监管部门核查，这些所谓的“收回往来客户欠款”，实际上是由 ST 鲁北的大股东（山东鲁北企业集团总公司）支付的，从性质上讲不应列为往来客户欠款，而应直接计入公司所有者权益类的资本公积项目。这也就意味着该公司 2011 年年报中的利润总额有 962.17 万元是属于虚增数据。如果将这部分虚增利润剔除，则 ST 鲁北 2011 年的每股收益将下降至 0.05 元。

由于公司财务信息与内部管理方面存在着问题，ST 鲁北已经多次被证监会山东监管局责令整改。难怪有财经专家认为：ST 鲁北 2011 年“实际利润恐与公司公布数据相差甚远。由于多项数据不符合实际披露，ST 鲁北有利用财务手法虚增利润掩盖赢利虚弱的嫌疑”。

资料来源：中国证券报相关报道。

财务报告作为反映企业财务状况、经营成果和资金流量的重要文件，向人们传递着有关企业经营能力、竞争实力、获利水平、支付风险等方方面面的信息。如何正确理解和使用报表信息，不受报表中一些可能的虚假信息的误导，不但需要使用者能够深入细致地正确解读报表，还要求使用者能够借助于报表中各项财务指标之间存在的内在钩稽关系进行分析，判别其相关项目之间内在的数据关联、平衡关系是否成立、是否合理恰当，以便识别企业的信息真伪、质量优劣。同时，由于财务报表所披露的类别数据或内容往往是经过高度概括和浓缩的，因此，就有必要学习一些正确的报表分析方法以提高对报表数据的甄别利用，以便对企业有一个全面、客观、合理的评价。

3.1 报表分析方法概述

完整的财务报告分析应该是定量分析与定性分析的有机结合。上一章对企业财务报表的解读属于定性分析的主要内容，本节则对报表分析中常用的一些定量分析方法作简单概述，包括比较分析法、因素分析法和综合财务分析方法等。

3.1.1 比较分析法

比较分析法是将相关财务数据或财务指标数值与所确定的标准进行对比分析，计算其存在的数量差异，并进一步分析差异产生的原因或以此推测指标变动趋势的一种分析方法。

俗话说“有比较才会有鉴别”。比较分析法通过将公司实际状况与管理标准、考核标准或投资者所要求的先进水平进行比较，便于信息使用者在了解公司生产经营活动状况、资本的获利性、投资的安全性等情况的同时，分析并揭示其存在的不足与薄弱环节，了解其行业竞争能力，为相应的投资与财务决策提供依据。

采用比较分析法，如何选择确定比较标准是至关重要的。标准选择上的失误，极有可能导致分析判断结果与事实相脱节或与期望相背离。实践中，一般选用比较多的有：

（1）本公司历史上曾达到的最佳指标。以目标公司历史上曾达到的最佳指标作为比较标准，便于公司了解自身财务与经营状况及其成果的发展变化程度与变动趋势。此外，由于公司历史指标代表着公司曾经达到过的最好水平，因此更为切合公司的实际情况，避免了一厢情愿、好高骛远的问题。

（2）当期计划或预算指标。选择计划或预算指标作为标准，有助于公司加强预算管理，将日常生产经营活动纳入计划，有序进行。同时，通过计算、分析计划或预算的完成情况及其存在差异的原因，便于公司进行业绩评价，同时也有利于查找问题存在的关键，有的放矢，不断健全和提高管理与决策水平。

（3）同行业平均水平。通过与同行业平均水平进行比较，有助于公司正确认识自己在行业中所处的地位或水平，明确自身优势与劣势，扬长避短，合理规划公司经营策略，确保公司投资与资产运营决策的合理有效。

（4）国内外同行业先进指标。以该类指标作为比较标准，便于公司发现自身的不足之处，明确自己的赶超目标，促使公司取长补短，认清存在的缺陷，分析借鉴先进公司的经营管理经验，从而鞭策自己不断完善，努力赶超。

在采用比较分析法时，除了注意标准的选择之外，比较指标的数据形式、指标所包含的具体内容，以及指标的计算方式与方法、指标所涵盖的时间区间等，也都直接影响着分析内容与结果的可比性。例如，对于季节性较强的生产公司，旺季与淡季就不适合直接比较；而对于存货周转率，由于先进先出法与加权平均法计算出来的发出存货的成本不一致，也有可能导致因为营业成本与存货计算方法不同所产生的差异而有所变化，从而导致计算结果的不可比性。

此外，在比较过程中，还应该充分注意绝对数指标与相对数指标的有机结合。单纯利用绝对数指标或单纯看重相对数指标的做法常常都是不可取的，也容易造成分析结果的失误。例如有两家经营同类商品的企业——A 公司和 B 公司，假设 A 公司上年全年实现税后净利润 350 万元，而 B 公司实现的税后净利润为 800 万元。倘若仅仅衡量净利润这一项绝对数指标，显然会认为 B 公司盈利水平远高于 A 公司。然而，如果结合公司规模或公司所占用的资源去分析，评价结果可能将有所改变。比如在此例中，假如 A 公司实现的 350 万元净利润，依据的是其所占用的全部 1 000 万元的经济资源（资产总额），即其资产净利润率高达 35%；而 B 公司所实现的 800 万元净利润，靠的是对 8 000 万元资产的占用，则其资产净利润率仅为 10%；显然，就有限资源的盈利效率而言，A 公司明显要强于 B 公司。由此可见，单纯只看重某一种指标，结果难免有可能会是片面的。

比较分析法常常根据具体比较模式的不同，又可以进一步划分为结构分析、趋势分析和比率分析等。

结构分析法，是对报表中某些总体项目的构成要素所占比例的合理性或恰当性进行的比较分析，以便评价企业经营活动中各相关报表要素的构成是否正常，是否存在明显偏离等问题，同时也便于了解各个构成要素的相对重要性程度。

趋势分析法，是对公司不同时期的财务信息进行比较，以便发现公司财务经营状况的变动规律及变动趋势；进一步可以借助于统计或数学模型，在对原有资料进行分析的基础上，对公司未来较长时期的动态状况进行分析预测。

比率分析法，是将财务数据中彼此存在某些内在关联关系的两个或两个以上要素的数值相除，计算其相应比值即比率。通过将计算出的公司的具体比率数值与确定的比值标准，或相关要素之间存在的内在规律要求进行比较，分析要素之间关联程度的合适与否，以此评价企业的财务经营活动。

结构分析、趋势分析和比率分析这三种方法的具体应用分别见下面第 3.2 节至 3.4 节的内容。

3.1.2 因素分析法

因素分析法也叫做连环替代法，是运用数理统计和指数分析的方法，通过分析影响财务指标数据的各个构成要素，寻求造成综合指标变动的主要原因。该方法一般适用于对综合性的财务指标如总成本、利润总额、净资产报酬率等问题的分解分析。其一般做法是：先确定某个综合指标的各个影响因素以及各影响因素之间的相互关系，并计算其在标准状态下的综合指标数值，然后依次把其中一个当作可变因子进行替换，最后再分别找出每个因素对差异的影响程度。用数学公式表示为：

设某项总指标（ab）受 a、b 两因素的乘数影响，其中下标为 0 者代表基期或比较标准的水平，下标为 1 者代表该指标的实际水平（也称为报告期水平），则：

$$\begin{aligned}\text{总指标差异的绝对值} &= a_1b_1 - a_0b_0 \\ &= a_1b_1 - a_1b_0 + a_1b_0 - a_0b_0 \\ &= a_1(b_1 - b_0) + (a_1 - a_0)b_0\end{aligned}$$

其中，以标准水平为比较基数，即　比较基数＝a_0b_0　（1）

第一次替换，将 a_0 替换为 a_1，得中间虚拟值：a_1b_0　（2）

第二次是在第一次的基础上，将 b_0 替换为 b_1（即构成了实际数）：a_1b_1　（3）

则：　单纯由于 a 因素变动产生的影响＝（2）－（1）＝ $(a_1-a_0)b_0$

　　　单纯由于 b 因素变动产生的影响＝（3）－（2）＝ $a_1(b_1-b_0)$

在上述连环替代中，各替代因素的替代排列顺序是：先数量指标替代，后价值指标替代；先外延型指标替代，后内涵型指标替代；先主观能动性强的指标替代，后主观能动性弱的指标替代。

上述利用加减运算进行的连环替代，计算出的是各个构成因素对总体差异在绝对值上面的影响程度。实际中也可以利用乘除运算进行指数方面（及相对数程度）的连环替代（替代顺序同上），以便计算出各个因素对总体差异在相对数或比率方面的影响程度，即：

$$总指标差异的相对值=\frac{a_1b_1}{a_0b_0}=\frac{a_1b_1}{a_1b_0}\times\frac{a_1b_0}{a_0b_0}$$

式中，由于 a 因素变动产生的影响的相对数 $=\dfrac{a_1b_0}{a_0b_0}$

而由于 b 因素变动产生的影响的相对数 $=\dfrac{a_1b_1}{a_1b_0}$

例 3-1

某公司今年一季度A种原材料耗用总成本为663 803万元，相对于上年同比增长了5.03%。相关资料收集如表3-1所示。

表3-1　原材料耗费表

	产量 Q（件）	单耗 C（千克/件）	材料单价 P（元/千克）	总成本 T（元）
上年一季度	395	25	64	632 000
今年一季度	434	23	66.5	663 803

采用因素分析法，我们可以了解各因素的影响结果：

总成本差异的相对数＝ $Q_1C_1P_1\div Q_0C_0P_0=105.0\%$

总成本差异的绝对数＝ $Q_1C_1P_1-Q_0C_0P_0=663\,803-632\,000=31\,803$ 元

$=Q_1C_1P_1-Q_1C_1P_0+Q_1C_1P_0-Q_1C_0P_0+Q_1C_0P_0-Q_0C_0P_0$

$=Q_1C_1(P_1-P_0)+Q_1(C_1-C_0)P_0+(Q_1-Q_0)C_0P_0$

式中，$Q_1C_1P_1$、$Q_1C_1P_0$、$Q_1C_0P_0$ 便是将上年的总成本 $Q_0C_0P_0$ 中三个要素按照 Q、C、P 的顺序依次以今年的水平进行替代的结果。由此进行两两组合，便可以粗略计算出各要素变动对总成本产生的影响。

其中，由于单价 P 变化对总成本产生影响的绝对数＝ $Q_1C_1(P_1-P_0)$

$=434\times23\times(66.5-64)=24\,955$ 元

单价 P 变化产生影响的相对数＝ $Q_1C_1P_1\div Q_1C_1P_0=103.9\%$

由于单耗 C 变化对总成本产生影响的绝对数＝ $Q_1(C_1-C_0)P_0$

$=434\times(23-25)\times64=-55\,552$ 元

$$\text{单耗}C\text{变化产生影响的相对数}= Q_1C_1P_0 \div Q_1C_0P_0 = 92\%$$

$$\text{由于产量}Q\text{变化对总成本产生影响的绝对数}=(Q_1 - Q_0)C_0P_0$$

$$=(434-395)\times 25\times 64 = 62\,400\text{元}$$

$$\text{产量}Q\text{变化产生影响的相对数}= Q_1C_0P_0 \div Q_0C_0P_0 = 109.87\%$$

根据上述计算分析，可以得知，公司今年一季度A种原材料耗用总成本比上年同期增加了31 803元，增加幅度为5%；其中，单纯由于材料价格变动而导致的总成本同比增加3.9%，增加额为24 955元；而由于单位产品耗用材料量的减少，使今年一季度成本同比减少了8%，即减少55 552元；另外由于产品产量的增加，导致今年一季度成本同比增加9.87%，计62 400元。

3.1.3 综合财务分析

财务分析的目的在于为财务信息的使用者提供有关企业财务状况、经营成果、资金与相关资源运用效率等方面的决策参考资料。但前面所介绍的几种基本方法，常常是侧重于对企业某一方面经营与财务内容的分析，无法同时揭示企业整体的现实状况。而实际的投融资分析中常常是基于对企业全面、客观评价的基础之上，因此有必要考虑对企业财务的综合分析方法。

所谓综合分析，就是将各有关财务分析方法和财务指标作为一个整体，根据企业特征进行综合运用，以便系统、全面、综合地对企业财务状况和经营业绩进行剖析、解释和评价，说明企业总体运行中存在的问题，以及企业在发展壮大和市场竞争中具有的优势与不足，从而为相应的后续投资与经营决策提供可资利用的财务支持，这也是财务分析的最终目的。

综合财务分析一般包括沃尔评分法、杜邦财务分析体系和综合评分法等，具体见本章第3.5节的内容。

3.2 财务报表的结构分析

财务报表的结构分析也叫构成比例分析或比重分析，侧重于对报表中某一总体项目的各个构成因素所产生的影响大小及其程度高低的分析。其基本做法是以财务报表中的某一具有总体特征的项目为分析基数并将其视为100%，而将影响或构成这一总体项目的其他因素的金额分别换算成在该项目中所占百分比，使得各个影响因素的相对情况能够比较明显地展现出来。通过这种相对的结构关系来揭示报表中各组成因素的相对重要性以及财务报表的总体构成。

结构分析在日常的财务报表分析中被频繁地使用。具体而言，主要包括对资产负债表的结构分析、对利润表的结构分析和针对现金流量表的结构分析等。

3.2.1 资产负债表的结构分析

资产负债表的结构，从广义上讲是指构成报表中的资产、负债和所有者权益这三大会计要素相互之间，以及这三大要素所包含的具体内容之间的相互比例关系；而从狭义上讲，则主要是指组成这三大要素的各项具体内容之间的相互比率。所谓资产负债表的结构分析，就是指报表分析者通过对资产负债表各项目间的依存关系以及各项目在总体中所占的比重进行对比分析，进一步了解企业在某一时点的财务状况的稳定性与合理、恰当性，发现其中存在的问题，或从结构变动方面预测其未来走向的一种财务分析方法。在进行资产负债表结构分析时，不但要从广义的角度去分析资产、负债、所有者权益三大基本会计要素相互之间的内在对应关系，还要进一步对这三大要素各自的内部构成进行分析，以便多视角、多层次、灵活地分析报表所蕴涵的会计信息，为了解企业具体状况、进行决策分析提供依据。

下面以某股份有限公司（简称为 ZFR 公司）20×2 年合并财务报表中的相关资料举例说明，如表 3-2 所示（其中部分金额为零的项目已舍去）。

表3-2　ZFR公司资产负债表相关资料　（单位：元）

	20×1-12-31	20×2-12-31
流动资产：		
货币资金	124 724 819.54	274 054 407.72
以公允价值计量且其变动计入当期损益的金融资产	1 347 480.00	16 812 006.57
应收票据	2 727 334.40	18 417 161.88
应收账款	83 752 633.99	39 049 329.00
预付款项	3 072 465.01	8 936 476.88
其他应收款	48 663 266.17	13 209 997.68
存货	49 342 362.05	94 651 610.56
其他流动资产	214 372.16	
流动资产合计	313 844 733.32	465 130 990.29
非流动资产：		
长期股权投资	125 272 063.52	139 302 161.24
固定资产	345 924 153.91	360 517 773.28
在建工程	25 582 935.99	27 417 448.12
无形资产	93 763 258.01	113 729 756.15
长期待摊费用	393 641.33	320 833.31
递延所得税资产	1 134 641.73	654 599.56
非流动资产合计	592 070 694.49	641 942 571.66
资产总计	905 915 427.81	1 107 073 561.95
流动负债：		
短期借款	170 000 000.00	341 270 000.00
应付票据	12 341 923.40	11 059 706.75
应付账款	50 216 140.68	45 620 799.94
预收款项	11 986 894.44	10 010 234.77
应付职工薪酬	18 522 541.15	13 652 662.16
应交税费	16 700 034.41	12 908 021.79

（续）

	20×1-12-31	20×2-12-31
应付利息	360 661.00	982 844.00
其他应付款	38 489 735.33	40 080 743.30
一年内到期的非流动负债	23 000 000.00	
其他流动负债	458 523.40	827 643.40
流动负债合计	342 076 453.81	476 412 656.11
非流动负债：		
长期借款	0.00	0.00
应付债券	0.00	0.00
长期应付款	0.00	0.00
递延所得税负债	13 108.26	136 539.63
其他非流动负债	100 000.00	2 333 689.72
非流动负债合计	113 108.26	2 470 229.35
负债合计	342 189 562.07	478 882 885.46
所有者权益（或股东权益）：		
实收资本（或股本）	140 675 760.00	140 675 760.00
资本公积	192 413 846.14	192 413 846.14
盈余公积	26 278 839.18	29 756 818.84
未分配利润	37 551 762.52	69 720 394.16
所有者权益合计	563 725 865.74	628 190 676.49
负债和所有者权益总计	905 915 427.81	1 107 073 561.95

资料来源：http://www.sse.com.cn/sseportal/ps/zhs/home.html.

在具体的资产负债表结构分析中，分析内容主要分为两个方面：一是就资产、负债、所有者权益这三大会计要素分别计算各自的具体组成项目在该要素整体中所占的比重，如流动资产在总资产中所占的比重、长期负债在总负债中所占的比重等（当然也可以更细化一些）；二是存在内在关联或钩稽关系的不同会计要素组成项目之间的数量对应关系，如流动资产与流动负债之间的对比关系等。结合表 3-2 的资料，我们可以将资产或权益总额视为分析总体并令其为 100%，编制相应的结构百分比对比表（为避免重复，此处仅按照资金来源与资金占用的流动性进行大类分析），如表 3-3 所示。

表3-3　ZFR公司资产与权益项目的结构百分比对比表（以资产总额作为100%）

	20×1-12-31	20×2-12-31
资产（或权益）总计	100.00%	100.00%
其中：流动资产	34.64%	42.01%
非流动资产	65.36%	57.99%
负债合计	37.77%	43.26%

（续）

	20×1-12-31	20×2-12-31
其中：流动负债	37.76%	43.04%
非流动负债	0.01%	0.22%
股东权益合计	62.23%	56.74%

仔细对比表3-3中的各项构成比率，可以从中获得如下一些基本信息：

（1）就20×1年和20×2年年末的数据构成而言，ZFR公司的资产负债比率（即负债总额占资产总额或资金来源总额的比例）一直处于中等偏低的水平，各年末均未超过45%。这说明该公司对举债经营较为慎重，一方面考虑到了适当的财务杠杆效应的作用；另一方面，较低的负债比例也有助于规避财务风险。不过，进一步研究负债的具体构成可以发现，公司的债务基本上是短期负债，这种结构虽然可以降低债务的平均资金成本，但在一定程度上却可能加大了公司即时偿付资金的压力。

（2）公司的资产结构中，流动资产所占比例相对较小，基本维持在40%左右。这种状况一般与公司所处行业特点有关，如生产自动化程度较高的企业或交通运输公司、工程公司等，通常流动资产占比都相对较小。对ZFR公司而言，结合表3-2中的数据来看，流动资产中存货在15% ~ 20%之间，而货币资金却占了流动资产总额的一半甚至更多，以公允价值计量且其变动计入当期损益的金融资产也有明显的增加。这种现象一方面可能与公司20×2年大量收回应收账款与其他应收款、加速资金回笼速度相关，提高了公司流动资产的质量，但另一方面也意味着公司应当注重对可能闲置资金的充分利用，以期进一步提高资源的使用效率。

（3）将该公司这两年年末各总体构成状况进行比较，不难发现：公司各主要项目构成基本上没有大幅度的变化，说明公司总体经营比较稳定，运行基本正常，波动很小。没有大规模的战略调整等情况。这对公司的全面预算比较有利，也有助于公司的资金安排和偿债保证。

单纯从上面资产负债表的结构分析，可以初步推断该公司就资本结构而言比较趋于稳健并倾向于低成本的债务筹资策略，这种资本结构一方面有利于防范和降低企业的长期财务风险、降低债务资金成本（但可能增加短期支付压力）；另一方面，由于该公司低效益的货币资金占据了较大比例，一定程度上也可能会影响资产总体的利用效率、营运效果或盈利水平，这方面还应引起管理层的足够重视。

需要指出的是，对资产负债表的结构分析，可以根据分析目的选择不同的比较项目，编制不同的结构百分比对比表。如重点讨论债务构成以便研究融资策略时，可以编制负债结构百分比表；而若研究流动资产质量时，又可以编制流动资产构成百分比对比表等，从而满足不同分析对象的决策需要。

3.2.2 利润表的结构分析

对利润表进行结构分析，是指对利润表各项目之间的依存关系及各项目在确定总体中的比重进行的对比分析，以深入了解企业在某一时期的投入产出与经营获利情况；发现影响收入与成本费用的主要问题，预测收入、费用、利润的变动趋势。在具体分析过程中，同样可以编制利润表结构百分比对比报表，并根据需要设定营业收入或利润总额为分析总体（即100%），计算利润表的各有关项目占该分析总体的比重，然后通过比较各期百分比报表中的数据，来判断企业的收入或利润构成情况。

仍然以 ZFR 公司的资料为例，如表 3-4 所示（部分金额为零的项目已经舍去）。

表3-4 ZFR公司利润表相关资料 （单位：元）

项　目	20×1 年	20×2 年
一、营业收入	530 276 720.81	525 090 149.83
减：营业成本	474 625 446.42	442 658 675.82
营业税金及附加	912 802.00	1 563 288.44
销售费用	7 930 817.28	9 428 974.26
管理费用	22 645 611.53	23 405 833.11
财务费用	9 205 546.39	17 327 890.33
资产减值损失	–616 552.21	326 782.84
加：公允价值变动收益（损失以“–”号填列）	131 455.19	683 951.22
投资收益（损失以“–”号填列）	2 244 927.43	44 523 468.44
其中：对联营企业和合营企业的投资收益	–1 167 353.41	6 530 696.01
二、营业利润（亏损以“–”号填列）	17 949 432.02	75 586 124.69
加：营业外收入	24 362 257.89	13 859 850.46
减：营业外支出	5 949 689.40	2 536 310.69
其中：非流动资产处置损失	1 995 842.85	1 867 347.97
三、利润总额（亏损总额以“–”号填列）	36 362 000.51	86 909 664.46
减：所得税费用	8 387 615.65	8 904 413.04
四、净利润（净亏损以“–”号填列）	27 974 384.86	78 005 251.42
五、其他综合收益的税后净额	0.00	0.00
六、综合收益总额	27 974 384.86	78 005 251.42
七、每股收益：		
（一）基本每股收益	0.06	0.36
（二）稀释每股收益	0.06	0.36

下面根据表 3-4 的相关资料，以营业收入为 100%，编制利润结构百分比分析表，如表 3-5 所示。

表3-5 ZFR公司利润结构百分比表 （%）

项　目	20×1 年	20×2 年
一、营业总收入	100.00	100.00
减：营业成本	89.51	84.30
营业税金及附加	0.17	0.30
销售费用	1.50	1.80
管理费用	4.27	4.46
财务费用	1.74	3.30

（续）

项　目	20×1年	20×2年
资产减值损失	-0.12	0.06
加：公允价值变动收益	0.02	0.13
投资收益	0.42	8.48
其中：对联营企业和合营企业的投资收益	-0.22	1.24
二、营业利润	3.38	14.39
加：营业外收入	4.59	2.64
减：营业外支出	1.12	0.48
其中：非流动资产处置损失	0.38	0.36
三、利润总额	6.86	16.55
减：所得税费用	1.58	1.69
四、净利润	5.28	14.86

根据上述结构百分比对比表，可以获得如下信息：

（1）该公司20×1年、20×2年的经营基本稳定，但20×2年的整体盈利水平明显比20×1年有所提高。20×2年的营业利润占营业收入的比重为14.39%，比20×1年的3.38%增长了11个百分点。利润总额对营业收入的比重也从20×1年的6.86%提高到20×2年的16.55%，增长了近9.7个百分点。净利润的比重也相应提高，从20×1年的3.65%提高到20×2年的5.32%。这说明公司当年盈利水平提高的同时，盈利质量也有所提高，可持续性营业活动带来的利润占比明显增加。

（2）分析公司业绩增长的原因，可以从表3-5中清楚地发现：20×2年公司营业利润占比提高幅度非常大，主要与两方面的贡献有关：一是当年投资收益占比明显增长，比上年占比增长了8个百分点，显示对外投资回报的贡献较为理想；二是营业成本的比重有所下降，降幅为5个百分点，说明公司当年生产或经营成本控制产生了一定的效果。

（3）就公司传统的三项期间费用而言，20×2年公司三项期间费用占比均有不同程度的增加，其中财务费用增加最为明显。无论是从财务费用在营业收入中所占的比重，还是财务费用的绝对数来看，都比上年增加了近一倍，这与公司债务资金的构成有很大关系。虽然说公司这两年的负债比率变动并不太大，但资本总额基数的增加还是比较明显，使得公司负债总额也相对增加较多。而且，考虑到公司负债是以流动负债为主，长期债务资金微乎其微。特别是流动负债中短期借款又占据了绝对的主导地位：20×1年公司短期借款基本占据了流动负债的一半，而20×2年几乎四分之三的流动负债都是短期借款，以至于20×2年年末公司短期借款余额比上年增加了整整一倍。这就使得计入财务费用的利息支出大幅度增加。虽然说借款多会增加企业的可利用资源，但与其他损益类项目的影响一样：一旦借款费用的增长速度超过了借款带来的收入的增长速度，那么在既定情况下，对利润的影响便可能是反方向的，即借款越多、利润越低。

需要强调的是，对利润表的结构百分比分析，既可用于对同一企业不同时期盈利状况的纵向比较，也可用于对同一时期不同企业或者与同行业平均水平之间的横向比较。而与同行业平均水平进行比较，可以反映出企业在行业中的盈利能力是否具有持续的竞争力。

3.2.3 现金流量表的结构分析

现金流量表的结构分析就是在现金流量表有关数据的基础上，进一步明确现金流入、现金流出的构成及现金净流量的形成方式。具体来说，现金流量结构分析可以分别从现金流入结构、现金流出结构以及现金净流量结构三个方面来进行。

对现金流入结构的分析是通过分析经营活动、投资活动、筹资活动的现金流入在全部现金流入中的比重，以及各项具体业务活动现金流入的构成情况，重点在于分析确定企业的现金来源。对现金流出结构的分析则侧重于分析和反映经营活动、投资活动、筹资活动的资金使用方向。而对现金流量净额的结构分析主要是了解企业经营活动、投资活动、筹资活动所产生的现金净流量对企业全部现金流量净额的贡献大小，并以此推测企业未来的资金变动态势。

在具体的现金流量分析过程中，常常会借助于如下一些分析比例来帮助了解企业现金流量的结构状况：

① $\frac{\text{经营活动产生的现金流入}}{\text{现金流入总计}}\times 100\%$　② $\frac{\text{投资活动产生的现金流入}}{\text{现金流入总计}}\times 100\%$

③ $\frac{\text{筹资活动产生的现金流入}}{\text{现金流入总计}}\times 100\%$　④ $\frac{\text{经营活动产生的现金流出}}{\text{现金流出总计}}\times 100\%$

⑤ $\frac{\text{投资活动产生的现金流出}}{\text{现金流出总计}}\times 100\%$　⑥ $\frac{\text{筹资活动产生的现金流出}}{\text{现金流出总计}}\times 100\%$

⑦ $\frac{\text{经营活动产生的现金流量净额}}{\text{现金流量净额合计}}\times 100\%$　⑧ $\frac{\text{投资活动产生的现金流量净额}}{\text{现金流量净额合计}}\times 100\%$

⑨ $\frac{\text{筹资活动产生的现金流量净额}}{\text{现金流量净额合计}}\times 100\%$

上述9个比率指标中，前三个（①～③）属于现金流入结构比例，中间三个（④～⑥）是现金流出结构比例，后三个（⑦～⑨）则反映了现金净流入量（即现金流量净额）的结构比例。

在实际运用中，一般可以选择流入、流出和净流量中的任何一个或几个为分析对象，进行具体分析。下面还是以 ZFR 公司举例说明对现金流量表进行分析的一般做法。

表3-6 ZFR公司现金流量表相关资料　（单位：元）

	20×1 年	20×2 年
一、经营活动产生的现金流量：		
销售商品、提供劳务收到的现金	519 316 474.32	541 971 332.72
收到的税费返还	109 887.46	
收到其他与经营活动有关的现金	13 284 565.74	12 997 825.84
经营活动现金流入小计	532 710 927.52	554 969 158.56
购买商品、接受劳务支付的现金	392 388 954.38	366 910 502.33
支付给职工以及为职工支付的现金	87 476 922.70	94 269 572.90
支付的各项税费	24 308 376.38	35 618 233.53
支付其他与经营活动有关的现金	33 021 940.68	21 915 900.29
经营活动现金流出小计	537 196 194.14	518 714 209.05
经营活动产生的现金流量净额	−4 485 266.62	36 254 949.51

（续）

	20×1 年	20×2 年
二、投资活动产生的现金流量：		
收回投资收到的现金	15 618 460.88	1 268 036.02
取得投资收益收到的现金	7 184 580.38	35 089 453.40
处置固定资产、无形资产和其他长期资产收回的现金净额	162 100.00	12 548 257.40
处置子公司及其他营业单位收到的现金净额		2 935 805.35
收到其他与投资活动有关的现金	153 092 655.00	52 610 447.35
投资活动现金流入小计	176 057 796.26	104 451 999.52
购建固定资产、无形资产和其他长期资产支付的现金	57 878 372.43	76 428 631.47
投资支付的现金	49 720 913.79	26 827 776.37
支付其他与投资活动有关的现金	57 733 195.40	5 030 000.00
投资活动现金流出小计	165 332 481.62	108 286 407.84
投资活动产生的现金流量净额	10 725 314.64	−3 834 408.32
三、筹资活动产生的现金流量：		
吸收投资收到的现金		14 880 080.40
取得借款收到的现金	228 000 000.00	401 270 000.00
收到其他与筹资活动有关的现金	41 400 000.00	
筹资活动现金流入小计	269 400 000.00	416 150 080.40
偿还债务支付的现金	251 000 000.00	253 000 000.00
分配股利、利润或偿付利息支付的现金	28 851 452.04	42 296 185.19
其中：子公司支付给少数股东的股利、利润	13 556 131.85	
支付其他与筹资活动有关的现金	6 386 190.00	48 896 687.75
筹资活动现金流出小计	286 237 642.04	344 192 872.94
筹资活动产生的现金流量净额	−16 837 642.04	71 957 207.46
四、汇率变动对现金及现金等价物的影响	−185 363.70	−256 289.25
五、现金及现金等价物净增加额	−10 782 957.72	104 121 459.40
加：期初现金及现金等价物余额	128 505 199.26	117 722 241.54
六、期末现金及现金等价物余额	117 722 241.54	221 843 700.94

根据上述报表中的数据，我们可以编制有关现金流量的一系列结构分析比较报表。在此先以现金流入为例编制结构分析比较报表（以现金总流入为基数 100%），如表 3-7 所示。

表3-7 ZFR公司现金流入结构分析表

（%）

项 目	结构百分比以现金流入合计为基数	
	20×1 年	20×2 年
各类活动收到的现金总量（绝对数）（元）	978 168 723.78	1 075 571 238.48
各类活动收到的现金总量（相对数，设定为 100%）	100.00	100.00
一、经营活动产生的现金流入小计	54.45	51.60

（续）

项　目	结构百分比以现金流入合计为基数	
	20×1 年	20×2 年
其中：销售商品、提供劳务收到的现金	53.09	50.39
收到的其他与经营活动有关的现金	1.36	1.21
二、投资活动产生的现金流入小计	18.00	9.71
其中：收回投资收到的现金	1.60	0.12
取得投资收益收到的现金	0.73	3.26
处置固定资产、无形资产和其他长期资产收回的现金净额	0.02	1.17
收到其他与投资活动有关的现金	15.65	4.89
三、筹资活动产生的现金流入小计	27.54	38.69
其中：取得借款所收到的现金	23.31	37.31
收到其他与筹资活动有关的现金	4.23	0.00

从表 3-7 中的数据可以看出，公司 20×1 年度与 20×2 年度的现金流入量中，以经营活动产生的现金流入量居多，均占各年现金流入总量的 50% 以上，其中 20×1 年经营活动现金流入量占现金流入总量的 54.45%，20×2 年经营活动现金流入量占现金流入总量的 51.60%。也就是说，公司当年的现金流入，主要来自于经营活动，其次来自于筹资活动（两年均在 27% 以上），来自于投资活动的现金流入最少（20×2 年还不到 10%）。这表明公司的生产经营活动基本正常，生产、销售方面的现金流量也基本稳定。

相对于上年而言，公司 20×2 年度的筹资规模明显扩大，通过借款所获得的资金在现金流入总量中所占的比例从上年的 23.31% 猛增至 37.31%。增幅高达 50% 以上。而从资产负债表可以发现，这些借款基本上都是短期借款。同时现金流量表显示：从绝对数来看，公司 20×2 年借款收到的现金高达 4 亿多元人民币，比上年增加 1.72 亿元，增幅高达 76%；而当年偿还债务所支付的现金则有 2.5 亿多元，与上年基本持平。结合公司短期借款余额和货币资金余额的情况，不难得出，公司目前资金存在一定程度的紧张，偿还债务所需资金很大一部分还依赖于借新债还旧债的过渡行为，年末货币资金的账面结余也有不少其实是来自于借款的支撑，这也就意味着公司将在未来一段时期持续面临短期资金偿付的压力，意味着报表阅读者应适当注意公司的支付风险。

类似地，我们还可以编制现金流出结构分析表和现金净流量结构分析表，考虑到这些报表编制方法的雷同性，在此不作一一阐述。

企业现金流量表的数据结构变动，一般存在如下一些基本规律。

（1）如果企业的现金流量净额主要是由于经营活动产生的现金流量净额引起的，一般表明企业收现能力比较强，坏账风险小，其营销能力一般也不错；若企业的现金流量净额主要是由投资活动产生的，这可能反映出企业生产经营能力衰退，当然也可能是企业为了走出不良境地而正在战略性地调整资产结构，这就必须结合资产负债表和利润表以及相关报表附注等文字资料作具体和深入的分析；如果企业现金流量净额主要是由于筹资活动引起的，则意味着企业未来将支付更多的利息或股利，这种情况下，除非企业未来的经营活动与投资活动现金流量净额能够满足其偿付债务本息或支付股利的需要，否则，企业就可能会承受更大的财务风险。

（2）若企业的现金流出量大于现金流入量，即现金净流量为负数，应该视不同情况予以区别考虑：如果投资活动产生的现金流量净额是负数并且数额较大，这一般是由于企业进行设备更新或扩大生产能力，或投资开拓更广阔的市场而形成的。这种情况下并不意味着企业经营能力不佳，而是意味着企业未来可能有更大的经营现金流入或投资所得。如果企业现金流量为负数的主要原因是由于偿还债务及支付利息引起的，这就意味着企业未来的偿债需求可能因此将减少，企业的财务风险也会有所降低。此时只要企业的营销状况正常，就不一定会走向衰落。但如果现金净流量为负数的原因主要是由经营活动所引起的，这可能是企业经营活动中成本失控或竞争力下降的一个危险信号，它不仅仅会使企业的短期偿债能力受到极大的影响，严重时还会影响到企业的生存和发展。

3.2.4　所有者权益变动表的结构分析

对所有者权益变动表进行结构分析，主要是通过计算影响所有者权益变动的各个项目产生的变化在所有者权益变动总额中所占的比重，来揭示公司期末所有者权益变动的真正原因。我们以 ZFR 公司的所有者权益变动表为基础资料，编制所有者权益变动的结构分析表，如表 3-8 所示（金额为 0 的项目已经剔除）。

表3-8　ZFR公司所有者权益变动结构分析表　　（单位：元，%）

项　　目	20×2 年	变动构成（以增减变动总额为 100%）	变动构成（以增加总额为 100%）
一、上年年末余额	563 725 865.7		本年增加总额 96 472 187.62 （100.00%）
二、本年年初余额	563 725 865.7		
三、本年增减变动金额	64 464 810.75	100.00	
（一）综合收益总额	78 005 251.42	121.00	80.86
（二）所有者投入和减少资本	18 483 428.9	28.67	19.16
所有者投入资本	18 483 428.9	28.67	19.16
（三）利润分配	−32 007 376.87	−49.65	
对所有者（或股东）的分配	−26 044 764.28	−40.40	
其他	−5 962 612.59	−9.25	
（四）所有者权益内部结转	0.0	0.0	
四、本年年末余额	628 190 676.5		

从表 3-8 可以知道，公司 20×2 年年末所有者权益余额比 20×1 年净增加了 6 446 万元左右，其中，当年实现的综合收益总额（全部为净利润）约 7 800.5 万元，扣除利润分配 3 200.7 万元，实际留存收益 4 599.8 万元，占当年所有者权益净增加额的 71.35%（121.00% ~ 49.65%），是所有者权益变动的最主要原因。其余部分则为 20×2 年由所有者新增投入的资本 1 848 万元左右，占当年所有者权益净增加额的 28.67%。如果不考虑利润分配的因素，则公司当年所有者权益净增加将达到 9 647 万元，其中 80% 以上来自于净利润，说明公司资本的保值增值基本来自于内动力，持续稳定发展的态势良好。

从当年利润分配与净利润的关系可以得出，公司当年利润分配率高达 40%，意味着公司在维持正常运行及进一步发展的同时，也比较注重对股东的及时回报。但若出现连续多年的大比例分红，也有可能是公司发展遇到了项目瓶颈、暂时没有较为理想的投资机会，为避免大量货币资金闲置所产生的不利影响而进行的利润分配。这种分配仅仅是一种权宜之计。一旦公司摆脱瓶颈困扰，发现了良好的投资与发展契机，将有可能降低分配比例，甚至必要时进行外部权益性筹资。

3.3 财务报表的趋势分析

趋势分析也称为动态分析，是指根据企业连续几期的会计报表，比较有关项目各期数据的增减变动幅度及其变动趋势，发现或揭示企业财务状况和经营成果的变化规律。在具体分析中可以采用图解的方法，也可以采用比较会计报表的方法。采用图解法分析，一般按照相关数据在不同会计期间的数值顺序进行绘图，以便比较直观地反映项目数值的变动方向；而采用比较会计报表的方法，是将连续多年的报表并列在一起加以直接比较，以此确定企业财务与经营状况变动的走势。在目前实际的趋势分析中，比较会计报表的方法较多地为财务报表分析者所采用。

3.3.1 图解法与比较报表法简介

1. 图解法

图解法是指按照相关数据在不同会计期间的数值顺序，绘制相关图形以便比较形象和直观地反映各有关数据之间的相互关系或变动规律。

以表 3-2 的资产负债表中有关数据为例，可以根据需要绘制如下不同形式的分析图形（为避免分析过程和分析内容的多次重复，此处不再作文字性的分析叙述，仅将分析时常用的一些图解列示如下，文字性的分析部分可参阅上一节的相关内容）。

（1）资产总额、负债总额及股东权益总额变动趋势图（直方图），如图 3-1 所示。

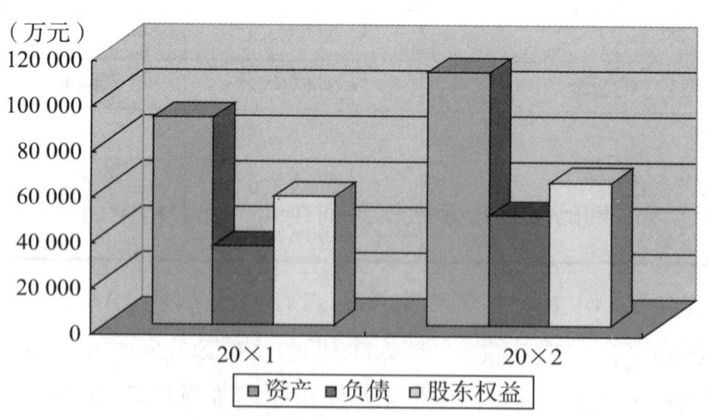

图 3-1 资产总额、负债总额及股东权益总额变动趋势图

从图 3-1 中便可以非常直观地看出资产总额、负债总额及股东权益总额这三者之间的数量关系以及这三个会计要素各年的变动情况。

（2）20×2 年该公司资产构成图（圆饼图），如图 3-2 所示。

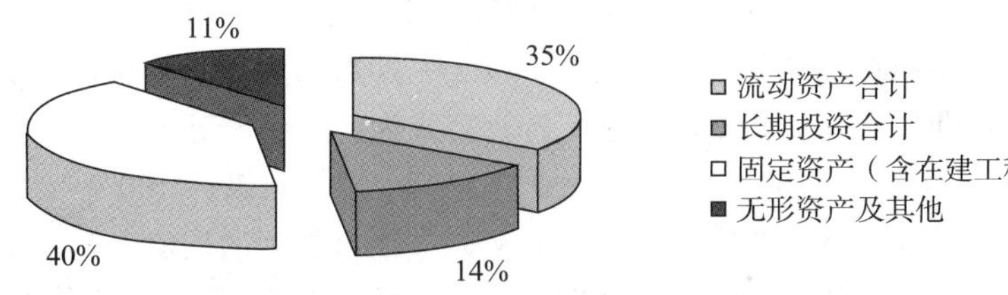

图 3-2　公司 20×2 年资产构成图

这一图形清楚地反映出公司当年年末全部资产的构成情况，从中可以看出，公司流动资产不足资产总额的一半，仅为 35% 左右，而固定资产（含在建工程）在资产总额中占了 40%，这种组合在一定程度上可能会影响资产的流动性与整体资产的周转速度。

将连续几年的资产构成图并列排放在一起，便可以直观地了解公司资产构成的变动趋势。

（3）期间费用变化的折线图，如图 3-3 所示。

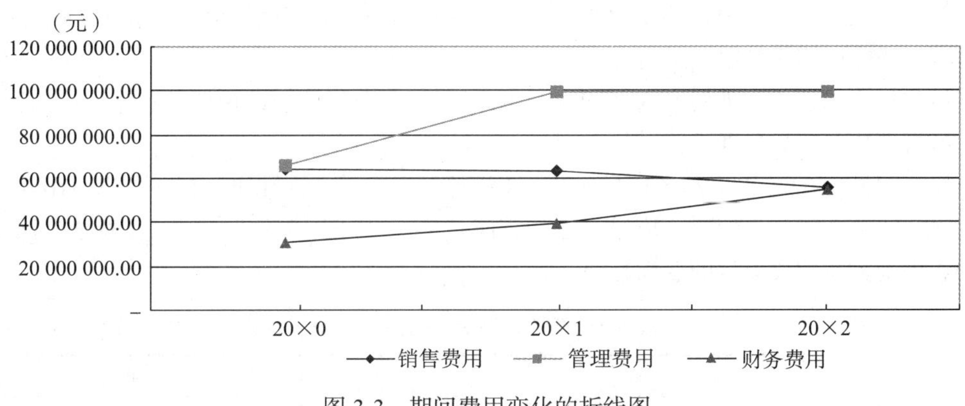

图 3-3　期间费用变化的折线图

该图绘制了某家非上市公司销售费用、管理费用和财务费用这三项期间费用在连续三年中的变化折线。可以一目了然地看出，公司三项期间费用的明显特点是：销售费用投入基本稳定，管理费用在明显增长之后，维持在一个较高的水平上；而财务费用则基本上呈缓慢的直线上升趋势，这在某种程度上说明公司可能存在大量的长短期带息债务，也意味着对公司资金支付需求的增加；如果债务总额变动不大，还有可能是公司债务成本的缓慢增长。

2. 比较报表法

比较报表法是将连续多期的会计报表数据并列在同一张表格中加以直观比较，或计算各期同类项目的增减变动数额及变动幅度，并在各类项目比较的基础上确定企业整体财务与经营状况变动的趋势。

计算各类项目增减变动数据或变动幅度时，如果涉及的会计期间相对较多、数据较大较复杂，一般可以采用定基比率或环比比率的做法。

计算定基比率，是指在连续各期的数据中，以某一期数据为比较基期（即比较的标准，定为 100%），其余各期数据分别与该期数据相除来计算各期增减变动幅度的方法。计算公式为：

定基比率＝计算期或期末项目金额 ÷ 固定基期同类项目的金额 ×100%

例如我们可以结合表 3-2、或表 3-4 中各年的数据，以 20×1 年数据为 100%，其余（20×2 年及以后）各年数据均与 20×1 年同类项目数据进行比较，计算得出定基比较报表（为避免内容重复，此处暂略。下同），并在此基础上做进一步的趋势变动分析。

而计算环比比率，是指在连续各期的数据中，以上一期数据为比较基期，各期数据分别与上期数据相除来计算各期增减变动幅度的方法。计算公式为：

环比比率＝当期某类项目金额 ÷ 上期同类项目金额 ×100%

如我们也可以分别计算 20×2 年数据与 20×1 年同类项目数据的比值，以及 20×1 年数据与 20×0 年同类项目数据的比值，并以此计算得出环比比较报表等（报表略）。

比较会计报表的使用较为频繁。以下各节我们将主要借助于实例介绍比较会计报表的分析运用。

3.3.2 资产负债表的趋势分析

资产负债表的趋势分析，是对资产、负债、所有者权益每个项目的报告期金额与基期金额进行比较，编制比较会计报表（见表 3-9），通过对报表中各项目的增减情况进行分析，以观察企业有关财务状况各具体项目的变化趋势。需要注意的是，对于比较会计报表中的一些重要或异常的项目，应运用例外原则进行重点分析。

下面我们仍以表 3-2 所列示的 ZFR 公司的资产负债表为例加以说明（具体分析按照资产、负债和所有者权益三类分别进行）。

为简化起见，在此仅将 20×1 年与 20×2 年各具体项目进行环比计算，可以得出如下一张环比的比较报表（实际分析时，应适当选择连续数年（通常至少应三年）的报表进行比较，方能较为客观地描述相关项目的变动趋势）：

表3-9 ZFR公司资产横向分析表 （单位：元，%）

	20×1-12-31	20×2-12-31	环比增减	
			金额	百分比
流动资产：				
货币资金	124 724 819.54	274 054 407.72	149 329 588.18	119.73
以公允价值计量且其变动计入当期损益的金融资产	1 347 480.00	16 812 006.57	15 464 526.57	1147.66
应收票据	2 727 334.40	18 417 161.88	15 689 827.48	575.28
应收账款	83 752 633.99	39 049 329.00	–44 703 304.99	–53.38
预付款项	3 072 465.01	8 936 476.88	5 864 011.87	190.86
其他应收款	48 663 266.17	13 209 997.68	–35 453 268.49	–72.85
存货	49 342 362.05	94 651 610.56	45 309 248.51	91.83
其他流动资产	214 372.16		–214 372.16	–100.00
流动资产合计	313 844 733.32	465 130 990.29	151 286 256.97	48.20
非流动资产：				
长期股权投资	125 272 063.52	139 302 161.24	14 030 097.72	11.20
固定资产	345 924 153.91	360 517 773.28	14 593 619.37	4.22
在建工程	25 582 935.99	27 417 448.12	1 834 512.13	7.17
无形资产	93 763 258.01	113 729 756.15	19 966 498.14	21.29
长期待摊费用	393 641.33	320 833.31	–72 808.02	–18.50

（续）

	20×1-12-31	20×2-12-31	环比增减	
			金 额	百 分 比
递延所得税资产	1 134 641.73	654 599.56	−480 042.17	−42.31
非流动资产合计	592 070 694.49	641 942 571.66	49 871 877.17	8.42
资产总计	905 915 427.81	1 107 073 561.95	201 158 134.14	22.20

从表3-9中的对比数据可以得出有关公司财务状况变动的一些主要结论：

一是公司20×2年资产总额明显增加，比上年增长了22.2%。其中流动资产增长迅速，比上年年末增长了1.5亿元，增幅达48.2%，集中体现在货币资金（增幅1.2倍）、以公允价值计量且其变动计入当期损益的金融资产（增幅达11.4倍之巨）、应收票据（增幅5.75倍）等流动性好、变现能力强的流动资产上，而应收账款与其他应收款等一些被其他单位无偿占用的低效资产明显降低，其中应收账款减少4 470万元（降幅53.4%）、其他应收款减少3 545万元（降幅72.9%），说明公司当年资产质量比较理想。一方面加速资金回笼、并为保证对短期债务偿还的资金需求而储备了大量资金；另一方面为了提高资金使用效率和减少资金成本，又将部分暂时闲置的资金转化为类同交易性的金融资产。这既能降低保留资金的机会成本，又有利于提高资金的整体活力和收益水平。

与此同时，我们也应注意：由于以公允价值计量且其变动计入当期损益的金融资产的市场价格是不固定的，造成资产价值的波动性也将大大增加。因此公司20×2年年末相对于上年增长了10余倍的该类金融资产，究竟有多少是“增持”产生的？又有多少是“增值”产生的？还需要结合利润表与报表附注等作进一步分析。

二是相比20×1年而言，公司预付款项和存货增幅较大，其中预付款项增长190.86%、存货增长91.83%。考虑到预付款项在正常情况下将形成公司未来的存货或其他物资、设备，因此可以说，公司当年的存货规模膨胀非常迅猛。如此大量的存货增长，究竟是公司经营规模扩张所至？还是出现了一定程度上的物资囤积或产品滞销？我们从报表上还不得而知。

三是公司20×2年无形资产也有明显增加，足足增加了1 997万元，比上年增长21.3%；仅从报表中我们无法得知增加的无形资产的具体内容。因此需要结合报表附注中的相关信息进行分析。但在此不妨推测：这么大的变动量，应该是与某些关键性的专利权或许可权证等有关，这似乎也预示着公司未来的生产经营会有较大的结构性调整。

再看该公司权益性项目的变动情况，如表3-10所示。

表3-10 ZFR公司权益项目横向比较分析表 （单位：元，%）

	20×1-12-31	20×2-12-31	增 减	
			金 额	百 分 比
流动负债：				
短期借款	170 000 000.00	341 270 000.00	171 270 000.00	100.75
应付票据	12 341 923.40	11 059 706.75	−1 282 216.65	−10.39
应付账款	50 216 140.68	45 620 799.94	−4 595 340.74	−9.15
预收款项	11 986 894.44	10 010 234.77	−1 976 659.67	−16.49
应付职工薪酬	18 522 541.15	13 652 662.16	−4 869 878.99	−26.29

（续）

	20×1-12-31	20×2-12-31	增减	
			金额	百分比
应交税费	16 700 034.41	12 908 021.79	−3 792 012.62	−22.71
应付利息	360 661.00	982 844.00	622 183.00	172.51
其他应付款	38 489 735.33	40 080 743.30	1 591 007.97	4.13
一年内到期的非流动负债	23 000 000.00			
其他流动负债	458 523.40	827 643.40	369 120.00	80.50
流动负债合计	342 076 453.81	476 412 656.11	134 336 202.30	39.27
递延所得税负债	13 108.26	136 539.63	123 431.37	941.63
其他非流动负债	100 000.00	2 333 689.72	2 233 689.72	2 233.69
非流动负债合计	113 108.26	2 470 229.35	2 357 121.09	2 083.95
负债合计	342 189 562.07	478 882 885.46	136 693 323.39	39.95
所有者权益：				
实收资本（或股本）	140 675 760.00	140 675 760.00	0.00	0.00
资本公积	192 413 846.14	192 413 846.14	0.00	0.00
盈余公积	26 278 839.18	29 756 818.84	3 477 979.66	13.23
未分配利润	37 551 762.52	69 720 394.16	32 168 631.64	85.66
所有者权益合计	563 725 865.74	628 190 676.49	64 464 810.75	11.44
负债和所有者权益总计	905 915 427.81	1 107 073 561.95	201 158 134.14	22.20

对该公司权益性项目进行纵向比较，可以了解到：公司负债总额变动较大，增加了39.95%。其中负债的内部结构变动比较复杂，具体体现在一些项目变动的绝对数值：一是短期借款增加了一倍，导致应付利息同时大比例增加。这一方面说明公司有可能存在借新债还旧债的尴尬局面；另一方面，从长期借款、长期应付债券及其他长期应付款等长期负债项目连续两年均为0的现象来看，也可能仅仅是公司为了避免长期债务过高的资金成本而逐步选择以成本较低的短期债务来满足自身对资金需求的一种筹资策略。但是，这种流动负债、特别是短期借款绝对数增长过快的现象，由于会引起公司及时支付资金的巨大压力，因此对公司全面资金调度与合理配置提出了更高要求，还是应引起管理部门的足够重视。

从报表上看，公司非流动负债仅有“递延所得税负债”和“其他非流动负债”两项，前者是所得税会计核算中因存在应纳税暂时性差异而产生的会计确认费用与实际纳税义务之间的差额，后者则是除长期借款、长期应付债券及其他长期应付款等长期负债项目之外的其他长期性债务。虽然从增长比例来讲，这部分增加了20余倍，但从绝对数上看，仅为233万元，占负债总额的0.5%左右，估计与公司预提的售后维修等服务费用有关，当然具体内容还需要结合财务报表附注及公司其他相关资料做进一步了解。

该公司所有者权益中，股本与资本公积没有变动，仅仅是盈余公积和未分配利润发生了改变。其中盈余公积的增长基本符合计提比例的要求，属于公司正常利润分配的结果。未分配利润增加了3 216万元，与上年相比增长了85.66%。从这方面来看，公司目前的经营业绩还比较理想，也积累了较多的留存收益。

3.3.3 利润表的趋势分析

对利润表的趋势分析，主要反映影响企业利润水平的各主要项目的变动规模、变动幅度和变动方向，以便对企业经营成果的形成过程及其制约因素有一个全面的了解。仍然以表 3-4 中所列出的 ZFR 公司的利润表资料为例编制比较利润表，如表 3-11 所示（金额为零的项目已去除）。

表3-11　ZFR公司比较利润表　（单位：元，%）

	20×1 年	20×2 年	增减	
			金额	百分比
一、营业收入	530 276 720.81	525 090 149.83	−5 186 570.98	−0.98
减：营业成本	474 625 446.42	442 658 675.82	−31 966 770.60	−6.74
营业税金及附加	912 802.00	1 563 288.44	650 486.44	71.26
销售费用	7 930 817.28	9 428 974.26	1 498 156.98	18.89
管理费用	22 645 611.53	23 405 833.11	760 221.58	3.36
财务费用	9 205 546.39	17 327 890.33	8 122 343.94	88.23
资产减值损失	−616 552.21	326 782.84	943 335.05	
加：公允价值变动收益	131 455.19	683 951.22	552 496.03	420.29
投资收益	2 244 927.43	44 523 468.44	42 278 541.01	1 883.29
其中：对联营企业和合营企业的投资收益	−1 167 353.41	6 530 696.01	7 698 049.42	
二、营业利润	17 949 432.02	75 586 124.69	57 636 692.67	321.11
加：营业外收入	24 362 257.89	13 859 850.46	−10 502 407.43	−43.11
减：营业外支出	5 949 689.40	2 536 310.69	−3 413 378.71	−57.37
其中：非流动资产处置损失	1 995 842.85	1 867 347.97	−128 494.88	−6.44
三、利润总额	36 362 000.51	86 909 664.46	50 547 663.95	139.01
减：所得税费用	8 387 615.65	8 904 413.04	516 797.39	6.16
四、净利润	27 974 384.86	78 005 251.42	50 030 866.56	178.85
五、其他综合收益的税后净额	0	0	0	0
六、综合收益总额	27 974 384.86	78 005 251.42	50 030 866.56	178.85
七、每股收益：				
(一) 基本每股收益	0.06	0.36	0.30	500.00
(二) 稀释每股收益	0.06	0.36	0.30	500.00

从表 3-11 比较结果可以发现，就绝对数而言，该公司 20×2 年营业收入比上年下降了 518.6 万元，收入规模明显减少；但若从相对数来看，同比下降幅度仅为 0.98%，应该说基本与上年持平。而营业成本无论是从绝对数还是相对数来看都明显下降。营业税金及附加却显著上升，虽然增加的绝对数不是很大，仅为 65 万元左右，但相对数却非常可观——比上年增长了 71%。如果按照营业税金及附加与营业收入的比值来考虑：20×1 年这项比值为 0.17%，而到 20×2 年却上升到了 0.30%，这是否意味着公司曾经在营业税金方面享有部分优惠政策，而 20×2 年却不再享受了呢？或者是公司营业收入的具体构成方面有了明显的改变？

20×2 年公司财务费用比上年大幅度增长，绝对数额增加了 812 万元，增幅达 88%，这与前面提到的公司短期债务的大量增加不无关系。

公司当年公允价值变动收益增幅虽然可观，达 420%，但绝对数并不很高，仅 68.4 万元，相比较公司期末 1 681 万元的以公允价值计量且变动计入当期损益的金融资产而言是非常低的，由此大致可以推出：公司当年该类金融资产的大幅增长是“增持”所至，公允价值变动产生的影响并不明显。

20×2 年公司投资收益对营业利润的贡献非常可观，仅此一项就占了营业利润的 58.9%，达 4 452 万元，比上年增长了近 19 倍！虽然说除去投资收益之后，营业利润依然比上年有所增长（当年不包含投资收益的营业利润为 7 558.6–4 452.3 ＝ 3 106.3 万元，较上年增长 1 311.4 万元，增幅为 73%），但投资收益的存在却使营业利润的增长幅度整整上升了 2 倍之多。不过，值得注意的是，由于投资收益的高低常常取决于被投资方的经营获利与分配状况，因此对投资方而言带有一定的被动性，因而也具有较大的不稳定性。

3.3.4　现金流量表的趋势分析

对现金流量表进行的变动趋势分析，主要分析不同时期相关现金流入与流出量的增减变动差异和变动趋势。从一定意义上讲，它是将现金流量表的比较分析和比率分析相结合，以揭示企业现金流入、流出及其净流量发生的变化，为企业进行现金预测和融资决策等提供相应的依据。

对上述 ZFR 公司 20×1 年度与 20×2 年度编制的比较现金流量表如表 3-12 所示。

表3-12　ZFR公司比较现金流量表　（单位：元，%）

	20×1	20×2	增　减	
			金　额	百分比
一、经营活动产生的现金流量				
销售商品、提供劳务收到的现金	519 316 474.32	541 971 332.72	22 654 858.40	4.36
收到的税费返还	109 887.46		–109 887.46	-100.00
收到其他与经营活动有关的现金	13 284 565.74	12 997 825.84	–286 739.90	–2.16
经营活动现金流入小计	532 710 927.52	554 969 158.56	22 258 231.04	4.18
购买商品、接受劳务支付的现金	392 388 954.38	366 910 502.33	–25 478 452.05	–6.49
支付给职工以及为职工支付的现金	87 476 922.70	94 269 572.90	6 792 650.20	7.77
支付的各项税费	24 308 376.38	35 618 233.53	11 309 857.15	46.53
支付其他与经营活动有关的现金	33 021 940.68	21 915 900.29	–11 106 040.39	–33.63
经营活动现金流出小计	537 196 194.14	518 714 209.05	–18 481 985.09	–3.44
经营活动产生的现金流量净额	–4 485 266.62	36 254 949.51	40 740 216.13	
二、投资活动产生的现金流量				
收回投资收到的现金	15 618 460.88	1 268 036.02	–14 350 424.86	–91.88
取得投资收益收到的现金	7 184 580.38	35 089 453.40	27 904 873.02	388.40
处置固定资产、无形资产和其他长期资产收回的现金净额	162 100.00	12 548 257.40	12 386 157.40	7641.06
处置子公司及其他营业单位收到的现金净额		2 935 805.35	2 935 805.35	
收到其他与投资活动有关的现金	153 092 655.00	52 610 447.35	–100 482 207.65	–65.63
投资活动现金流入小计	176 057 796.26	104 451 999.52	–71 605 796.74	–40.67

（续）

	20×1	20×2	增减	
			金额	百分比
购建固定资产、无形资产和其他长期资产支付的现金	57 878 372.43	76 428 631.47	18 550 259.04	32.05
投资支付的现金	49 720 913.79	26 827 776.37	−22 893 137.42	−46.04
支付其他与投资活动有关的现金	57 733 195.40	5 030 000.00	−52 703 195.40	−91.29
投资活动现金流出小计	165 332 481.62	108 286 407.84	−57 046 073.78	−34.50
投资活动产生的现金流量净额	10 725 314.64	−3 834 408.32	−14 559 722.96	−135.75
三、筹资活动产生的现金流量				
吸收投资收到的现金		14 880 080.40	14 880 080.40	—
取得借款收到的现金	228 000 000.00	401 270 000.00	173 270 000.00	76.00
收到其他与筹资活动有关的现金	41 400 000.00		−41 400 000.00	−100.00
筹资活动现金流入小计	269 400 000.00	416 150 080.40	146 750 080.40	54.47
偿还债务支付的现金	251 000 000.00	253 000 000.00	2 000 000.00	0.80
分配股利、利润或偿付利息支付的现金	28 851 452.04	42 296 185.19	13 444 733.15	46.60
其中：子公司支付给少数股东的股利、利润	13 556 131.85		−13 556 131.85	−100.00
支付其他与筹资活动有关的现金	6 386 190.00	48 896 687.75	42 510 497.75	665.66
筹资活动现金流出小计	286 237 642.04	344 192 872.94	57 955 230.90	20.25
筹资活动产生的现金流量净额	−16 837 642.04	71 957 207.46	88 794 849.50	527.36
四、汇率变动对现金及现金等价物的影响	−185 363.70	−256 289.25	−70 925.55	38.26
五、现金及现金等价物净增加额	−10 782 957.72	104 121 459.40	114 904 417.12	1065.61
加：期初现金及现金等价物余额	128 505 199.26	117 722 241.54	−10 782 957.72	−8.39
六、期末现金及现金等价物余额	117 722 241.54	221 843 700.94	104 121 459.40	88.45

根据表 3-12 所示，公司 20×1 年现金净流量为净流出 1078 万元，而 20×2 年则表现为现金净流入 10 412 万元，现金流入量增加明显。这一增长源于经营活动和筹资活动产生现金流量的增加。进一步分析可以发现：公司当年经营活动产生的现金流量中，销售商品、提供劳务收到的现金较 20×1 年增长了 4.36%，但资产负债表和利润表等资料显示：公司 20×2 年的销售收入小于上年，而应收账款期末余额也较上年有较大减少，由此基本可以判断：当年销售商品、提供劳务收到现金的增加并非由于当年销售扩张所产生的，而是由于当年大幅度收回了以前年度销售所形成的应收款项所致。至于购买商品、接受劳务所支付的现金，以及支付的其他与经营活动有关的现金等项目的明显减少，却是与营业收入的小幅回调相对应，这是否意味着公司某方面经营项目的压缩，似乎还需要结合其他信息作分析。

仔细分析投资活动，显然，公司当年取得了较为可观的对外投资效益：仅以现金形式收到的投资回报就高达 3 509 万元，比上年增加了 2 790 万元；由此也可以说明公司当年收回投资数额大幅度减少、而对外投资绝对金额明显上升的原因。此外，公司当年处置固定资产、无形资产和其他长期资产收回的现金净额达 1 255 万元，比上年增长了 76 倍之巨；而同期购建固定资产、无形资产和其他长期资产支付的现金达 7 643 万元，比上年增长了近 1/3，这种在固定资产和无形资产等项目上的同期大额进出，一定程度上提示我们：公司目前可能在做一些经营战略方面的大调整，包括对原有项目的适当控制压缩，和对新增项目的加大投入等。

筹资活动方面，公司借款增长显著，一方面自然与其低资金成本策略有关，是偿还原有债务的一个暂时性保障；另一方面估计也与上述所言相同，即公司出于经营战略方面的考虑而加大了对新增项目的资金投入等。

需要说明的是，在进行财务报表的变动趋势分析时，除用绝对额和相对数进行同一项目的对比之外，还常常借助于用财务比率指标进行对比（这部分内容将在本章第四节中进行详细阐述）；同时还可以与同行业平均水平及其他先进企业进行对比，以此来说明企业资产规模、资本结构、业务收支成果，以及现金流量的增减情况和变动趋势，以及在同行业中的地位和与先进企业之间的差距。

3.4 财务比率分析

会计报表中的数据有许多是存在着内在勾稽关系的，同时在实际经营活动中也反映出一定的数量对应与约束要求。暂时性脱离这些对等关系也许对企业正常运作影响不大，但若长期或经常性出现数量对应关系之间的脱节，将预示着企业生产运营管理及资金循环周转等方面可能会出现异常，存在极大的财务与经营危机。

例如，资产负债表中“资产＝负债＋所有者权益”这一基本等式，反映了企业资金来源总额一定等于对资金的全部占用这一必然规律，也意味着企业承担的债务必然将以各种形式的资产去偿还。因此，在正常情况下，“资产总额大于负债总额”便成为这两者之间的数量对应与约束要求。一旦企业实际情况脱离了这一约束，资产总额小于负债总额，即出现了‘资不抵债’的情况，预示着企业出现了财务危机，或许离破产的边缘也已经很近了。

比率分析就是依据会计报表中各有关数据之间的内在联系、通过计算其实际比率并将其与标准比率或内在数量约束值进行比较，反映和评价企业财务状况和经营业绩是否正常合理、质量是否稳定的一种分析方法。比率分析法中，一般常用如下一系列比率指标：

（1）反映公司偿债能力方面的指标，如流动比率、速动比率、经营性现金净流量对流动债务的比率、资产负债率、产权比率、已获利息倍数、长期负债与营运资金的比率等。

（2）反映公司营运能力方面的比率，如存货周转率、应收账款周转率、流动资产周转率、固定资产周转率、总资产周转率、营业周期等。

（3）反映公司获利能力方面的比率，如总资产报酬率、净资产收益率、营业利润率、总资产净利率、成本费用利润率、资本保值增值率等。

（4）反映公司发展能力方面的比率。一般包括利润增长率、销售增长率、营业利润增长率、总资产增长率等。

当然，对上述比率指标的归类并不唯一，有时也可将其划分为相关比率指标、构成比率指标（结构分析）和动态比率指标（趋势分析）等，不一而足。

比率分析在实际运用中非常广泛，以下我们分别对短期偿债能力分析、长期偿债能力分析、营运能力分析、获利能力分析和获现能力分析等几个方面进行介绍。

3.4.1 短期偿债能力分析

短期偿债能力是指企业偿付一年内到期的流动负债的能力。在报表项目的数量勾稽关系中，流动负债与流动资产之间存在着一定的对应关系：流动负债是企业需要在一年内偿付的债务，而流动资产是企业理论上能够在一年或一个营业周期内通过使用、销售等流转行为得以补偿或变现的资产。因此，从资金需求的时间对应关系上讲，企业所持有的流动资产即成为偿付流动负债的主要资源。而对流动负债和流动资产之间数量关系的评价，便有助于我们了解企业的短期偿债能力。一般常用的反映短期偿债能力的指标主要有营运资金、流动比率、速动比率、现金比率、经营性现金净流量对流动债务的比率等。

1. 营运资金

营运资金是指企业流动资产扣除流动负债后的余额。这部分净流动资产是企业维持正常经营活动所需资金的基本保证，表明企业在足额预留偿还短期债务所需资源之后，还有多少流动资产可以不受债务约束而被生产经营所自由支配。其计算公式为：

$$营运资金=流动资产-流动负债$$

以表 3-2 中 20×2 年的有关数据为例，可以计算得出该公司 20×2 年年末的营运资金为：

$$营运资金=465\ 130\ 990.29-476\ 412\ 656.11=-11\ 281\ 665.9\text{（元）}$$

1 128 万元的“负”营运资金，说明企业短期偿债能力较低，流动资产不足以偿付流动负债，只能在一定程度上靠举借外债或变现长期资产来解决短期债务的支付问题。

营运资金通常被视作企业经营流动资金的安全保证。营运资金越多，意味着企业不受短期偿债约束的可用资金越多，生产经营所需资金就越有保障；反之，营运资金过低，表示企业在按期偿债和保证生产经营所需资金之间左右为难，资金需求可能会出现紧张。

2. 流动比率

流动比率是企业流动资产与流动负债的比率，反映企业以流动资产偿付流动负债的能力，计算公式为：

$$流动比率=流动资产\div 流动负债$$

显然，流动比率与营运资金指标是同一个问题的不同考虑形式，前者采用相对数比较分析模式；而后者无非采用的是绝对数的模式而已。

如表 3-2 中，该公司 20×2 年年末的流动比率为：

$$流动比率=465\ 130\ 990.29\div 476\ 412\ 656.11=0.98$$

说明该公司每 1 元的流动负债只有 0.98 元的流动资产作保障，从资金对应关系来看，短期债务的即时偿付还不能完全得到保证。

流动比率反映了企业流动资产规模与流动负债规模之间的数量对比关系。这个指标越高，表明企业偿还流动负债的能力也就越强。

有关统计资料显示，一般生产制造性质的企业，流动资产主要由货币资金、应收款项和存货三大类组成。其中存货的总体平均水平占到流动资产总额的一半左右。考虑到存货在实际流通中需要经过采购、生产、加工、销售等各个环节，每一环节都需要一定的时间、也会面临一定的产销风险，因此其流动变现性相对较差。一般认为：从偿债保障的角度讲，为稳妥起见，流动资产扣除存货后的余额也应该大于或至少等于流动负债，这样才能保证企业较好的短期偿债能力。也就是说，流动比率至少应该维持在“2 ∶ 1”或以上的水平。若该比率过低，表明企业或许不能迅速支付账款，不能有效利用现金购货，即时偿付的能力较差。但是这个比率并不是越高越好，因为流动比率过高，企业滞留在流动资产上的资金就越多，对部分制造型企业而言，有可能造成企业资金闲置、利用效率低下，直接影响企业的盈利能力。

3. 速动比率

速动比率是对流动比率的一个保守性调整，是速动资产与流动负债的比值，也是用来衡量企业短期偿债能力更为谨慎和稳健的指标。其计算公式为：

$$速动比率=\frac{速动资产}{流动负债}=\frac{流动资产-存货及预付款}{流动负债}$$

式中的速动资产是指企业所拥有的货币资金、以公允价值计量且其变动计入当期损益的金融资产、应收账款（含其他应收款）、应收票据等理论上可以马上用于支付或较快转变为货币资金的流动资产，不包括存货类项目和预付账款项目。这主要是因为存货类资产的流动性相对较差，变现时通常需要经过生产、销售和收款过程，速度一般比较慢甚至有可能出现因货物毁损、滞销或者被抵押等而无法变现的情况。此外，存货还有一个变现价值的问题：由于产销过程需要经历一段时间，这使得存货的历史成本与可变现净值或公允价值之间往往可能出现较大的差距，使得存货的账面价值往往无法正确反映实际的变现价值。类似地，由于大多数预付账款在正常状态下是出于采购或预定劳务服务等目的而发生的，其正常转换形态将会是企业存货或劳务耗费、甚至是获得的固定资产，因此也不能直接用于偿还流动负债或变现，所以这两者都不属于速动资产，而应该从流动资产中扣除。

如表 3-2 中，该公司 20×2 年年末的速动比率为：

$$速动比率=\frac{465\ 130\ 990.29-94\ 651\ 610.56-8\ 936\ 476.88}{476\ 412\ 656.11}=0.76$$

通常，当企业存货较多时，一般可以考虑用速动比率来反映企业的短期偿债能力，并要求该比率保持在 1 ∶ 1 以上较为理想。但在实际分析时，还应根据企业性质和其他因素来综合判断。如对房地产开发企业而言，在早些年房地产热销的经济大环境下，房地产企业的存货（开发的房产）持续畅销且增值空间明显。此时用速动比率来评价公司的短期偿债能力就并不合适，而应该用流动比率更为恰当。即使是用速动比率来评价，也不是说小于 1 就一定存在偿债风险。因为畅销的房地产一旦售出，便会给公司带来大量资金。但在某段时期的调控政策下，不少房地产企业存量房居高不下，资金循环受到影响，此时评价短期偿债能力就应该考虑速动比率指标并最好使其维持在 1 ∶ 1 以上较好。

4. 现金比率

现金比率是反映企业以现金及其等价物进行即时偿债的能力大小的指标，该指标剔除了应收款项本身可能产生的无法按期收款或部分出现呆账、坏账的不确定性影响。其计算公式为：

$$现金比率=\frac{现金及现金等价物}{流动负债}$$

上式中，现金及现金等价物是指公司拥有的库存现金、银行存款、其他货币资金和持有的可转换为确定金额且转换风险很小的短期有价证券，即现金流量表中的“现金”概念。

考虑到现金来源的性质及对企业的不同要求与影响，目前在实际分析中，也经常采用“经营性现金净流量对流动债务的比率”这一指标来代替现金比率，即：

$$经营性现金净流量对流动债务的比率=经营性活动现金净流量\div 流动负债$$

该指标反映了企业在保证日常经营活动对货币资金需求的基础上，以经营性收回现金的净增长额来偿还债务的能力大小，该比率越大，企业偿还短期债务且不影响正常营运活动的概率就越大。一般情况下，对该指标的最低要求通常认为应大于等于 0.2。

如表 3-2 中，公司 20×2 年年末的现金比率为：

$$现金比率=\frac{274\ 054\ 407.72+16\ 812\ 006.57}{476\ 412\ 656.11}=0.61$$

而：经营性现金净流量对流动债务的比率＝36 254 949.51÷476 412 656.11＝0.08

说明公司就目前持有资金而言，偿还短期债务的能力还是比较强的；但若考虑资金来源构成，由于其中大量资金是以借新债的形式获得，而并非来自于经营活动的资金增量（经营性现金净流量对流动债务的比率仅为 0.08），这就意味着公司未来将有新的债务偿付压力，对经营活动资金要求也非常紧张。

一般情况下，现金比率或经营性现金净流量对流动负债的比率越高，表明企业短期偿债能力越强，但是过高的比率又可能意味着企业拥有过多的收益性相对较低的货币性资产，甚至未能充分有效地利用资金。因此，将该类比率控制在一个合理的范围内，对保证企业偿付能力并促进经营获利是非常必要的。

实务应用中还需要特别注意的是定量分析与定性分析的结合，即不应完全以比率指标判断企业的现实能力，而应结合企业特点及内外部经济环境情况等进行综合考虑。以短期偿债能力为例，除了上面介绍的几个常用比率之外，影响企业短期偿债能力的至少还有如下一些表外因素，包括：

（1）可以动用的贷款指标。这意味着企业拥有畅通的贷款渠道，通过贷款，可以在一段时期内至少做到“借新债还旧债”，从而对短期偿债能力暂时有所保障。

（2）准备很快变现的非流动资产。这里所指的“准备很快变现”，是指按照正常流程或使用安排，即将进入处置或转让环节的机器设备等非流动资产；不包括为抵债而迫不得已进行变现的部分。按正常流程准备变现的非流动资产，意味着不会对企业的日常生产经营产生不利影响；这些资产在不久之后变现时会带来一定量的资金流入，增加企业的流动资产、特别是货币资金总额，从而提高企业的短期支付能力。

（3）以往的信誉。美国学者查尔斯·弗布伦（Charles Fombrun）对企业信誉的定义是“一个企业过去一切行为及结果的合成表现”。具体而言就是指企业在以往生产经营活动中已经被社会普遍认可的信用和名声，包括货真价实、恪守承诺、按期偿债等。信誉是企业一项无形的资源，拥有较高信誉的企业在融资方面更具有优势，也更容易取得投资方的信任，从而可能以较低的融资成本获得所需资金。因此会降低企业的财务风险和财务压力。

（4）产业链的相对势力。处于产业链不同环节的企业因其技术研发、决策与管理等方面能力的不同而产生了企业在技术势力与市场调控能力等方面的差异，这种差异影响或决定了企业在相应产业链上的地位（即相对势力），也就影响到企业在整个产业价值链整体利益分配中的控制权或话语权。拥有这种控制权或话语权的企业，其盈利能力相对较为理想，因而偿债能力也相对有所保障。

（5）与担保有关的或有负债。从财务上讲，或有负债是由于过去的某种约定、某些承诺或事项而引起的、企业有可能要承担并负责偿还的不确定性债务，如为其他经济主体进行的借款担保等。由于或有负债并不是企业确定的现实债务，因此资产负债表中并未将其包含在负债项目中。但它毕竟是一种潜在的可能，一旦约定或承诺事项发生，便会给企业带来报表数据之外的债务压力。如被担保方因经营失败或破产等无法偿还银行贷款，作为担保企业便有义务代为偿付，这相当于增加了担保企业的表外债务，显然会因此降低企业的后续偿债能力。

（6）经营租赁合同中的承诺付款。与上述担保所产生的或有负债类似，经营租赁合同中的承诺付款只表示企业对未来一项支付行为的承诺而已，并不形成企业现时的负债义务。所以也不在资产负债表中列示。但这类承诺的存在，增加了企业未来支付资金的要求，显然也有可能引起对未来偿债能力的不利影响。

3.4.2 长期偿债能力分析

企业的长期债权人和投资者，不但关心企业的短期偿债能力，更为关心其长期偿债能力。而企业的长期偿债能力与投入资本、盈利能力和资本结构等都有着十分密切的关系。因此人们一般常常借助于资产负债率、产权比率、利息保障倍数等指标进行长期偿债能力分析。

1. 资产负债率

资产负债率是反映企业负债总额与资产总额的比例指标，反映企业举债经营情况以及以全部资产承担对债权人权益保障的安全程度。计算公式为：

$$资产负债率=\frac{负债总额}{资产总额}\times 100\%$$

式中的负债总额是指企业承担的各项流动负债和长期负债的总和。之所以这样计算，主要是考虑到企业的流动负债，就其特定具体对象而言属于短期债务，如企业应该支付职工上个月的工资，应该偿还十天前采购原料的一笔货款等。这些债务从时间上看是需要在本月或约定的日期偿付的。然而，对于当月工资下月发放的企业而言，发放了上月工资，又会出现本月的应付工资，这就意味着在员工离开之前，企业永远都会有一笔月末应付未付的工资债务；类似地，在连续不断的生产经营中，支付了这一笔购货款，又会由于新的采购行为而出现新的应付账款，这也构成了一笔“长期的”短期应付账款。因此，计算资产负债率时，应该考虑企业全部的负债而不是仅仅限制在对长期负债项目的表面理解上。

如表 3-2 中，公司 20×2 年年末的资产负债率为：

$$资产负债率= 478\ 882\ 885.46\div 1\ 107\ 073\ 561.95 = 43.26\%$$

资产负债率是衡量企业负债水平和偿债能力的一项综合性指标。资产负债率越低，表明股东在总资本中提供资金的比例越大，对债权人的利益保障程度就越强，未来也就越有可能获得长期债务资金来源（即企业未来的举债经营能力就越强）。而该比率过高，一方面表明企业利用较少量的股东自有资金，推动了较大量的企业总资产，不仅扩大了生产经营规模，而且在经营状况良好的情况下，还可以利用财务杠杆正效应，为股东获得更多的超额利润。但是另一方面，过高的负债率，往往会增加企业的债务负担及资金成本，甚至出现财务杠杆负效应。特别是当企业资金运营能力和获利水平不强时，不仅对债权人不利，也可能会损害股东利益，严重时甚至有可能造成企业濒临倒闭的危险。

关于资产负债率究竟以多少为宜，国际上并没有一个确定的标准。一种常见的观点是：资产负债率太低，意味着企业太过保守，不懂得“借鸡生蛋”、不善于利用别人的资金为自己盈利；但出于风险防范的考虑，该指标也不能太高。一般来讲，保持在中立水平相对较为合适，即认为该指标最好维持在 40% ～ 60% 之间。一旦超过 70%，预示着企业存在一定的经营风险和财务风险。西方国家一些企业常常会以 70% 作为该指标的警戒线。

实际上，就企业是否应举债经营而言，资产负债率的高低并非最根本的决定因素，关键要看企业的“资产报酬率”与“债务成本率”之间的大小关系。如果“资产报酬率”大于“债务成本率”，说明企业利用债务资金所获得的总体盈利大于应付债务成本（主要指应付债务利息），则偿还债务利息之后利润仍有多余，因而股东权益金额不仅不会被侵蚀，反而还会增值，债权人的利益自然也不会受到损害，这便形成了财务杠杆正效应。反之，如果“资产报酬率”小于“债务成本率”，意味着企业利用债务资金所获得的盈利不足以偿还债务利息，需要部分侵蚀股东权益利润甚至是股东权益，从而造成股东权益的被动萎缩，即出现了财务杠杆负效应。而一旦股东权益被动萎缩达到一定程度，债权人的利益便难免会得不到保障。

当然，不同行业、不同类型的企业在不同的时期，资产负债率都会出现较大的差异。对此应结合企业实际情况进行考虑。

2. 产权比率

产权比率，是指负债总额与所有者权益总额的比率，即：

$$产权比率=\frac{负债总额}{所有者权益总额}\times 100\%$$

该比率反映了企业债务资本与股东权益资本之间的数量对比关系，也是企业财务结构稳健与否的重要指标。

根据表 3-2 的资料，ZFR 公司 20×2 年年末的产权比率为：

$$产权比率=478\ 882\ 885.46\div 628\ 190\ 676.49=76.23\%$$

即债务资本少于股东权益资本，公司每 76 元的债务资本有 100 元的股东权益做保障，说明公司以全部股东利益对债权人权益提供的保障程度相对较高，债权人的权益相对较为安全。

产权比率实际上是资产负债率的另一种表现形式。根据会计基本等式“资产＝负债 ＋ 所有者权益”可以得出：

$$产权比率=\frac{负债总额}{所有者权益总额}=\frac{资产负债率}{1-资产负债率}$$

产权比率越低，表明企业对债权人权益的保障程度越高，资产负债率越低，间接说明长期偿债能力越强。但在赢利水平高企的情况下，较低的产权比率不足以充分发挥负债的财务杠杆正效应。因此在评价产权比率时，应从提高获利能力和增强偿债能力两个方面综合考虑，即在保障债务偿还安全的前提下，适当考虑对财务杠杆正效应的利用可能。

3. 有形净值债务率

$$有形净值债务率=负债总额\div 有形净值总额$$

其中，有形净值总额＝有形资产总额（含土地使用权、采矿权等资产）－负债总额

对于债权人来说，企业的现金资产是最具现实意义的偿债资源，除此之外便是土地使用权和可以变现的其他有形资产，至于专利权、商标权、非专利技术等其他无形资产，除特殊情况之外，一般对债权人来说可谓是毫无意义。因此出于稳健性的角度考虑，以有形净值（含土地使用权、采矿权等资产）总额来替代所有者权益总额（即股东权益总额），更能准确表达企业对债权人的实际保障水平。

有形净值债务率指标实际上是对产权比率指标的延伸和进一步补充说明，是更为谨慎和保守地反映企业在清算时债权人利益受到股东权益的保障程度。该比率越低，说明企业的偿债能力越强，反之则越弱。

4. 利息保障倍数

企业运营活动中，随着时间的推移，债务资本会由于利息的存在而自动“增长”，这就要

求企业必须要有“增加”的资产与其相对应，才能保证股东权益不因偿付债务本息而被侵蚀或出现萎缩。利息保障倍数又称为已获利息倍数，是以企业一定时期息税前利润（即通过生产经营获利而直接“增加”的资产）与利息支出进行比较，反映企业经营所得对支付利息费用的保障程度，是分析企业长期偿债能力的一项最为直接的指标。其计算公式为：

$$利息保障倍数=\frac{税后利润+所得税+利息费用}{利息费用}=\frac{息税前利润}{利息费用}$$

上式中，之所以要用息税前利润这一指标来评价企业的长期偿债能力，是因为所得税虽然在企业的净利润前扣除，但属于企业创造价值的组成部分；而利息费用也常常在税前进行抵扣，虽然属于负债筹资的成本，同样也属于反映企业偿债能力的范畴。

在实际应用这一指标时，利息费用除了应考虑以损益性质计入财务费用中的利息部分之外，还应包括计入“在建工程”等项目中的那些予以资本化的利息支出，因为这部分资本化的利息费用同样是企业利息支付总额的组成部分，而且其金额往往很大，不容忽视。

例如，根据表 3-4 中的有关数据，该公司 20×2 年的利息保障倍数为：

$$利息保障倍数=\frac{78\ 005\ 251.42+8\ 904\ 413.04+17\ 327\ 890.33}{17\ 327\ 890.33}=6.02$$

上述计算中，假定公司当期财务费用都是利息支出，并且固定资产成本中不含资本化利息。

由于利息保障倍数指标反映了企业当期收益是所需支付的债务利息的多少倍，从偿债资金的来源角度考察企业债务利息的偿还能力，因此从债权人的角度看，利用该指标可以考察他们投入资本的风险程度。假如该指标低于 1，一般来说企业的获利无法承担举债的利息支出，企业易陷入财务困境。

需要指出的是，在实际分析中，利用该指标观察企业的长期偿付能力，一般至少应计算 5 年的利息保障倍数，来分析和判断企业是否拥有支付长期负债利息费用的能力。通常认为企业的利息保障倍数应大于等于该企业历史上正常生产年度中这一指标的最低值（一般至少应大于 3）。西方国家大多认为将利息保障倍数保持在 8 以上会比较安全，且越大越好；否则便说明企业的利息负担过重或经营获利能力难以支持相应程度的债务。

3.4.3 营运能力分析

企业的营运能力主要是指运用资产进行投资创利的效率和效益。营运资产的主体是流动资产和固定资产，其效率通常指流动资产和固定资产等在使用中的周转循环速率。而营运资产的效益则通常指的是这些资产的利用效果，即通过资产的投入耗用与产出相比较来体现。通过对营运能力的分析，可以了解企业资产的可利用性和利用成果，有利于挖掘企业资产的利用潜力。

营运能力分析一般常借助于有关资产周转率的指标水平来反应，如应收账款周转率、存货周转率、流动资产周转率、总资产周转率等。

1. 应收账款周转率

这是企业特定时期实现的赊销收入净额与当期应收账款的平均余额之比，反映企业应收账款在这一时期的流转速度及回笼程度。对周转率的分析也可以用平均收账期来表示，计算公式分别为：

$$应收账款周转率（即周转次数）=当期赊销收入净额\div当期应收账款平均余额$$

应收款平均收账期（即周转天数）= 365÷ 应收账款的年周转率（次数）

在具体计算时，还应注意：

（1）赊销收入净额是指当期实现的赊销收入总额扣除相应销售折扣后的差额，不包括钱货两清的现销收入。但是在资料不足时，也往往将利润表中的营业收入或主营业务收入总额视同赊销净额进行计算，并根据计算结果判断其可利用性。

（2）“应收账款平均余额”是指期初和期末的应收账款净额与应收票据之和的平均数，即：

$$应收账款平均余额=\frac{期初应收账款净额与应收票据之和+期末应收账款净额与应收票据之和}{2}$$

例如，根据表 3-2 和表 3-4 计算的 ZFR 公司 20×2 年度应收账款周转情况如下：

$$20\times2\ 年平均应收账款=\frac{(2\ 727\ 334.40+83\ 752\ 633.99)+(18\ 417\ 161.88+39\ 049\ 329.00)}{2}$$

$$=71\ 973\ 229.635\ 元$$

$$20\times2\ 年度应收账款周转率=525\ 090\ 149.83\div71\ 973\ 229.635=7.30\ 次$$

$$20\times2\ 年应收款平均收账期=365\div7.30=50\ 天$$

从这两个数据中看，该公司应收账款周转率基本处于正常水平，说明公司比较注重资金的回笼工作，信用政策也基本恰当。

应收账款周转率反映在一个特定会计期间内应收款项转换为货币资金的平均周转次数，而收账期则反映的是平均每笔应收款收回所需要的转换天数，是反映企业应收账款变现速度快慢与水平高低的指标。一定时期内，企业的应收账款周转率越高，说明应收账款回笼越快，发生坏账损失的可能性就越小；反之，则说明企业的应收账款管理水平较低，大量资金被客户长期占用，形成企业一段时期的无效资产，也隐含着潜在的呆账或坏账风险，需加强催收管理。

应收账款周转天数也反映企业的应收账款周转速度，它表明企业在赊销条件下所允许的放款界限。一定时期内，企业的应收账款周转天数越短，货款回收管理越有效，越能提高企业资产的流动性；反之，则表明催收工作不力。一般情况下，企业实际回收的应收账款所需时间应以不超过应收账款的计划周转天数为佳。如若超过，则表明企业的应收账款管理可能存在问题，比较容易形成呆账和坏账。

需要注意的是，应收账款周转率并不是绝对的越高越好，周转天数也不一定就越短越好。这是因为过高的周转率和过短的周转天数也有可能是由于企业执行了过度紧缩的信用政策而引起的，表面上看虽然表现为企业应收账款回笼速度很快，但结果往往会危及企业的未来销售增长，损害其市场占有率。因此在具体分析应收账款周转指标时，必须结合信用政策来分析。一般来说，如果企业放宽信用政策，给客户更多的赊销选择和更长的结算信用期，或放宽收账的力度，企业的应收账款就会增加，相应的周转率就会下降，周转天数就会增加；反之，则应收账款周转率会上升，周转天数也会相应减少。

2. 存货周转率

存货周转速度也可以用两个指标来表示，即存货周转次数和存货周转天数。其计算公式为：

存货周转率（次 / 年）= 公司年营业成本 ÷ 平均存货余额

存货周转天数（天 / 次）= 365÷ 存货的年周转率

公式中的“平均存货余额”与前面计算“应收账款平均余额”的方法一样，也是用期初存货余额与期末存货余额之和除以 2 求得。

存货周转率是衡量和评价企业采购、生产、销售等系列环节的管理状况与管理效果的综合性指标。一般来说，存货周转率越大，相对的存货占用水平就越低，资产的流动性也就越强，表明企业营业能力越强，提供的利润也越多。反之，存货周转率越小，表示企业存货占用资金较多，可能是产品质量或产品性能较差，出现了库存积压或存货呆滞，从而造成营运效率不佳。但是，过快的存货周转率，也可能说明企业库存有问题，如存货过低，甚至经常缺货，或者采购次数过于频繁，批量太小等，也可能是营业成本居高不下而导致的。

结合表 3-2 及表 3-4 中的数据，相应的存货周转率数值为：

$$存货周转率=\frac{442\ 658\ 675.82}{(49\ 342\ 362.05+94\ 651\ 610.56)\div 2}=6.13\text{ 次 / 年}$$

$$存货周转天数=365\div 6.13=59.5\text{ 天 / 次}$$

从该年度存货周转率看，公司存货周转水平应该说还算理想，这对提高资产的总体流动性很有帮助。

3. 营业周期

营业周期是指企业完成一次“供－产－销”流程平均需要耗费的大致时间，即从取得存货（采购材料）开始到销售存货（售出商品）并收回货币资金为止所需耗用的时间，相当于是应收账款周转天数与存货周转天数的总和。计算公式如下：

$$营业周期=应收账款周转天数+存货周转天数$$

一般来说，营业周期越短，表明企业资金周转速度越快，流动资产管理水平越高，盈利性也就越强；在一定期间资金预算总量不变的前提下，也意味着完成同样作业量所需要实际投入的资金量越少。反之，则表示企业的资金周转速度较慢，可能会影响资产的总体需求量和利用效果。

4. 资产周转率

资产周转率是企业营业收入与平均资产占用额的比率，表示企业资产的总体使用效率。周转速度越快，企业资产的利用效率就越好，在营业毛利率相对确定的前提下，特定时期内获得的毛利总额就越多，总体盈利能力也就越强。同时，较高的资产周转率也意味着同等经营规模下较少的资金占用。

资产可以从不同的角度或层次进行考核分析，因此也就存在着总资产周转率、流动资产周转率和固定资产周转率等不同层面或不同侧面的比率。在这些周转比率的计算过程中，涉及相关资产占用资金的平均数，也都是用期初与期末数值之和除以 2 来得到。这些周转率的计算公式为：

$$总资产周转率=营业收入\div 平均总资产占用资金额$$

$$流动资产周转率=营业收入\div 平均流动资产占用资金额$$

$$固定资产周转率=营业收入\div 平均固定资产净值占用资金额$$

总资产是企业拥有或控制的，能给企业带来经济利益的经济资源总和。利用总资产周转率能够更加全面和集中地反映企业资产的综合利用效率。总资产周转速度越快，周转天数越短，表明资产的总体经营利用效果越好，用相同的资产占用所完成的作业量和所实现的经营收入越多；反之，总资产周转速度越低，表示资产经营的效率越低，实现销售收入的能力也较低。根据有关资料显示：美国企业的平均总资产周转率大约为一年 7 次，而我国企业的平均水平仅为一年3次。巨大的差异说明我国企业总体资产利用效率还不够理想，资产的有效使用还存在很大的挖掘空间。

流动资产周转率反映的是企业流动资产的营运效率。流动资产周转率越高，其周转天数越少，表明企业以相同的流动资金占用所推动的营业额越高，说明企业流动资产的经营效果越好、信用政策与促销手段的协同作用较为理想；反之，则说明企业利用资产进行经营活动的能力较差、效率低下。

利用上述几类指标可以比较全面地把握企业的资产营运能力。但需要强调的是，绝不能单纯依靠指标的高低来判断企业营运能力的好坏。在具体分析中，始终要习惯于结合企业其他具体的影响因素来判断，比如企业所处的行业与生产周期、企业的管理体制与组织架构、信用政策等，以便相对客观地判断目标企业的实际营运状况。

3.4.4 获利能力分析

获利能力是指企业在一定时期内获取利润的能力，体现了企业利用可支配的资源开展经营活动，从而获取经济利益的程度。对于获利能力的分析，主要可以通过利润与营业收入及营业耗费、利润与企业经济资源、实现的利润与分配支付给投资者的利润等项目相互之间的关系来进行。常用的指标一般有销售毛利率、销售净利率、总资产净利率、总资产报酬率、净值报酬率等。

1. 销售毛利率

这是销售毛利与营业收入的比率。该指标反映的是企业日常经营业务成果与直接经营成本之间的数量对应关系，即反映企业销售的初始盈利水平以及企业产品或项目本身的盈利空间，公式为：

$$\text{销售毛利率}=\frac{\text{销售毛利}}{\text{营业收入}}\times 100\%$$

$$\text{销售毛利}=\text{营业收入}-\text{营业成本}$$

该指标的经济含义是指企业每实现1元的营业收入所能获取的毛利额，它是计算销售净利率指标的基础。一般来说，如果企业销售毛利率很低，其销售净利率通常也不会太高，除非有非经营性收入产生。由于该指标的分析对象为销售毛利和营业收入，剔除了由于企业经营规模的不一致，以及期间费用或其他非经营性活动收支的差异等对指标分析带来的不可比因素的影响，因而更能反映企业日常经营活动项目的正常获利空间。

我们根据表3-4计算ZFR公司的销售毛利率水平为：

$$20\times1\text{ 年销售毛利率}=\frac{530\,276\,720.81-474\,625\,446.42}{530\,276\,720.81}=10.49\%$$

$$20\times2\text{ 年销售毛利率}=\frac{525\,090\,149.83-442\,658\,675.82}{525\,090\,149.83}=15.70\%$$

从数据本身来讲，该公司日常经营业务的获利空间并不很大，连续两年的毛利率都在16%以下，显得还比较微薄。理论上讲，毛利是企业利润的基本来源，更是补偿企业期间费用的重要保障。毛利率偏低，意味着企业经营的产品或劳务附加值单薄，一方面会影响企业营业项目的后续发展，另一方面也直接影响企业的市场竞争与获利水平。显然，ZFR公司在产品或劳务的竞争能力方面还略显不足。不过就20×2年与20×1年相比，公司销售毛利率明显上升，表示日常经营业务的初始盈利能力明显提高，在业务交易价格没有太大改变的前提下，这种提高究竟是成本控制的成果，还是变更经营内容的因素，就需要结合公司的具体情况进行分析了。

将企业不同时期的销售毛利率进行比较，或者将其与同行业平均水平进行比较，可以从中了解企业在产品销售或者成本控制等方面存在的问题或具备的优势。一般来说，若企业的销售毛利率持续下降，应该引起企业管理部门的重视，以采用相应的方法改善初始盈利水平。

2. 销售净利率

销售净利率是在销售毛利率的基础上产生的分析指标，是净利润与营业收入的比率，反映企业实现1元营业收入所能带来的最终成效（税后利润）。其计算公式为：

$$销售净利率=\frac{净利率}{营业收入}\times 100\%$$

利用销售净利率指标进行分析，必须首先分析净利润的构成中是否含有大量的非经常性损益。如果净利润中存在较多非经常项目的损益，则该指标中的净利润应为扣除非经常项目损益之后的金额。这样调整的目的仅仅是为了使指标中的净利润反映的是企业正常情况下实现的可持续性利润。此外，分析时同样应考察企业净利润中是否含有数额巨大的、采用权益法核算的长期股权投资的投资收益，以及采用公允价值计价时出现的公允价值变动损益等，如果这些投资收益或变动损益尚未最终兑现，则分析时出于稳健性的考虑也应将其作适当删减。

一般来讲，销售净利率数值越高，表明企业获利能力越强。当然，该指标水平可能会因行业的不同而有所差异，分析时应与同行业经营成功且效益优良的企业进行横向分析比较，以了解企业在行业中的相对水平。

例如，根据表3-4的有关数据，可以计算出ZFR公司连续两年的销售净利率：

$$20\times 1年销售净利率=27\,974\,384.86\div 530\,276\,720.81=5.28\%$$

$$20\times 2年销售净利率=78\,005\,251.42\div 525\,090\,149.83=14.86\%$$

如果考虑到公司两年中涉及的资产减值损失、公允价值变动损益，以及对联营企业和合营企业的投资收益（这部分有可能采用权益法核算）等情况，则上述指标计算将被调整，调整后计算结果为：

$$\begin{aligned}&20\times 1年调整后销售净利率\\&=(27\,974\,384.86-616\,552.21+1\,167\,353.41-131\,455.19)\div 530\,276\,720.81\\&=5.35\%\end{aligned}$$

$$\begin{aligned}&20\times 2年调整后销售净利率\\&=(78\,005\,251.42+326\,782.84-6\,530\,696.01-683\,951.22)\div 525\,090\,149.83\\&=13.54\%\end{aligned}$$

从调整后情况看，公司20×2年销售净利率依然比上年有大幅度提高，仔细阅读利润表，会发现这主要还是与大量的投资收益增加密切相关。如果我们将投资收益的因素完全剔除，则20×2年调整后的销售净利率将调整为7.77%。说明公司一方面经营业务的改善对净利润的贡献明显增加；另一方面，当年大量的投资收益为净利润的增长奠定了基础。

3. 营业利润率

事实上，企业实现的净利润并不完全是由营业收入带来的，它还会受到营业外收支的影响。为了更确切地评价企业的经营获利水平，有必要分析营业利润率指标。即计算营业利润与营业收入的比值，公式为：

$$营业利润率=\frac{营业利润}{营业收入}\times 100\%$$

营业利润率包含了营业收入与营业成本及税金、资产减值损失，以及企业期间费用所产生的影响，考核的内容比销售毛利率更趋全面，也比销售净利率更能体现企业日常、可持续性盈利能力的稳定性和可靠性。

不过，由于新会计准则重新引入了公允价值计量方式，同时将投资收益计入营业利润之中。因此如同第二章所述，分析时同样应考察采用权益法核算所获得的投资收益，以及采用公允价值计价时出现的公允价值变动损益，如果这些投资收益或变动损益尚未兑现，则出于稳健性的考虑应将其作适当调整后再行分析。

4. 总资产净利率

总资产净利率是净利润与公司年平均资产总额的比率指标，反映企业以全部资产获取最终净利润的能力。计算公式为：

$$总资产净利率=\frac{净利润}{平均资产总额}\times 100\%$$

$$平均资产总额=\frac{期初资产总额+期末资产总额}{2}$$

总资产净利率越高，表明企业资产运营效果越好，利用全部资产为股东带来的净利润越多，企业的盈利能力也就越强。

根据表 3-2 和 3-4 的有关数据，我们可以计算出 ZFR 公司的总资产净利率：

$$20\times 2\ 年总资产净利率=\frac{78\ 005\ 251.42}{(905\ 915\ 427.81+1\ 107\ 073\ 561.95)\div 2}=7.75\%$$

5. 总资产报酬率

$$总资产报酬率=\frac{息税前利润}{平均资产总额}\times 100\%$$

其中，息税前利润＝利润总额＋利息费用＝净利润＋所得税费用＋利息费用

如从表 3-2 和 3-4 的有关数据中，我们可以计算该公司 20×2 年的总资产报酬率为：

$$20\times 2\ 年总资产报酬率=\frac{86\ 909\ 664.46+17\ 327\ 890.33}{(905\ 915\ 427.81+1\ 107\ 073\ 561.95)\div 2}=10.36\%$$

该指标用于评价企业利用全部资产直接赚取经营利润的能力。之所以分子中要包含利息费用，是因为债权人也为企业提供了资金，而其提供资金获得的回报形成了企业主要的利息费用。在利润总额上加上利息费用，分子就成为股东和债权人投入的全部资本所获得的投资总报酬，这样更能体现企业经理人利用债权人和股东所投入资本获取收益的直接效果。从等量资本获取等量报酬这一规律来看，各行业的资产报酬率将总体趋于均衡。如果企业的总资产报酬率过低，说明经营管理水平还达不到要求，应进一步整合资源、调整经营方针，以提高资产利用效果。

对于企业来说，总资产报酬率越高，表明全部资产提供的回报越大，对企业债权人的利益

保障程度以及对企业股东的投资回报就相对更高。投资者可以利用该指标分析企业的投资盈利水平，债权人也可以利用该指标判断企业债务偿还能否得到有力保证。

6. 成本费用利润率

成本费用利润率是企业当期利润总额与成本费用总额的比率。即：

$$成本费用利润率=\frac{利润总额}{成本费用总额}\times 100\%$$

其中，成本费用包括企业的营业成本、销售费用、管理费用、财务费用、营业税金及附加、资产减值损失等。由于成本费用是企业取得收入和赚取利润所付出的代价，因此，成本费用利润率越高，说明企业取得单位收益的代价越小、投入产出比越大，盈利效率越强，企业在控制成本费用工作方面的成效也越显著。当然，具体评价成本费用的高低还应该和企业所在行业的平均水平进行比较。一般认为，该指标至少应高于企业的资金成本率水平。

7. 净资产收益率

净资产收益率是净利润与平均净资产的比值，也称为权益报酬率或所有者权益利润率。其计算公式为：

$$净资产收益率=\frac{净利润}{平均净资产}\times 100\%$$

根据表 3-2 和 3-4 的有关数据，可知 ZFR 公司的净资产收益率为：

$$20\times 2\ 年净资产收益率=\frac{78\ 005\ 251.42}{(563\ 725\ 865.74+628\ 190\ 676.49)\div 2}=13.09\%$$

净资产收益率反映的是股东投入企业的全部资本在一定时期所获得的投资回报比率。企业的最终拥有者是股东，因此在保证企业社会责任与社会效应的前提下，就财务目标而言，依然是追求股东财富最大化或狭义的企业价值最大化。净资产收益率指标由于直接反映了企业为股东创造的回报，反映了股东资本的增值幅度，是股东权益价值评价的基础，因而也被认为是所有财务比率中综合性最强、最具代表性的指标。该指标越高，说明企业为股东赚取回报的能力越强。

3.4.5 获现能力分析

现金流量是计量会计要素的重要基础，也是债权人和股东等投资者据以决策分析的基本依据，更是企业维持日常经营与生产循环的直接决定因素。了解企业获得现金和现金等价物的能力，对于了解企业的财务状况、衡量和评价企业资产质量以及经营绩效都有着十分重要的意义。

获现能力分析是以现金流量表为主要依据，利用财务比率来揭示企业的现金流量信息，并从现金流量角度对企业的财务状况、资产质量和经营业绩做出评价。反映企业获现能力的财务比率指标主要有销售获现率、营运指数、资产现金流量比、每股经营活动现金流量等。

1. 销售获现率

销售获现率是以销售商品、提供劳务所收到的现金与营业收入相比较，反映企业通过销售获取现金的能力，同时也反映企业当期实现的销售收入的质量情况。其计算公式为：

$$销售获现率=\frac{销售商品、提供劳务所收到的现金}{当期营业收入}$$

该指标反映企业每实现一元营业收入所能得到的回笼资金额。指标越接近甚至大于 1，说明企业的产品销售等经营业务形势越好，信用政策相对合理，企业能够及时收回货款，资金回笼工作得力，营业收入质量较高；反之，指标越低，说明企业销售等经营业务形势比较紧张，信用政策可能过于宽松，资金回笼率偏低，同时也意味着企业的收款工作不够得力。

就表 3-2 所对应的公司而言，其获现能力的定量计算为：

$$20\times1\text{ 年销售获现率}=519\,316\,474.32\div530\,276\,720.81=0.98$$

$$20\times2\text{ 年销售获现率}=541\,971\,332.72\div525\,090\,149.83=1.03$$

可见，该公司的获现水平较为理想。20×2 年销售获现率大于 1，说明公司实际收款额超过了当年的营业收入总额，理论上讲可能是收回了部分以前年度的销售款，或预收了以后年度的销售款所致；但也可能仅仅只是随营业收入一并收取的部分增值税销项税额而已。无论哪种情况，这至少说明公司货款回收比较顺畅，营业收入质量相对较好。当然，结合该公司当年的资产负债表数据，可以基本推断为是大力收回了以前年度应收款项的结果。

2. 营运指数

营运指数是指企业净利润与经营活动现金净流量之比，反映企业经营活动创造或获取现金的能力，也一定程度上反映了企业净利润所对应的资产增值质量。其计算公式为：

$$\text{营运指数}=\frac{\text{净利润}}{\text{经营活动现金净流量}}$$

从企业运行的全过程而言，利润最终应该对等于原有资金的增量。因此一般来说，营运指数越高，一方面说明企业获得的利润主要不是依赖于经营活动，而有可能是投资或筹资活动；另一方面也表明企业获得利润所对应的现金质量较差。而由于通过投资或筹资活动所获取的现金稳定性和持续增长性较经营活动所获取的现金要差一些，因此营运指数应越低越为理想，以充分体现企业经营活动创造和获取现金的能力。

表 3-4 及表 3-6 中对应的 ZFR 公司，其营运指数的水平为：

$$20\times2\text{ 年营运指数}=78\,005\,251.42\div36\,254\,949.51=2.15$$

净利润仅为经营活动现金净流量的 2 倍多，说明公司经营活动的获现能力总体不差。但当年公司净利润中也有不少来自于非经营活动所得，仔细阅读表 3-4 可以发现，20×2 年公司投资收益占据了利润的一半以上；而这些收益的持续与稳健性却带有较多的不确定性。

3. 资产现金流量比

资产现金流量比，也称为全部资产现金回收率，是企业经营活动现金净流量与总资产平均余额之比，其计算公式为：

$$\text{资产现金流量比}=\frac{\text{经营活动产生的现金净流量}}{\text{平均总资产}}$$

$$\text{平均总资产}=(\text{期初总资产}+\text{期末总资产})\div2$$

如 ZFR 公司 20×2 年该指标水平为：

$$20\times2\text{ 年资产现金流量比}=\frac{36\,254\,949.51}{(905\,915\,427.81+1\,107\,073\,561.95)\div2}=3.6\%$$

该指标反映企业每占用一元资产所获得的经营活动现金净流量。指标值越高，说明企业资产获现能力越强、资产回收程度越高、总体资产的现金回收期相对越短；反之，则说明企业资产获现能力越弱，回收速度也不甚理想。

4. 每股经营活动现金净流量

每股经营活动现金净流量，是反映企业普通股每一股所对应的经营活动现金净流量。即：

$$每股经营活动现金流量=\frac{经营活动现金净流量-优先股股利}{流通在外的普通股股数}$$

该指标值越大，表明企业进行资本支出和支付现金股利的能力越强，企业经营活动的现金流量对普通股的最终收益贡献就越大。该指标一般较常用于反映企业的股利派现能力。

3.5 综合财务分析

3.5.1 综合财务分析概述

财务报表分析的目的在于为报表的信息使用者提供客观、全面、准确的财务信息。但是如前所述的每一个财务比率指标，由于都是侧重于对企业某一侧面运营管理活动内容的反映，无法同时揭示企业各个方面的现实状况。因此，实际分析中常常需要将各种不同报表、不同比率指标融合起来，构成一个综合的指标分析体系，以便能够揭示各种指标之间的内在依存关系或相互影响，全面、客观、准确地评价企业的总体财务状况和经营成果的优劣。财务报表的综合分析方法也就由此而产生了。

所谓财务报表的综合分析，就是将各有关财务指标作为一个整体，系统、全面、综合地对企业财务状况和经营管理业绩进行剖析、解释和评价，说明企业总体运行中存在的问题，以及企业在市场竞争中具有的优势与不足，从而为相应的后续投融资与经营决策提供可资利用的财务支持，这也是财务分析的最终目的。

财务报表综合分析方法有很多，较为经典的有沃尔分析法和杜邦分析法，以及其他综合评价方法等。

3.5.2 沃尔分析法

1. 沃尔分析法概述

沃尔分析法是由财务状况综合评价的先驱者之一、美国 19 世纪末会计学家亚历山大·沃尔创造的。他在 20 世纪初出版的《信用晴雨表研究》和《财务报表比率分析》中提出了信用能力指数的概念，将若干个财务比率用线性关系结合起来，以此来评价企业的信用水平。为了保证指标评价方向的一致性，沃尔选用了流动比率、净资产负债比率、固定资产倍数、存货周转率、应收账款周转率、固定资产周转率、净资产周转率等七个比率指标，并根据各项指标在企业信用与偿债能力方面的重要性程度，分别给以相应的权重，权重总和为 100%（见表 3-13）。然后，根据不同行业的具体情况确定七项比率指标的参照值（标准比率），并确定对企业各项指标的得分计算方法（见表 3-15），以测算出对各家企业的总体评分，并以此对企业的财务状况和可能的信用水平做出优劣排序或评价。

表3-13　沃尔分析法之指标体系及权重标准

财务指标	计算公式	权重（%）	标准比率	含义与作用
流动比率	流动资产 ÷ 流动负债	25	2.00	反映短期偿债能力
净资产负债比率	净资产 ÷ 负债（即：1/ 产权比率）	25	1.50	反映长期偿债能力
固定资产倍数	总资产 ÷ 固定资产	15	2.50	以资产结构体现流动性对偿债的影响
存货周转率	营业成本 ÷ 平均存货余额	10	8	从周转率反映资产与资本的利用效率，间接体现对信用与偿债的保障
应收账款周转率	赊销收入 ÷ 平均应收款余额	10	6	
固定资产周转率	营业收入 ÷ 平均固定资产余额	10	4	
净资产周转率	营业收入 ÷ 平均净资产余额	5	3	
合　计		100	—	

2. 沃尔分析法的运用

例 3-2

假定 WER 公司 20×× 年度的财务指标如表 3-14 所示。

表3-14　WER公司20××年度财务指标

财务指标	流动比率	净资产负债比率	固定资产倍数	存货周转率	应收账款周转率	固定资产周转率	净资产周转率
数值	1.70	2.42	1.65	9.55	8.43	0.68	0.45

我们可以根据沃尔分析法对其进行综合分析和评价，计算过程与结果见表 3-15。

表3-15　沃尔评分计算表

财务比率	权重（%） ①	标准比率 ②	实际比率 ③	相对比率 ④=③ ÷ ②	综合得分 ⑤=① × ④
流动比率	25	2.00	1.70	0.85	21.25
净资产负债比率	25	1.50	2.42	1.61	40.33
固定资产倍数	15	2.50	1.65	0.66	9.90
存货周转率	10	8	9.55	1.19	11.94
应收账款周转率	10	6	8.43	1.41	14.05
固定资产周转率	10	4	0.68	0.17	1.70
净资产周转率	5	3	0.45	0.15	0.75
合计	100	—	—		99.92

WER 公司的总得分为 99.92 分。按照沃尔分析法的原理，七项比率指标皆为信用与偿债保障方面的正指标。因此总得分越高，对企业的总体评价就越好，认为该公司的财务状况越理想。

曾经有人提出，沃尔分析法从理论上讲未能证明选择这七个比率指标的充分理由，也没有清楚地说明为什么仅仅选择这七个财务比率指标以及每个指标权重确定的依据。然而事实上，比率指标本身数量繁多，不同背景、不同环境、不同行业下比率指标所传递的内涵难免有所差别，体现在对指标的选择上，便是仁者见仁、智者见智了。这在许多综合评价体系中是普遍未能得到统一解决的问题。当然，沃尔分析法从技术上讲也的确存在一个明显的问题，那就是当某一个指标严重异常时，可能会对综合指数产生不合逻辑的重大扭曲。

如假设有家公司，资产总额为 19 600 万元，其中流动资产占比为 60% 左右。公司绝大多数负债为长期性债务，短期负债非常少，假设仅为 1 100 万元。则流动比率＝ 19 600×60%÷1 100 ＝ 10.69。按照沃尔分析法的计分公式，该公司仅此一项指标的得分即可高达 133.6 分（10.69÷2×25 ＝ 133.6）。如此，公司即使其他方面表现很差，其他指标严重恶化，都有可能被这一项指标得分所掩盖。这便是该评分方法最直接的缺陷。

尽管沃尔分析法在理论上还有待论证，在技术上也需要完善，但它在实践中还是具有较为广泛的应用价值，至少为我们综合分析企业整体状况提供了一种思路。值得我们借鉴。

3.5.3 杜邦分析法

1. 杜邦分析法的基本内容及分析步骤

杜邦分析法又称作杜邦财务分析体系，是由美国杜邦公司于 1910 年首先设计并采用的。这种方法主要是利用一些基本财务比率指标之间的内在数量关系，通过简单的数学变形，形成一套系列相关的财务指标的综合模型。它从投资者对企业要求的最终目标出发，经过对净资产收益率指标的层层分解，系统分析了影响企业最终财务目标实现的各相关因素的影响作用。

利用杜邦分析法进行综合分析，一般以财务管理的直接量化目标——净资产收益率（也称作权益报酬率、净资产报酬率、所有者权益净利率等）为综合评价指标或分析的出发点，进行层层分解，使得基于内在联动关系的分解后的各个指标构成一个完整的分析指标体系。从数理逻辑上推出的各指标之间的数量关系如下：

净资产收益率＝净利润 ÷ 股东权益总额

＝（净利润 ÷ 总资产）×（总资产 ÷ 股东权益总额）

＝总资产净利率 × 权益乘数

式中，总资产净利率＝净利润 ÷ 总资产

＝（净利润 ÷ 销售收入）×（销售收入 ÷ 总资产）

＝销售净利率 × 总资产周转率

权益乘数＝总资产 ÷ 股东权益总额＝ 1÷（1 －资产负债率）

将上述公式整合之后可以得到：

净资产收益率＝销售净利率 × 总资产周转率 × 权益乘数

该公式表明，决定净资产收益率的影响因素有三个：一是企业经营业务的直接创利水平，即销售净利率，代表着企业在一个生产经营循环的赢利能力；二是对企业全部资产的利用效率与利用效果，即表现为总资产周转率指标所反映的生产经营循环频率；三是企业的资本运营程度，即权益乘数指标所体现的企业以少带多、举债经营、发挥财务杠杆效应的程度。

为了更深入地分析净资产收益率变化的详细原因，我们还可以在前面分析的基础上对销售净利率和总资产周转率作进一步的分析，如

销售净利率可以分解为：

净利润＝营业收入净额－成本费用总额＋其他项目损益与收支净额－所得税费用

成本费用总额＝营业成本＋营业税金及附加＋期间费用＋资产减值损失

其他项目损益与收支净额＝公允价值变动损益＋投资收益＋营业外收入－营业外支出

总资产周转率可以分解为：

总资产＝流动资产＋非流动资产

流动资产＝货币资金＋以公允价值计量且其变动计入当期损益的金融资产＋应收款项（含应收票据与其他应收款）＋存货（含预付账款）等

非流动资产＝可供出售金融资产＋持有至到期的金融资产＋长期股权投资＋固定资产＋投资性房地产＋无形资产＋其他资产

通过对以上指标的层层分解，就可以比较容易地发现企业财务问题的症结之所在。杜邦分析法习惯于采用“杜邦分析图解”的方式，将有关指标按内在联系排列，如图 3-4 所示。

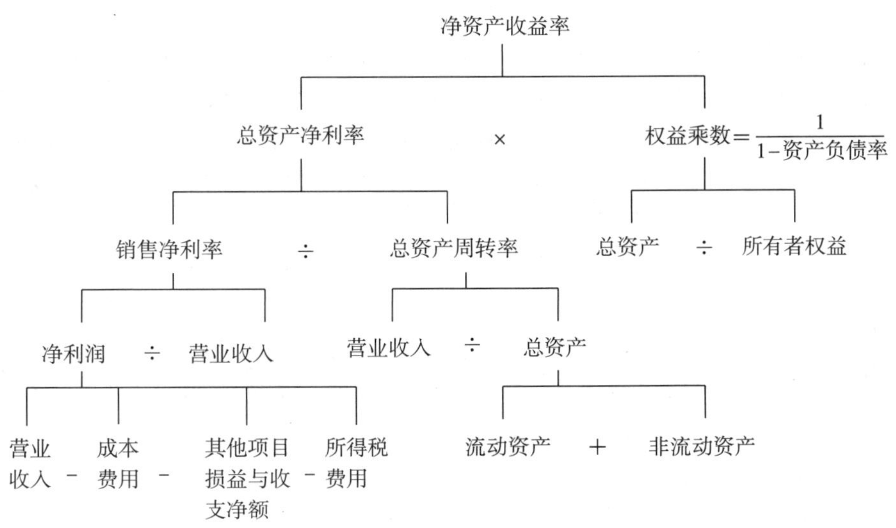

图 3-4 杜邦分析图

利用杜邦分析法进行综合分析，可以了解以下几方面的信息。

（1）净资产收益率是一个综合性很强、最具代表性的分析指标，是杜邦分析体系的核心。财务管理的目标是股东财富最大化或企业价值最大化，净资产收益率正是反映了企业所有者投入资本的获利水平，说明了企业筹资、投资、资产营运等各项经营、财务及其管理活动的效率。而不断提高净资产收益率是使所有者权益得以最大化的根本保证。所以这一财务分析指标是企业所有者、经营者都十分关心的。通过图 3-4 的分析可知，净资产收益率的决定因素有三个，即销售净利率、总资产周转率和权益乘数，体现了企业业务活动、资产经营与使用效果以及筹资等各方面因素的综合影响。

（2）销售净利率反映了企业净利润与销售收入之间的关系，它的高低取决于销售收入的规模与企业对成本总额的控制水平。因此，要想提高销售净利率，最直接的方法一是要扩大销售收入，二是要降低成本费用。扩大销售收入既有利于提高销售净利率，又可以促进提高总

资产周转率。

降低成本费用是提高销售净利率的另一个重要因素，从图 3-4 中可以基本判断出成本费用的结构是否合理，找出降低成本费用的途径和加强成本费用的侧重点。例如，如果企业财务费用支出过高，就要进一步分析其负债比率是否恰当，财务风险是否会异常加大；如果管理费用过高，就要进一步分析其资产的周转运行情况及经营管理活动的费用预算与执行情况等。

为了详细了解企业成本费用的发生情况，在具体列示成本费用总额时，还可以根据重要性原则，将那些影响较大的费用单独列示，以便为寻求降低成本的途径提供依据。

（3）总资产周转率是用来衡量企业资金周转循环速度快慢的指标。影响总资产周转率的一个重要因素是资产总额，它由流动资产与非流动资产组成，它们的结构合理与否将直接影响资产的周转速度。一般来说，流动资产直接体现企业的偿债能力和变现能力，而非流动资产则体现了企业的经营规模和发展潜力，两者之间应该有一个合理的比例关系。如果发现某项资产比重过大，影响整体的资源匹配，就应该深入分析其产生的原因，以便有的放矢加以改进或调整。例如，当企业持有的货币资金远远超过业务需要时，就会因资金闲置而影响整体获利水平；而如果企业储备有过多的存货或持有过多的应收账款，则又会影响资产的质量和利用效果，最终影响总体赢利和偿债能力等。

（4）权益乘数是“1 －资产负债率”的倒数，是资产负债率指标的另一种表现形式。资产负债率越大，权益乘数就越高。在资产总额不变的条件下，开展合理的负债经营，可以减少所有者权益所占的比例，获得潜在的财务杠杆效益和可能的超额收益，从而达到提高净资产收益率的目的。权益乘数既可以反映企业的偿债能力，也可以反映企业的资本结构以及利用财务杠杆的效果。

透过杜邦分析图还可以看出：企业的获利能力（ 净资产收益率 ）涉及经营活动、投资活动和理财活动各个方面，具体表现在与经营项目、成本费用控制、多渠道开辟财源、筹资结构，以及资产的分布使用等都密切相关。在这个有机构成系统中的每一个具体要素都必须要有效协调，合理匹配，才能增大企业的获利能力。如果某一方面失调，就会影响企业目标的实现。

2. 杜邦分析法的应用举例

例 3-3

下面以 20×1 年至 20×2 年 ABC 企业有关财务指标为例（见表 3-16），说明杜邦财务分析法的具体运用。

表 3-16　ABC 企业相关财务指标数据（20X1、20X2 年）

项　　目	20×1 年	20×2 年
资产负债率	66%	68%
应收账款周转率	6.24	8.20
应收账款周转天数	58	44
存货周转率	8. 54	4.11

（续）

项　　目	20×1 年	20×2 年
存货周转天数	42	88
总资产周转率	0.57	0.53
总资产周转天数	640	688
销售毛利率	35%	34%
销售净利率	12%	12%
总资产净利率	6.8%	6.6%

根据表中数据可以作如下计算：

20×1 年权益乘数＝1÷（1－资产负债率）＝1/（1－0.66）＝2.94

20×2 年权益乘数＝1÷（1－资产负债率）＝1/（1－0.68）＝3.13

20×1 年净资产收益率＝权益乘数 × 总资产净利率＝2.94×6.8%＝20%

20×2 年净资产收益率＝权益乘数 × 总资产净利率＝3.13×6.6%＝21%

结合杜邦分析法中的技术路径，以及表中数据和上述计算所得，可以对表 3-16 中所反映的 ABC 公司有一些基本了解：

（1）20×2 年 ABC 公司净资产收益率为 21%，比 20×1 年的 20% 提高了 1 个百分点。说明公司净资产获利水平略有提高但变动不大。由于净资产收益率的变动取决于资本结构（权益乘数）变动和资产利用效果（资产净利率）两个方面共同作用的结果，而公司权益乘数由 20×1 年的 2.94 增长到 20×2 年的 3.13，增长了 6%；总资产净利率则由 20×1 年的 6.8% 下降到 20×2 年的 6.6%，仅仅下降了 3%。由此可见，就影响程度来讲，该公司举债经营所带来的杠杆收益要大于资产创利变动所产生的影响。

（2）ABC 公司的资产负债率由 20×1 年的 66% 提高到 20×2 年的 68%，说明企业的财务风险略有提高，虽然提高幅度并不太明显，但财务杠杆效应却相应加大。

总体上讲，企业权益乘数越大，意味着负债程度越高，财务风险程度也越大；但这个指标也同时反映了财务杠杆对利润水平的影响。财务杠杆效应是一把双刃剑，具有正反两方面的作用：在收益较好的年度，它可以使股东获得的潜在报酬增加，即取得财务杠杆的正效应；而在收益不佳时，则可能会加大股东收益的下降程度，体现出财务杠杆的负效应。当然，从投资者角度而言，只要总资产报酬率高于借贷资本的利息率，一般出现的便以财务杠杆正效应为主，此时仅从获利角度而言，可以说是负债比率越高越好。反之，则应该是负债比率越低越好。当然，企业经营管理者在实际制定融资决策时，还应审时度势，全面考虑，充分估计预期利润和增加的风险，在二者之间科学权衡，做出正确、适用的决策。

（3）公司总资产周转天数由 20×1 年的 640 天上升到 20×2 年的 688 天，其中，应收账款周转天数由 58 天下降到 44 天，存货周转天数由 42 天上升到 88 天，说明公司可能加大了应收账款的管理力度，或提高了信用政策条件。通常，紧缩或严格的信用政策，会减少企业应收款项出现坏账的概率，缩短应收款项的回收期，提高应收账款周转率；然而，过度紧缩的信用政策，也有可能使企业因此而失去一些暂时存在资金困难的客户单位，影响企业存货的销售水平，造成存货周转率的相应下降、存货周转天数的同步延长。本案例中出现的结果便极有可能是基于这种内在因素的影响。

当然，宽松的信用政策会有利于企业吸引更多的客户，提高其商品的市场销售规模，从而进一步提高存货周转率；但宽松的信用政策往往又可能会造成较高的坏账损失或较多的呆账现象，延长企业应收款项的回笼时间，造成应收账款周转天数的相应延长。

杜邦分析体系提供的上述财务信息，较好地解释了主要指标变动的原因和趋势，有助于全面了解影响关键指标的财务比率的内在结构关系，查明各项主要指标增减变动的影响因素及存在的问题，为进一步采取具体措施、优化经营结构和理财结构、提高企业偿债能力和经营效益提供了思路。在具体运用时，应该注意的是，杜邦财务分析体系不是另外建立的一套新的财务指标，而是对原有主要财务比率进行层层分解的一种思路。它既可以通过对净资产收益率的分解来说明问题，也可以通过分解其他财务指标（如总资产报酬率）来说明问题。杜邦分析体系和其他财务分析方法一样，关键不在于指标的计算而在于对指标的理解和运用。此外，杜邦财务分析体系过多应用了净利润指标，这在经营环境简单、经营内容单一的年代无疑是恰当的。但在多元化投资组合、资本运营与资产重组等活动日益增多的环境下，净利润数值将受到多种因素的共同作用，如公允价值变动损益、投资损益、债务重组损益等，当这些损益影响过大时，应适当考虑对杜邦财务分析体系的分解过程与分解指标作必要的修正与调整。

3.5.4 其他综合评价法

1. 其他综合评价方法概述

企业的实际情况千奇百变，各有各的特点，也各有各的优势与劣势。一些企业获利水平较高但财务风险也较大，一些企业盈利水平偏低但资金流量充足，也有一些企业资金紧张可资产周转速度较快等，不一而论。如果我们仅仅是针对一家企业进行分析，那么使用杜邦分析法对于我们了解企业的各方面影响因素及影响程度是很有帮助的。但是当我们需要将数个不同企业进行整体比较与评价，或进行优序排列时，面对此长彼短、各有优劣的不同企业，杜邦分析法便有些鞭长莫及了；而沃尔分析法又带有一定的计算缺陷。这就有必要重新设计一套综合的财务评价指标体系，确定一定的标准，采用一定的计算方法，以便定量地对企业财务状况及经营业绩做出客观评价，于是就出现了其他一些综合评价方法。

综合评价方法一般是在各类财务分析比率中，依循“减少重复、全面兼顾”的原则，选择若干个不同侧面具有代表性的指标，依据其在企业经营管理与创利过程中所起的作用大小，赋予每个指标一个标准分数（即权重），同时根据同行业平均水平或行业标准确定恰当的计分方式，以便综合企业各方面实际情况，取长补短，计算出该企业实际情况的综合得分，作为评价企业整体实力与整体运营效果的依据。即：

$$企业综合得分=f(x_i,\ k_i,\ b_i) \qquad i=1,\ 2,\ 3,\ \cdots,\ n$$

式中：x_i 表示不同侧面的财务指标（共 n 项），k_i 表示第 i 个财务指标在综合评价体系中的权重或评价系数，b_i 表示第 i 个财务指标的衡量方法或比较标准。$f(x_i,\ k_i,\ b_i)$ 则表示基于 x_i，k_i，b_i 三类影响因子上的特定算法，如 2006 年国务院国有资产监督管理委员会颁布的《中央企业综合绩效评价管理暂行办法》中的“财务绩效定量评价”方法，以及线性综合评分法等。

2. 基本综合评价方法介绍

（1）“财务绩效定量评价”方法。2006 年，国务院国有资产监督管理委员会颁布了《中央企业综合绩效评价管理暂行办法》和《中央企业综合绩效评价实施细则》，提出以企业审计后的财务会计报告为基础，对照相应的行业评价标准，从财务绩效和管理绩效两方面对中央企业特定经营期间进行综合绩效评价。

其中财务方面的综合绩效评价主要是从企业特定经营期间的盈利能力、资产质量、债务风险和经营增长等四个方面各两个指标进行基本分析，再辅之以每个方面 3 ~ 5 个不等的修正指标进行微调。具体各层次指标及其权重分值如表 3-17 所示。

表3-17　财务绩效定量评价指标体系及权重

四大方面及权重		财务指标及权重				含义与作用
		基本指标及权重		修正指标及权重		
盈利能力	34	净资产收益率 总资产报酬率	24 14	销售（营业）利润率 盈余现金保障倍数 成本费用利润率 资本收益率	10 9 8 7	反映企业的投入产出水平以及盈利质量和现金保障状况
资产质量	22	总资产周转率 应收账款周转率	10 12	不良资产比率 流动资产周转率 资产现金回收率	9 7 6	反映企业对经济资源的利用效率、资产管理水平与资产的安全性
债务风险	22	资产负债率 已获利息倍数	10 12	速动比率 现金流动负债比率 带息负债比率 或有负债比率	6 6 5 5	反映企业债务程度、偿债能力及债务风险
经营增长	22	销售（营业）增长率 资本保值增值率	12 10	销售（营业）利润增长率 总资产增长率 技术投入比率	10 7 5	反映企业经营增长水平及发展后劲

其中，基本指标反映了企业特定期间财务绩效的主要情况，也是决定企业财务绩效初评等级的直接决定因素。而修正指标则是在初评等级的基础上，结合每一类财务指标间的差异性和互补性，对基本指标所确定的初评等级作进一步的补充和调整。

对财务绩效的评价标准需要结合不同行业、不同规模及指标类别而有所不同，但整体上都划分为优秀、良好、平均、较低和较差这五个层次。

对管理绩效的评价标准则无须进行行业划分，主要是通过至少不低于 7 名专家，在对企业战略管理、经营决策、发展创新、风险控制、基础管理、人力资源、行业影响、社会贡献等八个方面充分了解的基础上，进行综合分析判断与评议打分的形式来完成的，相应也分为五个层次即优、良、中、低、差等。而将管理绩效评价结果与财务绩效评价结果进行加权汇总，便得出了对特定央企的综合评价分值。即：

综合评价分值＝财务绩效定量评价分数 ×70% ＋管理绩效定性评价分数 ×30%

（2）线性综合评分法。线性综合评分法是各类综合分析法中最为简单的一种，它在选择确定了反映不同侧面财务与经营情况的指标并根据其影响程度确定了相应的权重之后，结合企业所处行业经济与政策环境，确定恰当的单指标分值计算公式，再将各单项指标分值进行简单的加权汇总，便计算出该企业的综合得分，作为企业排序和评价整体实力与经营效果的依据。即：

某单项指标得分＝该指标权重 × 该指标实际水平相对于评分标准的相对比值

企业综合得分＝ 各指标实际得分之和

一般认为，企业财务评价的首要内容是盈利能力，其次是偿债能力，然后才是成长能力。

理论上对这三者之间的重要性及其权重的分配，常见的观点大致是按 5 ∶ 3 ∶ 2 的方式来分配的，即盈利能力居于首位，占据了绝对重要的影响权数。而在盈利能力的具体指标选择上，通常倾向于选择总资产报酬率、销售净利率和净资产收益率这几个指标，并将它们之间的权数之比确定在 2 ∶ 2 ∶ 1 的水平。在偿债能力的具体指标选择上，一般选择流动比率、应收账款周转率、存货周转率和自有资本比率等四个指标较为多见；由于这四个指标各有侧重，反映了企业不同因素对偿债能力的影响，因此在这四者之间的重要性定位上，将他们确定为同一权数水平。至于反映成长能力方面的指标，基本上是以销售增长率、净利增长率和人均净利增长率等指标为主的。

评分标准也是很重要的评价因素，也直接影响着企业经营活动及其经营目标的导向问题。通常，评分标准应基于本行业的平均水平和基本要求。同时，为了避免在评分过程中某个指标"一枝独大"的过度影响，在确定指标得分时，应适当规定其得分上限和得分下限。上限一般确定为正常评分值的某一倍数，下限一般确定为正常评分值的一半水平。在具体计分时，还应尽量避免使用"放大"速度过快的乘法，而改用较为"平和"的加法或减法，使得对每一侧面的指标水平都能兼顾。

例 3-4

假设某公司所属行业的综合评分标准如表 3-18 所示。

表3-18 某行业财务综合评分标准

指　　标	权数①	得分上限②	得分下限③	评分标准④	行业最高值⑤	每分值比率要求⑥＝（⑤－④）/（②－①）
盈利能力：						
总资产报酬率	20	30	10	6%	16%	1.00%
销售净利率	20	30	10	30%	60%	3.00%
净资产收益率	10	15	5	5%	25%	4.00%
偿债能力：						
自有资本比率	8	12	4	25%	60%	8.75%
流动比率	8	12	4	0.9	3	0.525
应收账款周转率	8	12	4	3	10	1.75
存货周转率	8	12	4	8	30	5.50
成长能力：						
销售增长率	6	9	3	5%	30%	8.33%
净利增长率	6	9	3	10%	50%	13.33%
总资产增长率	6	9	3	7%	40%	11.00%
合　　计	100	150	50			

注：表 3-18 中的权数，一方面体现相应指标的重要性程度，另一方面也表示当企业实际指标水平恰好等于评分标准时该项指标的标准得分。由于企业实际指标值常常会大于或小于评分标准，企业就可能得到超过或低于权数的分值。表中"每分值比率要求"是指当企业实际指标值大于（或小于）评分标准时，每多得一分所需要提高的超过评分标准的数值。

假设该公司的实际情况如表3-19中的①列所示。那么，根据综合评分法以及相应的评分标准，这家公司的综合计分如表3-19所示。

表3-19 X公司实际情况及综合评分分析表

指 标	实际水平%①	评分标准%②	差异% ③=①−②	每分比率要求%④	调整分 ⑤=③÷④	权数 ⑥	得分 ⑦=⑤+⑥
盈利能力：							
总资产报酬率	8	6	2	1	2.00	20	22.00
销售净利率	35	30	5	3	1.67	20	21.67
净资产收益率	25	5	20	4	5.00	10	15.00
偿债能力：							
自有资本比率	65	25	40	8.75	4.57	8	12.57
流动比率	150	90	60	52.5	1.14	8	9.14
应收账款周转率	830	300	530	175	3.03	8	11.03
存货周转率	1200	800	400	550	0.73	8	8.73
成长能力：							
销售增长率	8.5	5	3.5	8.33	0.42	6	6.42
净利增长率	3.5	10	−6.5	13.33	−0.49	6	5.51
总资产增长率	25	7	18	11	1.64	6	7.64
合 计						100	119.71

从得分上看，除因净利增长率低于行业标准使得该指标得分也低于权数之外，其他方面指标表现均优于行业标准，得分也都超过了权数（即标准分）。该公司总得分为119.71分，说明其财务表现整体较好。

综合评分法的具体指标构成不是一成不变的。对不同的行业、不同的系统或特定状态下的企业而言，运用综合评分法时应结合特定环境与要求确定具体的指标组成，形成具有实用价值的指标体系。

3.6 财务分析的局限性

从上述介绍可以知道，财务分析的主要依据之一来自于公司的财务报告和其他财务资料。因此由于财务报告等相关资料本身缺陷而造成的财务分析的局限性也就在所难免。这种局限性一般反映在如下几个方面。

（1）数据信息时效性的局限。由于财务报告是对公司以往已经发生的经济业务事项的信息反映，是以历史成本为主要计价基础的（仅在个别项目上允许采用公允价值计量方法），因而大多属于企业的历史信息。即便是采用了公允价值计量模式，由于资产负债表日与财务报告披露日之间的时间差异，依然存在着一定的“历史信息”特点。同时由于历史成本计价原则和经济情况变化的影响，报表上的一些数据与现实状况可能会存在一定的差异，这就使得财务报告所提供的数据信息缺乏一定的时效性，从而影响到财务分析对未来经济事项的预测结果的不确定性。

（2）信息可比性方面的局限。财务报告是基于公司具体的会计政策与会计估计的基础之上而编制的，不同会计政策与会计估计的运用在一定程度上会影响到公司财务信息的可比性，特别是对于不同企业之间，由于会计政策或会计估计选择的不同而产生的财务信息方面的影响有时可能是非常巨大的。这就进一步影响到财务分析结果的合理性与可利用性。

（3）信息及分析内容全面性方面的局限。财务报告所反映的信息没有涵盖公司所有可利用的经济资源。一方面，会计报表中反映的是符合货币计量前提要求的可计价的经济资源；另一方面，现行会计报表附注与财务情况说明书，主要侧重的是对公司会计政策与会计估计的选择与确定及其变更，对或有事项、表后事项、关联方关系及关联方交易、重要的资产转让、出资、企业合并、分立等事项的说明，以及对盈亏、投资、融资等重大事项的解释说明等。但有关人力资源、社会关系资源、产品质量与市场占有率、领导者的整体素质和决策方式等其他一些影响要素却并未得以全面披露，而这些内容对财务分析以及相关的经营与投资决策等也具有重大的影响作用。因此，以财务报告为主要信息依据的财务分析结果，也就难免存在反映内容方面的局限性。

（4）客观性方面的局限问题。由于财务报告在编制过程中存在一定的主观能动性和其他人为因素的影响，使得它所反映的有关信息有可能被人为操纵或粉饰。在此基础上所进行的财务分析便不可避免地带有了人为修饰过的痕迹，无法准确评价公司现状，存在着不够客观的问题。

（5）方法本身的内在局限。财务分析中，定量分析是基于各种各样数学或统计模型的。但无论哪种模型或哪种计算方法，都有它特定的适用面和潜在的缺陷。如绝对数分析模式能够反映事件的现象或水平但不易反映事件的效率或变动速率；相对数分析模式却恰恰相反，能够反映事件及其变动的“质”却不能反映事件及其变动的“量”。再比如各类比率分析，在比率指标的计算中，一些数据的确定、时间上的对应与否等问题，也会影响比率所反映内容的可比性及其准确度。例如计算各类周转率时，周转额的确定以及相关资产平均占用资金的计算方法便带有很大程度上的模糊估计的方式，也就难免与公司的实际情况存在一定程度的脱节。

随着经济环境的改善与技术的不断进步，未来的财务分析内容将不断扩充与完善，上述财务分析的一些局限性将得以减弱或被弥补。有关人力资源因素的财务分析、绿色环保信息分析、衍生金融工具的财务分析等内容都有可能得到补充和使用；企业日常财务、会计信息的及时获得将有所保证，财务分析的展期或滞后时间将大大缩短、时效性得以增强，从而提高其分析结果的参考与使用价值。

此外，现代化技术手段的运用，将使愈来愈多的财务、会计处理事项转为自动化数据处理。财务分析所需要的大量原始数据与信息，绝大部分可以通过计算机或网络得到快速及时地收集，并继而进行整理、分析和传递。这将在显著降低分析成本、提高同步信息处理的同时，有效提高财务分析结果的质量和时效性。

案例与思考

案例 3-1　　银广夏 2000 年财务报告及其信息披露问题分析

2001 年 3 月，广夏（银川）实业股份有限公司（简称银广夏公司）公布了其 2000 年年报。

在当年股本扩大一倍的情况下，每股收益0.827元，增长幅度超过60%；而在此前的1999年年报中，公司的每股盈利也高达0.51元。与此相呼应的是，该公司股票市价一路狂升，从1999年12月30日的13.97元启动，一路升至2000年4月19日的35.83元。2000年4月20日公司实施了10转增10的分配方案。之后又开始了一轮填权行情，并于2000年12月29日完全填权，创下了每股37.99元的新高，相当于除权前每股75.98元的市场价格，比一年前启动时每股13.97元的价位整整增长了4倍还多，一举成为深沪两市的一匹"黑马"。同月，银广夏发布公告称，它与德国诚信公司（Fidelity Trading GmBH）签订了连续三年、总金额为60亿元的萃取产品订货总协议。仅依此合同推测，2001年银广夏的每股收益将达到空前的2～3元！

然而，2001年8月出版的《财经》杂志上，发表了题为《银广夏陷阱》的封面文章，指出深圳股票交易所上市公司银广夏1999年度和2000年度的"经营业绩"绝大部分来自会计信息造假！

2001年9月，中国证监会新闻发言人表示：中国证监会已于2001年8月3日对银广夏正式立案调查。根据已经查明的资料显示：银广夏公司通过伪造购销合同、伪造出口报关单、虚开增值税专用发票、伪造免税文件和金融票据等手段，通过虚构主营业务收入近而虚构利润达7.45亿元。其中，1999年为1.78亿元，2000年为5.67亿元。

"业绩"成为了巨额亏损，"黑马"顷刻间变成了"滑板车"。自《财经》杂志刊文质疑其利润不实、中国证监会紧接着展开调查之后，昔日风光无限的银广夏股票创纪录地爆出了连续15个交易日的跌停板，最大跌幅接近80%，使不少跟风买入者被套牢，损失惨重。

思考

银广夏造假的直接表现是会计凭证的虚构、会计账簿的虚假和会计报表的不实陈述。造假的程度令人吃惊。不过，仔细研究其当年的财务报告，还是可以发现一些令人怀疑的蛛丝马迹的：

（1）公司2000年资产负债表显示：年末货币资金比年初增加了2.27亿元，增幅高达69.39%；但就在同期，2000年年末的短期借款却比年初增加了5.86亿元；应收款项增加了4.4亿元，增幅为96.5%。很显然，公司当年经营活动，特别是销售货款的资金回笼情况很不理想，大量应收债权占据了公司巨额资金；造成公司只有依据借入巨额债务来填补所需资金的不足。这一点也可以从公司的现金流量表中得到印证。在公司当年的现金流量表中，现金流量净额为2.27亿元，其中经营活动现金净流量为1.24亿元，筹资活动（借款）现金净流量3.45亿元，投资活动现金净流量为–2.56亿元，此外还有一些因汇率变动形成的货币资金换算增加0.14亿元。也就是说，公司现金流量净额主要是基于其借款所形成的；然而，在该公司的会计报表附注中，对年末货币资金的大幅度增长的解释却是由于"公司本年度的销售增加，且回笼现金较多所致"，其实，这不过是公司希望以巨额的货币资金来美化其销售业绩及资金回笼的"绩效"而已。

（2）通过公司披露的信息可以了解到，银广夏的收入和利润主要来源于其旗下的几家子公司，尤以天津广夏为重。同时，公司也明确披露了它所适用的增值税率为17%，也没有享受国家规定的增值税减免政策。但是，公司的三大主表显示：公司当年工业企业性销售收入为8.27亿元，实现毛利为5.43亿元；从公司自述的所用原材料和燃料动力来看，增值税进项税额应该不大。可现金流量表中披露2000年度增值税只交了区区52 602.31元。

从年报中看，该公司业绩主要来自于天津广夏，而天津广夏又是号称货物全部出口德国的，仅2000年一年天津广夏就实现出口1.8亿马克。如果现实中这一说法成立，那么依据税法规定，公司可以据此向税务机关办理出口退税，且出口退税的收入应该不会低于7 000万元人民币。然而，在银广夏的年报中，却找不到对有关出口退税的信息披露。

事实上，据《财经》杂志披露：调查资料显示，银广夏从1999年开始在市场上散布的“利润神话”全系闭门造车的“成果”：公司号称在2000年实现的1.8亿马克的出口收入，实际上只有3万美元；公司宣扬与其签下连续三年总计60亿元萃取产品订货总协议合同的德国客商是一家百年老店，事实上却是一家仅有5万马克注册资金的小型贸易公司；至于被银广夏标榜为出口创汇创利的拳头产品——“超临界萃取产品”，更是在产量和价格上被权威专家证实为不可能……

银广夏神话终结了，但它对市场的冲击和对投资者的影响仍在值得我们深入思考……

请读者查阅一些当年至今有关银广夏的相关财务报告及其他报道，并对有关报表进行分析。

资料来源：新浪财经网相关报道。

案例3-2 从主要财务数据看公司利润质量与财务状况

2012年5月14日，中国证券报刊登了一篇署名康书伟的文章，题为《*ST金泰：股市“不死鸟”神话或终结》。对曾经引发连续42个涨停、号称“股市第一涨停板”的山东金泰集团股份有限公司（证券简称：*ST金泰，证券代码：600385）在退市新规下的市场前景表示担忧。

*ST金泰隶属医药行业，始建于1958年。1989年开始股份制试点。1992年6月办理了济南金泰集团股份有限公司工商注册登记，1993年1月更名为山东金泰集团股份有限公司，2001年7月23日股份上市流通。

表3-20列示了*ST金泰近9年来年报披露的主要财务指标数据。

表3-20 *ST金泰近9年来年报披露的主要财务指标数据

年份	2013	2012	2011	2010	2009	2008	2007	2006	2005
基本每股收益	0.180 0	−0.110 0	−0.130 0	0.110 0	0.020 0	−0.180 0	0.060 0	−0.660 0	−0.540 0
扣除非经常性项目后的每股收益	0.040 0	−0.130 0	−0.120 0	−0.100 0	-0.080 0	−0.190 0	−0.160 0	−0.660 0	−0.230 0
每股净资产	0.115 2	−1.890 6	−1.899 5	−1.765 4	−1.470 0	−1.490 0	−1.310 0	−1.370 0	−0.740 0
每股未分配利润	−3.013 7	−3.194 9	−3.081 6	−2.947 5	−2.836 2	−2.672 0	−2.494 7	−2.549 2	−1.978 0
每股经营现金流	−0.313 0	−0.009 0	−0.002 0	−0.001 0	0.020 0	−0.010 0	0.010 0	0.001 0	−0.010 0
营业收入（万）	53 800	498	560	578	530	343	302	70.4	81.3
毛利润（万）	2 592	306	311	306	312	144	227	25.3	40.0

从上表可以发现：*ST金泰近9年中连续8年的营业总收入不超过600万元，公司每股净资产在2003年之前也已经连续9年为负值，意味着公司连续9年处于资不抵债的状况！即使是资产负债率勉强小于100%的2013年，每股净资产也仅仅只有可怜的0.115 2元，远远低于每股1元的股票面值。

事实上，公司上市后的第二年（2002 年）就已经开始出现亏损，当年巨亏 1.36 亿元。但借助于大股东及关联方的“扶持”以及会计处理方法上的“合理”利用，该公司自 2001 年上市至今，巧妙地保持着每连续三个会计年度内“基本每股收益”及“净利润”指标至少一年为正的水平；从而数次成功避免了以往“连续三年亏损将被暂停上市”的不利结局，而被《 *ST 金泰：股市“不死鸟”神话或终结》一文的作者喻为“典型的股市‘不死鸟’”。

然而，证监会 2012 年出台的退市新规中，增设了上市公司“最近一个会计年度经审计的期末净资产为负数或者被追溯重述后为负数的，对其股票实施退市风险警示。上市公司的股票因前述事项被实施退市风险警示后，公司最近一个会计年度经审计的期末净资产为负数的，其股票应暂停上市。上市公司的股票因前述事项被暂停上市后，公司最近一个会计年度经审计的期末净资产为负数的，其股票应终止上市”；以及“最近一个会计年度经审计的营业收入低于 1 000 万元或者被追溯重述后低于 1 000 万元的，对其股票实施退市风险警示。上市公司的股票因前述事项被实施退市风险警示后，公司最近一个会计年度经审计的营业收入低于 1 000 万元的，其股票应暂停上市。上市公司的股票因前述事项被暂停上市后，公司最近一个会计年度经审计的营业收入低于 1 000 万元的，其股票应终止上市”等规定。意味着上市公司如果最近三年年末净资产均为负数或营业收入均低于 1 000 万元，将终止上市。这无疑是对 *ST 金泰的一场生死考验。

2013 年 5 月 8 日，*ST 金泰董事会发布了“股票暂停上市公告”，称公司接到了上海证券交易所《关于对山东金泰集团股份有限公司股票实施暂停上市的决定》。由于公司股票交易被实行退市风险警示后，最近一个会计年度（即 2012 年度）经会计师事务所审计后的结果表明公司依然继续亏损。上海证券交易所决定根据《上海证券交易所股票上市规则》的相关规定，自 2013 年 5 月 14 日起暂停公司股票上市。

股票暂停上市后，*ST 金泰谋划业务转型，于 2013 年 9 月设立了从事黄金珠宝贸易的金泰国际。公司 2013 年年报显示：当年实现净利润 2 682.8 万元，同时完成了债务重组工作，因此年末负债总额比上年下降 68.33%，净资产由此转为正值。并向上交所提出了恢复上市的申请。

2014 年 6 月，上交所在对 *ST 金泰 2013 年年报暨恢复上市申请的事后审核意见函中，提出了公司主营珠宝贸易目前只有一家供应商和一家销售客户的问题，并要求公司在年报中充分披露单一客户依赖风险，详细说明公司珠宝贸易业务的盈利模式及相关风险。

思考

类似案例及相关评议在上市公司中还有很多，如中国证券报 2012 年 5 月 18 日的一篇题为《 ST 鲁北核实虚增利润 962 万，三位高管集体离职》的文章，以及 4 月 27 日一篇题为《14 家公司员工不及 20 人，“皮包公司”忌惮退市急求逃生》的文章，都对上市公司的信息披露以及财务与经营状况进行了分析。读者不妨查阅相关公司近几年的年报并结合媒体的评论或其他有关信息，尝试对相关公司的财务报告进行定量与定性分析。

第4章

财务失败与财务预警分析

本章要求

- 掌握财务失败的概念与表现形式
- 了解财务预警的功能
- 理解经典的财务预警模型的内容与应用
- 掌握建立财务预警模型的基本方法

引 例

一项由吉林大学吕长江教授主持的国家社会科学基金项目《上市公司两阶段财务预警研究》的研究成果认为：上市公司的偿债能力、资产规模和现金流量可以作为判断企业财务状况优劣的主要指标，并有助于企业结合这些财务指标水平来判断其所处的财务状态，制定出相应恰当的财务与经营决策。同时，该项研究还发现，我国上市公司普遍存在着财务状况不佳的现象。这与上市公司的上市动机不够端正，上市后的经营与投资战略决策失误过多，对未来经营与财务风险估计不足，上市公司退市政策不健全、该破产的不破产等内外部管理、经营、调控等各类因素息息相关。上市公司中存在着大量的隐性风险的公司，应引起财务信息使用者和相关管理部门的密切关注。

对于企业的财务预警，研究报告认为，可以从财务困境预警和财务破产预警两个阶段进行判别分析。财务困境作为不同于财务破产的一种财务状况，有其独特的形态。提高公司的短期付现能力、加速存货周转与应收账款周转速度、提高利息保障倍数及长期经营性资产的比例等，都有可能帮助企业摆脱财务困境；但对处于财务破产窘况的企业，这些措施就显得偏迟了，“远水解不了近渴”。此时，只能考虑借助于资本重组等方式给企业动大手术、大换血，否则将会无济于事。对于财务上已经开始出现困境苗头的公司而言，利用速动比率、资产负债率，以及有关盈利能力方面的财务指标和有关公司资产规模的数据，可以对发生财务破产的可能性进行预测，预先判断公司是否可能会进入破产状况。这将有利于公司制定相应正确的财务政策。

资料来源：全国哲学社会科学规划办公室网站，npopss-cn.gov.cn。

我国加入WTO以后，市场竞争日益激烈，国内外经济环境也发生了很大变化，国内企业在迎接机遇的同时也面临着更大的风险和危机，生存与倒闭、发展与萎缩，是所有企业难免会面对的问题。企业从小到大、由弱到强是一个循序渐进的过程；一些管理不善或业绩不佳的企业由盛转衰，甚至出现财务危机或经营失败，也同样是一个逐渐演变的过程。无论是何种状况，也无论是哪类结局或变动趋势，反映在财务上，就是一些财务指标在不同程度上的规律性和方向性的变化。对于那些经营状况良好、财务活动正常的企业，基本的一些财务指标总体上一般都会维持在某个特定的水平范围之间或优于某些特定水平；而对那些系列财务指标数值长期超出正常波动范围或长期低于特定水平的企业而言，就有可能隐藏着财务状况逐步恶化、企业趋于财务失败的讯号。解读和发现这一讯号，无论是对投资者、还是对企业或其他相关主体，无疑都是会有所帮助的。

4.1 财务失败

会计基本前提之一是企业的持续经营假设，但人们在分析财务信息时常常过于专注企业的赢利状况而忽略了生存也是企业经营的一个最为基本的重要目标。任何企业在其生存和发展过程中，都会遇到各种各样的风险，有对所有公司产生影响的系统风险和对个别公司产生特定影响的非系统风险。若企业抵御风险的能力较弱，或不能对风险采取有效的化解措施，很可能会陷入失败的境地，甚至导致破产厄运。

任何企业在生产经营过程中，几乎不可避免地要与金融机构或其他企业等经济主体发生债权债务往来，当企业经营过程中无法产生足够的现金流量以偿付到期债务，财务上就要面临这样一种困境：即一方面需要考虑借新债还旧债，另一方面又要保证一定的周转资金以维持继续生产经营，并努力赚取利润、回笼资金来偿还新的债务。一个已经在资金上捉襟见肘的企业是很难让人相信其还债能力的，这也就造成企业很难再借入资金。没有了新的资金来源，债权人就可能要采取行动迫使借款人按期履行还债义务，也就有可能向法院提请诉讼申请该企业破产，即出现了企业失败。

企业失败包含有两方面的含义：一是经营失败，是指一个企业的销售收入不能冲抵成本，或者投资回报率低于企业的资本成本率，或者企业实际收益低于期望的最低收益时，就说明该企业发生了经营失败，即经营成果没有达到预期的最低要求。二是财务失败，这一概念没有绝对的评价标准，但一般认为如果一个企业没有足够的现金偿还到期债务，就意味着该企业出现了财务失败。

根据现有理论观点，财务失败（financial failure）通常也有狭义和广义之分：狭义的财务失败就是指企业由于资不抵债而导致破产，属于一种企业的非正常终结状态；而广义的财务失败指的是企业无力支付到期债务或费用开支的一种经济现象，包括因日常资金调度的技术性失败而导致的资金循环困难、因经营活动中的收不抵支而产生的经营性亏损，以及资不抵债状况下的破产清算，和其他处于这几种现象之间的各种情况。由于资金调度的技术性失败而引发的支付能力不足、经营循环受阻，通常是暂时的和比较常见的困难，一般可以采取一定的临时性措施加以补救，如通过协商求得债权人让步、延长偿债期限、通过资产抵押、借新债还旧债等来解决。人们通常更为关注和积极防范的财务失败多是指狭义的失败，即企业破产。对于那些处于一种趋向破产的中间状态的企业，经常被称为财务危机（financial distress）。而处于财务危机之中的企业并非都是无药可救的。

4.1.1 财务危机

处于财务危机中的企业，共同的特点是无力偿还到期债务或无法弥补生产经营所必需的流转资金，其表现形式包括：拖欠短期债务、非正常拍卖变现短期甚至长期资产以获取资金、无力支付到期债务利息甚至债务本金等。

财务危机形成的直接表象是无力偿还到期债务。企业自身没有足够的营运资金、或没有足够的现金净流量来还本付息，而外部融资渠道又受到一定的限制，无法足额筹措到增量资金来缓解目前的偿付压力。危机形成的间接原因通常表现为主业萎缩甚至缺失、盲目的多元化经营导致竞争力分散、利润率低下、治理结构不完善和过度的负债经营等。

财务危机一般存在四种结果：破产、违约、倒闭和无力偿债，其解决途径以及企业面临的结局也相应有所差别。

如果企业经营状况恶化，已经没有能力偿还到期债务，或者在可预见的将来不能偿还债务，便可以向法院提出申请，要求根据破产法宣布进入破产程序。破产制度也允许债权人向法院提出申请，要求该企业破产。一旦出现这两种情况，企业都将进入法定破产程序，等待法院判决。

如果企业违反了借款协议，就发生了违约。在实务中，违约有两种方式：技术性违约和支付性违约。当债务人企业只是违反了借款协议中的某一条款，即发生了技术性违约，这种违约很少导致企业破产。通常企业会通过与债权人协商、对部分协议条款进行调整来缓解违约影响。而若债务人企业未能按期支付利息或本金，就发生了支付性违约，这种违约通常表明企业内部存在的资金问题比较严重，已经没有足够资金偿还债务。发生支付性违约不一定会立即导致企业破产，有些企业可能只是因为一时的资金周转困难而出现支付性违约，如果尽力与债权人协商，获得债权人的宽限，达成双方都能接受的解决方案，就可能避免由于破产而带给双方不必要的、更大的损失。

若企业符合邓白氏公司（Dun & Bradstreet）评判倒闭企业时所采用的标准中的任何一条，就可以说企业即将倒闭了。邓白氏公司是美国一家专门提供处于危机中的企业数据资料的一个著名机构。根据其观点，判断倒闭企业的标准包括："破产停业的企业；在让渡、取消抵押品赎回权或查封等行为发生后，仍给债权人造成损失而停业的企业；自愿停业而遗留下未偿债务的企业，或者已卷入接管、重组或协议等法律行为的企业；自愿与债权人互让了结的企业。"⊖倒闭企业已经不再继续营业，企业与债权人的纠纷可以通过法院也可以通过私下协商解决。在我国，企业倒闭和破产常常是混用的概念。

如果企业无法及时提供现金以偿付债务，就称之为无力偿债。这也可以分为技术性无力偿债和破产性无力偿债两种。技术性无力偿债常常与企业资金调配能力相关，有时是因为资金的暂时性周转困难，或者资产变现能力过低造成的，一般可以通过与债权方协商，获得一定的宽限期或者以实物资产抵债等方式缓解。破产性无力偿债是指企业的总负债超过总资产的公允市价（或变现价值），企业的真实净资产为负的情况，它意味着企业资产价值已经不足以支付其负债，如果没有新的优质资产注入，或者营利能力不能大幅度好转，企业终将面临破产。

⊖ 摘自《公司财务管理》，道格拉斯 R. 爱默瑞、约翰 D. 芬尼特著，中国人民大学出版社、Prentice Hall 出版公司，1999，ISBN 7-300-02864-0，1999 年 11 月第一版，P867。

4.1.2 破产

企业在发生财务危机之后，大多都会与债权方进行协商，以求“私下”解决：包括通过获得宽限期、出售易变现资产偿债或者以资抵债等方式解决债务纠纷。但如果双方谈判无法达成和解，或者企业根本无力偿付债务，那么就面临着破产。

破产制度是对企业破产进行分析的重要依据。最早的破产制度可以上溯到古罗马债务执行制度的“财产委付”制度，亦称“罗马法”，遇到债务人无力清偿债务时，经两个以上债权人申请或由债务人自己做出意思表示，裁判官即可谕令扣押债务人全部财产，交由财产管理人悉数变卖后公平分配给债权人。后来在意大利和许多欧洲国家建立了商事法院，由商事法官审判，将“财产委付”制度改创而成“商事破产制度”。第一部正式的破产法是在 1542 年由英国亨利八世政府颁布的，它把破产的个人作为罪犯，所受刑罚从囚禁到死刑都有。中世纪以后，欧洲大陆和英美国家的法律制度沿着各自不同的路径发展变化，产生了大陆法系和英美法系两大法系之说。两大法系的破产法虽然都是源自中世纪意大利商事破产制度，但在各自演变的过程中出现了分化。大陆法系的破产法多数体现出强烈的国家干预色彩，多由法院任命破产管理人，债权人自治地位相对薄弱。而英美法系破产法更加注重债权人自治，债权人会议在破产程序中占有举足轻重的地位。

现代破产制度已经从单纯的清算处理发展为通过各种手段尽量避免清算。许多国家破产法都是建立在充分保护债权人利益的基础上，尽量使还有转机的企业避免终结、清算。

美国的破产制度也几经变革。美国在 19 世纪曾经采用过三部联邦破产法，但多是为应对金融恐慌而颁布的，意图仅仅在于帮助债权人尽可能多地收回债权。1898 年通过的《破产法案》第一次给予那些处于危机中的公司一项选择权：即除清算外，企业还可以选择将公司置于一种权益接管的状态，在法院的监管下加以重组。但当时的接管结构成本很高，而且缺少对重组计划进行独立、客观检查的条款。20 世纪初的经济大萧条导致大量企业破产，也促使《钱德勒法案》(Chandler Act) 于 1938 年出台，该法案要求法院对提出的重组计划举行听证会，给债权人提供更多的保护。1978 年《破产改革法案》彻底修改了破产法规，建立了破产法庭制度，使上市公司在试图重组时寻求债务宽免变得更容易，成本更低，也可以保留现存管理层继续经营业务，除非破产法庭判定应任命一位公平的托管人以保护债权人和股东的最大利益。此后，美国的破产重整制度没有再进行过大的变动，而只是进行相应的修正。如 1994 年与 2000 年分别出台的两次破产改革条例，也是延续这一思路：前者设立了小规模和中等规模企业重整的规范程序以降低重组所带来的高额成本；后者则修订了关于债务人享有的提出方案和恳请接收方案的时期问题。1994 年，美国还创建了全国破产委员会（National Bankruptcy Commission），以调查破产法的进一步调整与发展方向。

我国古代法典中没有破产法制度，也没有类似西方破产制度的内容。最早的破产法——《大清破产律》是在 1906 年起草的。但是该法由于官界、商界对于债权人平等的原则不能接受，最终于颁行后不到两年的时间就由光绪皇帝废止了。直到民国以后，破产制度才逐渐开始在中国社会得到使用和认同。新中国成立后，由于在纯粹公有制和实行计划经济体制的环境下不存在企业破产问题，破产法再次从中国的法律体系中消失。1979 年开始经济体制改革之后，中国的破产制度再次从无到有，逐步完善起来。1986 年颁布了适用于全民所有制企业法人的《企业破产法（试行）》，1991 年颁布的新民事诉讼法中增设了企业法人破产还债程序的一章，适用于非全民所有制企业法人，之后又陆续颁布了一系列行政规定和指导意见，以解决实际中遇到的一些问题。2004年十届人大常委会首次审议的《企业破产法（草案）》以及2006年正式颁布并于2007年6月开始实施的《企业破产法》，均引起了全社会的广泛关注。

在新的《公司法》和《企业破产法》中，都详细规定了企业解散或清算的流程和清算组职权。《公司法》规定：提出破产申请的，可以是破产企业自身，也可以是债权人。破产申请被受理后，就会进入破产程序，一般来说结果会有三种：和解、重整与清算。多数情况下，企业会通过协商与债权人达成庭内和解。国内的新破产制度也加入了重整的解决方式，可以通过各种重组方式重新整合并解决企业债务。如果上述方式都不能解决纠纷，企业就进入破产清算程序，组成清算组，按照破产偿付的程序分配企业资产。

4.2 财务预警分析

4.2.1 财务预警系统

财务预警系统是以企业财务信息化为基础，对企业在经营活动过程中的潜在风险进行监测和分析推理的一系列程序与方式方法。依据企业的财务报告、经营计划及其他相关财务资料，利用财务管理、会计、金融、统计、企业管理、市场营销等理论，采用比例分析、数学建模等方法，发现企业内部存在的财务危机，向信息使用者发出预告和警示；同时通过分析企业发生经营波动和危机的原因及企业财务运营体系隐藏的问题，督促管理当局提早做好防范措施，有效避免损失。

有效的财务预警系统一般应具有4大功能：监测、预警、排警和防警。

一是监测功能。公司产生财务危机的原因是多方面的，任何财务危机都有一个逐步显现、不断恶化、从量变到质变的过程。预警系统通过收集企业自身的各类财务和生产经营状况信息，以及与企业经营相关的产业政策、市场竞争状况等信息，对企业的生产经营活动进行跟踪、记录和计量，考核实际情况与目标、预算、定额、标准等之间的差异，分析产生各类偏差的原因，以监测财务危机可能出现的苗头和演变的踪迹。

二是预警的功能。通过对企业的各类信息进行分析比较，当发现可能导致财务危机的关键因素、或某类重要的财务指标出现异常时，预警系统应该能够预先发出警报，提醒企业高层或信息使用者尽早关注并积极采取应对措施，避免潜在的风险演变成现实的损失，防患于未然。

三是排警功能。当发现企业出现了潜在的财务危机时，有效的财务预警系统能够借助于因素分析等方法对企业财务结构、成本控制、资源利用等重要问题进行诊断，查找导致财务恶化的根本原因，并及时提出改进意见，帮助经营管理者对症下药，努力修复经营与财务管理上的缺陷以阻止财务状况的进一步恶化。

四是防警功能。通过预警分析，完整而详细地记录以往财务危机或经营偏差发生的缘由、解决的措施和处理结果，并及时反馈和分析处理信息，作为未来防范类似情况发生的前车之鉴。帮助企业弥补或纠正现存财务管理及经营中的缺陷与弊端，完善财务预警系统。将积累的经验和教训转化为未来经营管理活动的警示与应对风险的规范，以避免重犯同样或类似的错误，不断增强企业的财务稳定性和抗风险能力。

4.2.2 财务预警模型

财务预警模型目前已经广泛应用于银行、保险以及其他投资机构。最早关于企业经营失败风险预测的研究可以追溯至 1932 年 Fitzpatrick 所发表的 A Comparison of Ratios of Successful Industrial Enterprises with Those of Failed Firms 一文。由于早期缺乏先进的统计和计算工具，主要的研究方法是对失败企业和正常企业的财务指标进行经验分析和比较。直到 20 世纪 60 年代，随着理论和技术的进一步成熟，此类研究才真正进入系统化和理论化阶段。我国在这方面的研究起步较晚，虽然 1994 年以来我国也陆续出现了一些此类研究成果，但是，以我国企业数据为基础的预警模型研究成果到 1999 年 4 月之后才陆续出现，大多是以同行业同规模的 ST 企业与非 ST 企业的财务数据为比较基础，进行单变量判别分析和多变量判别分析得出的。

1. 财务预警模式

长期以来，人们在对财务预警的研究过程中采用了许多不同的预警模型设计模式，一般可以归纳为单变量模式与多变量模式两大类。

（1）单变量模式。运用单变量模式建立的预警模型是利用对单个财务指标的走势分析来预测财务危机发生的可能性的一类方法。

Fitzpatrick 是最早运用单变量模式进行破产预测研究的。他以 19 家公司为样本，运用单个财务指标将公司划分为破产公司和非破产公司两组，认为“净利润与股东权益之比”和“股东权益与负债之比”这两个指标具有较高的财务判别能力。

1966 年，当时芝加哥大学会计系副教授 Beaver 在美国《会计研究》杂志上发表了一篇研究财务比率有用性的文章。Beaver 教授以 79 对行业相同、资产规模相近的破产企业和非破产企业作为研究样本，对它们分别进行了 30 多个财务比率的逐个检验，首次提出了可以运用财务比率来预测企业财务危机的单变量分析法。他对财务失败的判定并不仅仅局限于破产，而且还包括了债券拖欠不履行、银行超支、不能支付优先股股利等情况。Beaver 教授的研究结果认为，“现金流量净额与负债总额之比”这个比率能够较好地判定公司的财务状况，“净利润与资产总额之比”也能一定程度地反映企业财务状况，但效果比前者次之。而且以这两个指标进行判别，离企业经营失败日越近，误判率越低，预见性越强。

实务操作中，企业应当根据不同的行业规律或企业特点，设计最能有效预测财务失败的比率指标。一般来说，用于预测财务危机的财务比率有财务保障率、资产收益率（净收益 / 资产总额）、资产负债率、资产安全率（资产变现率－资产负债率），等等。

企业安全率也是一个比较常见的综合的单变量模式分析模型（见表 4-1），其分析结果是由经营安全率和资金安全率两个指标的不同组合而得出的（确切来讲介于单变量和多变量模型之间）。其中：

经营安全率＝（现有或预计销售额－保本点销售额）÷ 现有或预计销售额

资金安全率＝（资产可变现金额－负债总额）÷ 资产账面总额

表 4-1 企业安全率分析预警模型

资金安全率 \ 经营安全率	高	低
高	业务经营与市场拓展状况良好，资金充沛，经营与财务状况比较安全	财务状况良好，但营销与市场拓展效果不佳，应加强营销管理，提高创利能力
低	产品及市场经营较为理想，但财务出现险情，应积极创造自由资金，开源节流，改善资金与资源配置	经营与财务都出现窘况，随时可能触发财务危机

（2）多变量模式。运用多变量模式建立预警模型，是指将多个财务指标汇总产生总预测值，通过分析预测值所在区间来判别财务危机的发生几率。最早运用多变量模式进行财务预警研究的是美国纽约大学的 Edward-I. Altman 教授，他设计的多元线性判别模型——Z 计分模型被称为开拓性的研究成果。20 世纪世界各国的财务预警模型研究基本上都是沿用了 Altman 教授的研究方法，通过对 Z 模型进行修正而完成的。多变量预测模型根据使用的统计方法不同可分为线性判别模型、Logit 回归模型、Probit 线性概率模型等。随着统计技术和计算机技术的不断发展，人工智能及人工神经元网络、EDF 模型、灰色系统模型、期权定价理论、混沌理论等新方法和技术也逐渐被引入到对企业财务失败预测的研究中。但是至今，多元线性判别法因其方便简捷、层次清晰等特点，仍然是财务预警模型研究过程中最基本的主流方法之一。

（3）单变量模式与多变量模式的比较。根据单变量模式建立财务预警模型，设计比较简单，计算方便，跟踪的财务数据较少，便于集中精力进行指标内涵的深入分析；但单变量模式也存在着不可逾越的缺陷。首先，单变量模式由于只重视一个财务比率指标的变动，被评价方企业的经营管理者就有可能故意粉饰财务报表，将这个财务比率保持在稳定良好的状态，使企业表现出虚假的财务状况。其次，单个财务比率受到各种内部和外部因素的影响，容易与企业真实的财务变动发生偏差，使得预测的准确性大打折扣，具有片面性，很可能会造成同等水平的比率数值却对应较大的企业预测差异的现象。

多变量模式可以更全面地监测大量财务指标，综合分析企业各方面的财务状况，从总体宏观的角度检查企业财务是否处于不稳定状态，一般来说可以取得较高的判别精度。此外，多变量模型由于指标涵盖较为全面，除了能够提前发现财务危机之外，还可以进行因素分析，对发生的财务危机追根溯源，找到根本原因，从源头防止财务危机的恶化和再次发生。

许多特定情况下，单变量模型也可能由于注意点集中于某个关键指标而获得更好的判别效果；而多变量模式则可能会因过分关注于指标数值的面面俱到而无法有效关注某些关键指标。毕竟，多变量模式由于企业规模、行业、地域、国别等造成的诸多差异，设计出的多元判别模型也可以有数种之多。所以，在实际应用中不能拘泥于所谓经验数据，而要根据实际情况做出恰当选择和调整，建立相适应的财务预警模型。

2. 经典预警模型——Z 计分模型

1968 年，美国纽约大学商学院 Altman 教授在《金融杂志》(Journal of Finance) 中发表了题为 Financial Ratios，Discriminant Analysis and the Prediction of Corporate Bankruptcy 的研究文章，他在研究中随机抽取了 1946 ～ 1965 年间 33 家根据国家破产法申请破产的制造企业（代表发生财务危机的企业），以及 33 家与之规模相近的非破产制造企业（代表正常运行的企业）作为研究样本，运用多元线性判别法设计出 Z 计分模型（zeta score model），被誉为经典的多元线性分析模型，奠定了多变量财务预警模型的理论基础。根据研究结果的普遍性和预测性，Altman 教授分别计算并分析了破产前一年样本企业的 22 个作为判别函数的预测变量，并最终选定了五个组合比率变量构成 Z 计分模型的判别函数，即：

$$Z = 0.012X_1 + 0.014X_2 + 0.033X_3 + 0.006X_4 + 0.999X_5 \tag{4-1}$$

式中　Z——判别值

X_1——$\dfrac{\text{流动资产}-\text{流动负债}}{\text{资产总额}}\times 100$；　X_2——$\dfrac{\text{留存收益}}{\text{资产总额}}\times 100$；

X_3——$\frac{\text{息税前利润}}{\text{资产总额}}\times 100$；　X_4——$\frac{\text{普通股和优先股市场价值总额}}{\text{负债账面价值总额}}\times 100$；

X_5——$\frac{\text{销售收入}}{\text{资产总额}}$

五个财务比率中，X_1 与 X_4 反映的是企业偿债能力，X_2 与 X_3 反映的是获利与留存水平，X_5 反映企业营运能力。五个财务比率有机地联系在一起，共同预测企业财务失败的可能性。

Altman 教授结合样本计分规律和美国股票市场的实际情况，将 Z 的临界值确定为 2.675 和 1.81，即如果企业的 Z 计分值大于 2.675，表明企业的财务状况是相对比较稳健的，一段时期内基本不会发生财务危机；如果 Z 计分值小于 1.81，说明企业近几年极有可能处于财务危机状态，甚至有可能走向破产；而如果 Z 值处于 1.81 ~ 2.675 之间，则表示计算结果处于"灰色地带"，暂时无法准确判断企业的财务状况。

下面以我国两家上市公司 2007 年的实际数据为例，说明 Z 模型的应用如表 4-2、表 4-3 所示。

表 4-2　*ST金花（600080）的财务数据及Z模型指标数据　（单位：元）

流动资产	资产总额	流动负债	负债总额	未分配利润	Z
394 193 768.02	1 665 826 029.79	918 697 041.36	918 697 041.36	159 090 656.74	
利润总额	财务费用	营业收入	总股本	市价	
41 310 389.30	117 847 981.15	307 845 534.71	305 295 872.00	5.75	
X_1	X_2	X_3	X_4	X_5	
−31.486 1	9.550 3	9.554 3	191.080 5	0.184 8	1.402 3

表 4-3　振华港机（600320）的财务数据和Z模型指标数据　（单位：元）

流动资产	资产总额	流动负债	负债总额	未分配利润	Z
18 705 680 975.00	29 115 331 106.00	12 481 556 589.00	17 803 496 410.00	2 862 923 438.00	
利润总额	财务费用	营业收入	总股本	市价	
2 182 269 251.00	−495 984 521.00	21 005 474 031.00	3 207 355 000.00	16.05	
X_1	X_2	X_3	X_4	X_5	
21.377 5	9.833 0	5.791 7	289.145 7	0.721 5	3.040 9

注：1. 以上两表中财务数据摘自相应上市公司 2007 年度年报所附财务报表。
　　2. 以上两表中市价取自 2008 年 4 月 10 日相应上市公司 A 股股票收盘价格。

显然，按照 Altman 的判定标准，*ST 金花的判定值 $Z=1.402\ 3<1.81$，预示着企业正陷入财务危机，需要考虑采用必要的措施进行缓解和改善；而振华港机的判定值 $Z=3.040\ 9>2.675$，显示其财务状况非常稳健，目前不存在财务危机。

3. F 模型

我国早期的财务预警模型研究成果中，影响面最广的莫过于周首华等人在 1996 年发表的《论财务危机的预警分析——F 分数模式》一文。该研究结果提出了一个财务预警新模型——F 模型（failure score model）。

F 模型在指标选择时初步融入了现金流量的理念。现金流量指标是预测企业失败的有效变量，因而弥补了 Z 计分模式的不足。此外，在设立 F 模型时，作者运用了 SPSS 统计软件，对 Compustar PC Plus 会计资料库中自 1990 年以来的 4 160 家企业的数据进行了检查；而 Z 分数模型的样本仅为 66 家（33 家破产企业及 33 家非破产企业），普遍性较 F 模型略有不足。

周首华等人最终通过对选自《华尔街杂志索引》（Wall Street Journal Index）的 31 家破产企业及相对应的同行业、同年度净销售额相近的 31 家非破产企业（对比企业）进行了财务数据分析，得出如下判别模型：

$$F = -0.177\,4 + 1.109\,1X_1 + 0.107\,4X_2 + 1.927\,1X_3 + 0.030\,2X_4 + 0.496\,1X_5 \qquad (4\text{-}2)$$

式中，X_1、X_2 及 X_4 指标与 Z 分数模型中的相同，而 X_3 与 X_5 指标具有现金净流量的近似含义，分别为：

$$X_3 = \frac{\text{税后纯收益} + \text{折旧}}{\text{平均总负债}}$$

$$X_5 = \frac{\text{税后纯收益} + \text{利息} + \text{折旧}}{\text{平均总资产}}$$

一般来讲，企业提取的折旧费用，并不构成当期的现金流出。因此，这部分从当期收入中得以补偿的资金便具有偿还债务的作用，这使得 X_3 作为一个准现金流量指标，可以用于衡量企业以全部现金流量偿还债务的能力。而 X_5 测定的是企业总资产在创造现金流量方面的能力。F 模型的临界点为 0.027 4，即当企业的 F 值低于 0.027 4 时，预测该企业可能出现较为明显的财务危机；反之就被归类为财务稳定、能够正常生产经营的企业。

4. 其他财务预警模型研究

国外新的研究动向主要体现在神经网络判别模型的应用以及期权定价理论的运用方面。兴起于 20 世纪 80 年代末期的神经网络理论（neural network）在近 20 几年来有很大发展。神经网络模型是一种平行分散处理模型，其构建理念是基于对人类大脑神经运作的模拟。神经网络模型具有较好的模式识别能力和容错能力，对数据的分布要求不严格，具备处理资料遗漏或错误的能力，以及学习能力，可以随时依据新的准备数据资料进行自我学习、训练，调整其内部的储存权重参数以对应多变的企业运作环境。

2000 年 Charitou 教授和 Trigeorgis 教授使用期权定价模型中的相关变量构建了财务危机判别模型，对 1983 ~ 1994 年期间的 139 对美国企业进行了对比检验，结果发现到期债务面值、企业资产的当期市价、企业价值变化的标准差等期权变量在预测破产方面作用显著，由此也发展了期权定价理论在财务预警方面的使用。

国内的研究创新主要体现在判别方法和样本选择方法上，主成因分析法在此类研究中脱颖而出。西安交通大学的杨淑娥教授与徐伟刚在 2003 年发表了《上市公司财务预警模型——Y 分数模型的实证研究》，运用主成因分析法对 1999 年的 41 家 ST 企业以及 2000 年新增的 26 家 ST 企业进行了研究，通过 5 个主成分因子对 8 个财务指标进行了分析，得出新的预警模型——Y 模型。长城证券企业的张后奇等人于 2002 年在一篇题为《上市公司财务危机预警系统的实证研究》的文章中，整理了三组不同类型的样本：一是首次出现亏损的企业及同行业、同资产规模的盈利上市公司；二是每股净资产界于 0 ~ 1 元之间的企业及每股净资产小于 0 元的企业；三是亏损 1 年的企业、连续亏损 2 年的企业以及连续亏损 3 年的企业等。并针对这三组不同类型的样本，运用 logistic 多元逻辑回归模式，分别建立不同的财务预警模型，即分段模型的研究方式。2009 年，天津大学周辉仁、郑丕谔、王嵩、刘春霞等人在《基于粒子群优化算法的 LS-SVM 财务预警》一文中提出了基于粒子群优化算法优化有关参数的最小二乘支持向量机财务预警模型。通过适当的验证性能指标，用粒子群优化算法优化最小二乘支持向量机的有关参数，并借助于上市公司财务数据进行财务预警分析。2010 年，周辉仁、唐万生、任仙玲等人又在《基于递阶遗传算法和 BP 网络的财务预警》一文中，提出了利用递阶遗传算法能够把网络的结构和权重同时通过训练确定，从而通过对模式分类数据的测试和与其他模式分类模型的比较，达到财务预警的目的。

4.2.3　构建基本财务预警模型的一般程序

建立一个合适的财务预警模型，其实更多的是对各种理论、方法的一种选择，如单变量与多变量分析方法的选择、线性与非线性方法的选择、期权定价理论与主成分分析理论的选择等等。本节仅以最简单常见的线性模型为例介绍基本的模型构建程序，一般包括如下几个步骤：

第一步：选择合适的分析模式，如究竟是采用单变量分析模式还是采用多变量分析模式，或者是采用其他性质的分析模式？

第二步：确定合适的分析样本，即用于判别财务失败与财务正常的原始企业样本数据，这是确定财务预警模型的基础和关键。通常建立多元线性模型时，考虑到后面分值比较标准测定的需要，一般大多选择在某些方面（如企业资产规模、所属行业等）具有一定可比性的相同数量的财务失败样本企业数与财务正常样本企业数。

第三步：设计和进一步筛选出恰当的财务指标或财务指标组合。初始的指标选择一般可以采用理论分析法、文献检索频数法、调查问卷法等方法获得；之后再利用统计检验，分析所选指标是否具有共线性、是否具有显著性等，以便确定对初选指标中不恰当指标的删减或调整。

第四步：运用统计分析软件及样本数据计算模型参数，并进行必要的结果检验。

第五步：通过对上面第三、第四两步的重复调整，最终筛选出合适的财务指标或指标组合，修正计算参数及判别临界值，确立相对满意的最佳预警模型。

第六步：结果检验，以判断模型的实用性。

下面以上市公司的多元线性指标分析为例，对上述各分析步骤进行简要示例：

1. 选择合适的分析模式

建立财务预警模型最根本的是要选择一个合适的分析模式，也就是要首先分析判断所研究的对象是适合选用单变量分析模式还是适合选用多变量分析模式。

如果对企业的财务运行有深刻的认识，并且具有丰富的实际分析经验，能够清楚的了解企业财务指标变化的规律，同时也认为企业的重要变化基本可以用一个综合指标来体现；或者说企业的财务体系比较简单，即使用复杂的财务指标组合来分析也意义不大的话，那么不妨考虑选择单变量分析模式，这样可以引起对企业某个方面的财务状况的特别关注，可能更适合被分析企业的实际情况，也就可以获得更好的判别效果。

反之，如果企业的财务体系比较复杂，财务变动难以用一个指标来体现，那么就应该考虑使用多变量分析模式来建立财务预警模型。一般是先选用多变量分析模式建立一个初始的多元线性判别函数，如：

$$W = a + b_1X_1 + b_2X_2 + b_3X_3 + b_4X_4 + b_5X_5 + b_6X_6 + \cdots + b_nX_n + \varepsilon \tag{4-3}$$

其中，W 表示判别值，当判别值在不同区间内时表示不同的判定状态。a 是常数项，有的预警模型将此项省略，但通常没有必要规避常数项。在分析系统计算参数的时候，可以根据对结果的精确度要求，决定是否保留常数项。X_i 代表不同的财务指标或者财务指标组合，是判别函数的自变量。b_i 是系数项，是自变量在计算判别值过程中的权重，表示该项财务指标对判别结果的影响程度。ε 是不可观测的随机误差，如果 n 组样本数据对应的 ε 相互独立且服从正态分布 $N(0, \sigma^2)$，那么根据最小二乘法得到的回归方程中不含此项。系统会通过分析大量的自变量值和判别函数值组合，计算出其中各参数值。

2. 确定合适的分析样本

对于一个有效的判别函数来说，很重要的一点就是其判别值能够对应于样本类别而有规律地相对集中于两个或几个区间，以达到判别的效果。这就需要将研究样本按照一定的特点或标准划分成几个明显的类别。对于财务预警模型来说，至少应该将研究样本设置为财务失败样本与财务正常样本两大类。因此，怎样定义财务失败与财务正常的划分标准就成了预警模型研究的焦点问题。最开始的研究都是以企业破产作为判定财务失败的唯一标准。但是对于我国的实际情况而言，由于破产样本相对较少，而财务数据所能传达的信息失真程度又相对偏高，难以得到正确的评价结果。因此近些年来，国内的财务预警研究大多集中在企业内部的分析，更多专业而深入的研究都是主要面向上市公司进行的。

国内一直致力于完善上市公司的管理体制和信息披露机制，为了规范证券市场的发展，提高上市公司信息披露质量，相关管理机构建立了越来越规范的财务危机防范机制。如《公司法》规定了上市公司最近三年连续亏损将暂停其股票上市；亏损情形在限期内未能消除的，将终止其股票上市。中国证监会于 1998 年 3 月颁布了《关于上市公司状况异常期间的股票特别处理方式的通知》，要求证券交易所对连续两年亏损及“状况异常”的上市公司实行特别处理(special treatment)，并在股票简称前冠以“ST”标记。1998 年 4 月 27 日，“辽物资（000511）”成为国内首家被特别处理的上市公司，至 1998 年 6 月底，沪深两市证券交易所就有 27 家上市公司的股票被实施了特别处理。2003 年 3 月发布的《关于执行〈亏损上市公司暂停上市和终止上市实施办法（修订）〉的补充规定》，规范了前几年执行不力以及执行过程中出现的一系列问题，为证券市场建立了更加完善的上市公司退市的执行准则。很快地，一系列上市公司，如当时的 PT 水仙、PT 粤金曼等就被沪深两市证券交易所勒令退市。2003 年 5 月，上海证交所又执行了《上海证券交易所关于对存在股票终止上市风险的公司加强风险警示等有关问题的通知》，对于出现连续三年亏损等情况的上市公司，给予“退市风险警示”，股票简称前冠以“*ST”标记（与“ST”一起，统称为 ST 企业）。至于 2006 年 10 月起新增的“S”标记，代表的是未进行股权分置改革的上市公司，虽然这并不能直接代表企业的经营状况，但由于股权分置改革其实也是有一定的财务与经营要求的，所以对于未进行改革的“S”型企业，也在一定程度、一定侧面上说明其可能存在经营效益上的不理想或影响正常经营等方面的问题。

2012 年 4 月，沪深交易所又分别发布了《关于完善上市公司退市制度的方案（征求意见稿)》和《关于改进和完善主板、中小企业板上市公司退市制度的方案（征求意见稿)》，增加了有关净资产、营业收入、扣除非经常性损益后的净利润等财务性退市评判指标，以及审计意见类型、股票累计成交量和成交价格等非财务性退市评判指标。如沪深交易所规定，“如果上市公司最近一年年末净资产为负数的，对其股票实施退市风险警示；最近两年年末净资产均为负数的，股票应终止上市”，“上市公司最近两年营业收入均低于 1 000 万元的，对其股票实施退市风险警示；最近三年营业收入均低于 1 000 万元的，其股票应暂停上市；最近四年营业收入均低于 1 000 万元的，其股票应终止上市”，以及上市公司“最近一年的年度财务报告被会计师事务所出具否定意见或无法表示意见的，对其股票实施退市风险警示；最近两年均被出具否定意见或无法表示意见的，其股票应暂停上市”，“上市公司因净利润、净资产、营业收入或审计意见类型触及规定的标准被暂停上市后，其后一年的财务报告被会计师事务所出具否定意见或无法表示意见的，其股票应终止上市”等。

2014 年 7 月 4 日，中国证监会发布了《关于改革完善并严格实施上市公司退市制度的若干意见（征求意见稿）》，沪深交易所也于同日对上市规则中的退市部分进行了同步修订，目的是进一步健全完善资本市场，实现上市公司退市的市场化、法治化和常态化。

考虑到财务性退市评判指标一直以来都是上市公司退市的最主要标准，因此对于企业内部的财务预警分析，一般可以将 ST 企业作为财务失败样本，而将非 ST 企业作为财务正常样本。在选择样本时还可以考虑选择纵向的不同年份的财务数据，将财务紧张或者陷入财务危机的年份作为财务失败样本，而财务较为稳定的年份作为财务正常样本进行分析研究。

但是在选择样本的过程中，还要考虑可比性等诸多相关问题。首先，选用多元线性判别模型进行分析，由于要剔除随机误差的影响，需要样本的主要特征成正态分布。严格来说，财务失败样本组与财务正常样本组需要根据配比原则一一配对。但实际应用中，很难有现成的指标来判断两家企业的财务状况是否类似，也很难找到完全类似的企业。常见的做法一般是按照企业所拥有或控制的资产规模进行配对。这样，在选取样本的过程中就有许多样本需要剔除，包括无法找到合适的配对企业的，以及由于违规或历史遗留问题而成为 ST 企业的，这些都是可能造成结果不准确的样本。此外，行业的特殊性因素也是考虑样本的一大关键，各行业之间的差异还是相当大的。俗话说“隔行如隔山”，许多行业之间的企业特征和财务状态会有相当大的区别，因此不能只为追求样本量的大小，而忽视了行业因素对研究结果的影响。

在选择确定了合适的分析样本之后，接着便可以将样本配对结果制作成一个样本配对表，如表 4-4 所示，其中 G_1 组代表 ST 企业样本组（即财务失败样本组），G_2 组代表非 ST 企业样本组（即财务正常样本组）。

表4-4 样本配对表

特别处理年份	G_1 组企业		G_2 组企业	
	代 码	股票简称	代 码	股票简称
2003	600847	*ST 万里	000838	西南化机
2003	000710	ST 天仪	600765	力源液压
2004	600892	*ST 湖科	600831	广电网络
……	……	……	……	……

3. 设计和进一步筛选出恰当的财务指标或财务指标组合

在财务指标的设计筛选过程中，一般应遵循以下 5 个原则：

一是要体现企业的偿债能力。财务指标体系应当能充分反映企业的偿债能力，因为偿债能力是与财务失败最为密切相关的分析点。偿债能力弱的企业往往面临着较大的财务风险，一旦资金周转不灵，就有可能导致无法偿还到期债务，陷入财务失败的境地。

二是应反映企业的经营效益。预测一个企业陷入财务失败的可能性，很重要的一点就是看这个企业的持续经营效益和发展前景。企业会陷入财务失败，最根本的原因还是来自于经营业绩差的影响。如果一个企业只是一时资金周转不灵，或是由于某些突然的偶然因素造成财务危机，只要经营效益好，最终还是可以恢复元气的；但是如果企业经营效益很差，那么除非能够出现根本性的改革或重组等，否则将很难扭转颓势。

三是可操作性原则。能够反映企业偿债能力和经营效益的财务指标数不胜数，但有些指标的数据较难获得，统计指标中如果包含这些指标将需要耗费大量的人力和物力去搜集，因此这些取得成本很高的财务指标除非必要、将可以不予考虑。比如说利息保障倍数，由于上市公司所披露的财务报表中并不一定会明确列示“利息费用”这项金额，因此，尽管该项指标能够很好地反映企业持续的偿债能力，但在必要时也只能忍痛割爱了。

四是非共线性原则。为了避免各个指标所反映内容之间的重复，使其能够相互补充，选择指标时还应注意既要尽可能综合全面地反映企业的财务状况，又不会造成指标内容的重复和叠加。这就需要对指标的显著性与相关性进行检验。相关性太强的指标需要从中做出取舍，或通过逐步回归等方法将其剔除。

五是敏感性原则。设计的财务指标应具有一定的敏感性，即危机产生的因素一旦萌生，就能够在相关指标上迅速明显地反映出来。财务预警作为评判企业财务状况的重要方法，对财务数据的变化做出的反应应该是较为迅速和灵敏的，不能等到诸多因素都恶化之后才逐渐反映出来。这样才能及时反映企业财务状况的真实情况，起到预警、排警的作用。

根据上述五项原则得到的财务指标可能是非常多的，因此还需要在实际检测和计算参数的过程中进行删选。下面简要介绍几种财务预警中最常用的分析指标：

（1）获利稳定系数（营业性利润 / 利润总额）X_1。这一指标考察的是企业利润结构中经营性利润的比重。如果企业的大多数利润是由营业外收入等非营业性利润所组成，说明企业的大部分利润并非来自于企业可控因素和主要经营项目的贡献，因而利润的稳定性和连续性都不是很可靠，这样的企业也很容易陷入财务危机。但在考虑营业性利润时，对于投资收益、公允价值变动损益等项目的影响，也应适当考虑其可持续性的问题。

（2）营运资金充足率（营运资金 / 资产总额）X_2。营运资金是流动资产与流动负债的差额，也是企业日常经营活动中不可缺少的资金保障，对企业短期偿债能力有很大影响。为了使该指标在不同企业中具有可比性，将其除以资产总额，作为衡量营运资金是否处于合理水平的指标。

（3）经营活动现金净流量与营业利润的比值 X_3。这是考察盈利质量的重要指标。由于经营活动现金净流量和正常的营业利润都对应于企业正常的经营活动，因此有较强的配比性。如果企业账面上的营业利润很高，而经营中所获得的现金流入量很少，那么就应当考虑这样的盈利是否过多来自于非可控因素或非主业因素，是否过多对应于应收款项，盈利质量及其稳定性也就值得怀疑。需要提醒的是：考虑到本书第二章中关于“投资收益”与“公允价值变动损益”的影响分析，此处的营业利润应该是适当剔除投资收益与公允价值变动损益之后的金额。

（4）资产负债率 X_4。考察偿债能力的指标中，常用的有资产负债率、流动比率和速动比率等。如果出现债务压力，法律上允许以物抵债，这时存货也可以具有较强的流动性，因此流动比率能够比速动比率更全面地反映短期偿债能力。然而企业财务失败并不只是因为出现短期偿债压力，也可能是由于长期债务的积累造成的，因此资产负债率和流动比率都有很好的参考价值，但是根据以前的研究，资产负债率与流动比率一般具有较强的相关性，可以在参数计算过程中进行选择。

（5）总资产报酬率 X_5。该指标是息税前利润与资产总额的比值，其中息税前利润是指没有扣除利息费用和所得税费用的营业利润，即不考虑所得税影响和资金来源影响的利润概念。但在企业相关财务报告等信息载体中，一般只能看到扣除了利息费用后的营业利润和利润总额、以及同时扣除了利息费用和所得税费用之后的净利润等数据，并没有直接的利息费用和息税前利润的数据。所以在计算总资产报酬率指标时，有时只能做近似计算：即在难以取得准确的利息费用数据的情况下，一般可以考虑近似地以利润总额加财务费用来代替息税前利润。该指标反映出企业总体资产的盈利能力。以前的研究也表明，总资产报酬率指标在预测企业财务危机中比净资产收益率效果更好。

（6）资产留存收益率（留存收益 / 资产总额）X_6。这一指标考查的是企业未来发展的持续能力。留存收益可以用于满足企业自身发展的资金需要，能够体现企业的发展规划，是一种持续累积盈利能力的分析指标。留存收益指标一般可以简单地使用"盈余公积"和"未分配利润"项目加总计算。同样出于可比性的考虑，分析时常常将其除以资产总额，以相对数来反映。

（7）财务保障率（现金净流量 / 负债总额）X_7。指标中的现金净流量数据是从现金流量表中获得的，包括经营活动、投资活动和筹资活动产生的三项现金净流量之和，体现了企业在正常营运中现金流量的增量是否足够偿还债务的情况。

在实际应用过程中，还应该根据样本企业的特点设计组合不同的财务指标，可以适当多设计一些指标组合，在参数计算过程中由统计分析系统进行筛选，以获得更好的分析效果。

设计好一系列财务指标之后，下一步的工作就是收集整理样本企业的财务数据，编制样本数据表。样本数据既可以选择企业成为 ST 之前一年的财务数据，也可以选用多年的数据进行整合。假设我们以 Y 来代表量化的企业归类，表示样本企业财务稳定的程度；该判定值可以根据每股收益或其他财务指标来确定，也可以简单地将财务失败样本组的判定值全部定义为 0，将财务正常样本组的判定值全部定义为 1，如表 4-5 所示。

表4-5　样本数据表　（%）

代　码	名　称	X_1	X_2	X_3	X_4	X_5	X_6	X_7	Y
600077	*ST 国能	31.61	26.68	6.54	39.79	−0.84	−13.27	11.85	0
600892	*ST 湖科	81.55	−47.92	0.49	94.34	−21.77	−59.82	−12.07	0
600847	*ST 万里	93.69	0.45	−5.15	63.10	−13.09	−44.08	−12.68	0
600765	力源液压	177.19	36.41	6.50	28.29	1.43	−16.44	19.49	1
600831	广电网络	100.10	−19.10	6.44	40.79	7.45	8.63	27.89	1
……									

4. 运用分析软件计算模型参数（此处假设我们选用 SPSS 系统完成分析模型）

SPSS 系统是常用的统计分析系统，编制样本数据表的工作可以在 EXCEL 软件中完成计算后导入统计分析系统，也可以将计算结果直接录入 SPSS 的表格中。在 SPSS 系统中建立了完整的数据表之后，就可以进行检测和分析计算了。这个过程，分析系统主要进行两部分工作，一是对所有指标进行筛选，二是对选入的指标进行回归分析，计算参数值。

回归分析的命令集中在分析（Analyze）菜单下的 Regression 子菜单中，主要用于建立财务预警模型的是线性回归（Linear）和逻辑回归（Logistic）系统。进行多元线性分析，需要注意选择自变量的筛选方法。SPSS 系统提供了若干种筛选方法，可以对自变量自动进行分析，剔除不合格的自变量。剔除的原因主要有两种：一是显著性水平过低，即对判别值的影响不大，意味着预警作用不明显，可以忽略不计；二是共线性水平过高，表示该指标与其他入选指标趋向相同，作用重复，因而无须重复选入。以下列出了几种基本的筛选方法：

（1）Enter：强制进入，即系统将所有变量都进入选定范围。

（2）Remove：条件剔除，是根据设定的条件剔除部分自变量。

（3）Forward：向前选入，是指系统根据 Option 选项窗口中的设定标准，向前依次加入自变量，直到所有符合条件的变量都加入为止。

（4）Backward：向后剔除，是指系统根据设定标准向后依次剔除自变量，直至回归方程中不再含有可剔除的变量为止。

（5）Stepwise：逐步选入，系统根据设定标准，在计算过程中先向前选入，再向后剔除，这是回归分析中最为常见的筛选方法。

以判别值作为因变量（Dependent），以各个财务比率指标作为自变量（Independent），对一系列选项进行设定后，就可以开始进行统计分析计算了。分析计算的结果会生成一系列图表，其中，在 coefficients 表中，列举了所有选入指标组成回归方程的可能组合。当然，在分析过程中很可能出现不太令人满意的结果，这就需要调整开始的分析选项，特别是 Option 中的筛选标准，最终取得符合使用者需要的回归方程，根据开始时选用的多元分析模型将参数进行整理就会得到如下方程（以前面所列数据为例）：

$$W = 0.343 + 0.184X_1 + 0.119X_2 + 0.012X_3 + 0.110X_4 + 3.743X_6 - 0.024X_7 \quad (4\text{-}4)$$

实际应用回归方程进行分析之前，还需要对判定标准进行计算。这主要用到多元线性分析中的判别分析法，常用的判别方法包括距离判别法、Fisher 判别法、Bayes 判别法、逐步判别法等。有些判别法对分析过程、财务数据的选取年限以及回归方程的设计都要求进行一定的修改。在 Altman 教授的 Z 计分模型研究中，使用了经验数据作为判定标准，分为两个临界点，中间区域为灰色区域。类似的，我们也可以简单的利用多元线性回归法的随机误差默认符合正态分布，并且据此算出预测结果的判别临界点。如依循上述例子可以得出 $W_C = (W_0 + W_1)/2 = (0 + 1)/2 = 0.5$，也就是说，当预测值低于 0.5 时就将其归为 G_1 组，说明企业面临财务失败的危险；反之，高于 0.5 的就被归为 G_2 组，是财务状况正常的表现。

5. 结果检验

对模型判断结果的检验主要有两个方面，一是准确性检验，二是预测性检验。要对回归模型进行准确性检验，就需要将所有同类企业或随机抽取部分企业的财务数据进行整理，代入预警模型，对判定结果进行检验，算出准确率。如我们延续上面的计算，可以得出表 4-6 的数据。

表4-6 检验准确率表

	检验数	判错数	准确率（%）
G_1 组	21	4	81.0
G_2 组	64	7	89.1
合计	85	11	87.1

由表中结果可知，上述假设模型的总体准确率达到87.1%，说明该预警模型能够较好地判别上市公司的财务状况是否陷入财务危机。当然，一个回归模型是否能够满足使用者的需要，主要还应考察模型是否能够达到使用者对预警模型准确性的要求。

进行预测性检验的目的是检验预警模型能够提前多久预测财务危机的发生，这就需要将分析对象几年前的数据逐年代入预警模型，得到每年的判断准确率表，以确定最佳的预测年限，保证预测的准确度。

案例与思考

原河北湖大科技教育发展股份有限公司财务预警分析

河北湖大科技教育发展股份有限公司原名"石家庄劝业场股份有限公司"，是于1986年11月经批准，公开募股而成立的河北省第一家大型股份制企业。公司主要经营专用设备制造、数控设备开发生产和相关技术服务，以及电线、电缆制造等，属专用设备制造业。

1996年3月15日公司股票在上交所挂牌上市交易，股票代码600892，股票简称"石劝业"。1997年公司利润出现较大亏损，公司股票自1998年6月8日起实行特别处理，股票简称变更为"ST石劝业"。公司2000年度盈利，自2001年4月16日起撤销了公司股票交易特别处理，股票简称恢复为"石劝业"。2001年，公司完成资产置换并进行新的对外投资后，公司认为原公司名称已不能满足发展的需要，经河北省工商行政管理局2001年6月7日核准，公司名称正式变更为"河北湖大科技教育发展股份有限公司"，从2001年6月14日起，公司股票简称变更为"湖大科教"。

虽然湖大科教经过资产置换，基本扭转了亏损的局面，但公司在主营业务结构调整方面不够完善，原有的商业零售和酒店娱乐业在主营业务中仍占据较高比例，盈利能力并未出现明显改观，劝业场酒店持续亏损，原有商业零售业则仅局限于向第二大股东之间出售库存的关联交易，新投资组建的两家公司也由于尚处开拓阶段未对利润构成多大贡献，现有主营业务的盈利能力极差，而历史负担和债务压力又极为沉重，造成2002年再度亏损。2003年度，公司因出售资产损失、经济性裁员支付职工安置补偿费用、历年长期待摊费用一次性摊销、主营业务利润下降等原因，致使出现较大亏损。鉴于公司连续两个会计年度的审计结果显示的净利润均为负值，且截至2003年年末公司每股净资产已低于面值，根据上海证券交易所有关规定，公司股票自2004年4月23日起实行退市风险警示的特别处理，股票简称变更为"*ST湖科"。2005年1月19日再次发布公告，称公司2002年、2003年已连续两年亏损，并已在2004年第三季度报告中预计了公司2004年度将继续亏损，公司股票将自2004年年度报告披露之日起连续停牌，上海证券交易所将在10个交易日内做出暂停公司股票上市的决定，如果公司2005年半年度报告仍然亏损，公司股票将被终止上市（见表4-7）。

该公司股票上市当日收盘价6.77元，在2000年5月30日曾一度达到过27.9元，2002年底收盘价13.84元，2003年6月30日收盘价17.82元，2003年半年报于8月25日发布，当日收盘价17.25。2004年4月22日发布退市风险警示并实行特别处理，23日收盘价为11.3元，之后股票一路下滑，到2004年年底股票价格跌至3.01元，2005年3月29日股票价格出现历史最低成交价格1.96元，比最高成交价格缩水92.97%，一年时间跌幅超过87%，损失惨重。

表4-7 简要财务数据表

科 目	2003年上半年	2002年度
存货（净额）	55 199 296.51	59 078 677.49
流动资产合计	133 993 642.64	149 736 114.83
固定资产合计	196 638 862.50	200 220 600.41
无形及其他资产合计	28 625 918.42	29 938 352.00
资产总计	355 671 847.85	375 815 721.47
应付账款	29 174 096.97	28 189 252.94
流动负债合计	256 328 122.86	254 759 250.53
长期负债合计	24 517 559.23	25 752 507.54
负债合计	289 287 849.59	288 953 925.57
股本	50 500 000.00	50 500 000.00
未分配利润	−120 889 524.92	−101 084 119.31
股东权益合计	34 472 433.74	52 067 440.35
主营业务收入	41 681 180.98	91 160 105.08
主营业务利润	3 229 360.93	19 666 829.35
营业费用	4 042 555.15	11 669 723.53
管理费用	17 639 121.31	29 163 928.55
财务费用	4 821 296.00	8 248 243.45
营业利润	−22 985 915.65	−27 022 093.46
利润总额	−22 688 197.64	−18 849 136.37
净利润	−19 805 405.61	−16 482 020.80
经营活动产生的现金流量净值	−27 423 411.74	−15 015 722.93
投资活动产生的现金流量净值	−1 956 031.40	−6 164 033.85
筹资活动产生的现金流量净值	−8 380 840.62	34 257 290.87

注：财务数据摘自该上市公司2002年年报及2003年半年报所附财务报表。

思考

是否能运用财务预警模型提早发现企业的经营风险，从而减少损失呢？试用Z模型来分析原湖大科教公司2002年年报和2003年半年报财务数据，看是否在其中已经隐含了不断加剧的财务风险；或者自己设计某个行业的预警模型，看看能否有效预测该行业中企业的财务风险。

CHAPTER 5

第5章 融资分析

本章要求

- 掌握融资原则与融资渠道
- 了解融资风险类别及其评价与影响因素
- 了解融资模式与企业的内在关系
- 理解融资策略选择的基本内容

引　例

一直以来，融资都是企业经营发展中最为重要的资金来源，即使是在中国证监会暂停对新股IPO的审批阶段，我国上市公司的再融资步伐也并不缓慢。有统计数据显示：2012年，我国A股上市公司累计融资金额达8.2万亿元，其中融资额最高的是中国石化（证券代码：600028）。该公司2012年融资总额高达9 300亿元，占全部A股上市公司当年总融资额的11%还多；当年融资总额最高的前50家上市公司共融通资金4.27万亿元，占到了全部A股上市公司融资总量的52%！

当然，8.2万亿元的融资总额并非都是股权融资，其中更多的还是通过金融机构贷款（约6.678万亿元，占融资总额的81%）；其次是发行债券（融资额1.05万亿元）；最少的是证券市场融资，融资额约4 941亿元。这应该是和当年四季度证监会暂停对IPO的审批有关。

2013年全年，虽然新股发行基本上都处于停止状态，但据《证券日报》统计，从2013年1月1日至12月11日，依然有539家上市公司以其他方式融通资金累计近1.3万亿元，其中323家上市公司通过发行企业债券共计融资9 876.36亿元（2012年同期发行企业债券的上市公司为373家，发行总规模1.06万亿元）；另有216家公司则是利用增发的手段实现融资总额共计约3 057.39亿元（2012年同期则是131家公司增发，募集资金总额2 942.7亿元）。

2014年，在沉寂了一年多之后，IPO重新开启。短短一个月的时间，就有45家企业完成了新股发行（包括老股转让在内共募集资金321亿元），其中43家首次发行新股的企业已成功上市挂牌交易，累计募集资金总额为272.05亿元。2014年上半年，A股市场的定向增发也非常活跃，共有157家上市公司实施了定向增发方案，合计融资2 738.37亿元，比上年同期增加了29.67%。

公开发行股份或定向增发并非是所有企业融通资金的最优渠道，但为什么会有那么多企业热衷于上市？股权融资和债权融资对企业究竟有哪些不同影响？融资金额一定是越多越好吗？

资料来源：《证券日报》、《中国证券报》及中国证监会网站。

企业经营离不开资金与经济资源。无论是日常运营还是对外投资，都必须要有足量的资金作保证。所谓融资，便是指企业出于经营管理活动与资本支出的需要，借助于一系列恰当的方式或渠道筹措资金的相关财务活动。

5.1 企业融资概述

随着我国市场经济的日益完善和金融市场化程度的提高，企业融资环境、融资渠道与融资风险也已经发生了显著的变化。作为企业经营活动所需资源的根本保障，融资活动必须结合企业自身的经营与业务特点以及企业所处的经济、政策环境，本着可持续发展与企业价值最大化的财务管理目标来考虑。

5.1.1 融资原则

任何企业的资金运动与经营活动，都是在一定的经济、政策与法制环境中进行的，势必要受到一定的内外部条件约束和规范。融资活动也不例外，企业在融资决策时，应充分考虑如下基本原则。

1. 融资渠道合法，依法融资原则

企业融资，一方面要受到国家经济体制、经济发展水平的影响；另一方面也会受到国家经济环境、金融政策、资本市场游戏规则等的制约。计划经济体制下，企业所需资金主要来源于国家行政拨款或银行贷款，社会集资在很大程度上受到限制；而在市场经济体制下，诸如融资租赁、短期融资券、保理融资、典当融资等融资方式相继出现，融资渠道日益丰富多样。但各类融资模式的利用也并非是毫无约束的，必须符合国家相关法律法规的要求和相关融资条件（如净资产的规模、资产负债率程度、净资产收益率水平、融通资金的用途等），服从国家政策指导与宏观调控和必要的监督。

2. 从企业实际需要出发，适度的融资规模原则

融资活动，首先需要考虑的就是企业出于什么目的进行融资，什么时间需要融资，以及需要再融资多少金额。

通常，出于发展扩张或并购重组，以及补充流动资金等战略需要，企业都有可能进行融资。在确定所筹资金总量时，一方面应合理测算项目所需资金量，防止因筹款不足而影响到项目的正常开展以及企业的日常经营运作；另一方面应确保融资规模与需要量之间在时间上、数量上的匹配与平衡，避免因所筹资金过剩或筹款时间过于超前而相应增加不必要的融资成本、造成资金的闲置或相对滞后等现象。

在确定企业融资规模时，应特别注意考虑如下一些重要因素的影响（见图 5-1）。

3. 优化融资方式、调整融资结构、控制融资风险原则

所谓融资结构，是指企业筹资时，不同资金来源在融资总额中所占的比重，亦即不同融资方式所募集资金的比例关系。一般来讲，企业的融资方式不同，融资结构也有所不同。从资金来源上分，融资包括内部融资和外部融资，其中内部融资主要来自于企业生产经营过程中的资金积累即留存收益，以及固定资产等长期资产更新换代前回收的部分价值；而外部融资包括以发行债券、发行股票、吸收直接投资、向银行贷款、利用融资租赁或商业信用等各种从企业外部获得资金的方式。按照融资所形成的权益性质划分，融资可以分为债务性融资（通过适度增加负债以获得所需资金）和股权性融资（融入资金的同时也形成了企业的所有者权益）两部分。而按照融资过程或是否经过相关金融机构来划分，又可以将其划分为直接融资和间接融资两类。按照融入资金可使用期限的不同，还可以将融资分为短期资金融通和长期资金融通等。

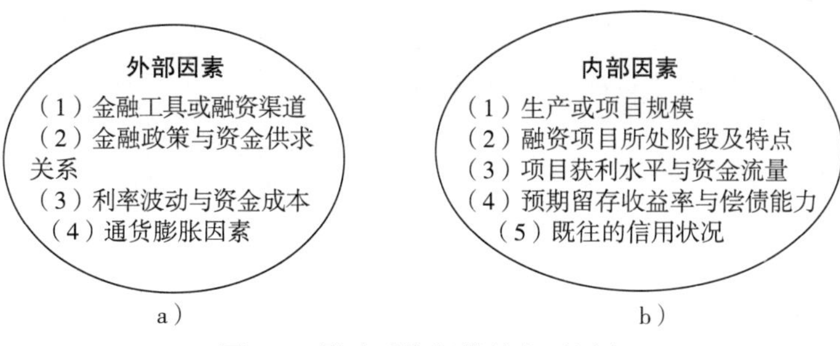

图 5-1 影响融资规模的主要因素

不同的融资结构会形成不同的融资成本与融资风险（见 5.2 节内容），从而对企业的生产经营或项目决策产生一定的影响，也进一步影响到企业最终的经营与财务风险和获利水平。因此，进行融资分析与决策时，必须要慎重考虑融资结构问题，包括不同融资方式所筹集资金的数量、融入资金的可使用期限、结构，以及不同融资成本与融资风险的组合构成等，以期在满足当前资金需求的同时，控制财务风险、维持财务灵活性，尽可能巩固和提高企业信用水平，保证后续持续发展所应有的再融资能力。

影响企业融资结构的主要因素如图 5-2 所示。实际确定融资结构时还应该根据行业和企业的具体情况而有所侧重。

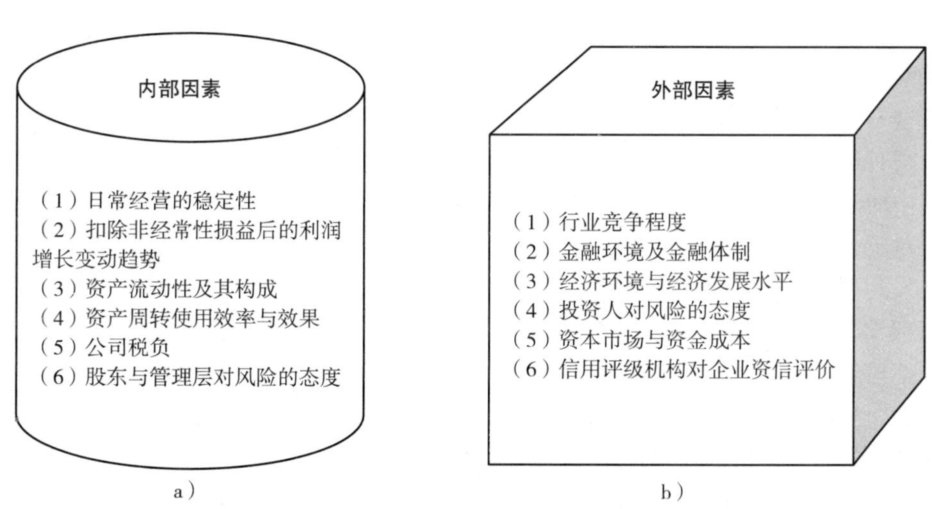

图 5-2 影响融资结构的主要因素

4. 综合融资成本节约、综合税负最小原则

不同的资本市场、不同的融资方式和规模、不同的货币种类和融资时期，都会造成企业所负担的融资成本和税负出现差异。如向银行借款，其手续费一般远低于向社会发行企业债券而产生的发行费用，两者的利率水平也常常不同；又如一般的债务性筹资，在非资本化费用的前

提下，其利息费用是可以税前列支的，因而在一定程度上降低了企业的实际税负；但权益性筹资所支付的股息却是在税后列支的，对企业所得税税负没有影响等。因此，如何选择适当的融资方式、时间、地点、货币种类等，便成为制定融资策略时需要考虑的重要因素。在降低总体融资成本和综合税负方面，企业应充分利用现有的各类优惠政策，并通过对不同融资工具、融资渠道、资本市场、融资约束等的分析与组合利用，以达到既能充分满足企业的资金需求，又能尽可能降低融资综合成本与融资风险、降低企业综合税负的目的。

5.1.2 融资渠道

融资渠道即为企业筹措资金的途径。广义的融资渠道一般包括来自于企业内部的融资和来自于企业外部的融资这两大类途径。其中来自于企业内部的融资途径主要是指企业在日常生产经营过程中、在维持原有经营规模的前提下所形成的利益积累即留存收益部分，以及固定资产、无形资产等长期资产更新换代前以折旧或摊销等形式回收的部分价值；而来自于企业外部的融资渠道则比较广泛，既包括发行股票、吸收直接投资等形成企业所有者权益性质的融资途径，又包含发行债券、向银行或其他金融机构贷款（含民间信用担保贷款）、利用融资租赁或商业信用、商业票据等形成企业债务性质的融资途径。而狭义的融资渠道主要是指来自于企业外部的融资途径。考虑到内部融资并非传统意义上的增量资金流入，因此以下仅介绍狭义的融资渠道。

1. 发行股票融资

以发行股票的方式进行融资是企业经济运营活动中一个非常重要的筹资手段。股票作为投资者对企业拥有相应权利的一种股权凭证，一方面代表着股东对企业净资产和经营净利的要求权；另一方面，普通股股东凭借其所拥有的或被授权行使权力的股份总额，有权行使其相应的、参与企业经营管理及其决策控制的权利。

一般而言，企业向发起人、国家授权投资的机构以及法人主体等发行的股票，应为记名股票。对于这一类股票，企业应置备股东名册，如实记录股东姓名、住所、所拥有的股份、所持股票的取得日期及其编码等；至于向社会公众发行的股票，既可以是记名股票也可以是无记名股票。其中对于记名股票，企业也应记录股东的姓名、住所、拥有股份数额及其取得日期与编号等；而对于无记名股票，则只需要记载其股票数量、编号和发行日期等基本信息。

企业发行股票，需要具备一定的条件。按照我国现行的《公司法》、《证券法》和《首次公开发行股票并上市管理办法》等规定，股票发行人必须是具有股票发行资格的股份有限公司——包括已经成立和经批准拟成立的股份有限公司，而且发行人公司还必须在公司的主体资格、独立性、规范运行、财务与会计，以及募集资金的运用等几个方面满足相关规定中的基本要求。这些要求简要概括如表 5-1 所示。

表5-1 发行人公司首次公开发行股票的基本要求

	基 本 要 求
主体资格方面	（1）依法设立且合法存续的股份有限公司； （2）自股份公司成立后已持续经营 3 年以上（有限责任公司整体变更的可连续计算）； （3）注册资本已足额缴纳，股权清晰；主要资产及发行人股份不存在重大权属纠纷； （4）生产经营符合法律法规及公司章程的规定，也符合国家产业政策； （5）近 3 年内主要经营业务和主要管理人员无重大变化，公司实际控制人也未变

（续）

	基本要求
独立性方面	（1）资产独立：发行人公司资产构成完整，具备独立的与生产经营密切相关的各环节业务体系及相匹配的资产； （2）机构和人员独立：有健全而独立的内部经营管理机构和相对独立的高层管理者及财务人员； （3）财务独立：有独立的财务核算体系，规范完善的财务会计制度和财务管理制度；独立的财务决策与资金管理系统； （4）业务独立：有独立于控股股东、实际控制人及其控制企业之外的经营业务，且与上述控制人或其控制的企业之间不存在同业竞争
规范运行方面	（1）有健全的股东会、董事会、监事会、独立董事、董事会秘书等制度且能依法履职； （2）公司高管具备相应的任职资格且对相关法律法规有所了解； （3）发行人公司内部控制制度健全且能够被有效执行，能够合理保证公司财务报告的可靠性和生产经营活动的合法性； （4）不存在为控股股东、实际控制人及其所控制的其他企业进行的违规担保和资金占用等情况
财务与会计方面	（1）公司资产质量良好，资金来源结构合理，资金流量正常且经营获利能力较强； （2）内部控制有效且获得注册会计师无保留意见鉴证报告； （3）会计基础工作规范，过去三年财务报告中无虚假记载且编制符合会计制度规定，并获得了注册会计师无保留意见审计报告； （4）信息披露完整，不存在通过关联交易操纵利润的情况； （5）公司依法纳税，且经营成果对税收优惠或关联方等不存在严重依赖； （6）公司不存在重大偿债风险，也不存在影响公司持续经营的担保、诉讼及仲裁等重大事项和或有事项； （7）在商标、专利、专有技术、特许权等重要资产或技术的取得与使用方面不存在重大不利变化的风险；也不存在其他可能严重影响持续经营与盈利能力的重大不利情形
募集资金运用方面	（1）建立了募集资金专项存储制度，有明确的募集资金使用方向； （2）募集资金投资项目应符合国家产业政策、环境保护、土地管理及其他法律法规； （3）经过项目可行性分析；与公司目前经营规模、财务状况、技术水平和管理能力等相适应； （4）不会导致产生同业竞争或影响发行人的独立性

除了表5-1中所列示的基本要求之外，在对发行人公司的财务状况与经营能力方面，现行发行制度还提出了一些更为详细的财务指标要求，如表5-2所示。

表5-2　对发行人公司具体的财务指标要求

在主板发行上市	在创业板发行上市
（1）公司近3年净利润均为正数且累计超过3 000万元人民币（净利润按照扣除非经常性损益前后较低的数值为准）。 （2）近3个会计年度中，经营活动现金流量净额累计超过人民币5 000万元；或近3年累计营业收入超过人民币3亿元。 （3）IPO之前，公司股本总额不少于3 000万元且最近一期期末不存在未弥补亏损，期末扣除土地使用权、水面养殖权和采矿权之后的无形资产总额占净资产的比例不高于20%。 （4）IPO之后，公司股本总额不低于5 000万元；公众持股比例达25%及以上（若股份总数超过4亿股，公众持股比例应不低于10%）。	（1）近2年连续盈利且净利润持续增长，累计净利不少于1 000万元人民币；或近一年盈利且净利润不少于500万元（净利润数据以扣除非经常性损益前后孰低者为准）。 （2）公司最近一年营业收入不少于5 000万元人民币，且最近2年的营业收入增长率均不低于30%。 （3）发行人公司最近一期期末的净资产总额不少于人民币2 000万元，且不存在未弥补亏损。 （4）公开发行股票之后，公司股本总额不少于3 000万元。

发行股票属于投资者对企业进行投资的一种方式，一般情况下，投资者对所投资金是不能收回的，只能借助于证券市场转让来变现。股票上市不仅提高了公司股票的变现能力，而且有

利于借助资本的大众化来分散公司经营风险，也有助于对公司市场价值的评价与确定，有利于提高公司的知名度。

以发行股票的方式筹措资金，相对于债务性筹资方式而言，具有如下一些优势：一是股东投入资金除公司依法终止或破产清算等情况之外，通常股权只能转让而不能抽回。这就意味着公司所筹措的资金无须偿还，因此具有永久性，可以长期占用；二是一般来说，以这种方式一次性筹措的金额相对较大，用款限制也相对较为宽松，有助于公司对资金的合理调度与充分使用；三是与发行债券及贷款等方式相比较而言，发行股票的筹资风险相对较小，且一般没有固定的股利支出负担，不会增加公司的财务风险和资金压力；同时，由于这种方式降低了公司的资产负债率，为债权人提供了保障，将更有利于增强发行公司的后续举债能力；四是以这种方式筹资，有利于提高公司的知名度，同时由于在管理与信息披露等各方面相对于非上市公司而言，一般要求更为规范，有利于帮助其建立规范的现代企业制度。

当然，股票筹资也有其不足之处。主要表现在：一是发行股票的前期工作比较繁杂，发行费用相对较高；二是由于投资者所承担的风险相对较大，要求的预期回报也相对较高；而且，由于支付给股东的股利回报是以税后净利润或税后留存收益支付的，不存在抵税效应，因此理论上讲股票融资的资金成本就比较高；三是股票融资有可能增加新股东，从而可能会影响到原有大股东对公司的控股权；四是如果股票上市，公司还必须按照相关法律法规的要求及时披露有关信息，这不仅增加了信息整理与披露的工作量，甚至还有可能会因此而暴露公司商业机密，给公司经营管理带来一定的负面影响，从而造成较高的信息披露成本。

首次公开发行股票筹资之后，上市公司在之后的持续经营过程中，还有可能多次增发股票。如果是再次发行股票，根据《证券法》、《公司法》和《上市公司证券发行管理办法》等规定，首先应具备上述表 5-1 中的基本要求，同时还应在财务与经营等方面具备如下一般性条件，包括：①公司现任高管在最近 36 个月内未受到过中国证监会的行政处罚、近 12 个月内未受到过交易所的公开谴责；公司近 12 个月内不存在违规对外担保行为；②公司最近 3 个会计年度连续盈利，业务和盈利来源相对稳定；最近 24 个月内曾公开发行证券的，不存在发行当年营业利润比上年下降 50% 以上的情形。③公司最近 3 年以现金或股票方式累计分配的利润不少于最近 3 年实现的年均可分配利润的 30% 等。

除此之外，根据再次发行股票的具体形式如配股、定向增发股票和非定向增发股票等，证监会和交易所还提出了其他一些特定要求。

（1）配股。即上市公司赋予现有股东可按其持股比例认购公司新发行配售股份的权利的行为。配股融资通常融资对象明确、融资时间相对较短、融资费用相对较低。但除前述一般性条件之外，实施配股融资的上市公司还需具备如下具体条件：

1）前一次发行的股份已经募足且使用效果良好，本次配股距前次发行间隔一个完整的会计年度以上（指 1 月 1 日至 12 月 31 日这一完整的日历年度）；

2）公司上市超过 3 年的，最近 3 年的净资产收益率平均在 10% 以上；若上市不满 3 年，则按照上市后经历的完整会计年度平均计算；属于农业、能源、原材料、基础设施、高科技等国家重点支持行业的，净资产收益率不得低于 9%；此外，上述计算期间内任何一年的净资产收益率均不得低于 6%；

3）公司预测的净资产收益率应达到或超过同期银行存款利率水平；

4）公司当次配股发行股份总数不得超过此前公司股份总数的 30%（用于国家重点建设项

目和技改项目的，不受此限制）；控股股东应公开承诺认配股数，如果控股股东不履行认配承诺，或代销期满原股东认股数量未达到拟配售股数的百分之七十，则发行人公司需要按照配股发行价并加算同期银行存款利息将资金返还给已经认购配售的股东。

此外，如果上市公司被发现不按有关法律法规规定履行信息披露义务、或近3年存在重大违法违规行为、或曾经擅自改变《招股说明书》或《配股说明书》所列资金用途而未作纠正或未经股东大会认可，以及申报材料存在虚假陈述或公司拟订配股价格低于配股前每股净资产等情况，都将失去其配股资格。

（2）非定向增发股票。非定向增发股票也有称为公开增发新股，是指上市公司向非特定投资者增发股票的融资行为。采用这种方式融资，除了前面那些共同的基本条件之外，也需要满足一些额外条件，如：最近3个会计年度公司年加权平均净资产收益率不低于6%（按扣除非经常性损益前后的净利润孰低为准）；最近一个会计期末，公司未持有大额的交易性金融资产和可供出售金融资产，以及借给他人款项或委托理财等财务性投资（金融类企业除外）；公开增发股票的发行价格不低于公告招股意向书之前二十个交易日的股票均价或前一个交易日的均价等。

（3）定向增发股票。它也称为非公开发行新股，是上市公司向符合条件的特定投资者（按规定不得超过10名）增发股票的融资行为。除了前面那些共同的基本条件之外，证监会在2006年4月公布的《上市公司证券发行管理办法》（增发股票征求意见稿）中，对于非公开发行新股，还要求发行价不得低于定价基准日前二十个交易日公司股票均价的90%；定向增发的股份自发行结束之日起，12个月内不得转让（其中公司控股股东、实际控制人及其控制的企业所认购的定向增发股份，则在36个月内都不得转让）；如果非公开增发会导致上市公司控制权发生变化的，还需要符合中国证监会的其他规定。此外，如果定向增发是针对境外战略投资者的，则还需要得到国务院相关部门的审核批准。由于定向增发股票并没有具体的盈利要求，理论上亏损企业也可以申请发行，因此近年来得到了众多上市公司融资选择时的青睐。

采用定向增发方式进行融资，由于上市公司市场估值溢价的作用，使母公司资产得以通过估值溢价而提升；而对控股股东或实际控制人等实施的定向增发，有利于强化他们对上市公司的控制程度；对公司高管和核心技术人员的定向增发，有利于借助市值导向机制进一步完善股权激励机制。而且，通过向控股股东及其他资本实力雄厚的投资者以接近市价的水平增发股票，也有利于上市公司在获得较多增量资金的同时，降低了普通中小股东的投资风险。

无论是哪种形式的股票增发，出于对债权人利益的保护，同时也避免出资人出资不到位等情况的发生，相关法律法规还规定：股票发行只可以溢价发行或平价发行，而不允许折价发行。

2. 吸收直接投资

吸收直接投资是指公司以合同或协议等形式，按照“共同投资、共担风险、共享收益”的原则吸收其他单位和个人投资的一种权益性筹资方式。国家、法人、个人包括外商等都可以以货币资金、实物资产、知识产权、土地使用权等方式对企业进行直接投资。我国《公司法》中规定：股东以实物资产、知识产权或土地使用权等非货币资产作为出资的，必须进行资产价值评估，核实财产并依法办理产权转移手续。同时，公司全体股东的货币出资金额不得低于公司注册资本的30%。

作为权益性筹资的一种方式，吸收直接投资也具备了股票筹资中所筹资本无须偿还、筹资风险及财务风险相对较小、无固定的股利支出负担、有利于降低公司资产负债率、增强后续举债能力等优点。除此之外，这种方式由于可以直接获得生产经营所需要的先进技术与设备，因此还有利于公司提高时效、尽快形成生产能力。正因如此，我国在吸收外商直接投资方面一直保持着较高的水平。根据联合国贸易与发展会议《2003 年世界投资报告》中的资料显示，中国是 2003 年全世界吸收外国直接投资最多的国家，金额为 535 亿美元（事实上，从 1993 年起，我国已经连续十几年成为吸收外资最多的发展中国家了）。而从改革开放到 2007 年年底，全国外商直接投资金额累计超过 7 700 亿美元，年均增长速度为 20.1%。即使是在经济增速趋缓的 2013 年全年，我国设立的外商投资企业依然有 22 773 家，实际使用外资金额 1 175.86 亿美元，同比增长 5.25%，在全球吸收外国直接投资规模的国家排名中位列第二。

不过，与股票筹资类似，吸收直接投资也存在着资本成本高、容易分散原有股东对公司的控制权等不利之处。

3. 认股权证

所谓认股权证，本质上是一项期权权利契约，是由股份公司发行的、允许其持有人在一定时期内按照预定价格优先购买一定数量普通股的权利凭证。每一份认股权证都有其确定可购买的股票份数或认购比率，也标明了认股权利的行使期限和执行价格或执行价格的计算方式。

由于认股权证的价格取决于所附属股票的未来价格的波动预期，因此发行公司有可能利用认股权证的这种期权性为其所拥有的股票进行套期保值：当市场上对该类股票波动出现了高估预期时，将会使公司从认股权证筹资中获得收益。此外，发行认股权证时并不会产生任何财务负担，也不会立时增加新的股份，有利于降低公司的财务风险、提高其后续筹资能力。再者，采用认股权证的方式进行融资，实际获得资金的时间是相对滞后，甚至是缓期分批实现的；权证持有者是否会按期行权，取决于公司本身的经营财务状况及公司股票的市场表现；这就在一定程度上对该股份公司的大股东及公司高管的经济行为形成了一种无形的制约：有助于促使公司大股东及高层管理者完善公司治理，改进管理效率，努力提升公司市场价值。

不过，由于认股权证行使时间的不确定性，也会给公司的资金调度与合理安排带来困难，使公司在资金预算和计划方面处于相对被动的境况。

例 5-1

经中国证监会核准，上海汽车集团股份有限公司（公司简称：上海汽车，证券代码：600104）于 2007 年 12 月 19 日发行了总计人民币 63 亿元的分离交易可转债（即认股权和债券可分离交易的可转换公司债券），由此形成了 22 680 万份分离出的认股权证。该认股权证已于 2008 年 1 月 8 日在上海证券交易所上市交易（权证简称：上汽 CWB1，交易代码：580016），权证的存续期限为自上市之日起 24 个月，即 2008 年 1 月 8 日至 2010 年 1 月 7 日；行权期为 2009 年 12 月 31 日至 2010 年 1 月 7 日之间共 5 个交易日。该项权证融资计划用于公司自主品牌建设二期、乘用车收购兼并、上海汽车技术中心研发设备投入和商用车收购兼并等四个项目。

按照发行约定，上海汽车此次认股权证经分红除息等调整之后的最终行权价格为每股

26.91 元，行权比例为 1∶1，即权证持有人每持有一份该认股权证，有权在行权期以 26.91 元 / 股的价格认购一股上海汽车的 A 股股票。

然而，2009 年 12 月，上海汽车 A 股股票的价格大多时间都徘徊在 25 元左右，期间仅仅在 12 月 24 日出现了一次大涨，涨幅约 4.21%，当天最高价 27.23 元，报收于 26.99 元，高于公司约定的行权价格。但之后又开始一路走低。至 2010 年 1 月 7 日，公司股价最终报收于 24.12 元。至此上海汽车价值 61 亿元的认股权证到期，但仅仅只有不足 400 万份认股权证行权，公司因此仅获得融资 1.05 亿元，计划中的 61 亿元认股权证融资宣告失败。

资料来源：A 股市场股价及公司信息披露。

4. 发行债券

债券是经济主体为筹措资金而依照法定程序发行、约定在一定期限内还本付息的有价证券。属于一种标明债权债务关系的书面凭证。

（1）债券的分类。债券作为国家、地方政府、企业或其他经济主体筹措资金的一种渠道和方式，存在着不同的分类标准。最基本的分类是按照发行主体的不同划分为政府债券、金融债券和企业债券等。其中政府债券是指由中央政府或者地方政府发行的债券；金融债券是指由金融机构发行的债券；而企业债券一般是指工商企业所发行的债券。鉴于本教材讨论的主体主要是企业性质，因此这里简要列示一些企业债券的分类形式，主要包括如下几组分类：

1）记名债券和无记名债券：指债券上是否登记有债券持有人的姓名或名称的一种分类。

2）可转换债券和不可转换债券：即按照债券持有者是否可以在约定的时期内、按照约定的价格或比例，将所持有的债券转换成发行企业的股票进行的分类。

3）担保债券和信用债券：是按照筹资人发行债券时是否需要提供相应的债务担保（包括抵押、质押或第三方担保等）进行的一种分类。

4）固定利率债券和浮动利率债券：即按照债券的票面利率在债券有效期内是否固定而进行的分类。

5）到期一次还本付息债券和分期付息、到期还本债券：即按照计付利息的方式进行的分类。

除上述几种分类模式之外，实务中还逐渐出现了其他一些债券类型，如按照发行方是否有权提前赎回而划分为可赎回债券和不可赎回债券；收益公司债券（指债券利息只在公司有盈利时方才支付，否则其利息，甚至包含本金可以累积至公司收益改善、有盈余后再补发）；附认股权证债券（指债券持有者可以在约定的时期内、按照约定的价格或比例购买发行企业特定股票的一类债券）；附属信用债券（指持有该类债券的投资者在公司清偿时的顺序排在信用债券和其他债券之后，但排在优先股和普通股之前）等。

（2）公司债券的发行条件。依据 2005 年 10 月全国人大常务委员会修订的《中华人民共和国证券法》中第十六条的规定，公开发行公司债券必须符合下列条件：

1）公司规模达到国家规定的要求（即股份有限公司的净资产不低于人民币 3 000 万元，有限责任公司的净资产不低于人民币 6 000 万元；如果发行的是可分离交易的可转股公司债券，则公司最近一期期末经审计的净资产不得低于人民币 15 亿元）；

2）公司累计债券余额不超过公司净资产额的40%，且最近三年平均可供分配的利润足以支付公司债券一年的利息；

3）募集的资金投向符合国家产业政策；

4）债券的利率不得超过国务院限定的利率水平；

5）国务院规定的其他条件。

除此之外，我国《企业债券管理条例》中还规定了“发行企业债券的总面额不得大于该企业的自有资产净值”、“财务会计制度符合国家规定，企业具有偿债能力”、“经济效益良好，发行企业债券前连续三年盈利”等。

另外，为了保证发行方必要的偿债能力，《证券法》还规定：发行公司债券所筹集的资金，必须用于核准的用途，不得用于弥补亏损和非生产性支出（如房地产买卖、股票买卖、期货交易等）。

在证监会2007年8月颁布的《公司债券发行试点办法》中，除上述条件外，还对债券发行公司的资信与内部控制提出了要求，包括所发行债券的信用评级须为良好及以上；公司内部控制制度健全且其完整性、合理性与有效性等都不存在重大缺陷；近三年内公司财务会计文件以及本次发行债券的申请文件都不存在虚假记载，也没有误导性陈述或重大遗漏；公司不存在其他重大违法行为以及严重损害投资者合法权益和社会公共利益的情况等。此外，对于申请上市交易的公司债券，证监会还要求同时满足如下要求：一是债券期限必须在一年以上，二是债券的实际发行额不能少于人民币5 000万元。

以发行企业债券的方式进行融资，相对于其他筹资方式而言，有利之处在于：第一，不影响原有股东对企业经营与财务的控制权；第二，由于债务利息通常是固定的，而且可以在税前列支，因此，债券融资不仅可以发挥财务杠杆效益，而且有利于降低企业实际的资金成本。然而，相对于向银行贷款等传统债务筹资而言，发行企业债券对企业自身的要求相对严格，报批及发行手续也比较复杂，而且在发行契约书中通常还会附加一些限制性条款；除此之外，相对于权益性筹资而言，发行企业债券进行融资，由于必须按期还本付息，对企业会形成一定的资金压力，使得这种融资渠道的风险相对较高。

5. 可转换债券

可转换债券是附有可以在约定条件下转换为普通股股票选择权的债券，属于纯粹债券和对普通股看涨而确定的购买期权的组合（当然，上市公司也可以在符合条件的前提下，公开发行认股权和债券本身分别交易的可转换债券，即“分离交易的可转换公司债券”）。投资者可以选择在规定的时间按照规定的转换比例或转换价格，将所持有的可转换债券转换为发行方公司股票，也可以放弃这种选择而将债券持有到期以收回本息。

依据我国《证券法》以及《上市公司证券发行管理办法》的规定，上市公司发行可转换债券除了必须符合上述“4. 发行债券”中的所有条件之外，还必须满足以下一些经营与财务方面的要求：

（1）最近3个会计年度连续盈利且业务和盈利来源相对稳定，不存在人为操纵经营业绩信息的情况；不存在严重依赖控股股东和实际控制人的情况；不存在现实或可预见的重大不利变化。

（2）最近3年及一期财务报表未被注册会计师出具保留意见、否定意见或无法表示意见的审计报告；如果被注册会计师出具带强调事段的无保留意见审计报告，则所涉及的事项对发行人无重大不利影响或者在发行前重大不利影响已经消除。

（3）最近3个会计年度加权平均净资产收益率不低于6%，且最近3年以现金或股票方式累计分配的利润不少于最近3年实现的年均可供分配利润的20%。

（4）如果是上市公司且发行的是分离交易的可转股公司债券，则公司最近3年经营活动产生的现金流量净额平均应不少于公司债券1年的利息。

（5）公司高管与核心技术人员稳定。公司不存在可能严重影响持续经营的担保、诉讼、仲裁及其他重大事项。

此外，《上市公司证券发行管理办法》还规定：如果上市公司近2年内曾公开发行证券且发行当年营业利润比上年下滑50%以上，将不具备发行可转债的条件。

上市公司通常会出于减少债务融资未来的还款压力，或避免股市低迷时低价发行股票融资而增加过多的股份总数，以及试图增加本公司未来股价上升的讯号等各种因素而选择发行可转换债券。这种融资方式由于通常都附有较为优惠的转股权利，故其债券票面利率一般都明显低于相同条件下普通债券的利率水平，即意味着其融资成本相对较低；此外，这种方式相对于普通债券或直接发行股票筹资而言，更有利于稳定公司目前的股票价格、稀释对公司每股收益指标的不利影响、缓解筹资过程中各相关方面的利益冲突等。最主要的，在这种融资方式下，当投资者行使了转股权利之后，将会极大地降低公司的还本付息压力，降低公司的财务风险。

不过，一旦公司经营业绩下滑或预期存在重大不利影响，债券持有者就可能不会行使其转股权利，而是持有债券到期。此时公司必须按期还本付息，从而可能加大公司财务风险并导致资金严重不足。此外，如果投资者在正常情况下行使了转股权利，公司便随之丧失了原有的低资金成本优势，转而造成综合资金成本的相对提高。

按照现行制度规定，发行可转换债券的公司，一般应该在债券募集说明书中说明发行公司的基本信息、本次发行概况、发行债券的总体规模、债券的票面金额和发行价格、票面利率与还本付息期限和方式、本次可转换债券的存续期限与转股期限、债券转股股数的确定方式、转股价格的确定及调整规则，以及本次可转换债券的赎回条款或回售条款等，以便在保障债券持有人经济利益的同时，也对发行公司的经济利益有所保障。

6. 短期融资券

短期融资券是指具有法人资格的非金融企业，根据2005年5月中国人民银行颁布的《短期融资券管理办法》以及《短期融资券承销规程》和《短期融资券信息披露》等规定，在银行间债券市场发行和交易、并约定在最长不超过365天的一定期限内还本付息的有价证券。

与上述企业债券类似，企业发行短期融资券也必须符合一定的条件，主要包括：较强的偿债能力和稳定的资金来源；最近1个会计年度是盈利的；短期融资券所募集的资金是用于本公司的生产经营；近3年如果曾经发行过融资券进行融资，均没有出现延迟支付本金和利息的情况；近3年没有发生过重大违法违规的行为等。

2008年4月，中国人民银行又制定并颁布了《银行间债券市场非金融企业债务融资工具管理办法》（2005年版《短期融资券管理办法》随即终止），在此基础上，中国银行间市场交易商协会也先后制定并发布了《银行间债券市场非金融企业短期融资券业务指引》、《银行间债券市场非金融企业债务融资工具注册工作规程》（2011年4月修订）、《银行间市场非金融企业债务融资工具发行规范指引》、《银行间债券市场非金融企业债务融资工具信息披露规则》（2012

年 3 月修订)、《银行间债券市场非金融企业债务融资工具中介服务规则》(2012 年 3 月修订)等，形成了目前发行短期融资券所应遵循的系列规范与自律规则。

短期融资券是一种特殊的企业债券，其基本特点与企业债券类似，即融入资金都构成了企业的债务、利息可以税前抵扣、不影响企业股东的控股权等。除此之外，由于短期融资券可以在市场上公开交易，具有较强的流动性，其票面利率一般低于银行同期借款利率，因此会有效降低企业资金的使用成本；而且相较于银行信贷而言，利用短期融资券更易募集到大额资金；特别是由于短期融资券可以在注册额度内分期发行，因此在融资期限上具有一定的灵活性，便于企业根据经营需要灵活调整实际的融资期限。

但是，凡事有利也有弊。短期融资券毕竟期限较短，这会给企业带来较大的资金偿付压力；而且按照规定，企业必须在指定媒体或网站（如“中国货币网”和“中国债券信息网”）上披露发行企业有关财务与经营信息、包括可能影响投资者债权利益顺利实现的重大事项的相关信息等，因此又会加大企业的信息披露成本和披露风险。

短期融资券按照规定不能由企业自行销售，而必须是由符合一定条件的金融机构采用代销、余额包销或全额包销的模式来承销，因此筹资风险相对较小。我国自 2005 年 5 月底开始，截至 2006 年年底，共发行企业短期融资券 4 343.5 亿元；经历九年之后，2013 年全年，银行间债券市场累计发行人民币债券 8.2 万亿元，其中发行短期融资券 8 324.4 亿元，发行超短期融资券 7 535.0 亿元，很大程度上缓解了企业资金紧张的状态。

7. 向银行或其他金融机构贷款

近二十年来，伴随着金融体制改革，我国诸如信托投资公司、证券公司等非银行金融机构都有了较大的发展。然而就目前状况而言，我国的银行体系在金融体系中仍然占有举足轻重的地位。有资料显示，就 20 世纪最后十年来看，我国的银行贷款余额占国内生产总值的比重为 96%，远远高于美国、韩国、印尼等国家的同期数据。即使是这几年，银行系统所拥有的金融资产也基本上占据了全部金融资产总额的一半左右。向银行贷款仍然是企业债务筹资的主要途径。

企业向银行贷款按照贷款期限的长短，一般划分为短期借款和长期借款两大类。

（1）短期借款。它是指企业借入的、期限在一年以内的款项，主要包括生产周转借款、结算借款和临时借款等。短期借款的取得手续相对较为简便，可以依据企业生产经营的需要灵活安排和使用；同时，短期借款的利率和支付利息的方式也较为灵活，有利于企业对资金流量的预测安排。不过，对于企业而言，这种融资方式的最大问题还在于短期还款的资金压力方面，如果借款时还附带签订了一些其他附加条件或限制的话，则财务风险会更加突出。

现实融资活动中，短期借款使用比较频繁。特别是一些信用记录良好、或取得授信额度的企业，在原有借款按期偿付之后，重新履行程序，又可以获得新的借款，相当于一种变相的短期借贷、长期占用的资金来源；因而会出于降低企业资本成本的考虑而有意识地以短期借款部分替代企业对长期借款的需求。当然，这样运作的前提是企业的资金调配能力相对较高，否则一旦经营循环或资金调配失控，就可能造成企业无法履行即期偿付义务，从而影响企业信誉或出现资金短缺的连锁反应。

（2）长期借款。即借入期限在一年以上的款项。由于这种资金来源的可使用期限比较长，一般常用于一些长期投资项目或需要长期占用资金的生产经营活动方面。

长期借款按照其用途划分，包括固定资产投资借款、更新改造借款、科技开发和新产品试制借款、出口专项借款及其他专向借款等。从提供贷款的机构来看，涉及政策性银行贷款、商业性银行贷款及其他金融机构贷款三大类。

根据我国金融机构审核发放贷款的原则规定，企业获得长期借款，一般应满足如下一些基本条件：

1）独立核算、自负盈亏，拥有法人资格；在银行开设有相应账户用于办理结算。

2）企业经营方向及业务范围符合国家产业政策，所借款项用途属于银行贷款所规定的范围。

3）企业具有还贷能力，拥有一定的物资与财产保证，担保单位也具有相应的经济实力。

4）企业的财务管理与经济核算制度健全，资金使用效益及经济效益良好。

银行借款是我国企业最传统也最常用的一种融资渠道，除了具有不影响原有股东的控股权，利息费用可以税前列支，以及可能获得超额利润等财务杠杆效益之外，相对于债券筹资来说，银行借款的资金成本较低、筹资速度较快、借款弹性相对灵活、且不需要公开企业的财务信息。但是，银行作为一种特殊的经营机构，出于资本保全和降低风险的需要，往往会对风险较大的企业或项目不愿贷款，或提出一些附加的限制性条件，显得有些“嫌贫爱富”。造成银行借款的保护性条款与限制性条款太多、对企业的约束和限制也较多，增加了企业借款的财务与经营风险。

8. 利用融资租赁或商业信用、商业票据等方式筹资

（1）融资租赁，也称为金融租赁或资本性租赁，属于一种期限较长的租赁契约，通常是为满足承租方对特定资产的长期需求而进行的一类不可单方面撤销的租赁行为。一般包括直接租赁、杠杆租赁，以及售后回租等模式。目前在国外是仅次于银行信贷的一种金融工具。

其中，直接租赁是最常见和最传统的租赁方式，是由出租方为承租方提供所需设备，承租方则按照租赁合同的规定在租期内分期支付租金、期满根据协议将设备留购、续租或退回出租方的一种租赁方式。杠杆租赁也称为第三方权益租赁，通常是由出租方以部分自有资金、加上以租赁标的物为抵押贷款条件向银行或其他金融机构贷入的部分款项一起购置租赁标的物，然后将其出租给承租方；出租方以获取的部分租金收益偿付贷款本息的租赁形式。而售后回租则是指承租方先将自己拥有产权的特定资产（即之后的租赁标的物）出售给出租方，再从出租方那里将其租回的一种租赁方式；这种租赁方式下，承租方企业的原有经营规模与经营内容不会因此而改变，但通过售后回租，却使原本占用在租赁资产上的大部分资金（租赁资产的出售价格减去回租时支付的首期租金后的差额）得以先行析出，从而盘活了部分沉淀资金、增加了承租方的实际可用资金。

无论哪种方式，利用融资租赁，承租方通常只需要用相当于租赁资产全价的20% ~ 30%左右的保证金，就可以先将完整的租赁资产安装调试到位并投入使用，避免了一次性固定资产投资所可能出现的大量资金占用和投资风险。同时，租赁资产的全部费用（主要指租金）在租期内逐期支付，一方面缓解了公司的资金压力，另一方面类似于利息费用的那部分租金费用由于可以在税前列支，且承租企业还可以享受加速折旧的政策优惠等，使得承租方可以因此获得一定程度上的节税效应。

除此之外，采用融资租赁，无论是在租赁资产的租用期限上，还是在租金的支付方式与支付时间间隔上，都具有较大的弹性，有利于企业资金的合理安排与周转。而且，这种方式集融资和融物于一体，有利于及早更新企业现有的生产经营能力，达到尽早抢占市场先机，早投产、早见效的目的。

相对于发行证券和向银行借款等筹资方式，融资租赁手续简单，速度快捷，又具有融资和融物的双重功效。承租方通过租借设备来提高或改进生产能力，再以生产经营所得的一部分分期偿还租金。这既有利于盘活存量资产，又有利于整合固定资产。类似于人们常说的“借鸡生蛋，卖蛋买鸡”、“花明天的钱办今天的事”等。

当然，由于融资租赁所支付的各期租金包含了出租方企业所要求的必要投资报酬，因此其内在成本率通常都会明显高于银行的贷款利率，即相对于直接借款等债务筹资方式而言，融资租赁的资本成本一般还是比较高的。

（2）商业信用与商业票据。利用商业信用融资，是指企业利用其商业信誉，在购销商品、提供或接受劳务等生产经营活动中与其客户之间发生的、与交易直接相关却带有筹资特征的信用行为，包括预收客户购货款、基于交易行为而收取的押金或订金、采取分期付款方式采购物资或接受劳务、利用商业汇票结算等。

采用这些融资方式，有利之处在于融资方便、方式灵活、资金成本低、限制条款少，通常是在交易行为发生的同时，经交易双方同意即可使用。既完成了商品或劳务的交易行为，又使取得信用融资的一方相当于获得了另一方提供的无息或低息贷款，甚至在满足一定条件下，还有可能获得银行的信用支持（取得银行承兑汇票）。

例 5-2

近几年不少地方移动电话运营商推出“充值送”活动，承诺若用户一次性充值特定金额，将在随后若干时间（多为 10 ~ 12 个月）内获赠一定金额的话费，便属于一种预收交易款（话费）的商业信用融资模式。以中国移动浙江分公司曾经推出的一项优惠活动为例，该活动规定：凡该公司手机用户在活动期间一次性充值 300 元，将从次月起分 10 个月获赠共 100 元话费；若一次性充值 500 元，将从次月起分 10 个月获赠共 200 元话费；若一次性充值 1000 元，则将从次月起分 10 个月获赠共 450 元话费。

这项活动的诱人之处是很明显的，吸引了大量的手机客户参加。这项活动也是双赢的，因为在客户获得优惠的同时，移动公司通过预收话费也筹集到了巨额资金。不但稳定了老客户，也在一定程度上吸引了新客户，有利于公司进一步扩大经营规模，提高竞争能力。

当然，利用商业信用融资也存在着一些不足之处：一方面是因为这种信用融资期限都比较短，可能会导致企业过大的资金压力或短期内的财务与经营风险；另一方面则是由于这种方式下商品与劳务价值的实现与资金流转在时间上的脱节，有可能造成融资一方对信用的盲目使用而为日后埋下一定的财务隐患。

商业信用通常会以商业票据的形式体现，作为交易双方的一种债权债务的书面证明，因此，商业票据融资是属于商业信用的一种最为普遍的利用形式。

根据《票据法》的规定，商业票据可以贴现或转让，即票据的持有人将所持有的商业票据转让给银行，银行在扣除贴现利息之后，将该票据的到期值扣除贴现息后的金额支付给贴现方的一种行为。由于商业票据是一种延期付款的凭证，代表着持有者未来的收款权利。因此在票据到期之前，持有者无法使用相应的资金，造成这种债权资产的闲置。但如果企业能够充分利用票据贴现，以较低的贴现成本换取对资金的及时利用，便有可能抓住商机，获取较高的资金使用效益。

9. 保理融资

保理融资也称为应收账款的让售，是指生产经营销售商将其持有的应收账款转售给银行或其他机构，从而提前获得相应资金的一种融资行为。采用这种方式，一方面避免了应收账款这种债权资产的暂时闲置，另一方面，企业可以因此快速回笼资金以弥补日常运营中资金的不足或短缺，加速流动资金的周转速度，甚至在一定程度上避免坏账损失的风险。

应收账款的让售分为有追索权的让售和无追索权的让售两种。其中有追索权的让售是指在让售之后，当应收款项到期时，如果付款方未能按期偿债，则应收账款的受让方在向付款方追索其应收款项的同时，也有权往前追溯，即向让售方追索尚未得到偿还的款项；这种形式的应收账款让售，实质上让售方并未真正转移该应收账款出现呆账或坏账损失的风险；因此其本质上仅相当于让售方以该应收账款作为质押而向银行或其他机构取得借款而已。而无追索权的让售，则是指当应收账款到期而付款方未能按期偿付时，受让方无权向应收账款的让售方追索，而只能向付款方追索；也就是说这种情况下，应收账款出现呆账或坏账损失的风险已经完全转移，因此其让售行为便属于真正意义上的转让售出。

例 5-3

2004 年，上海曾出现了我国第一个房地产行业的“售后回租＋保理融资”运作案例。当时某大型房地产公司将其名下一家运作良好的酒店出售给某金融租赁有限责任公司，同时签订了“售后回租”合同，约定了每年支付的租赁金额，以及在租赁期满时，房地产公司有权依照合同赎回酒店（融资租赁的一种表现形式）。从而在不改变对该酒店经营权的前提下，通过变更酒店所有权，将固定资产转变成了融资租入资产，在增加应付融资租赁款的同时，增加了公司货币资金。租赁公司则就此项业务，与一家商业银行签订了带有追索权的应收款保理业务合同，将应收融资租赁款卖给银行，较好解决了金融租赁公司乃至房地产公司 6 亿元的巨额融资。

相对于融资企业来讲，保理融资与通常的应收账款质押是有所不同的。虽然这两者都是借助于应收账款而获得的融资，但前者（保理融资）在增加企业现金流的同时，会引起企业应收账款总额的减少；而后者仅仅是以应收账款这一资产进行的质押贷款，应收账款总额并未因此减少，但资产负债率会由于贷款的增加而上升。

10. 典当融资

典当融资是指企业（典当户）以其实物资产作为当物抵押给典当行以取得所需资金（当金），并在约定期满时偿还当金并支付利息、赎回当物的一种短期融资行为。

采用这种方式融资，最大的特点是速度快捷、自由度大。只要典当物品货真价实、所有权属明确、价格合理合法，通常半小时或当天即可办妥手续、取得款项（当金），而无须进行繁杂的信用调查或请其他单位作担保。其次，典当物品的金额起点相对较低，大到几十万元、几百万元，小到几百元、几千元的典当都可以。第三，由于典当融资采用了质押担保的形式，因此其财务风险相对较低。不过，采用典当融资，相对于银行借款而言，当金利息是非常高的，因此这类融资成本也就相应较高。此外，由于人们观念与社会习俗等的不同，典当融资有时候也会对企业声誉产生一些不必要的负面影响。

目前，典当融资凭借其上述特点，特别是其“短”——典当合约周期短，“平”——典当金额要求平和，当金使用灵活度高，“快”——典当手续简便、取得资金快捷等优势，吸引并满足了不少中小企业，特别是民营企业和个体工商户的短期资金需求。

据《中国商报·典当融资导报》报道：从2009年到2012年，上海全市各年的年典当总额分别为272.43亿元、341.59亿元、482.46亿元和544.54亿元，连续四年保持大幅上涨。虽然2013年受钢材质押业务大幅度下滑的影响，全市年典当总额出现了下滑，但依然达到了488.57亿元。截至2013年12月底，上海全市典当法人企业达到251家（其中新设典当企业23家），行业注册资金总额为56.860 6亿元，较2012年的48.402 6亿元增长了17.47%，为众多企业提供了较为及时的类金融服务。

除了上述几种融资渠道之外，实际经营活动中，企业还可以根据其自身情况，选择采用应收账款质押贷款和应收账款信托贷款、买方信贷等其他一些合适的融资方式。

5.2 融资风险分析

随着经济体制和金融体制的改革与完善，国家允许企业可以通过合法手段以多种形式和不同渠道融通资金。融资活动在增强企业资金的支付能力、提高企业信誉和发展后劲的同时，也促进了企业规模的扩张和获利能力的改善，加速了企业继续发展的步伐。然而，融资是有风险的。不同的融资方式或融资渠道之间存在着很大差异，也就有可能产生不同的融资风险。进行融资风险分析，有利于企业提高风险意识，积极寻求科学合理的融资方式或融资组合，尽可能减少或规避融资风险。

融资风险包括未能按期、足额筹集到所需资金的融资失败风险和由于融资，特别是债务融资而给企业财务成果以及股东每股收益等所带来的不确定性影响，又称为财务风险。

融资风险主要源于如下一些因素的影响：一是资金来源和取得时间的不确定性。当企业留存资金不足，需要向外界筹资时，如果因为种种原因不能及时足额地筹集到所需资金，势必会延误商机，给生产经营活动带来不利影响。二是不同渠道融资成本的不一致性。企业的融资渠道多种多样，融资成本也各不相同，如果选择不当或对融资成本的影响估计不足，就可能会导致决策失误，影响企业经济效益甚至带来经营与财务风险。如果涉及外汇资金筹款，还应考虑到汇率的变动给融资成本带来的影响。三是资金用途及资产构成与融资结构的关系变化。一般而言，当企业资产规模一定时，短期资金来源越多，对企业短期资金支付的要求也就越大，资本结构就越不稳定，融资风险便相应增加；而若长期资金来源增加，即期支付的压力就减弱，企业资本结构便相对稳定，且这种稳定性随着股东权益所占资金来源比例的增加而加强，同时也相应降低了融资风险。此外，公司所处外部环境如政治、经济、自然、人文习俗等有关因素，也都会多多少少对融资产生直接或间接的影响。

5.2.1 融资成本分析

无论是债务融资还是股权融资，都不可避免会发生融资成本。所谓融资成本，是指企业为融通资金和使用资金而付出的代价，包括资金筹集费用和资金占用费用两部分。其中资金筹集费用主要包括发行股票、债券等有价证券时所发生的印刷费、发行手续费、律师费、评估费、公证费、广告费等，以及向银行借款、办理融资租赁、应收账款让售、典当融资等过程中所可能发生的手续费、评审费等。这些费用通常在融资行为发生时一次性产生，相当于是对所筹资金的一项扣除。

而资金占用费如股权融资后各期派发的现金股息、借款之后各期支付的利息、融资租赁的租金等，则属于经常性存在的项目，本质上是企业因使用所筹资金而付出的代价即使用价格。

1. 影响融资成本的主要因素

市场经济条件下，企业管理与决策是在多方面因素的综合作用之下而进行的。具体到融资决策中，则与可利用的筹资渠道及其特点，以及不同筹资模式的成本与风险等息息相关。影响企业筹款渠道与相应的融资成本的主要因素一般包括如下一些方面：

（1）市场经济环境与金融环境。金融环境与金融体制在很大程度上决定着企业赖以筹资的合法的相关渠道，经济与金融环境也从根本上影响着整个资本市场的发展和资金供求关系，影响着预期的货币购买力水平，进而影响着投资者对投资收益率（即融资方主要的融资成本）的具体要求。

（2）资本市场的发展与完善程度。证券市场的发展与完善程度直接影响着有价证券在市场上的流通性及其价格波动规律，以及企业对资本市场的可利用程度。而有价证券的变现能力及其变现价格又直接影响着证券投资者的投资风险与投资收益，进而影响着企业融资的规模与代价。类似地，典当市场的发展、应收账款变现或让售的难易程度，也在很大程度上影响着持有者的投资风险。本着高风险高收益、低风险低回报的一般规律，投资者必然会调整其对投资项目收益率的要求，从而会对融资成本产生直接影响。

（3）企业内部经营管理水平和现有资本结构状况。经营管理水平直接影响着企业资金的利用效率和经营效果，影响着企业最终的获利水平与偿债能力。而现有资本结构则影响着企业目前的财务状况与财务风险。 这些问题很大程度上影响着企业的信用评级，甚至决定着企业是否能够满足相应的筹资资格与筹资条件；同时，这些问题也会对企业的后续融资产生不同程度的影响。

（4）融资规模。一般情况下，融资规模越大，对资本市场的影响就越大。有关资料显示：自 2007 年 1 月至 2008 年 2 月一年之间，在沪深两地交易所上市交易的股份公司中，有 196 家上市公司进行了股票增发，其中定向增发 176 次，公募增发 40 次。大量的、甚至是巨额的增发融资，导致股价大幅度波动。截至 2008 年 3 月 27 日，沪深两地有数十家上市公司的股票市价一度低于其增发价或跌破发行价。

随着融资规模的增大，不确定性的影响因素，以及融资风险也就相应增多，由此将会造成融资费用与融资成本的相对上升。

2. 融资成本的基本计算方法

反映公司融资成本高低的一般性指标是资本成本率，是指公司一定时期内使用资金实际付出的代价在可利用资本中所占的比重。其通用计算公式为：

$$\begin{aligned}资本成本率&=\frac{一定期间内实际承担的用资代价}{筹资总额-筹资费用}\\&=\frac{一定期间内支付的用资费用（1-可抵减费用比例）}{筹资总额（1-筹资费用率）}\end{aligned} \tag{5-1}$$

上述计算公式具体到不同的筹资行为，又衍生出不同的资本成本计算模式：

（1）债务融资成本的计算。债务融资由于在一般情况下，所支付的用资费用（即利息）是可以作为财务费用在税前列支的，因此具有抵税效应（即由于利息费用的产生导致应纳税所得额降低，因此少交了企业所得税的现象）。所以，当公司处于正常运行时，其一定期间内债务融资成本的通用计算方法一般表示为：

$$某债务融资的资本成本率\ K_L=\frac{I_t(1-T)}{L(1-F_L)}=R_L\times\frac{1-T}{1-F_L} \tag{5-2}$$

式中 I_t——该融资项目一定期间内约定需支付给投资者的资金占用费，如一年的利息等；

T——企业适用的所得税税率；

L——该项融资的名义筹资总额（即筹资本金）；

F_L——该项融资的一次性筹资费用率，即融资过程中发生的手续费、发行费、评审费等一次性费用合计在筹资总额中所占的比重；

R_L——该项融资一定期间内的资金占用费率（即资金占用费在筹资总额中所占的比重，如年利息率等）。

从资源利用的动态角度来讲，上述公式没有考虑货币的时间价值。如果考虑的话，则可以根据现金流量进行融资成本的计算，方法如下：

假设以 K 代表企业缴纳所得税之前的债务融资成本率（也称为折现率），则考虑税盾效应之后的实际资金成本率 $K_L=K(1-T)$；再以 P 表示债务期末（第 n 期期末）企业应偿还的债务融资金额，其他字母含义与公式（5-2）中的一致。

在信息对称的前提假设下，根据等价交换原则，目前企业筹资的实际所得 $L(1-F_L)$ 应该等于按照一定资金成本率计算出来的未来支付的本金与利息（或租金等）费用的现值总额。即：

$$L(1-F_L)=\sum_{t=1}^{n}\frac{I_t}{(1+K)^t}+\frac{P}{(1+K)^n} \tag{5-3}$$

在公式（5-3）中利用插值法计算出 K 的数值之后，代入 $K_L=K(1-T)$ 中即可换算出考虑了时间价值和所得税影响之后的融资成本率 K_L。

（2）权益性融资成本的计算。权益性融资，其所支付的用资费用也就是公司分配给股东的现金红利或股息，由于红利或股息是从税后净利润中列支的，因此不具有抵税效应，也就不需要像公式（5-2）中那样给支付的用资费用乘上系数 $1-T$。同时，由于公司各年所派发的现金股息很有可能不一致，某年派发的现金股息也可能包含了以往若干年度累积的未分配利润，因此不能简单地以当年股息计算当年的资金成本。目前较常采用的是以收益现值法计算一定期间内的平均融资成本，即利用权益性证券的理论价值计算公式：

$$P_C(1-F_S)=\sum_{1}^{\infty}\frac{D_t}{(1+K_S)^t} \tag{5-4}$$

从中换算出折现率 K_S，即为某类权益性融资的资金成本率。

式中 P_C——权益性融资的名义筹资总额（总价）；

F_S——该项融资的筹资费用率；

D_t——预计第 t 期支付的现金股利金额；

K_S——权益性融资的资金成本率。

例如，对于优先股而言，由于通常情况下优先股每股股息是基本固定的，因此在股本总数不变的前提下，优先股股息总额（假设为 D）也是固定不变的。则利用公式（5-4）可以得出，以发行优先股的形式进行融资，其融入资金的资金成本率 K_S 为：

$$K_S = \frac{D}{P_C(1 - F_S)} \tag{5-5}$$

公式（5-5）中字母的含义如公式（5-4）。

实际运用中，还可以利用资本资产定价模型或风险溢价法等计算权益性融资的融资成本。这些方法在此不再细述。有兴趣的读者可参阅财务管理的相关教材。

（3）商业信用融资成本。一般情况下的商业信用融资以应付账款或应付票据为主，对于标明票面利息的应付票据，相当于以该约定利息向对方借入了一笔短期资金，其资金成本的计算与上述债务融资成本的计算即公式（5-2）相同。如果应付票据是无息的，或应付账款不存在有关现金折扣的条款（或者虽然存在着现金折扣期限的约定，但企业是在现金折扣期内偿还的资金），则意味着此时通过商业信用所占用的短期资金在约定期限内是没有资金成本的，即资金成本率等于零。

但如果应付款项存在现金折扣条款且企业放弃了在现金折扣期内付款，那么企业短期占用的该笔信用资金，不但存在着资金成本，而且有可能成本率很高，远大于银行贷款的融资成本。

$$\text{企业放弃现金折扣所承担的资金成本率} = \frac{\text{现金折扣率}}{1 - \text{现金折扣率}} \times \frac{365}{\text{信用期限} - \text{现金折扣期限}} \tag{5-6}$$

上述计算的是年化了的资金成本率，实际计算时，有时出于简化，也有将公式中的 365 天统一为 360 天进行计算。

（4）加权平均融资成本。加权平均融资成本也称为综合融资成本，是指企业各类融资项目所筹集资金总额的平均资金成本率，反映企业整体资产运营活动中所占用资源的平均代价。一般以个别融资项目金额占全部融资金额的比重为权数 W_J，对个别融资项目的融资成本 K_J 进行加权平均即可得出：

$$\text{加权平均融资成本 } K_W = \sum K_J W_J \tag{5-7}$$

其中，个别融资项目金额占全部融资金额的比重 W_J，可以按照各个融资项目的账面金额来确定，必要时，也可以按照其市场价值（称为市场价值权数）来确定。

3. 融资成本对融资风险的影响

企业要维持生产运营，没有资产一切皆成空谈。然而资产来源于融入资本的支撑，融资是既有风险又有成本的。如同我们在前面已经提到，融资成本不仅包括经常性的资金利息、租金、股息等使用成本，还有可能包括比较巨大的融资过程中的组织管理、咨询委托等相关筹资费用和不确定性等风险成本。很显然，只有在确信融入资金的使用总收益大于融资总成本时，融资才是安全的。否则，如果融入资金的使用总收益小于融资总成本，则意味着企业股东利益与自有资产规模的损失和萎缩，从本质上讲，这也便是企业最终陷入财务困境、引发融资风险的根本原因。

当外部环境基本稳定、企业的生产经营也处于一个比较稳定的状态时，其资产（包括融入资金）的使用效率与使用总收益便也基本处于一个相对平稳的范围。此时，融资成本显然成为决定融资风险的关键因素：融资成本越高，越有可能出现资产使用总收益不足以补偿融资成本的情况，也便越容易产生融资风险。因此，企业在进行融资决策时，有必要结合自身的实际情况以及融资的难易程度和融资成本等因素，确定恰当的融资时期与融资规模，选择合适的融资方式。既要避免由于筹资时期超前、筹资规模与方式不协调造成资金闲置浪费而增加不必要的融资成本；又要避免由于时期滞后、筹资不足影响经营业务的正常发展。总之，降低企业融资成本是降低其融资风险的重要因素之一。

通常情况下，人们习惯于将一些主要融资方式的融资成本按照相对而言从低到高的顺序依次排列为：财政性融资、商业信用融资、内部留存融资、银行贷款、发行债券融资和发行股票融资等。当然，这种融资成本从低到高的顺序绝非是固定不变的，当常规性的一些协议或条款有所变动时，这种有关融资成本的高低排序显然也会发生相应的变化。

例如，一般我们常讲的商业信用融资如应付账款，如果不存在有关现金折扣的条款或者虽然存在着现金折扣期限的约定，但企业在现金折扣期内偿还资金，则意味着没有资金成本；可如果企业放弃现金折扣，那么就存在资金成本，甚至可能会很高。如我们假设某一企业利用商业信用融资购物，偿还条件为（2/10，1/20，*n* /45），即如果企业在约定还款期限（45 天）内的头 10 天内还款，可以在原来确定价格的基础上再享受 2% 的现金折扣；如果在约定还款期限（45 天）内的第 11 天至第 20 天内还款，则可以在原来确定价格的基础上享受 1% 的现金折扣；如果是在第 20 天之后还款，那么就必须在规定期限（45 天）内按照原来确定的价格全额偿还。

这种情况下倘若不考虑其他因素的影响，则企业若在头 10 天内还款，意味着享用了客户 10 天的无偿信用贷款，这笔短期融资显然就没有资金成本；但如果企业在第 11 天至第 20 天内还款，则相当于以 36.7% 左右的年资金利息率（即 $\{1\% \div (1-2\%)\} \times \{360 \div (20-10)\} = 36.7\%$），从客户那里获得了不超过 10 天（即 20 － 10）的资金使用权；如果企业是在第 20 天之后按时还款，那就相当于以大约 21.0% 的年资金利息率（即 $\{2\% \div (1-2\%)\} \times \{360 \div (45-10)\} = 21.0\%$），向客户借用了这笔不超过 35 天（即 45 － 10）的购货款。显然，这样的资金成本率实在是远远超过了普通借贷的融资成本。

5.2.2 融资结构分析

融资结构，从广义上讲，是指企业进行融资时所采用的各种融资方式、融资渠道的构成组合以及不同性质资金来源的构成关系等。而从狭义上看，一般是指企业所筹资金的构成状况及其比例关系。鉴于本章第一节中我们已经讨论了有关融资的不同渠道。因此本节所讨论的融资结构主要是指其狭义的含义，即不同类型的融资金额在企业融资总额中的构成状况及其比例关系。

1. 融资结构对企业资本的稳定性以及融资风险的影响

我们知道，会计基本等式从价值对应角度可以表示为：

资金占用＝资金来源

其中资金占用即对各类资金的实际利用形态，构成了企业的各项具体资产；而企业资金总来源又可以分解为短期资金来源（形成了企业的短期负债）、长期债务性资金来源（构成企业的长期负债）和权益性资金来源（组成了企业的股东权益）三大类。

当企业的资金总量即融资总额确定时，短期资金来源越多，意味着企业在不久的将来需要偿还的短期负债就越多，企业短期内面临的现金支出压力就越大，资本结构越不稳定，融资风险相应增加；反之，若短期资金来源比重保持不变而长期债务性资金来源（长期负债）有所增加，则相比前一种情况而言，短期现金支出的压力有所缓解，资本结构相对稳定，但考虑到长期债务性资金来源最终依然还是需要偿还的，且资产负债率、产权比率、财务杠杆系数等一些常见的用以评价资本结构的指标也并未因此而得到安全性方面的改善，甚至资产负债率或产权比率等还可能因此而有所增加，因而此时企业的融资风险依然是比较高的；但如果企业增加的是股权性资金来源，由于股权性资本在企业清算前的无须偿还性，以及股利分配的非强制性和非固定性，因此企业相对的现金支付压力便大为减少，融资风险明显下降，资本结构趋于稳定。

2. 融资结构与资产结构的协调分析

融资是企业资金来源的根本保证。而资产则是对企业资金来源的具体占用或使用。显然，融资结构与资产结构之间存在着一定的数量对等关系。

根据企业在经营活动过程中对资产使用的特点，可以将企业的资产划分为四部分：一是直接影响并形成企业生产经营规模和生产经营手段的固定资产、无形资产等长期性资产。这类资产是企业维持一定经营规模与经营水平的物质保证，因此在正常情况下一般会长期存在，变现性相对较弱；二是为满足生产经营周转的基本需要而存在的持续性的流动资产。这部分资产包括维持企业现有生产正常运转而必不可少的货币资金、存货类资产与结算类资产等最低限额水平的流动资产需求；这类资产虽然变现能力相对较强，但出于维持生产运营的需要，除参与正常的生产周转环节之外，一般不太会随意变现。例如企业的生产性物资，一般是在经营循环过程中正常购入、存储、耗用、生产与销售；除非产生了多余的物资或企业面临转产、清算等非正常因素的影响而进行变现及其他相应处理，否则通常都会保持在一个较为合理的数量水平上，在时间上以各类具体表现形态如货币资金、原材料、在产品、半成品、库存商品、应收款项等形式相互衔接、周而复始；而在空间上则表现为各类具体形态的协调、匹配与并存。三是因季节性或临时性生产需要、或为预防其他不确定性因素的影响而持有的临时性流动资产。这类资产的变现能力相对较强、随时变现的可能性也相对较大。四是企业出于战略规划、规模扩张或建立一定的生产经营同盟等目的而持有的对外权益性或债权性投资，包括控股投资、联营投资、合营投资、债券投资等。

而从融资的来源结构上看，有些资金来源是无须偿还而可以永久占用的（如权益性融入资金）；有些资金来源虽然需要偿还但偿还期限相对较长（如长期负债），因此也可以被较长时期使用；还有些资金来源不但需要偿还且偿还期限相对较短（如流动负债），可被使用的时期也就相应较短，不过这类短期资金来源在实务中还可以再具体划分为临时性的短期资金来源和持续性（或永久性）的短期资金来源两种。其中临时性的短期资金来源只是因为企业的临时性资金需求而产生，期限较短，融资动机、融资时间与融资金额等都具有较大的不确定性，很难被企业长期使用，如临时性的周转资金借款等；而持续性的短期资金来源通常是指企业往来结算过程中利用商业信用而引起的或在经营中自然形成的各类基本的应付款项，如应付账款、应付票据、应付职工薪酬、应交税费等。这类资金来源就其具体的项目和所属偿还期限而言是短期的，但就其发生的渊源而言则可能是长期存在的，代表着企业一项可以长期使用的资金。例如，许多企业通常按月支付职工工资，本月工资下月支付。因此在其月末结算时，便存在着一笔应付未付的当月工资。就具体该月份而言，这笔“应付职工薪酬”是在下个月内需要支付的，属于企业的短期占用资金；但就连续生产过程而言，每个月在支付了上月应付工资之后，又会产生当月的应付工资，即永远都存在着一个月的应付未付工资，这便相当于一笔长期的资金占用量。

考虑到企业资产既是对融入资金的具体占用，同时也是企业偿还债务的最终载体。因此，根据融资结构与资产结构在数量或金额上的对应结果及其对企业财务与经营风险的影响，业界人士通常将其划分为稳健型的融资与资产结构、配合型的融资与资产结构和冒险型的融资与资产结构三种情况。

（1）稳健型的融资与资产结构，也称为保守型的融资与资产结构。这种结构的特点是：企业融资以控制风险为主，不但严格限制将短期资金来源用于长期资产项目的行为，而且出于降低融资风险、减少即时偿债压力等方面的考虑，在进行融资决策时，不但保证用长期资金来源满足长期资产对资金的需求，而且将一部分流动资产主要是持续性流动资产对资金的需要也以长期资金来源来满足（见图 5-3a）。这样对应的结果是减少了短期融资来源对企业造成的即时偿债压力，降低了融资风险；但由于长期资金来源居多，不确定性加大，导致企业融资成本相应提高。

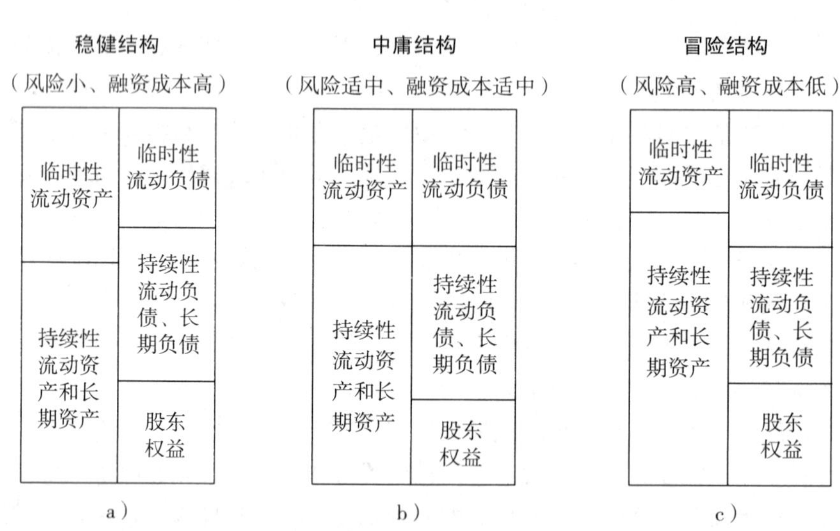

图 5-3　资金来源与资产结构的对应图

（2）配合型的融资与资产结构，也称为中庸型或匹配型的融资与资产结构。其特点是：企业出于对融资风险、融资成本、资金流量等的综合考虑，在确定融资渠道及融资结构时，完全按照“长期资产以长期资金来源去满足、短期资产即流动性资产相应以短期资金来源来满足”的理论上的对应关系来操作（见图 5-3b）；如果划分更细致的话，也可以说是以临时性负债所筹集的资金满足企业临时性流动资产对资金的需要，而以长期负债和持续性的短期负债及权益性融资所筹集的资金来满足企业持续性流动资产和长期资产对资金的需求。因此，这种方式下的风险与资本成本都是相对温和的：企业既不会因为资金来源期限太短而引起较大的还债风险，也不会由于拥有过多的长期资金来源而承担过大的融资成本。

（3）激进型融资与资产结构，也称为冒险型融资与资产结构。这种形式下，企业不但用短期资金来源满足流动性资产对资金的需求，而且将一部分长期资产对资金的需要也以短期资金来源来满足（见图 5-3c）。如果对此也作细分的话，也就是企业仅用长期资金来源和持续性短期资金来源来满足部分长期资产和持续性流动资产对资金的需求，剩下的一小部分长期资产与持续性流动资产和全部的临时性流动资产都依靠临时性短期资金来解决。这种形式的融资与资产结构对应关系，会大幅度降低企业的综合融资成本，但同时也要承担较大的融资风险和即时偿债压力，包括能否到期偿还旧债、能否如期举借新债，能否在现有融资成本水平不变或有所降低的前提下如数筹措所需资金等。当然，高风险也可能蕴含着高报酬，如果企业所处的融资环境相对比较宽松，或者企业正赶上融资成本普遍下滑的有利时机，则具有较多短期资金来源的企业会获得更多的成本降低所带来的收益。

3. 最佳融资结构分析

企业融资过程中，对不同的融资方式和融资结构的选择，会使企业所承受的风险和融资成本大不一样，进一步会直接影响到企业融资与经营活动的效果。因此，融资时应认真分析各种可能影响融资结构的内外部因素，恰当处理好融资结构与资产结构的对应关系、成本补偿与现金流量的内在联系，以及融资风险与经营风险的互动影响，充分考虑融资弹性与财务灵活性的有效协调，同时还要注意不同融资方式之间的转换可能性，以便最终确定一个相对更能规避风险、具有一定财务灵活性且融资成本相对不高的融资组合。

（1）融资结构弹性。融资结构弹性是指随着企业经营活动所处经济与金融环境以及经营条件的改变，对原有融资结构能否通过退还、转让、提前清欠或改变融资性质等方式，适时进行调整或改变，以形成新经营环境下更为合理的融资结构的可能性。融资结构弹性是基于各具体融资渠道与融资方式本身所蕴含的可变空间，以及融资双方达成的融资协议的变通条款的基础之上的。如企业募集资金时，如果形成的是一项不可撤销的、期限固定的融资协议，那么在规定期限内就很难转换为其他类别的融资形式，因为它不具有时间弹性，无法提前清欠或展期；反之，倘若形成的是一项期限灵活、允许有条件终止的融资合同，那么当企业出于某种需要而必须改变其融资结构时，便可以利用提前结清或延期等方式来实现。

类似的，如果在进行某种融资时，事先规定了允许有条件地向其他某种或某几种融资方式转换，并相应约定了转换方式、转换价格或转换比率，那么这种融资便具有了一定的转换弹性，在必要的时候便可以通过转换来调整企业融资结构。如企业发行的可转换债券，在符合转换条件而转换为普通股之后，相应就减少了企业负债比例而增加了其股东权益比例，降低了企业资产负债率，使资本结构得到有效调整。

（2）财务灵活性与财务杠杆效应。财务杠杆效应主要体现在债务性融资所可能产生的节税作用以及有可能影响股东权益报酬率等方面。其中节税作用是指使用债务性融资所发生的资金占用费（如利息费用、租金费用等）在通常情况下可以列入财务费用或其他相关成本费用，从而在税前利润中扣除，相应减少应纳税所得额。在企业总资产报酬率大于税前债务成本率的前提下，债务性融资比率越高，税前抵扣作用就越明显，节税效果也就越突出。财务杠杆作用的另一方面是可能影响股东权益的收益水平即影响普通股每股收益或普通股权益报酬率。不过在这方面，财务杠杆效应其实是一把双刃剑，利用得好，它可能提高普通股权益报酬率；利用不好，又有可能降低普通股权益报酬率。这一点我们可以从如下的计算推导公式中清晰的看出。根据

$$普通股权益报酬率 = 税后净利润 \div 所有者权益 \quad (5\text{-}8)$$

$$税后净利润 = (息税前利润 - 利息费用) \times (1 - 所得税税率) \quad (5\text{-}9)$$

$$总资产报酬率 = 息税前利润 \div 总资产 \quad (5\text{-}10)$$

等三个公式，并以 *EBIT* 代表息税前利润、以 *I* 代表利息费用、以 *T* 代表企业适用的所得税税率，不难做出如下推导：

$$\begin{aligned}
权益报酬率 &= 税后净利润 \div 所有者权益 \\
&= (EBIT - I) \times (1 - T) \div 所有者权益 \\
&= (EBIT \div 所有者权益 - I \div 所有者权益)(1 - T) \\
&= \left(\frac{EBIT}{总资产} \div \frac{总资产}{所有者权益} - \frac{I}{负债总额} \times \frac{负债总额}{所有者权益}\right)(1 - T) \\
&= \left(总资产报酬率 \times \frac{负债总额 + 所有者权益}{所有者权益} - 债务利息率 \times 产权比率\right)(1 - T) \\
&= \{总资产报酬率 \times (产权比率 + 1) - 债务利息率 \times 产权比率\}(1 - T) \\
&= 总资产报酬率(1 - T) + 产权比率 \times (总资产报酬率 - 债务利息率)(1 - T)
\end{aligned} \quad (5\text{-}11)$$

我们不妨定义：

$$资产经营获利贡献 = 总资产报酬率 \times (1 - 所得税税率)$$

$$财务杠杆效应 = 产权比率 \times (总资产报酬率 - 债务利息率) \times (1 - T)$$

则公式（5-11）可以简写为： （5-11′）

$$权益报酬率 = 资产经营获利贡献 + 财务杠杆效应$$

从公式（5-11）或公式（5-11′）中可以清楚地发现财务杠杆作用的双重性：当企业运用全部资源的直接获利水平即总资产报酬率大于平均债务融资利息率时，财务杠杆效应为正效应，此时随着债务融资比率的加大，产权比率增加，财务杠杆正效应加大，股东的权益报酬率便相应提高；但是，一旦总资产报酬率小于债务融资利息率，财务杠杆效应便表现为负值，即随着债务融资比率与产权比率的增加，财务杠杆负效应加大，股东权益报酬率将相应降低。

不过，上述这种分析结论是基于单纯的定量分析，而没有考虑到许多定性的约束性条件或影响因素，尤其是没有考虑融资风险及融资成本的同步变化。例如，当总资产报酬率大于债务融资利息率时，财务杠杆效应为正，增加负债程度会相应提高权益报酬率，因而可能会促使企业加大负债融资的比例；然而随着负债比例的提高，融资风险与融资成本也可能相应出现水涨船高的现象，融资成本逐步升高，财务杠杆正效应便逐步减弱；一旦融资成本因负债比例的调高而大幅度上升以至于超过总资产报酬率时，财务杠杆效应便转而呈现出负作用了。

因此，考虑融资结构问题时，不能一味地追求所谓最大的财务杠杆正效应；而应适度保证财务调整的灵活度。不但在举债能力的利用上要留有余地，而且在节税效应与财务储备等方面也应留有必要的回旋空间。

5.2.3 融资风险的评价与管理

对融资风险的管理可以是在利用相应指标进行风险评价的基础上，通过一系列有效措施来进行防范和控制。

1. 融资风险评价指标

常见的可用于评价融资风险的指标主要有：资产负债率、财务杠杆系数、综合资金成本率及所有者权益报酬率等。

（1）资产负债率。人们通常习惯于将资产负债率简单地认为只是反映企业长期偿债能力的比率。事实上，将这一指标计算公式还原变形之后，可得公式（5-12）：

$$资产负债率=\frac{负债总额}{全部资产总额}=\frac{负债总额}{负债总额+股东权益总额} \quad (5\text{-}12)$$

由此看出，资产负债率指标直接反映了企业资本来源的初步构成即融资大类结构，是借助于融资结构的稳定性以及企业的举债经营程度，体现出这一结构对债权人所持有债权利益的安全保障。理论上一般普遍认为该指标保持在 40% ~ 60% 之间会比较正常。但各国或各地区的实际情况又有所不同。有资料显示：美国企业的资产负债率平均在 40% 左右；日本企业的平均资产负债率水平相对较高，在 70% 左右；而我国台湾地区企业的资产负债率则平均维持在 50% ~ 60% 之间。资产负债率指标过高，意味着企业的融资风险相对较大，承受着较重的资金压力，再融资难度将有所增加。所以人们一般常以 70% 作为该指标的警戒线。即当企业债务性融资比率达到或接近 70% 时，应引起经营管理与决策者的高度警惕。

然而，结合公式（5-11）的内容，并非是说只有 40% ~ 60% 之间的资产负债率才是正常或合理的，我们也应考虑总资产报酬率对债务融资利息率的补偿关系：即只有当总资产报酬率大于债务融资利息率时，呈现的才是财务杠杆正效应，此时企业只要在正常经营的同时保证一定的资金流以偿付到期债务即可，至于资产负债率水平则可以适当高一些。但如果总资产报酬率小于债务融资利息率，此时债务融资产生的将是财务杠杆负效应，因此从经营效益的角度考虑，资产负债率应该是越低越好。

（2）财务杠杆系数，是指企业每股收益变动率相对于息税前利润变动率的倍数。由于债务性融资行为的存在，企业多少会产生一些利息费用。在融资总额及融资结构确定时，这些债务的用资成本——利息费用——在一定期间内是相对固定的，与企业使用资产的直接经营成果（即息税前利润 *EBIT*）不存在内在数量关系。因此随着企业息税前利润的增减变动，每单位息税前利润所需负担的利息费用会呈现相反方向的改变，从而使留存给投资者的每股收益也发生变动，即产生财务杠杆效应。同时，利息费用的抵税作用又会放大这一影响的变动幅度，加大企业税后净利和每股盈余的变动空间；这种放大的乘数作用在财务上用财务杠杆系数（*DFL*）来反映，即财务杠杆系数是指企业税后净利或每股盈余的变动比率相对于息税前利润变动比率的倍数，公式如下：

$$财务杠杆系数\ DFL=每股收益变动率\div 息税前利润变动率$$

$$=\frac{\dfrac{\Delta EPS}{EPS}}{\dfrac{\Delta EBIT}{EBIT}}=\frac{EBIT}{EBIT-I} \quad (5\text{-}13)$$

式中 EPS——普通股每股收益；

$EBIT$——息税前利润；

I——债务利息。

如果存在着优先股，则上式将变形为：

$$DFL = \frac{\frac{\Delta EPS}{EPS}}{\frac{\Delta EBIT}{EBIT}} = \frac{EBIT}{EBIT - I - D/(1 - T)} \tag{5-14}$$

其中 D 代表优先股股息，其他字母含义不变。

从公式中可以看出：债务性融资比例越高，利息费用 I 就越大，财务杠杆系数也越大，当息税前盈余大于利息费用时，财务杠杆系数将大于 1，意味着债务融资的存在与增加，将放大息税前盈余变动对投资者每股收益的影响，亦即财务杠杆效应增强，但财务风险也就越大。一旦债务融资过高、导致利息费用超过息税前盈余时，财务杠杆系数将小于 0，投资者收益将出现负值，即出现投资损失。

（3）综合资金成本率。融资渠道的多样性和经营活动的广泛性与不确定性，决定了企业资金来源的多元化。企业不可能只涉及单一渠道的资金占用。而不同种类的资金来源，其融资成本可能是千差万别的。所谓的综合资金成本率一般是指以个别资金来源占全部资本的比例为权数 W_J，对个别资金来源的资金成本 K_J 进行加权平均之后得出的。即：

$$K_W = \sum K_J W_J \tag{5-15}$$

其中，权重 W_J 既可以按个别资金来源的账面价值确定，也可以按该类资金来源（如股票融资与债权融资）的市场价值来计算（称为市场价值权数）。

资金成本是企业进行融资决策的重要依据，也是选择投资项目的基本要求。综合资金成本率反映了企业各类资金来源的平均成本水平，是定量衡量企业经营业绩的基本尺度。综合资金成本率与总资产报酬率的数量大小关系，体现着融资成本与息税前盈余的数量关系、也直接决定着经营与筹资方案的取舍，进一步影响着企业经营风险与融资风险（详见本节“融资结构风险分析”中有关财务杠杆效应部分的内容。）

（4）所有者权益报酬率，也称为普通股权益报酬率，是指企业所有者（或股东）对企业投入资本的税后获利水平，反映了企业占用投资者投入的资金、为投资者创造利润的能力，属于综合性财务评价指标。计算方法见公式（5-8）。

根据第三章中杜邦财务分析体系的指标分解结果：

所有者权益报酬率＝资产净利率 × 权益乘数

以及本章公式（5-11）所反映的内容，说明所有者权益报酬率的高低变化不但取决于企业运营全部经济资源的获利水平（资产净利率或总资产报酬率），同时也受融资结构（权益乘数或产权比率）的影响，与企业举债经营程度息息相关，是一个可以间接反映企业财务杠杆效应与融资风险强度的综合指标。

2. 融资风险管理

进行融资风险管理，重点是要合理并及时预测融资风险，正确选择融资方案，科学调配和使用资金，有效规避可能带来损失或造成不利影响的不确定性因素。

（1）分析融资环境与融资渠道，合理选择融资方式。

融资方式不同、渠道不同，所需承担的法律责任也不同，资金的可使用期限与偿付期限的要求与构成也就不同。债务性融入资本的资金偿付期限通常固定而明确，缺乏时间弹性，且要求企业所承担的法律责任比较清晰；而权益性融入资本的资金无偿付期限，时间弹性相应较大，但对企业经营控制权的影响也相应较大。此外不同融资方式由于其资本成本的不同，对企业经营的财务弹性、经营与财务风险，以及投资项目的约束和融资结构的选择要求也不尽相同。尽管融资结构管理与决策的基本理论与基本原则对所有企业都是类似的，但在实际中，仍然要求企业在选择融资方式时，应以资金成本为基础，以资金流量为依托，结合产品生产结构、企业所处经营周期、融资政策与融资环境等，并借助于数量分析与定性分析的方法，在控制融资风险与谋求最大收益之间寻求一种相对的均衡。既充分利用举债经营获得财务杠杆效应，又要防止财务风险过度增加而使企业陷入财务困境。

（2）充分考虑综合资金成本率与投资项目资产报酬率的数量关系问题，同时注重投资者的投资回报率水平。

任何企业都希望能充分利用财务杠杆的正效应，因此存在着加大债务性资本融资的比重以充分享受融资费用抵税效应和财务杠杆利益的动机。然而，加大债务性资本融资的比重就意味着财务风险的同步增加；而没有一个企业是愿意承担风险的，谁都希望能尽量避免融资所带来的财务风险。事实上，从企业经营主体的角度上讲，只有当投资者预期经营利润的增加幅度超过财务风险的上升幅度时，负债融资才是有利可图的。解决提高财务杠杆正效应与降低财务风险程度难以两全其美的矛盾，一个最基本的原则就是要合理预测和比较融资成本率与投资项目资产报酬率的数量关系问题。因为只有当资产报酬率大于债务成本率时，利用融入资金所获得的息税前利润在偿付了利息费用之外才会有所结余，从而提高投资者预期的权益报酬率。反之便会降低预期的权益报酬率。

进行融资风险管理，还应该充分考虑保证投资者的基准投资回报率水平，以便在获得现有投资者的长期稳定支持的同时，争取到更多潜在投资者的支持。这也是影响融资成本与融资风险，甚至决定融资成败的关键因素。

（3）进一步完善经营机制，提高资源利用效率和使用效果。

市场经济环境下，竞争的加剧、市场的变化，要求企业不断改进并完善经营机制。就自身的经营与财务状况而言，当企业经营顺畅、运作正常，资源利用效率和使用效果理想，拥有较为稳定的现金流量时，其偿债能力和举债经营能力便会同步提高，破产风险相对更低，因此也便有了更多的融资优势。

此外，改进并完善经营机制，也有利于企业的信用评级。一般来讲，信用评级越高、信用风险越低，融资风险也就越低；反之亦然。

5.3 融资模式分析

融资模式是指企业在各类资本市场上，利用不同融资渠道或融资工具进行融资所形成的具体方式。现代企业的一个显著特征是其资金来源的多样性，以及由此而产生的所有权与经营权、股权与债权的合理确定问题。不同的融资模式形成了企业不同的资本结构，也决定了股东及各类债权人等利益关系主体在对企业资产的要求权、财务与经营的调控权、利益的分享权等权力关系方面相互制衡的不同地位。

5.3.1 融资模式对企业的影响

1. 决定了企业的资本结构，形成了企业股东、债权人等不同的权利、利益关系主体

融资模式对资本结构的影响是显而易见的。以权益性融资为主的模式下，融入资金可以长期占用且使用风险相对较小；但由于股东拥有表决权、利润分配权、股份转让权等权力，对企业控制权的变动存在直接的影响。而债权人以其债权为限，对企业资产的要求权虽然排在股东之前，但却缺少对企业生产经营与财务活动的控制或表决权，仅仅只能通过债权契约对企业相关经营活动事项进行限制或施加有限的影响。

2. 影响着企业治理结构和经营管理目标

由于不同的融资模式决定了企业各方利益主体在有关经营决策、监督控制等方面权力的不同分布和配置，进而形成了不同的治理结构和运营目标。例如在股权结构中，如果经理层人员未持有企业股权或仅持有少量股权，其经营管理活动便有可能侧重于一些短期行为，以追求获得更多的报酬、更好的业绩与待遇；而如果他们持有一定的本公司股票，有可能在一定时期，花费较大的时间与精力去完善公司治理、改善经营管理；但在特殊情况下，也有可能做出不利于企业整体持续发展的举动。有关媒体曾经报道：2007 年当中国股市牛气冲天时，出现了个别上市公司高层管理者陆续辞职的现象，主要动因之一便是出于规避证交所关于上市公司董事、监事及高层管理者买卖本公司股票的有关限制规定，这一举动无疑会影响企业的正常生产经营以及经营目标的实现。而股东和股东大会，作为企业最终权益的享有者和最高权力机构，期望其投入资本在安全完整的前提下能够最大限度地增值，实现“股东权益最大化”。如果企业的经营与发展无法满足他们的期望，他们便会通过“用脚投票”来表达他们的观点并行使其参与决策的权力，包括对企业高管的更换或续聘、对经营管理者实行必要的约束、利用股票期权或股票期股等剩余利润的分享权来激励核心人员等。债权人由于在取得收益和当企业清算时对企业资产的要求权方面都优先于企业股东，他们所面临的风险相对较小，因此对企业的经营管理及剩余利润的分配等都无权参与。然而，由于股东与经营管理者道德风险的存在，债权人出于对自身权益的保障，一般也可能在债权协议中增设一些保护性条款，如限制企业后续过度负债、限制企业股息支付率水平、限制企业经营方式变更等。债权人对企业经营管理的要求一般是“企业整体价值最大化”。

现代资本结构理论认为，当企业实现了最优融资模式时，其所形成的资本结构综合成本相对最小，综合风险最低，股权和债权比率趋于合理，代理成本下降，企业的治理结构此时也常常表现为最优，经营管理也趋于正常合理。

3. 融资模式影响着公司运行绩效

企业不论以何种方式、通过何种途径融入资金，都是要付出代价的，既包括资金的利息成本、股利成本，也包括先期的融资费用和不确定的风险成本。而融资模式的不同，决定着融资成本的高低和融资费用的性质。在企业资金使用效益确定的前提下，若融资成本降低、融资费用可以在税前列支，则企业经营的税后净收益便相对提高，资金运行绩效增强。反之，如果融入资金使用经济效益较差，或者融资综合成本升高、节税效应不明显，则企业经营净收益也会受到影响，不但得不到预期效益，甚至有可能无法按期偿付债务。

5.3.2 融资模式的选择

1. 确定融资模式的原则

鉴于融资模式对企业的重要影响，在选择确定具体模式时，首先应明确如下基本原则：

（1）必须结合企业生产经营的环境特点与需要，并与企业总体经营战略目标保持一致。融资策略是企业整体经营战略的一部分，企业在选择融资模式时，应结合自身的实际情况及所处经济环境、行业特点，同时考虑不同融资方式的利与弊，以及对企业总体经营战略目标的影响，制定出合理的融资决策。例如在所需资金确定的前提下、在政策因素变动不大的环境中，如果证券市场处于整体熊市而企业又选择了市场融资模式，则考虑到普通股数量变动幅度对股价的影响以及对大股东控股权的冲击，此时可能并不适合采用发行新股或配股来进行融资，但却有可能适合发行可转换债券融资。当然，若政策条件或市场环境改变，适合的就有可能是另外一种融资模式。

就一般的融资渠道或融资模式的选择而言，股份制企业由于已经具有相当的规模和资产及其管理实力，治理结构也相对规范，一般可以考虑利用证券市场融通资金；如果是那些暂时不符合上市条件的企业，较多考虑的一般还是银行贷款或融资租赁；至于那些属于高科技型的中小企业，则不妨可以考虑向风险投资者筹措风险投资基金或寻求政府扶持基金的帮助等。至于发行债券、兼并重组等模式也可以结合企业的实际需要和主客观环境进行综合考虑。

（2）融入资金必须综合考虑融资成本、融资结构与融资风险。不同的资本市场、不同的融资方式和融资时间、甚至不同的货币种类，都会造成企业所负担的成本、税负、风险等各不相同。如何选择适当的融资方式、时间、地点、货币种类等，便成为制定融资策略时需要考虑的重要因素。在降低总体融资成本方面，企业不仅应该充分利用国家优惠政策，尽量减少综合税负，同时也应尽可能考虑财务杠杆效应的利用问题。而在考虑所需资金来源时，究竟是利用留存资金亦或利用外来资金，是采用权益性筹资，还是采用债务性筹资，都应从有利于提高企业综合竞争能力、减少融资风险的角度多加考虑。至于融资风险方面，主要应该考虑包括交易风险、财务风险和经营风险、政策风险等的影响；若涉及外币融资，则还需要考虑汇率波动造成的汇率风险。同时挖掘潜力，稳定并扩大现有融资渠道，并尽量保证融资方式的灵活性和融通资金的稳定来源，提高资金来源的多元化。

（3）融资规模应量力而行。融资数额的多少，一般应结合企业自身规模的大小、吸收或利用资源程度的强弱，以及企业所处的经营周期与发展阶段，并结合项目或生产经营特点来确定。筹措资金过多，有可能造成资金的闲置浪费，从而增加不必要的融资成本，加重企业负担，增加偿付压力与经营风险。即使过量的新增资产不需要归还、不产生成本费用，但由于资产、权益增加而经营成果没有同比增加，依然会降低企业的总资产报酬率和股东权益净利率，给企业造成不利的影响。当然，如果筹资不足，又可能会影响到投资项目或经营计划的正常开展与实施。

企业确定融资金额的依据应该是现有可用资金和预期业务规模对资金的要求，以及预期经营活动的资金流入与流出量，应该是按照生产经营活动的规模变动需要预算确定的。不仅在融入资金数量上要求规模适度，而且在融资时间上也要求尽可能与资金需求时间相吻合。因此，企业应随时了解现有资金的动态情况，及时获取资金供求信息，做好各个时期内的资金预算、资金供求调配计划与预测工作，以便未雨绸缪，尽早与各相关金融机构进行必要的沟通，为及时顺畅地融入资金做好前期准备。

（4）兼顾各种不同融资模式之间的转换可能。在经营活动过程中，无论是起步阶段的标新立异，还是巩固阶段的稳扎稳打，抑或是发展阶段的飞速扩张，无不需要进行一次次的融资、再融资。资本与资金是企业生存的经济命脉，也常常成为制约企业发展的瓶颈。选择合适的融资模式，是维持企业经营活动的基本保证和持续推动力。

确定融资模式时，应适当考虑采取各种融资方式的合理组合，即通过比较分析，制定出一个既能保证融资规模、又能相对降低或规避风险的各种融资途径的组合。此外，不同融资方式之间的转换性强弱也是确定融资选择时应该考虑的因素，即应该考虑不同融资方式的转换弹性。通常，短期资金融通风险大，但转换弹性强、限制条件相对较小；而长期资金支付风险小，但转换弹性弱、限制条件也相对较多。企业对此应综合考虑。

（5）选择有利的融资机会。企业融资，是在一系列内外部因素影响之下、处于一定环境之中的经济行为。所谓融资机会，是指有利于企业融资的特定经济、金融与政策环境和融资时机，属于在某一特定时间、特定场合所出现的一种特定的客观机遇。选择对企业有利的融资机会，就是要寻找与企业内部条件相适应、符合企业融资需求的外部经济与金融、政策环境，这就要求企业应对各类环境因素有着清楚的认识，对各种可能影响融资的事项有较为全面地了解，包括诸如利率的走势、资金供需关系等资本市场的各类信息、国家金融及财政政策、国内外政治与经济形势等。同时还需要合理分析和预测影响企业融资的各种有利和不利条件，分析和预测融资环境的变化趋势，以便及时发现并抓住最佳时机，果断决策，确保取得最佳的融资效果。

（6）注重对融入资金的充分利用，尽可能从最有利于提高企业竞争力的角度出发。企业融资，不仅仅要考虑融资代价，更要考虑对融入资本的充分使用。融资不足固然会影响企业正常的生产经营秩序，但融资到位后不能充分合理并有效运用，也同样会产生不良影响。如同我国证券市场上个别上市公司，在利用股市“圈钱”之后，却找不到理想恰当的投资项目，资金长期闲置不用或干脆委托理财；除部分公司获得了较为理想的收益之外，不少公司的募集资金不仅没有带来预期的收益，相反产生了巨额损失。这种损失不仅表现为公司账面上的惊人亏损，也有可能体现在公司后续融资时有可能面临股东“用脚投票”的信任危机。

融资行为增强了企业的支付能力和发展后劲，也提高了企业的资本实力。有助于企业的规模扩张或多元化发展，并借助于规模经济优势提高市场竞争能力、扩大业务的市场份额、增强获利渠道、提高企业市场信誉、加速企业发展。但是，企业竞争力的提高程度，也会因融资模式的不同而不同。资本市场上的可流通证券融资，会有助于大幅度提高企业的知名度和商誉，但融资成本相对较高；而融资租赁或商业信用融资的成本相对很低，但对企业的知名度作用甚微。究竟采用哪类模式进行融资，还应权衡利弊综合考虑，注重选择有利于提高企业综合竞争能力的融资模式。

2. 企业类型与融资模式

选择融资模式除了应考虑上述基本原则之外，企业本身所属类型也是影响融资模式的主要因素。不同类型的企业往往在治理结构、战略目标、经营特色、运营风险等方方面面都有可能存在不同，最终导致其所适应的融资模式也有所区别。以如下四类企业为例：

（1）高成长型企业。所谓高成长型企业，是指那些在较长一段时间内（如5年或以上）都能保持较快的发展速度且具有高增长、高效益、高收益的企业。这类企业一般规模扩张的要求比较强烈，面临的投资机会也相对较多，进行技术与产品的开发或服务创新意识比较迫切，但财富积累的速度与规模暂时跟不上企业快速发展的需要，通常需要大量的后续资本作为保证以支持企业的快速发展。然而在激烈的市场竞争环境下，产品与服务的价格因素以及市场需求及占有率等不确定性因素变动很快，对企业资金流量特别是现金流入量的影响也非常明显，很容易造成企业现金净流量的大幅度波动。这种情况下，如果采用过多的举债融资方式，一旦面临市场容量或产品价格下降，极易引发短期内生产经营现金流入大幅度下降而出现财务支付危机，轻则有损企业商业信誉和信用评价等级，影响未来融资能力；重则危害到企业的持续经营甚至迫使企业因此清算或破产。因此，对于高成长型企业而言，融资决策的首要问题是如何在及时、足额地筹措到大量所需资金的同时，有效控制财务风险，保证现金流入与流出相配比，严密防范财务危机产生的可能性，以保证企业良好的资信等级和相对稳定的发展需要。所以，高成长型企业一般适合采用剩余股利分配策略，以股权融资为主，配合以少量的债务性融资。即在企业内部，采用多提留存收益而少发股息的方式提留大量税后净利以满足发展的需要；在企业外部融资方面，较多采用增资扩股或吸收风险投资者投资、适当利用商业信用或少量贷款的方式。这样做的结果，也许在一定程度上会提高企业资金成本，然而却减少了长期债务的比例，降低了财务风险。

（2）高技术型企业。这类企业运行的最大特点是持续进行的研究开发与技术成果转化，拥有自主的核心知识产权，属于知识密集和技术密集型企业。高技术型企业面临的主要问题是经营风险相对较高。由于对高新技术的依赖性较大，对高新技术的研发投入也往往很高；因此这类企业的经营风险主要集中在其技术研发水平与技术更新频率、技术的可行性、稳定性与市场可接受性的关系等方面。一旦技术研发成功并为市场所接受，常常会带来一段时期高额的投资回报；然而，研发失败或研发项目的市场拓展程度不佳甚至遭受市场排斥，又往往会造成经营收益的明显下滑。因此，高技术型企业进行融资模式分析时的主要侧重点应在于如何规避较高的经营风险，特别是技术性风险、市场性风险和收益性风险，如何确保资本收益率高于综合融资成本率的问题。由于这类企业收益的不稳定性相对较大，除风险投资者之外，一般的债权人通常对此不太热衷，这在一定程度上也限制了企业的可融资渠道。因此，这类企业通常为了保留后续融资能力并增强财务弹性，一般也会倾向于吸收风险投资等以股权融资为主的融资模式。他们的债务比率往往很低，甚至有时在一段相当长的时间内没有主观意义上的债务资金。

（3）经营相对稳定的成熟企业。经营相对稳定的成熟企业，一般已经拥有相对固定的客户群，市场占有率稳定，日常经营业绩也有保证。例如一些已经实现了规模经济的企业或一些垄断经营公司如电力公司、通信公司等。这类企业日常经营的资金流量相对稳定，但依然需要不断升级或开发新产品、新业务，积极寻求新的经济增长点，这也意味着企业依然需要有一定规模的资金投入。考虑到这类企业经营与现金流量的相对稳定，一般在进行融资模式分析时，比较侧重于对资本结构与资本成本的调整。为了有效降低综合资本成本，经营相对稳定的成熟企业一般会考虑适度的债务融资模式，通过适当地增加长期债务比例，提高财务杠杆正效应，降低综合资本成本，以达到在既不有损债权人的合法权益，又不明显降低企业再融资能力与信用等级的前提下，进一步提高经营收益，增加投资报酬率的目的。

（4）上市公司。我国目前上市公司的融资模式从融资额度的比例上讲，总体顺序从高到低依次为股权融资、债务融资和内源融资。但从理论上讲，由于内源融资是通过留存利润、计提折旧及成本摊销、处置不良资产、让售应收账款等方式从企业内部经营利润与费用补偿及资产处置中获取所需资金，一般不需要像发行股票或债券那样另行耗费融资费用，具有自然性、直接性、无筹措费用的特点，理应成为企业进行融资分析与决策时的首选方式。

但事实上，在我国目前 2 500 多家上市公司中，几乎找不到有哪一家企业会主动放弃利用增发新股或配股的机会进行股权融资的情况。相反地，有些上市公司早在上市之前的辅导阶段就显示出强烈的、谋求公开发行股票并上市交易的欲望，并不惜为此铤而走险，编造假账、提供虚假信息。一些公司上市之后，如果面临再融资需求，首先想到的便是配股或增发新股，以至于形成部分上市公司的“圈钱运动”。表 5-3 列示了部分年份我国 A 股市场上市公司的融资情况。

表5-3 我国A股市场上市公司部分年份股权融资数据 （单位：亿元）

年　份	IPO 融资	配股融资	增发新股融资	合　计
1991 ~ 2000 年十年合计	2 967.98	1 637.85	256.91	4 862.74
2006 年	1 341.68	4.32	989.22	2 335.22
2007 年	4 809.85	227.68	2 754.04	7 791.57
2011 年	2 825.07	421.96	1 796.55	5 043.58
2012 年	435.53	19.69	1 267.01	1 722.23
2013 年	0	475.75	2 327.01	2 802.76

资料来源：中国证监会网站。

表 5-3 中数据显示：二十多年来，我国上市公司 A 股融资金额居高不下：以股市最为疯狂的 2007 年为例，仅当年一年，增发新股融资量和 IPO 融资量就都远远超过 1991 ~ 2000 年十年间的累计增发和 IPO 融资总量，其中首次发行股票募集资金额比 1991 ~ 2000 年十年间的累计总量增长了 62%，增发新股融资额更是比 1991 ~ 2000 年十年的累计总量增长了 9.7 倍！即使是在股市低迷的 2011 年，全年 A 股市场依然实现了 IPO 融资 2 825.07 亿元、增发新股融资 1 796.55 亿元，以及配股融资 421.96 亿元，三项合计 5 043.58 亿元，仅比最疯狂的 2007 年下降了 1/3。2013 年，虽然证监会暂停了对 IPO 的审核，但上市公司通过定向增发及配股等手段，依然获得了全年 2 802.76 亿元的股权融资，融资总额也明显超过了 2012 年。

上市公司通过股票市场发行 A 股（包括 IPO、配股和增发等情况）进行的股权融资在全部股权融资资本中的比例逐年上升，而与股权融资相反的是，许多上市公司这些年的平均资产负债率逐年下降，有些公司资产负债率仅为 10% 左右。这种过度重视股权融资的行为，并没有为众多股东们带来理想的投资回报，也并没有显著提高上市公司总体的经营业绩，甚至就公司资源的合理配置与有效使用而言，也难以令人乐观。

5.4 融资策略选择

融资策略是企业持续经营的基础。一个企业能否科学合理地进行融资，能否以较低的资金成本、维持恰当的资本结构进行融资，将直接影响着其后续融资能力以及能否持续经营、稳定增长并进一步提高竞争能力等问题。

所谓企业的融资策略，就是要在充分考虑其战略目标，考虑可能出现的技术风险、市场风险、财务风险、金融管理体制与政策变动风险等各相关因素影响的基础上，尽可能利用各类融资渠道，以相对最低的综合资金成本和相对最小的风险融通资金，满足企业整体战略规划的资金需求。这一融资策略目标，可以分解为两个方面：一是根据金融市场的有效性状况，利用相关税法等政策环境，并借助于对各种不同的优惠政策、利率波动、市场走势等方面的预测分析，借助于企业内部利润分配机制，在融资时期、融资规模等方面合理筹划、规避风险、降低成本；二是适当进行融资产品创新。充分利用不同融资方式的特点，利用各种可供选择的资金来源和融资渠道，权衡利弊，选择最佳的资金筹措组合（即资本结构），以达到综合融资成本最低、财务结构总体最稳定、融资风险（包括利率风险和现金支付风险等）相对最小的融资战略目的。

5.4.1 融资产品创新

融资产品是企业获取资金的直接形式与手段，理想的融资产品应在满足企业融资需求的同时，既保证资金供给主体的较高回报，又有助于企业的经营管理，有助于企业分散和化解风险、获得相应增值回报。因此，企业在考虑融资策略时，有必要在现有融资渠道的基础上，积极探求融资产品的改进和创新。

例如，在预期金融市场利率有可能发生变化时，利用债务性融资方式进行融资，就可以考虑采用浮动利率债券或可赎回债券的方式；而在证券市场上企业股票价值被严重低估时，可以首先选择内部收益留存的方式解决资金需求问题，当内部收益留存不足以满足企业发展的资金需要时，可以先行考虑采用发行可转换债券、认股权证等融资方式以降低总体融资成本；当证券市场上企业股票价值被明显高估时，则可以先行考虑以增发新股或配股的形式融通资金；在利用国际资本市场进行融资时，为规避汇率风险而进行融资套期保值等。

此外，诸如特许经营融资、申请世界银行国际金融公司的无担保抵押融资、在具备一定条件下申请设立财务公司进行融资等，也不失为可供考虑利用的融资方式。

目前，我国金融系统提供的企业融资品种还很有限，难以适应竞争日趋激烈、环境日益复杂的市场经济条件下企业的融资需求。随着中介机构融资创新需求的增强，随着政府相关政策的完善和融资环境的逐步宽松，企业应当像重视技术创新一般，重视基本融资产品的创新。

5.4.2 内外部融资选择

企业究竟以何种方式融资，除了要考虑对自身财务状况与经营管理的影响之外，还必须考虑外部经济与金融环境、特别是国家融资体制的制约。不同国家由于历史渊源、文化习俗、经济基础水平以及产业结构等方面的不同，对资金控制以及资本投入的导向也有所不同，形成的融资体制也必然有所区别。而不同的融资体制规范着企业融通资金的渠道，制约着企业的融资模式和融资手段。

据有关资料显示：在美国、英国、法国、日本、德国、加拿大、意大利等 7 国企业的融资结构中，比较通行的做法一般是在选择融资方式时，首选内源性融资（即优先考虑利润留存），其次是外部债务性融资，最后才是外部股权性融资。如果就这 7 国的平均融资结构来看，内源性融资比例高达 55.71%，外部融资比例为 44.29%；其中，来自金融市场的外部股权融资金额仅为企业融资总额的 10.86%，来自金融机构的外部债务性融资金额则占企业融资总额的 32%。如果考虑到不同国家和地区之间的差异，则美、英两国依靠企业内部利润留存以满足资金需求的融资行为所占比例最高，均为 75% 左右，法国、德国、加拿大、意大利等四国次之，日本最低。从外部债务性融资比例来看，日本相对最高，平均达到融资总额的 59%，美国则最低，仅占融资总额的 12% 左右。从外部股权性融资比例来看，则以加拿大为最高，达到融资总额的 19%，美国、法国、意大利三国次之，均为 13%，英国、日本基本相当，分别为 8% 和 7%，德国最低，仅占融资总额的 3% 上下。

根据资本结构理论的观点，融资结构影响着企业的市场价值。由于债务性融资费用通常允许在税前列支，具有一定的“税盾效应”，因此当企业平均投资报酬率大于债务融资成本率时，债务性融资就可以增加企业的价值，从而形成了“啄食顺序理论”，即企业理性的融资顺序为：首选内部股权融资（即优先考虑少发或不发股利而尽可能多地将利润留存），其次是外部债务性融资，最后才是外部股权性融资。

企业内部资金来源，主要是以折旧和摊销等成本补偿形成的资金流入和大量的留存利润，这是企业内部在生产经营活动中自然形成的，虽然从理论上讲也存在着资金占用成本，但至少不需要支付融资时的筹款费用。而外部融资如银行借款、发行证券、融资租赁、保理融资、典当融资等不仅存在资金占用成本，还常常需要在融资当时即时支付融资费用，相对于内部融资而言成本自然会高些。

外部融资可采用的渠道和方式并非唯一，其融资的难易程度、资金成本和财务风险也各不相同。企业应该结合所处融资环境与战略规划，设计多个可行性融资方案，以便在财务上进行综合比较与优劣分析，在具体内、外部融资环境中实施动态选优。

5.4.3 与资产需求相结合的融资策略

融资的目的是满足企业生产经营与发展的需要。无论企业通过何种渠道、采用何种方式与手段进行融资，其所得资金的最终表现依然是企业拥有或控制的各类资产。因此，考虑融资策略不能不考虑企业具体的资金流向或具体资产对资金的实际占用问题。

通常，资金提供者出于对自身权益安全性的保障以及考虑到长期事项本身的不确定性，一般对提供长期资金的要求持谨慎态度，相对设置的要求或限制条款会比较多。这对融资企业而言，就意味着财务弹性相对较小、财务风险与资金成本相对较高。因此，企业应结合资产的流动性以及相应资产的经营周期选择恰当的融资方式。

例如，对于日常经营业务或短期结算业务产生的流动资产方面的资金需求，不妨尽可能利用商业信用如赊购方式来解决，或在必要时通过周转信贷协议、银行授信额度等方式来满足。这样做通常不会产生过高的融资成本，甚至部分商业信用在信用期内也不存在资本成本。当然，采用这类融资方式，资金使用期限较短，还款压力相对集中，对企业的商业信用评级影响较大。这就要求企业必须合理预测现金流量，切实做好还款计划，以防因到期无法及时足额偿债而引发信用危机。

对于生产扩张和资本运营所产生的长期资金需求，出于对融资成本与财务风险的综合考虑，并结合资产的流动性因素，企业应首先考虑利用内部资产折旧与成本补偿形成的资金流入和大量的留存利润资金来解决，不足部分再适当考虑外部融资。

对于固定资产的更新换代所产生的资金需求，应结合资产经济寿命与更新周期进行分析。如果周期相对较短，意味着设备落后或被淘汰的风险较大，这时不妨考虑一下经营性租赁的方式。一方面可以有效防范固定资产价值大幅度下降或提前被淘汰的风险；另一方面，由于租金的一部分或全部可以在税前列支，具有抵税效应，有助于降低承租方实际负担的融资成本。而如果企业固定资产更新换代的周期相对较长，受技术进步影响而导致资产价值的下降或非正常淘汰的几率比较小，那么可以适当考虑债务性融资：当预期未来资本市场利率会逐渐升高时，可以采用固定利率借款或在条件具备时发行利率固定的企业债券，以保证较低水平的资本成本；而当预期未来资本市场利率会逐渐下降时，则不妨采用浮动利率借款或进行股权融资等方式，以避免较高的融资风险与资本成本。

案例与思考

案例 5-1 上海久事公司的融资策略

上海久事公司于 1987 年 2 月经上海市政府批准成立，属于政府性投资公司。1990 年 11 月，上海市政府决定将上海实事公司和上海久事公司合并，组成新的上海久事公司。当时公司注册资本金 20 亿元，后扩充为 78.5 亿元。该公司主要替政府为大型基础设施建设融资，并通过少部分国有资本的运作带动大的社会资金投入，使上海城市基础设施面貌实现跨越式的改变。

1991 ~ 2003 年，上海久事公司共发行了 5 次企业债券，累计筹措资金 51.3 亿元。

其中，公司于 1992 年年初发行了五年期的浦东建设债券。在当时的条件下所确定的债券年利率为 10.05%，远高于一般银行存款利率。因此债券一发行就被抢购一空。但是，从 1993 年至 1997 年，一般的五年期国债的年利率（加上保值补贴率）上升到了 18% 左右，相比之下，浦东建设债券的利率便十分低了。这样，久事公司不仅将利率风险转嫁给了债权人，而且使融资成本控制在相对较低的水平上。此次负债融资活动的成功，显然与该公司对未来市场利率走势的准确预期直接相关。

1999 年，公司发行了 6 亿元的企业债券，为上海轨道交通明珠线进行融资。

2003 年，在中国建设银行上海分行的担保下，上海久事公司发行了 40 亿元人民币规模的上海轨道交通建设债券，是上海地区当时发行规模最大的企业债券，认购场面异常火爆，久事公司以 42 倍的超额认购倍率创下了当时中国债券发行市场的新纪录。

上海久事紧紧依循市政府的规划定向，运用市场化的运作机制，通过各种形式的资产和资本经营，为上海的基础设施建设、工业结构调整和国际金融中心建设，掘来了至关重要的“第一桶金”：

南浦大桥是上海黄浦江上第一座越江大桥，由久事公司全额投资建造。20 世纪 90 年代，上海利用世界银行和亚洲开发银行贷款，建设南浦大桥和杨浦大桥时进行了大胆尝试，有期限转让市政设施部分专营权，这在当时无疑是一个石破天惊的举动。由城投公司和久事公司出面将南浦和杨浦两座大桥和打浦路隧道 45% 的专营权作价 3 亿美元，转让给香港中信泰富集团，抽出的资金用于建造徐浦大桥。而徐浦大桥在未建造完成时，又将其经营权转让了45%，转让金额1亿多美元。久事公司又用这换来的1亿多美元投资金融业。2002年，当久事公司资金宽裕时，徐浦大桥的经营权被重新买了回来。

思考

几乎每个企业在持续经营的某些时期都免不了有外部融资的需求。融资难免会付出代价、也会产生风险。如何进行融资需求预测和融资环境分析，如何在现有条件下合理控制融资与用资成本，又如何通过融资创新拓宽资金来源渠道、分散融资风险，应该是每一位经营管理者和财务人员应该考虑的问题。

资料来源：改编自中国中小企业信息网以及21世纪经济报道。

案例5-2 民间借贷的风险问题

据《都市快报》、《中国证券报》等多家媒体报道，近年来，由于大量民间资金陆陆续续从原来的房地产行业、煤炭资源等行业撤离，使得民间资本突然变得异常富裕。一方面，资金持有者急于为这些资金寻找理想的投资项目，另一方面，受后金融危机的持续影响，许多民营企业、特别是中小民营企业出现了资金周转困难、生产经营面临停顿的威胁。这一现状加剧了民间借贷行为，更推高了民间借贷成本。而高额的民间借贷利润回报，又反过来诱使更多的民营企业主放弃实业经营而涉足民间借贷。以温州市龙湾区为例，在2010年高峰时期，当地民间担保行、寄售行，以及各类投资公司达800多家，其中很多公司都在公开或半公开地从事着吸存与放贷业务。

2011年下半年，受宏观经济调控、资金链断裂等影响，当若干家借款企业因市场变化、经营不善或决策失误等各种原因无法及时支付高利贷下的高额本息时，财务危机开始出现并迅速蔓延。一时间，许多担保公司和中小企业的老板面对追上门的债主和后继乏力的生产经营，无奈之下选择了出走躲避，甚至有个别人走上了自杀的不归路。据民间数据统计，仅2011年年初至2012年年初，温州市至少有10名从事资金掮客活动的人自杀，200名以上企业主和放贷人选择了躲避或出逃，这些企业共拖欠员工薪酬8 000万元左右。其中仅2011年下半年至2012年年初，在温州市公安机关立案侦查的非法集资类案件就有105起，涉案金额128亿元。

思考

举债经营是绝大多数企业都可能面临的资金要求。如果你是一家民营企业的老板或财务主管，你会如何看待债务融资？在选择债务性融资渠道或融资方式时，你会考虑哪些方面的影响因素？

CHAPTER 6

第6章 资产与资本运营分析

本章要求

- 了解资产经营与资本运营的区别与联系
- 了解资产经营模式及效果的影响因素
- 掌握资产经营效果的分析方法
- 理解资本运营的作用、基本原则和常见模式
- 掌握并购中企业价值评估的基本方法

引　例

2004年8月1日，有着140多年历史的德国希斯公司宣告正式破产。2004年10月29日，沈阳机床集团全资并购德国希斯公司的法律文件在德国莱比锡市正式签署。11月1日完成全部资产移交，同时新希斯公司正式启动运行。沈阳机床在短短3个月时间里完成了一次重大战略行动，也由此迈出了跨国经营的第一步。

并购德国希斯公司在中国机床行业引起了强烈震动，媒体把这次并购称为“诺曼底登陆”。这不仅是因为希斯公司是中国企业在德国收购的第一家企业，同时还在于希斯公司在世界机床行业的地位和巨大的品牌影响力。希斯公司以制造重、大型数控机床产品享誉世界，140多年的制造历史使它成为世界级的制造商。

然而，由于近年来欧美市场需求不断下降，制造成本居高不下，而希斯公司用于产品换代研发的投入又很大，因此背上了巨额银行债务，陷入了经营困境，被迫宣布破产。当时看中希斯公司的有意向企业不止一家，但最终却被沈阳机床捷足先登。德国萨克森·安哈特州法院清算人鲍赫先生认为：“如此复杂的企业重组案例，在德国通常要用6个月以上才能完成，而沈阳机床仅仅用了3个月就完成了全部收购工作，效率之高、速度之快令人惊讶。”沈阳机床集团董事长陈惠仁表示，并购希斯公司是沈阳机床“打造世界知名品牌，创建世界知名公司”长远发展战略目标的关键一步，具有深远的战略意义：一是使沈阳机床研发能力、服务领域得到全面提升，跨越到一个新的层面；二是在人才、技术、市场等各个方面建立了国际通道。

沈阳机床在希斯公司破产的第一时间立即行动，以较低的成本和最短的时间，完成了并购。几乎是一夜之间，沈阳机床得到了德国希斯公司的全部资产，包括：13万平方米的土地、2.3万平方米的建筑、44台加工设备。而在这些可量化物资的背后，是享誉全球的企业名称、希斯品牌、全套

技术、产品图纸、管理团队和国际通道等，这才是并购的战略着眼点。

当然，并购需要资本，沈阳机床并不是一无所有地“走出去”，而是以中国数控机床产销量第一、世界机床15强的资本在与世界对话。2004年年初，沈阳机床确立了内涵式发展与外延式扩张并重、本土经营与跨国经营并重、由单纯的产品经营向产品经营、品牌经营、资本经营转变的行动方略，并坚定不移地把这一方略落实在行动上。通过并购以零距离触摸世界高端品牌，在正确的时间并购正确的企业，这是并购成功最基本的前提。

并购文件签署后的第三天，沈阳机床集团德国希斯公司就开始启动运行。并购后的第一周，沈阳机床就派出了新希斯公司中方总经理耿洪臣，并在第一时间制定出整合计划：以中国、俄罗斯、韩国、印度为主要市场目标；利用中国的人力和制造资源降低成本；整合国内制造资源，分步骤实现制造技术转移；把希斯公司逐步建设成研发、核心制造、人才培训和欧洲市场销售基地。沈阳机床的决策者们认识非常明确，跨国并购绝不是国内并购方式的简单延伸。能否把德国希斯公司经营好，迅速发展起来，这将是对沈阳机床的严峻考验。面对希斯公司员工的疑虑、徘徊，面对截然不同的企业文化传统，面对完全不同于国内的市场环境，沈阳机床以改善工作环境为切入点，开展了整顿卫生、整顿环境的第一项行动，同时增加投资对厂房和设备进行改造。这一切向希斯公司的员工发出了新所有者坚持高标准管理的一个信号，帮助希斯公司的员工走出破产阴影。生产全面启动后，希斯公司迅速进入市场，并在中国和国际市场采取相应的竞争策略。2005年4月底，中国国内两家用户的产品订单交付使用，实现了500万欧元的销售收入，俄罗斯市场也签订了500多万欧元的合同。到9月底，沈阳机床德国希斯公司已获得3 700万欧元的合同订单。事实证明，希斯的品牌效应并没有破产，它的顶尖技术和高端品牌仍然得到世界的认同。这同时也是对沈阳机床在海外实施本土化经营的认同。

在经济运营全面恢复的同时，降低中型规格产品制造成本、建立健全欧洲市场渠道的工作也在紧锣密鼓地进行。并购希斯公司不仅使沈阳机床直接获得了核心技术，也为沈阳机床用高新技术装备自己提供了有利条件。过去需要进口的装备，现在完全可以在希斯公司制造，沈阳机床因此节省了大量的设备采购资金。目前，沈阳机床正着手努力把希斯公司建成高端产品研发基地、重大型产品制造基地、国际市场营销服务基地、比价采购配套基地及专业人才培训基地。2005年，希斯公司实现销售收入超过3亿元，2008年将达到8亿元。

资料来源：改编自环球咨询信息网及新浪财经网相关报道。

1992年，一些处境困难、却具有超前意识的国营、民营企业，抓住了当时的历史性机遇，完成了股份制改造并在上海或深圳证券交易所上市。几年之后，这些企业不仅成功走出困境，而且获得了飞速发展，企业资产规模远远超过上市前数年资产增长幅度的总和。前所未有的资本扩张和竞争实力，是企业上市前难以想象的。这便是资本运营的巨大威力。

在目前诸多教科书或论文中，常常将资产经营与资本运营等同对待。其实，从财务角度来讲，资产经营与资本运营虽然存在着几乎密不可分的联系，然而，两者之间也还是存在着一定的区别，并非是完全相同的一个概念。如果我们将资本运营称为企业运作的手段，则资产经营就是保证资本运营的根本。

6.1 资产经营与资本运营概述

资产经营是企业生产经营管理者出于资产保值增值的需要，对企业所拥有或控制的流动资产、固定资产、无形资产等各类具体资产的投放、使用、耗费与回收的全过程。资产经营要求企业尽可能保证各类资产相互之间的匹配协调及有效利用，追求的是资产经营的专业化、技术化和产品功效与服务的特色化，目的是如何以尽可能低的资产耗费创造出尽可能高的资产增值，以期获得尽可能多的经营利润。

而资本运营是资本所有者将其所拥有的各种资本通过合理配置、优化组合、裂变或兼并等种种方式投资于有关项目或企业进行有效整合，以期实现投资收益最大化，达到资本保值与最大限度增值的目的。资本运营有助于企业在短期内实现跨越式发展或质的转化，是企业快速扩张的一个有效途径。

由于资产与资本在物质形态与价值形态上的不同，资产经营与资本运营也属于两个既相互联系又有所区别的经济概念。

6.1.1　资产经营与资本运营的内在联系

资本运营常常借助于资产经营而存在，两者在实际运作过程中是同时进行并相辅相成的。资本是资产的价值形式，而资产是资本的具体表现。通常，企业通过产权转让、剥离、并购、联合、重组等各种资本运营方式，将经营性资本转化为能够充分运用与有效增值的优质资产，并通过对这些优质资产的具体运作达到发展与获利的目的。

从价值增值与创造财富的表象来看，物质财富的增长离不开对具体资产的运用，资本运营最终还是要建立在资产经营的基础之上的。无论是兼并重组，还是买壳上市或资产剥离，最终都还是以特定的资产为载体。毕竟，只有资产经营成功，才会真正为社会、为企业创造真实而非虚拟的财富，资本运营也才会有其实际意义。相反，脱离了资产经营的物质保障，所谓的资本运营充其量也只能是纸上谈兵或一场虚拟游戏。

资产经营也常常伴随着对资本运营的适度要求。由于资产经营是对企业所拥有或控制的各项资产的具体运用，因此首先就需要相关资产之间的协调与有效组合。当个别资产或资产组合出现不适用或不匹配时，便可能成为闲置资产或不良资产。此时就需要借助于产权转让、资产置换等资本运营方式，剥离不良资产，换入优质资产，以提高资产经营效率。

6.1.2　资产经营与资本运营的区别

虽然说资产经营与资本运营在价值运作中存在着紧密的联系，然而，作为两个不同性质的概念，二者之间毕竟还是存在着区别的，主要表现在如下几个方面。

（1）资产经营与资本运营的主体及对象有所不同。资产经营的主体通常是拥有或控制着一定数量各类具体资产的独立核算的经济实体，如各类企业等，具体则体现为以企业总裁或总经理为首的经营管理机构基于企业拥有或控制的各类具体资源的基础上所从事的日常投资、生产与经营活动。而资本运营的主体一般都是资本权力的所有者（包括股权的所有者——股东、债权的所有者——债主、产权的所有者——财产拥有者等）或是经所有者授权行使其权利的相关代理机构与个人，资本运营的对象是这些权力拥有者所拥有的、可以分割或转让的股权、债权或产权。

（2）资产经营与资本运营的方式与方法不同。资产经营是通过对资产的投放、使用、耗费及收回等不同循环过程、历经不同资产形态的价值转换，达到经营获利、资产增值的目的。正因如此，资产经营讲究的是如何合理配置并有效使用资产，最大限度地发挥资产的盈利性与使用功能，以便最大幅度地获得资产使用中的“有效匹配”与“增值效益”。

而资本运营则是借助于经济主体之间的兼并、重组，或产权分立、剥离等资本权力的重新组合与交换来进行的；讲究的是“以少带多”、“盘活资源”的运营模式。

（3）资产经营与资本运营的直接目标与评价依据不同。资产经营的直接目标，是追求企业所拥有或控制的资源总量得以保值和增值，一般常常会以总资产利润率、总资产报酬率或总资产增长率等相应指标作为衡量经营效果的业绩标准。

而资本运营则是通过有目的地对资本权力进行交易，如购并重组、转让、合资、托管、上市、分立等，使资本通过不同的物质形态、价值形态等的转换而得以优化甚至增值，促进资本的快速聚集和集中。换句话说，资本运营追求的是资源的优化组合，是企业管理体制的改善和市场竞争能力的增强。就我国企业资本运营而言，还意味着是对产权方式的变更。对资本运营效果的评价，很难以一两个财务指标来衡量。因为资本运营是一个复杂的过程，既可以给企业带来生机，也可能为企业的进一步发展制造障碍。

当然，无论是资产经营还是资本运营，其最终目标还是一致的，都是为了企业能够更好地发展，为社会创造尽可能多的财富，为股东及其他利益相关者带来尽可能大的收益。

6.1.3 税负对企业资产经营与资本运营的影响

关注一下各类经济报道，不难发现在我们周围，每天都会有一些新企业注册成立，每天也都会有一些企业因各种原因被兼并重组或者清算。企业在资产经营与资本运营中能否获得成功，固然与其经营战略与管理、成本控制、市场定位与容量、公司治理与员工技能、外部环境与经济政策等因素密切相关，但在一定程度上与公司税赋也不无关系。毕竟，纳税程度的大小直接影响着企业的税负支出、影响着企业的资金流量和利润结余。由于不同组织形式的企业在税收方面的影响也有所不同，因此管理者在考虑资产经营与资本运营决策之初，首先应该在企业组织形式、涉足行业、经营地区等基本问题的选择上进行一番筹划。

1. 企业组织形式与税负的关系

国际上通常将企业的组织形式依据财产组织形式和法律责任权限分为三类，即公司企业、合伙企业和独资企业。从法律与经济责任的角度上讲，公司企业属于法人企业，出资者以其出资额为限承担有限责任；合伙企业和独资企业属于自然人企业，出资者需要承担无限责任。这便是企业组织形式分类的第一个层次，即外部层次。当然，外部层次的分类还可以从其他角度进行，比如可以分为内资企业和外资企业等。

企业组织形式分类的第二个层次是在公司企业类别内进行的划分。这个层次分为两对公司关系，即总公司与分公司的关系及母公司与子公司的关系。

从根本上讲，分公司与子公司都是公司企业为扩大规模进行再投资过程中成立的分支机构。不同之处在于：分公司完全是归原总公司企业所属，不具有独立的法人资格；而子公司则仅仅是受控于母公司企业，本身具有独立的法人资格。即从法律角度来看，总公司与分公司属于同一法人主体，而母公司与子公司则是各有其独立的法人主体。

从各国或各地区税收征管法律法规及其具体实施细则来看，为了促进本国经济的发展，充实本国财政收入，难免会对不同组织形式的企业实行不同的征税办法。正是这些税收办法的差别性，要求企业在进行资产经营与资本运营决策之初，从企业开始设立的形式上就应慎重考虑，以降低税赋对企业经营效果的不利影响。

（1）股份有限公司和合伙企业的选择。股份有限公司属于公司制企业，具有法人主体资格；而合伙企业则属于自然人主体。当今许多国家和地区对上述两者的纳税规定是存在一定差别的。企业的所有者、决策者要最大限度地减少税金支出，增加企业利润，首先必须选定合理的企业组织形式，从而避开不利于自身发展的纳税条款。

公司制企业与合伙企业的纳税区别主要在于：公司制企业的营业利润在企业环节课征企业所得税，税后利润以股息或红利的形式分配给投资者之后，投资者还要缴纳一次个人所得税。而合伙企业因其自然人主体的性质，营业利润不必缴纳企业所得税，只需要就各个合伙人分得的利润部分交纳个人所得税。对于规模庞大、管理水平要求高的大企业，一般宜采用股份有限公司的形式，这不仅是因为规模较大的企业筹资总量要求多、筹资难度高，而且在于这类企业管理相对复杂，经营难度大、风险大；如果采用合伙企业组织形式，受企业治理和组织架构问题的制约，很难正常健康地运转起来。但对于规模不大的企业，采用合伙企业方式就相对比较适合：首先是管理难度不大，合伙共管也可以见成效；其次又能因为纳税规定上的部分“优惠”而获得不少利润保留。这部分利润可以视为是在企业组织形式的合理选择下产生的。这种选择举动是法律规定所许可的，一般都是在纳税行为未发生之前进行的。

例 6-1

假设有五位自然人，准备等额出资成立一家高科技生产型企业。经过市场调研，初步测定该企业设立之后，除了第一年推广期大致保本之外，第二年开始即会获得高额利润。假设五位自然人约定采用简单再生产模式，每年实现的利润尽数分配。预测该企业进入盈利期间，年均可实现税前利润 80 万元。则两种不同性质的企业，投资者最终承担的所得税税负是不完全一样的。

如果他们设立的是公司制企业，在不存在 5 年内未弥补的经营性亏损的前提下，这些经营所得首先需要缴纳 25% 的企业所得税（假设不考虑纳税调整事项，也不考虑可能享受的税收优惠政策），即：应缴企业所得税＝ 80×25% ＝ 20 万元；税后净利 60 万元全额分配给五位自然人股东，按规定需要缴纳个人所得税（正常情况下我国股息所得适用税率为 20%；目前为鼓励上市公司分红派现，对个人持股期限在 1 个月以上至 1 年的，实行减半征收，即实际税负为 10%；持股期限超过 1 年的，则按 5% 计征。出于可比性的需要，此处不考虑上市公司的情况），则五位自然人股东所获得的股息收入应缴纳个人所得税总额＝ 60×20% ＝ 12 万元。两者合并，共计缴纳各种所得税为 20 ＋ 12 ＝ 32 万元，相当于承担了 40% 的所得税综合税负（32÷80 ＝ 40% ＝ 25% ＋（1–25%）×20%）。

而如果他们设立的是合伙企业，根据现行所得税法的相关规定，合伙企业无须单独缴纳企业所得税，而只需要针对合伙人收入按照 5% ～ 35% 的五级超额累进税率征收个人所得税。因此，当 80 万元经营所得全部平均分配给 5 位合伙人时，由于各人所得（80÷5 ＝ 16 万元）均超过 10 万元，适用于 35% 的累进税率，则五位合伙人所得收益应该缴纳的个人所得税总额 ＝［（16×35%–1.475）］×5 ＝ 20.625 万元，相当于承担了 25.78% 的所得税综合税负（20.625÷80 ＝ 25.78%）。

（2）子公司和分公司的选择。公司要发展业务、扩大规模，设立分支机构进行再投资是一种重要形式。但此刻也面临着子公司或分公司组织形式的选择。利润最大化是公司经营的目标之一，也是设立分支机构的初衷，所以子公司和分公司的合理选择也应注意相关税费的问题。

在国外或外地创办子公司一般需要办理许多手续，并达到当地规定的公司创办条件，独立承担纳税义务。子公司作为独立法人主体可以享受当地税收规定的众多优惠政策。如果创办分公司则不能被视为独立法人主体，很难享受到当地的税收优惠待遇。但是分公司作为总公司统一体中的一部分接受总公司统一管理，损益共计，可以平抑总公司自身的经济波动，部分地承担纳税义务。而且设立分公司无须接受层层盘查，有利于公司财务资料的保密。

子公司和分公司的税收待遇一般都是有差别的，前者承担全面纳税义务，后者往往只承担有限纳税义务。许多国家和地区对外国公司既征收公司所得税，又征收所谓的“分支机构税”。当然有些国家为吸引投资只对其未再投资于固定资产的利润部分征税。我国以前就曾规定对外资企业汇出利润课征 10% 的预提税。

在具体筹划公司形式时，还有许多可以考虑的因素，如公司的发展规律，当地税率的高低，税基的宽窄以及税收的优惠条件等。

对于初创阶段较长时间内无法盈利的行业，一般设置为分公司较为有利，这样可以将分公司的扩张成本抵冲总公司的利润，从而减轻总公司与分公司总体的税负；待分公司业务及经营逐步趋稳、有了持续稳定的利润增长之后，再结合总公司资产经营与资本运营战略规划、经营与税收环境变化等情况考虑是否需要将分公司独立出来成立单独的经济与法人实体。但对于扭亏为盈迅速的行业，则不妨在设立之初就考虑直接设立子公司，这样可以享受税法中关于一些新设企业的优惠待遇，在优惠期内的盈利无须纳税。

对于低税国、低税地区，当地可能对具有独立法人地位的投资者免征或只征较低的公司税。若签订了国际税收协定，税后利润的预提税还可能少征或免征。跨国公司就常常通过在此建立子公司甚至只是信箱公司（只挂名称没有实际业务），用来转移高税赋地区相关公司的利润，以达到国际避税效果。

对于税基宽窄的考虑，一般应参考纳税筹划主体自身的经营范围与资本运营模式，在公司形式的选择时使当地征税范围与自身经营项目的交集尽量缩小。

就税收优惠条件而言，一般都是独立公司可享受的优惠政策相对较多，但优惠条件严格复杂；而分公司享受的优惠项目一般较少，但优惠条件要求不如对独立公司的要求高。所以，在考虑设立分公司还是子公司时，还应充分对比筹划成本和优惠获利的大小。

最后要说明的是，一些公司为达到最优纳税筹划效果，可能并用两种公司组织形式，即将某些附属机构设立为分公司，将某些盈利能力强、有独立业务的设立为子公司。公司组织形式的选择与搭配是公司资产经营与资本运营的第一步，也是持续影响较为长久的一个环节，必须认真、谨慎对待。

2. 行业选择与税负的关系

任何国家都有其特殊的国情，每个国家中的不同地区也有各自不同的情况。在经济发展过程中，需要一切从实际情况出发，充分考虑到这些地区、行业与政策、经济等的不同情况。如有的行业领先甚至超前，有的行业落后甚至停滞。于是不同国家、不同地区的税法会在一定程度上体现出对某些行业或地区的政策扶持与税收倾斜。这些行业倾斜政策即构成了行业优惠，使得企业设立时关于行业投向的选择具有一定的现实意义（有些教材中将这种根据国家和地区产业政策和税收优惠规定、通过对投资行业的选择达到节税效果的行为称为投资产业节税法）。

国家产业结构优化政策具有一定的地域性，故而投资产业的选择也可以分为两个不同层次，即在地点一致的情况下，选择税负相对较轻的行业投资经营；在地区不同的情况下，选择税负相对较低的地区和行业进行投资。

在选择确定企业将要进入的行业之前，首先必须对行业间的税收待遇进行比较。这种税收比较按行业性质可以分为如下几个层次。

（1）生产性行业之间的税收比较。众所周知，一般国家为促进本国生产的发展都会给予生产性企业相对较多的税收优惠。以我国为例，现行税法对生产性企业的税收优惠主要体现在以下几个方面：

1）对从事蔬菜、谷物、薯类、油料、豆类、棉花、麻类、糖料、水果、坚果、中药材、林木的种植和林产品采集的企业，从事农作物新品种的选育、牲畜家禽的饲养、远洋捕捞，以及农产品初加工、兽医、农技推广、农机作业和维修等农、林、牧、渔服务业项目的企业，免征企业所得税。对农业生产者销售自产农产品免征增值税。对个人或个体户从事种植业、养殖业、饲养业、捕捞业所得暂不征收个人所得税。对一些涉农项目，如农业机耕、排灌、病虫害防治等免征营业税。对承担粮食收储任务的国有粮食购销企业销售的粮食免征增值税，其他粮食企业经营军队用粮、救灾救济粮、水库移民口粮、退耕还林还草补助粮免征增值税。这些优惠政策体现了国家对农业发展的支持。

2）对从事花卉、茶及其他饮料作物和香料作物的种植，以及海水养殖或内陆养殖的企业，减半征收企业所得税。

3）对企业从事国家重点扶持的“公共基础设施”项目，以及符合条件的“环境保护、节能节水”项目的经营所得，自项目取得第一笔生产经营收入所属纳税年度开始，前3年免征企业所得税，第4~6年减半征收企业所得税（不包括企业承包经营、承包建设和内部自建自用项目）。对利用风力生产的电力和列入《享受税收优惠政策新型墙体材料目录》的新型墙体材料产品，包括非黏土砖、建筑砌块、建筑板材14类共23种产品，实行增值税减半征收。体现了国家对公共基础建设与清洁能源、节能环保项目的鼓励。

4）对一些废旧资源综合利用（如以“三废”物品为原料进行生产、在生产原料中掺有不少于30%的煤矸石、粉煤灰、炉底渣、废旧沥青混凝土等生产水泥、再生沥青混凝土等）的企业实行增值税即征即退、并自生产经营之日起，减免征收企业所得税5年，以体现国家鼓励资源综合再生利用的可持续性发展战略。

5）凡是按照《高新技术企业认定管理办法》被认定为高新技术的企业，减按15%的税率征收企业所得税（新企业自投产年度起免征2年所得税）；符合条件的小型微利科技企业可减按20%的税率征收企业所得税；对境内新办软件生产企业、集成电路企业经认定后，自开始获利年度起，实行两免三减半的所得税征收优惠；对于高等学校和中小学校校办工厂、农场从事生产经营所得，暂免征收所得税。这体现了国家科教兴国的战略方针。

6）自2011年1月1日至2020年12月31日，对设在西部地区的鼓励类产业企业减按15%的税率征收企业所得税，对在新疆困难地区新办的属于《新疆困难地区重点鼓励发展产业企业所得税优惠目录》范围内的企业，自取得第一笔生产经营收入所属纳税年度起，前2年免征企业所得税，第3 ~ 5年减半征收企业所得税。这体现了国家鼓励西部开发的决心，体现了共同富裕的经济目标。

（2）非生产性行业间的税收比较。我国现行税法中，对非生产性行业的政策扶持，主要体现在以下几方面：

1）在一个纳税年度内，居民企业技术转让所得不超过500万元的部分，免征企业所得税；超过500万元的部分，减半征收企业所得税。

2）高等学校和中小学校举办各类培训班、进修班的所得，暂时免征所得税。

3）对西部地区内资鼓励类产业、外商投资鼓励类产业及优势产业的项目在投资总额内进口的自用设备，在政策规定范围内免征关税。

对上述主要条款的分析可以发现，企业所处行业不同，享有的税收政策也有所区别。但是，在选择所投资的行业时，首先还是应该以企业价值最大化为目标、以资产的整体经营战略和资本运营规划为导向，不必费尽千辛万苦想方设法一定去投资所谓税负最低的行业，即不要为了节税而节税。而应该在考虑了企业整体需求和发展战略的前提下，再考虑税收策划的影响。其次，要充分估计筹划获利的机会成本有多大。最后，必须充分考虑所选行业享受优惠的条件，如地域、时间等方面的限制，以免因条件不符或达不到期望效益而弄巧成拙。

在投资行业的选择时，不妨将眼光放得更长远一些，将税法支持项目与税法抑制项目对照起来选择，毕竟在高税率行业中也存在着一定的税收差别待遇问题。

3. 注册地点选择与税负的关系

世界各国的发展不是同步的，每个国家内部各地区的发展也不可能是完全平衡的。所以反映经济发展要求的税法必然也会体现出地区税收倾斜政策的特点。充分利用税收待遇的地域性差异，也会对企业资产与资本运营效果产生一定的节税促进作用。

从全球范围来讲，跨国纳税企业可以选择国际避税港、避税国进行公司注册；以一国范围来讲，企业可以选择到相对低税率的地区进行注册。

（1）国际注册地点的选择。目前，全世界存在众多国际避税地（也称为“避税港”）。“避税地”一般是指一国或地区的政府为促进国外资本流入，繁荣本国或本地区的经济，弥补自身的资本不足和改善国际收支状况，或引进先进技术提高本国或本地技术水平，吸收国际民间投资等，在本国或本地区划出一定区域或范围（也可能是全部区域），在这里投资的企业可以享受免征或减征税负的优惠待遇。国际上有三种类型的避税地：一类是没有开征直接税的纯“避税地”，在这类国家或地区没有个人所得税和法人所得税，也没有资本利得税、遗产税和财产赠与税，如巴哈马、百慕大、维尔京群岛、英属开曼群岛等。第二类是普通避税港，这类国家或地区虽然开征所得税或财产税、资本利得税等，但税率较低、税负较轻、征税范围较小。如巴拿马、哥斯达黎加、玻利维亚、新加坡等国家或地区，只对来源于本国或本地区境内的所得行使征税权，对来源于国外或境外的所得则实行免征；而列支敦士登虽然对境内所有居民和非居民都开征所得税，但对公司所得税实行的是7.5% ~ 15%的累进税率，对股息收入也只征收4%的预提税。其他如塞浦路斯、牙买加等国家或地区也普遍税负较少或较轻。第三类则是对某些行业或某些特定经营形式提供特殊税收优惠的国家和地区，如卢森堡、英国、荷兰、加拿大等。卢森堡对不同类型的控股公司实行低税或免税优惠；英国则对拥有英国金融机构账户、且与英国公司进行贸易活动的外国人免征资本收益税，等等。因此在这些地方设立子公司或分公司，就可以利用当地税基窄，税率低等便利条件转移或冲抵企业利润从而达到避税效果。

（2）国内注册地点的选择。我国一直坚持共同富裕的经济目标，而且开放发展的战略布局也是由沿海到内地，由东南至西北，所以这是一个利用注册地点进行纳税筹划的可参考条件。

在注册地点的选择中，关键是对区域间税收差别待遇的把握。一般而言，经济特区、经济技术开发区、高新技术产业开发区、保税区、自由贸易区等都可能成为注册地点选择时的优先考察对象。

1）经济特区。这是我国最早为改革开放，吸引外商投资，引进先进技术和科学管理方法，促进东南沿海地区发展而设立的特殊经济区域，如深圳、珠海、汕头、厦门、海南等经济特区。设在这里的企业可以享有相对优厚的税收待遇。如深圳经济特区关于所得税的地方优惠政策规定："特区各类企业从事生产经营所得和其他所得，统一按照 15% 税率计征企业所得税"；"从事生产性经营的特区企业按规定减免税期满后，凡当年企业出口产品产值达到当年产值 70% 以上的，经税务机关核准，减按 10% 的税率计征当年企业所得税"。

我国目前共有 7 个经济特区，除上述 5 个特区之外，2010 年 5 月和 2011 年 3 月又分别成立了新疆喀什经济特区和义乌经济特区。

2）经济技术开发区。这是我国为实现特定经济目标，参照经济特区的某些特殊政策而在国内划定一定区域新建的以发展知识密集型和技术密集型工业为主的特定经济区域，如天津经济技术开发区、沈阳经济技术开发区、西安经济技术开发区等。据相关资料显示，截至 2012 年年底，我国国家级的经济技术开发区已经有 171 个，包括东部 84 个、西部 38 个和中部 49 个。投资者在这些地区兴办生产性外商投资企业可以享受到与经济特区类似的税收优惠政策。

3）高新技术产业开发区。这是国家为促进高科技成果的商品化、产业化，加速发展高新技术而在本国划出一定区域，专供发展知识密集型、技术密集型的高新技术企业使用。设在这里的企业可以享受多项国家特许的税收和贷款优惠政策。高新技术产业开发区是国家希望借助于软硬件环境的局部优化，吸引外资、吸收和借鉴国外先进技术资源和管理手段，促进科研、教育和生产有效结合的综合性基地。

4）保税区。这是经国务院批准设立的、受海关监督和封闭管理的经济区域，如宁波保税区、烟台保税区、广东沙头角保税区、深圳福田保税区、黑龙江绥芬河保税区等。保税区具有进出口加工、保税仓储商品展示、国际贸易等功能，享有免征、免税和保税政策。不仅对外资企业实行税收优惠，而且部分内资企业也可以享受到其优惠待遇。按照现行政策规定，境外货物进入保税区，实行保税管理；境内其他地区货物进入保税区，视同出境对待；同时，外经贸、外汇管理等部门对保税区也实行较区外相对优惠的政策。

5）自由贸易区，也称为对外贸易区、免税贸易区或"自贸区"，是在所属国境内关外划出的、对进出口商品全部或大部分免征关税，且允许在港内或区内进行商品自由储存、展览、加工、制造等业务活动的特定关税隔离区域，是促进地区经济和对外贸易发展的重要手段之一。2013 年 8 月 22 日，国务院正式批准设立上海自由贸易试验区（简称上海自贸区），试验区总面积 28.78 平方千米，涵盖了上海市外高桥保税区、外高桥保税物流园区、洋山保税港区和浦东机场综合保税区 4 个海关特殊监管区域，是中国内地境内第一个自由贸易区。在此之后，我国多个省市将申报自贸区列入了政府重点工作内容之一。截至 2014 年 1 月 22 日，有 12 个地方的自贸区申请已获国务院批复，进入多部委联合调研阶段。

当然，由于享受税收优惠的条件有时候也可能较高，因此在利用区域税收政策选择注册地点时还应该考虑企业自身经营的特点以及总体的发展战略，依据自身条件有选择地“对号入座”，切勿盲目跟风，因小失大。

除上述一些影响企业税负、进而影响资产经营与资本运营最终效果的因素之外，企业实际运行中，员工的聘用、交易实现的模式、业务组合与分拆，以及收入确认时期等，也都可能影响到企业的具体纳税义务。对此本教材不作细述，有兴趣的读者可参阅相关税收法规的书籍。

6.2 资产运营分析

资产运营，就是企业对所拥有或控制的资源的具体运用和优化配置，是以资产的价值形态管理为基础，以获取资产增值为目的的经济活动过程，表现为企业资产数量及其结构的不断变化以及不同资产表现形态之间的不断转换。

6.2.1 资产运营的特点

资产运营具有如下一些基本特点：

1. 资产运营是企业对所拥有或控制的资源的具体运用

企业融资的目的是筹集所需资金，而资金的具体占用形态便构成了企业的各类资产资源。因此，企业所筹资金最终都将表现为各种资产的占用形态。而资产运营就是企业对这些资产资源的具体运作与管理，包括生产经营活动中的存货、固定资产及无形资产等生产性资产的使用、耗费、回收与管理，也包括货币资金、结算性资产（如应收账款、应收票据、预付账款等）、债权与股权性资产（如交易性金融资产、可供出售金融资产、持有至到期投资以及长期股权投资等）的运作与管理。

2. 具体表现为各类资产数量及其结构的不断变化以及不同资产表现形态之间的相互转换

资产运营的具体表现便是对资产的合理有效使用及其价值形态的不断转换。资产的运营过程包括了对所筹资金的运用、资产的耗费、收回、补偿再生等一系列环节，体现为货币资金、存货、固定资产及无形资产、结算性资产、债权股权性资产等各类资产在空间上的并存与时间上的相互继起与转变，如图 6-1 所示。

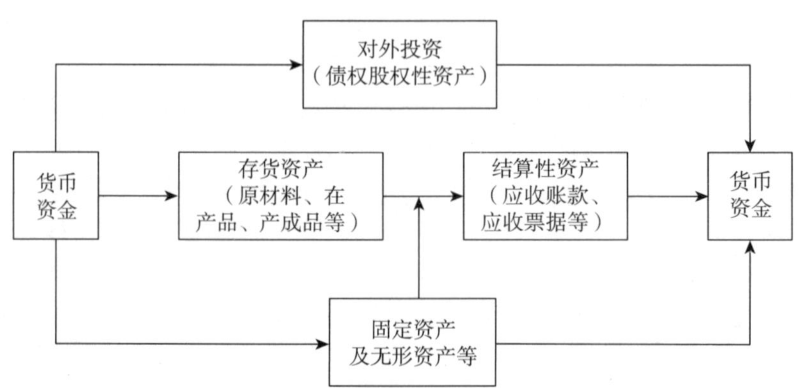

图 6-1 各类主要资产在空间上并存与时间上继起的转变图

3. 资产运营的目的是为了获取资产价值总额的增值，即为了获取盈利

资产是能够给企业带来经济利益的经济资源，资产运营的过程就是企业创造收益、产生利润的过程。无论是企业对外投资，还是从事商品的生产制造或流通，其目的都是通过对资产的充分利用，优化资产结构、提高资产附加值，增加资产使用所能带来的经济收益，最大可能地提高并实现资产价值的增值，即通过资产运营获取盈利。

6.2.2 资产运营模式

资产运营模式，一般是指资产使用过程中不同价值表现形态相互之间的转换形式，其目的是通过优化组合，达到资产结构与功能的相互匹配以实现企业整体经营目标、实现企业价值最大化。具体而言，资产运营模式表现为货币资金、存货资产、固定资产及无形资产、结算性资产、债权股权性资产等各类资产的有效组合与转换。如“货币资金－存货资产－结算性资产”运营模式，“货币资金－固定资产－结算性资产”运营模式，“货币资金－债权性资产”运营模式，“货币资金－股权性资产”运营模式等。

不同行业、不同性质的企业，或处于不同经营时期的企业，其资产结构或资产运营模式都会有所不同。一般而言，加工制造类型的企业固定资产比重较高，主要表现为“货币资金－存货资产与固定资产和无形资产－结算性资产”的资产运营模式；而商品流通类型的企业其流动资产比重较高，一般以库存商品的购进与销售为主，因此其资产运营模式一般属于“货币资金－存货资产－结算性资产”的形式；而租赁公司则主要呈现为“货币资金－各种实物性租赁资产－结算性资产”的资产运营模式；其他如投资公司的“货币资金－股权与债权性资产”模式、交通运输公司的“货币资金－固定资产”模式等，在此不一一列示。

资产运营模式对于某一特定企业而言，并非是固定不变或唯一的。随着企业经营活动内容的改变，其资产运营模式也可能随之改变；而由于不少企业的多元化经营战略的影响，也产生了大量“大而全”的企业，这些企业可能同时跻身于加工制造、投资、房地产、商品流通等数个行业以分散经营风险，因此也便同时具有了几种不同的资产运营模式。这种状态下，企业如何调配不同资产运营模式之间，以及同一资产运营模式中各个环节之间的资产配置，是至关重要的问题。

6.2.3 影响企业资产结构及资产运营效果的各项因素

企业的资产结构及其运营效果受多方面因素的影响，概括起来主要有如下一些影响因素。

1. 企业的经营战略与经营管理水平

经营战略直接决定着其资产运营模式，决定着企业所涉及的行业与资产规模，也进一步影响着其资产结构及运营效果。以多元化经营战略为例：多元化经营在分散经营风险、发挥协同效应的同时，也促进了企业经营范围的扩展、资产结构的复杂化和资产运营模式的多样化。而这一战略的具体实施效果则有赖于企业管理者分散经营的管理水平能否与之相适应。

人们常说“不要将所有的鸡蛋放在同一个篮子里”，言下之意便是要利用多元化经营来分散风险，巩固甚至提高经营利润；然而，也有人认为“一只拳头打出去力量强劲，两只拳头一起打效果便大打折扣”；中国民间有句谚语叫做“一根筷子容易折断，一把筷子却难以折断”——这又体现了集中精力、规模效应的优势。现实中的诸多案例也的确向我们展现了

“成也萧何、败也萧何”的事实。其中颇为典型的如海尔集团、香港和记黄埔，以及位居 2003 年度《新财富》中国 400 富人榜第 5 位的刘永行的东方希望集团的扩张等成功的多元化经营企业，以及珠海巨人集团、咸阳偏转股份有限公司等一些因多元化经营而陷入困境甚至破产的企业。同为多元化经营，结果却截然不同。显然，起决定作用的很大因素便与企业经营管理方式、管理水平等息息相关。企业经营管理能否适应市场变化的要求是经营成败的关键，也是资产运营效果高低的基础。

2. 企业经营项目

不同经营项目对资产构成的要求不同，平均投资报酬率也不相同。一般而言，从事生产制造性质的企业对固定资产的需求相对较高，特别是自动化程度较高的企业，固定资产在整个资产结构中的比重相对很大；而从事商品流通性质的企业，其资产结构中则主要以流动资产为主。

此外，经营项目投资报酬率的高低将直接影响着投资者与企业经营管理决策者的投资偏好。如果投资报酬率呈现出随投资时间的延长而逐步增长的规律，企业就有可能会倾向于长期投资。资产结构中固定资产等长期资产的比重便会相应增加而流动资产的比重将明显减少；反之，则会导致资产结构的反方向变化。

3. 企业生产经营技术与资金周转速度

企业从事经营活动的直接目的是为了实现其整体资产规模在数量及价值上的稳定或扩张。而如何开发和生产产品，如何在确保质量稳定或提升的前提下降低质量成本和总成本以提高经营利润，以及采取怎样的营销方式以确保与现有生产规模相适应、并有效提高市场占有率和回款率等，都与企业的生产经营技术相关。通常，生产经营技术水平越高的企业，其资产配置越合理，资金周转各个环节的衔接也越协调，周转速度也越快。相比较而言，资产运营的效果也就越理想。

4. 营销策略与市场占有情况

适销对路的业务与产品还需要有恰当有效的营销方式，科学可行的营销策略是产品生产与销售的基本保证。产品生产是企业货币性资产向存货性资产的转换；而产品的售出，则是完成了从存货性资产向结算性资产，以及最终向货币性资产的转换，实现了企业营运资金的一个完整的流转周期。因此，销售顺畅与否，便直接影响到企业货币资金的持有量、存货的库存数量、资产附加值的最终实现，以及企业的再生产能力等。

5. 外部环境，特别是外部投资环境、政策环境与市场环境

任何企业都是在一定的外部经济环境中运行的。企业的外部经济环境，特别是投资环境、政策环境与市场环境的宽松与否，直接影响着其产品生存空间与市场容量，也就进一步影响着企业的生产经营规模和不同资产的结构或比重。

我国目前的投资环境在一定程度上还依然存在有较为明显的投机行为，市场发展及其容量也不尽平衡。平均资本报酬率较高的行业，随着投资者的逐步加入和投资行为的高度集中而使竞争日趋激烈，市场趋于饱和，生产能力严重过剩，最终无利可图或利润微薄；如同这些年的房地产行业：当市场需求旺盛、房价水涨船高时，众多长期扎根于服装、食品、化工等其他行业的企业也纷纷斥资跟进，意图在狂涨的商品房开发中分一杯羹；而当国家调控措施出台，政策趋紧，存量房居高不下，老百姓持币观望时期，那些遭遇商品房滞销和资金周转瓶颈的企业便开始出现经营与财务危机，甚至不得不考虑改弦易辙。而原本报酬率较低的行业，则由于部分投资的撤出而降低了竞争与经营风险，利润趋于稳定甚至有所增长。因此，处于相应行业的企业，出于不同市场容量与竞争的需要，便有必要调整经营策略与资产结构以适应环境需求。

6. 企业所处行业的生命周期

我们通常习惯于将产品的生命周期分为研发与试制阶段、成长阶段、成熟阶段和衰退阶段。类似地，（企业或）行业的生命周期也可以分为（创业或）初始阶段、成长阶段、成熟阶段和衰退阶段这四个阶段。其中，在初始阶段，目标市场刚刚被发掘或开发，企业生产经营规模普遍较小，不少企业可能会处于微利或亏损状态，生产要素成本相对较高，存货资产比重相对较大。进入成长阶段之后，市场容量明显扩大，需求上升，企业生产经营规模相应扩张，资产结构中固定资产的比重明显增加；而存货则由于周转速度的加快、平均成本的降低等因素影响而相对比重略有下降。到了成熟阶段，市场容量逐渐稳定甚至开始有收缩的迹象，企业生产经营规模也基本确定，资产结构变动不大。一旦步入衰退阶段，由于市场需求大幅度萎缩，存货积压大量出现，企业闲置资产增加；于是不少企业一方面想方设法积极处置存量资产，另一方面借助于资产重组、转型升级等多种方式转变经营方向，开始二次创业等，此时，其资产结构乃至资产运营方式都有可能发生质的变化。

6.2.4 资产经营项目分析

我们先看一个改编自实际经营活动中的案例。

例 6-2

某小企业生产两种同类别、不同型号的产品 A 和 B，目前基本上能做到产销平衡。企业经理在查看当年七月份的生产经营报告时，得到如表 6-1 所示的汇总资料（货币计量单位：元）。

表6-1 产销成果汇总表（××××年7月）

项　目	A 产品	B 产品	合计数
单位销售价格（元 / 件）	1 200	1 500	
生产及销售量（台）	190	200	
产品销售收入（元）	228 000	300 000	528 000
产品成本（元）	212 000	264 000	476 000
产品销售利润（元）	16 000	36 000	52 000
产品销售利润率（%）	7.01	12.0	9.85

经理发现，B 产品的销售利润率明显大于 A 产品的销售利润率。考虑到两种产品对生产工人的具体技术要求，以及对生产设备工具的要求差别不是很明显，经理决定在现有可利用工时的生产能力下，加大 B 产品的生产量，而相应减少 A 产品的生产量。

目前该企业全部人工与设备配比后的可利用总工时（即全月总的生产能力）为 24 840 工时，其中生产 A 产品目前耗用 11 400 工时，生产 B 产品目前耗用 13 440 工时。经过统计调研与预测：市场上对本企业B产品的同期需求量大约在225台左右。因此，经理决定将下月B产品的产销量扩大到225台，而A产品的产销量相应压缩到160台。(公司产品库存量每期末基本持平，所以对当期预算基本不产生影响，故不予考虑)。

企业按照经理的决定调整了生产与销售计划，又一个月结束后，经理看到这样一份汇总报表（见表6-2）。

表6-2 产销成果汇总表（××××年8月）

项　目	A产品	B产品	合 计 数
单位销售价格（元/件）	1 200	1 500	
生产及销售量（台）	160	225	
产品销售收入（元）	192 000	337 500	529 500
产品成本（元）	188 000	290 250	478 250
产品销售利润（元）	4 000	47 250	51 250
产品销售利润率（%）	2.1	14.0	9.68

经理看了之后百思不得其解：为什么提高了销售利润率高的产品的生产与销售，平均销售利润率和销售利润总额反而都下降了呢？企业的产品生产决策出了什么问题？

其实这就涉及有关生产经营项目的分析问题，对这一问题的分析，主要与企业的生产战略定位、产品项目性能与可行性分析，以及“本－量－利”分析相关。

1. 生产战略定位分析

生产战略定位，主要侧重于产品成本、产品生命周期以及各系列产品相互之间整合的定位分析。企业经营的最终目标是获利，是追求企业价值最大或股东财富最大。产品生产是实现这一目标的具体过程之一。因此，就产品的生产战略定位而言，在成本方面，要求企业在保证产品质量与功能更为优良与先进的前提下，尽可能降低产品生产成本，保证产品售后服务。在不同生命周期的产品的生产安排方面，应尽量侧重处于成长阶段产品的开发、培育与生产，保证成熟阶段产品质量与功能的巩固与提高，注意衰落阶段产品的替换更新；同时，还应考虑不同生命周期产品生产的成本特性以及各阶段产品生产与营销的相互衔接问题，以保证产品战略定位的相对优势。而在各系列产品相互之间的整合方面，应分析考虑产品的可延伸性，包括横向延伸以扩大产品生产规模，实现产品的规模效益；纵向延伸以扩大产品适应范围，实现系列产品的生产链接等。目前在全球范围内日益风行的所谓垂直集成，便是采用了同时生产上下游产品并将其进行组装，构成“一条龙”生产的模式，既降低了产品、零配件的运输与储存成本，也大大缩短了营销周期，节约了营销费用，提高了赢利空间。例如索尼公司设在匹兹堡的生产基地就是采用将电视机玻壳、彩色显像管、彩电等相关系列产品垂直集成的生产加工战略。

2. 项目性能与可行性分析

一个好的产品项目，除了必须拥有广泛的市场需求或潜在的发展机会、拥有较高的使有价值和良好的盈利空间之外，还应该具有功能上的可塑性、可扩张性和产品寿命的持续性与延展性。就产品功能的可塑性与可扩张性而言，要求其拥有能够随着经济技术的发展，随着市场、客户对产品功能要求的不断变化、提高而加以改进和延伸的空间。就产品寿命的可持续性与延展性而言，要求其质量稳定、性能优良、功效持久；同时，产品功能或其可利用范围容易调整或扩充，产品的社会适用性或其弹性相对较强。

对产品项目进行可行性分析，便是基于产品项目性能这一初步设想基础上的社会调查、客户调查及市场分析与技术分析。通过可行性分析，一方面了解客户对现有产品的意见与建议，以及对更新改进产品或替代产品的需求；同时对现有或潜在消费群体的消费特点及消费动机进行分析；另一方面，依据调查资料，对产品的市场容量、市场细分、产品发展变化趋势、未来可能的产销量等进行定量预测，以便最终明确产品定位，确定产品项目的可行与否。

如同我们经常听到的那句话“人无完人”一样，任何类型、任何规模的企业都不可能、也没有必要在方方面面都做到十全十美。因此，在进行产品项目性能与可行性分析时，应特别强调产品性能与消费者需求之间的匹配与适应，明白哪些性能是用户最欢迎或最感兴趣的，哪些性能是粉饰性质或可有可无的；哪些性能是最基本的，哪些性能是需要改良提高的等。即所谓明白与切实做到“有所为有所不为”的道理。只有这样，才能真正为产品寻找到一个合理的、独一无二的定位，并科学确定产品价格策略，合理控制与压缩成本，保证产品的投资回报。换句话说，与其想通吃所有同类产品却最终患得患失而一无所获；不如集中资金与技术，稳扎稳打某一项或几项品牌产品。

曾几何时，美国通用汽车公司的雪佛兰汽车，凭着其“可靠的质量和合理的价格”定位，连续数年稳居美国汽车市场年销售量冠军。然而，这些年雪佛兰汽车不断扩张车种、其所定位的消费群体类别也不断扩大，产生了无数的副品牌，但公司年度销售业绩却并未如同扩张车种一般大幅度增长。有资料显示，雪佛兰汽车在美国汽车市场销售榜上的位置也曾下滑到福特公司之后。

相反地，在飘柔、海飞丝、好迪、亮庄等诸多大品牌林立的洗发护发产品市场竞争中，采乐洗发护发用品将自己定位于重度和中度头皮屑患者这一特殊的消费群体，突出自己洗发用品的特效药物去屑性能，从而与一般的普通去屑洗发用品区别开来，赢得了很大一部分头皮屑患者的惠顾。在激烈的洗发护发产品市场竞争中争得了一席之地。所以说，有效的产品定位，也是企业进行资产运营决策所不能忽略的问题。

3.“本－量－利”分析

利润来自于生产经营活动，与企业业务量的大小、生产成本的高低息息相关。对成本、业务量以及利润这三者之间内在关系进行分析调控，即构成了资产经营活动中最基本的内容。

就企业生产与销售业务而言，产销量的变动一方面影响着产品销售总收入，另一方面也直接影响着产销成本，进而影响着销售利润的变动。即：

$$\begin{aligned}\text{销售利润} &= \text{产品销售总收入} - \text{产品销售成本} - \text{产品销售税金及附加}\\ &= \text{产品销售单价} \times \text{产销量} - \text{产品销售成本} - \text{产品销售税金及附加}\end{aligned}$$

显然，当产销量一定时，产品市场售价与企业成本便成为决定盈亏的另外两方面的因素。其中，市场售价取决于产品的市场供求关系以及消费者的消费偏好等因素，而成本费用则很大程度上与企业自身的运作与管理控制息息相关。

从理论上讲，成本可以根据其与业务量之间的内在关系划分为变动成本、固定成本和混合成本三种。

（1）变动成本。当某项成本随业务量的变化而同比变化时，即称其为变动成本。其相互关系可以表示为：

$$变动成本 V = 确定比例 b \times 业务量 Q$$

式中，b 也称为单位变动成本，如生产产品所耗用的、构成产品主体部分的原材料、直接人工费用等。

变动成本的性质决定了它的存在特点。即当企业不进行生产活动时，也就不会产生变动成本；而每生产一件产品，相应就会产生确定比例的产品变动成本。因此，只要某产品的单位变动成本低于该产品的单位销售价格，即意味着此种产品存在着盈利空间，企业就会有利可图。这种利益称之为“边际贡献”或“边际利润”。即：

$$边际利润 = (销售单价 P - 单位变动成本 b) \times 业务量 Q$$

边际利润阐述了边际成本（在产品生产与销售行为中，即指产品的单位变动成本）和边际收入（此处指产品的单位销售价格）之间的关系。即当产品的边际收入（产品单位销售价格）大于边际成本（单位变动成本）时，边际利润为正，销售行为直接产生了盈利，此时产销量越大，销售毛利也越多；相反地，若产品的边际收入（单位销售价格）小于边际成本（单位变动成本）时，边际利润为负数，意味着销售行为产生了直接亏损，此时产销量越大，企业亏损也越多，因此有必要考虑减产、停产或转产。

（2）固定成本。固定成本是指不随业务量的变化而变化，即在一定业务量范围内固定不变的成本，一般常以 F 表示。如平均年限法下固定资产的折旧、行政人员的工资、企业员工的培训费用等。

固定成本的这种特性，决定了企业即使没有进行产品的生产经营活动，也会出现成本耗费，即固定成本。在这种情况下，假设不考虑其他因素的影响，则企业若不生产，将亏损 F 元；而若进行生产，所产生的边际利润必须先用于弥补固定成本。只有当边际利润弥补并超过固定成本时，超过的部分才最终构成企业的销售利润。即：

$$\begin{aligned}销售利润 &= 边际利润 - 固定成本 F \\ &= (销售单价 P - 单位变动成本 b) \times 业务量 Q - F \\ &= (P - b) \times (业务量 Q - 保本点销售量 Q_0)\end{aligned}$$

式中，保本点销售量 $Q_0 = F \div (P - b)$。

在企业维持保本点销售量 Q_0 的产销水平时，企业的边际利润正好完全用于弥补固定成本，此时销售利润为 0，即：

$$(销售单价 P - 单位变动成本 b) \times 业务量 Q_0 - F = 0$$

因此，当一个项目涉及大量的固定成本时，该项目的保本点提升，对生产经营业务量的保本规模就会有更高的要求，盈亏状况就会在很大程度上受到生产能力利用效率和实现业务交易量大小的影响。利用效率低下的企业，将会由于大量固定成本的存在而侵蚀边际利润，从而出现微利甚至亏损；而生产能力利用效率高、实现业务交易量大的企业，则会因规模经济而降低每单位产品所需要分摊的固定成本，从而取得竞争中的成本及产品价格优势。

（3）混合成本。混合成本是指该成本随业务量的变化而变化，但并非形成简单的比例关系。出于分析问题的需要，一般在实际分析中，在允许一定计算误差的前提下，常常近似地将混合成本分解为变动成本和固定成本的总和。即：

$$混合成本 = 变动成本 + 固定成本 = b' \times 业务量 Q + F'$$

如车间的间接费用、营销费用等。

在将混合成本分解之后，我们的成本分析便主要围绕变动成本和固定成本来进行。

从上面销售利润的计算公式可以看出：企业盈利的多少，关键在于单位产品边际利润（即单位边际利润）的大小以及超过保本点销售量 Q_0 的销售量部分（$Q - Q_0$）。同时还应考虑产品的生产耗用时间等问题。

我们现在转回来再看看本节例 6-2 中的案例。

在例 6-2 中，经过分解计算不难得出，A、B 两种产品的成本构成分别为：

A 产品：总成本＝单位变动成本 800× 业务量 Q ＋ 固定成本 60 000

B 产品：总成本 ＝单位变动成本 1 050× 业务量 Q ＋ 固定成本 54 000

由此可以将两种产品的单位边际利润及保本点等相关数据列表（见表 6-3）。

表6-3 单位边际利润及保本点等相关数据 （单位：元）

产品类别	单位边际利润	单位边际利润率	保　本　点	实际销售量	安全边际率
A	400	33.3%	150	190	21%
B	450	30.0%	120	200	40%

现在，我们可以看出经理吃惊的原因了。从表 6-3 中的相关数据比较可以知道，就单位边际利润而言，A 产品的确比 B 产品的单位边际利润低，但就单位边际利润率即盈利效率而言，A 产品的创利能力明显强于 B 产品，所以正确的做法本来是应该增加 A 产品而不是 B 产品的生产量。至于造成经理决策失误的原因，主要在于 A 产品对应的固定成本相对较高，保本点也高，所以当业务量不够大时，较多的边际利润都先用于弥补固定成本了，因此暂时未能体现出较高的销售利润率水平。

实务操作时，在生产能力有限的情况下，有时还应该考虑或比较产品生产所耗用的生产资源或机器与人工工时。仍旧以本案例来讲，将所耗工时（即生产经营效率）考虑之后，结果也许更为清楚，如表 6-4 所示：

表6-4 产品单位边际利润及耗用时间

产品类别	单位边际利润（元）	单位边际利润率（%）	单位产品耗用时间（工时）	单位时间单位边际利润（元）	单位时间单位边际利润率（%）
A	400	33.3	60	6.67	0.56
B	450	30.0	67.2	6.70	0.45

成本、业务量与收益之间的关系看似简单，实际上这三者之间的内在联系是比较复杂的。从差量分析或机会成本理念的内在要求而言，只有当新增收入大于因此而增加的成本费用，且在所有备选方案中新增利润最多时，所采取的增收方案才是可取的。然而，如何才能保证备选方案囊括了所有具备盈利优势的方案？如何保证所选择的新增利润最多的增收方案在资源利用效率及企业可持续发展等其他相关方面也是相对最优的？毕竟，对任何一个国家或企业而言，经济资源都是有限的。获得高额利润诚然是每一个企业所期盼的，但是，经济资源的有限性要求企业必须考虑提高其利用效能，特别是在评价备选方案的优劣时，更要注意绝对数财务指标与相对数财务指标的综合利用，以及定性分析与定量分析的结合。这就好比有两个方案，一个需要投入 500 万元的成本以获得 100 万元的净利润；另一个则需要耗用 800 万元的成本以获得 120 万元的净利润，从新增利润最多的观点出发，第二种方案将成为首选方案。然而，从投入资本的盈利效果来讲，显然第一种方案（成本净利润率为 20%）将优于第二种方案（成本净利

润率为 15%）而成为首选方案。

此外，考虑到货币的时间价值，在进行本量利分析时，还应充分考虑成本支出的时间先后或时期长短问题。有时候，降低长期成本可能是以短期成本的提高为代价的。例如企业进行的员工技能培训，从短期来讲，增加了目前的成本开支；但是对企业的后续生产经营而言，随着员工技能水平的提高，生产效率必然有所提高，产品质量有所改进，废品率、返修率降低等，从长期来看势必会降低未来的生产成本。同样的，一些盲目追求目前成本降低的措施也有可能隐藏着未来长期成本增加的不利后果。例如企业为了维持目前的盈利水平而大量削减设备维修费用、增加设备的运行负荷等，从短期来看，日常经营维护费用得到了大幅度下降、业务量得到了一定提升；然而从长期来讲，企业设备老化提前、运行效率降低，将有可能使企业未来付出更大的代价。

成本不是独立的；成本的变动，经常会间接影响到收入的变动。一般而言，在经济环境与生产水平相对稳定的前提下，必要的成本投入与收益之间呈现着一定程度上的正相关关系。同时，成本各构成项目之间也常常存在着此消彼长的关系。因此，在分析考虑具体的资产经营决策时，有必要将成本的各构成项目、成本变动与收入变动的内在关系等因素结合起来进行分析。

6.2.5 资产经营效果分析

资产经营的目的是使企业拥有或控制的经济资源的总量保值或者增值。因此，对企业资产运营效果的分析一般侧重于资产总额及其增长、资产结构及其变动、资金周转及其收益等相关指标或项目的分析上。

1. 资产总额及其增长分析

对企业资产总额及其增长进行分析，主要是利用比较资产负债表，结合企业生产经营规模的变动进行分析。

企业的生产经营规模是基于一定资产总额的基础之上而形成的，资产总额的增减变化不但对生产经营规模有实质性的影响，而且也与企业的偿债能力及可持续发展息息相关。

例 6-3

我们以某上市公司某会计期间连续四个季度简化的比较资产负债表为例（其中以资产为主要内容，负债与所有者权益仅列其总额），各季度末简化数据如表 6-5 所示。

表6-5 某上市公司简化的比较资产负债表 （单位：元）

报告期	20×2-09-30	20×2-06-30	20×2-03-31	20×1-12-31
流动资产				
货币资金	505 907 529	714 066 708	384 917 838	236 705 026
应收账款净额	697 107 105	652 039 129	624 068 034	697 311 065
其他应收款净额	35 992 356	8 986 107	4 544 032	2 401 070
预付账款	446 908 114	271 676 429	145 537 265	97 359 991

（续）

报　告　期	20×2-09-30	20×2-06-30	20×2-03-31	20×1-12-31
存货净额	2 541 404 972	2 474 634 290	2 379 530 079	2 347 700 815
其他流动资产	32 709 895	31 946 711	30 064 779	28 558 560
流动资产合计	4 260 049 971	4 153 349 373	3 568 662 026	3 410 036 526
长期股权投资	193 086 886	193 596 342	192 705 116	186 178 508
固定资产净值	30 748 054	28 595 925	28 336 073	28 505 640
资产总计	4 483 884 911	4 375 541 640	3 789 703 215	3 624 720 674
负债及股东权益				
负债合计	3 283 742 624	3 219 157 715	2 686 304 090	2 520 300 517
其中：流动负债合计	2 181 537 817	1 816 952 908	1 104 099 282	1 078 095 709
股东权益合计	1 185 534 875	1 142 085 922	1 091 157 430	1 092 855 346
其中：股本	383 126 640	383 126 640	383 126 640	294 712 800
未分配利润	498 498 194	455 049 241	404 120 750	405 818 665

资料来源：选摘自新浪财经纵横网。

根据表6-5所列数据，我们可以计算出如下一些简单的增减变动指标（见表6-6）。

表6-6　资产负债表主要项目增长率分析表（环比）　（%）

报　告　期	20×2-03-31	20×2-06-30	20×2-09-30
货币资金增长率	62.61	85.51	−29.2
流动资产增长率	4.65	16.38	2.57
固定资产增长率	−0.59	0.92	7.53
长期投资增长率	3.51	0.46	−0.26
总资产增长率	4.55	15.47	2.48
负债增长率	6.58	19.83	2.01
股东权益增长率	−0.16	4.67	3.80

从表6-6中可以看出：该公司资产总额在逐期增长，显示了公司良好的发展势头。公司20×2年一季度资产总额较上年第四季度增长了4.55%，20×2年第二季度资产总额又较一季度增长了15.47%，三季度资产总额较二季度增长了2.48%，其中二季度资产总额增幅最大，这与公司当年上半年，特别是二季度实现并留存的大量净利润相关。然而，由于该公司属于房地产行业，随着上一年6月份央行121号文件之后，一系列宏观调控政策相继出台，无论是从信贷方面，还是从土地供应及其他相关方面，都开始对房地产投资增长过快的趋势实施控制。这对房地产行业的资金供给状况产生了较大影响。我们从表6-6中也可以看出一些痕迹：该公司虽然资产总额在逐期增长，然而，货币资金增长率在20×2年三季度却出现了负增长，比上一季度减少了29.2%。而与此相呼应的是，似乎是为了解决公司资金链紧张而采取的应对措施，公司同期的长期投资也表现出0.26%的负增长现象，似乎意味着公司借助于长期投资的收回以保证主业经营活动的资金需求。

此外，结合资产与负债及股东权益三者之间的内在联系来看，公司股东权益的增长幅度在这三期分别为－0.16%、4.67% 和 3.80%；而负债的增长幅度在这三期则分别为 6.58%、19.83% 和 2.01%；这说明公司上半年规模扩大的资金来源主要来自于负债的上升，公司偿还债务的压力有所加大；而到了三季度，公司由于持续盈利，留存收益增加，股东权益增长幅度大于资产总额增长幅度，加之长期投资的收回，使公司的长期偿债能力有所保证；但由于货币资金的减少、应收款与预付款的增加，说明公司盈利所带来的现金流并未同步上升，因此短期偿债能力并未明显改善。

2. 资产结构及其变动分析

对资产结构的分析，主要是应考虑不同的资产结构对公司收益及经营风险的影响。这就需要结合公司的实际经营特点及外部环境，同时参考公司以往的发展变动规律以及同行业或同类企业的相关指标进行分析。侧重于评价公司的资产质量、资产的流动性或变现能力，以及相应的经营与财务风险及资产使用效益等。

从本书第二章有关资产负债表解读一节可以知道，企业的资产从大类上讲，包括流动资产、固定资产、长期投资、无形资产和其他资产等。各类资产的变现能力及其可发挥的盈利效果各不相同。其中，理论上讲流动资产变现能力较强，而固定资产、长期投资、无形资产等非流动资产的变现能力较弱。

分析公司的资产结构，需要计算不同时期各类资产在总资产中所占的比重。就流动资产与非流动资产而言，如果流动资产所占比重相对较大，说明公司资产的变现能力相对较强，短期偿债能力较好；若资产变动主要就是以流动资产的变动为主的话，一方面有可能预示着公司目前生产经营规模的相对稳定，另一方面也有可能意味着公司拥有较多的存货或应收款项，此时便应该进一步对流动资产的具体构成及其周转再作分析。

流动资产主要是由货币资金、交易性金融资产、应收款项和存货这几类组成的。其中，交易性金融资产一般是作为货币资金的补充方式而存在的，是公司为了充分利用暂时闲置的货币资金、提高资金的总体获利水平而采取的一种投资方式。当公司出现暂时闲置的资金时，便可以将其用于期限较短并可以随时变现的短期证券投资上；而当公司资金不足，又可以将这部分投资立即变现以满足正常营运对资金的需求。

当流动资产中的货币资产（包含交易性金融资产）的增减变动幅度与流动资产同步，甚至大于流动资产的增减变动幅度时，意味着公司的即时支付能力相对较强，公司有较为充裕的资金以应对市场的变化；不过，货币资产过多，也可能意味着公司资金的剩余，或者公司暂时没有合适的投资项目或投资机会。从时间价值观念来讲，货币资产过多将会造成公司总体资产使用效率的降低以及总资产报酬率的下滑。

应收款项表示公司有大量的资金被外部相关经济实体所无偿占用。这部分金额过多，所占比重过大，或者增长速度过快，都意味着公司可能出于产品市场的竞争需要而改变其信用政策，资金回笼速度或收款程度有所降低。这将直接影响公司正常生产经营所需资金量的供应，造成公司资金周转不畅或出现无法按时偿债的风险。这种情况下，公司很有可能出现一方面大量资金被别人占用，另一方面又不得不举借大量债务以满足自身的资金需求，从而造成公司负债增多、利息费用加大，最终影响盈利水平。

在对应收款项进行分析时，不仅应分析其在流动资产中所占的比重及其增减变动，还应同时对应收款项的账龄进行分析。一般而言，应收款项的账龄越长，不确定性因素就越多，收回的可能性就越小，风险越大，意味着该项资产的质量越差，对企业经营绩效产生不了太大的作用。反之，账龄越短，不确定性因素越少，收回的可能性就越大，意味着应收款项资产的质量越高，越有可能尽快收回以投入使用。

存货占流动资产的比例过大或其增长幅度偏大，意味着公司存货资金占用偏多。由于存货的变现能力相对较差，因此，较多的存货也就蕴含着较多的市场风险。一定程度上会影响着公司的短期偿债能力和流动资产的质量。当然，在对存货（以及其他项目）进行分析时，还应该考虑公司所处行业的特点。

例 6-4

我们根据表 6-5 中所对应公司的报表数据，可以计算得出如表 6-7 中所列示的一些比例或增长率的数据。从中可以看出，该公司存货在流动资产中所占的比例高达 60% 左右，这是否就意味着公司存货质量下降或出现积压呢？情况并非如此。结合该公司所处房地产行业的特点可以知道，公司拥有的存货，大部分属于已经开发或正在开发的房屋建筑，这些项目一旦完工交付使用，必将为公司带来巨额利润。因此，这类存货质量显然是毋庸置疑的。

表6-7 某上市公司应收款项及存货所占比例变动表（环比） （%）

日 期	20×1-12-31	20×2-03-31	20×2-06-30	20×2-09-30
应收款项占流动资产比例	20.52	17.61	15.92	17.21
应收款项环比增长率		−10.16	5.15	10.91
存货占流动资产比例	68.83	66.68	59.58	59.66
存货环比增长率		1.35	4.00	2.70
流动资产增长率		4.65	16.38	2.57
流动负债增长率		2.41	64.56	20.06

如果公司的固定资产及无形资产增长较快，说明公司有可能蕴含着战略投资方向的调整或变动，以及公司生产经营规模的明显变化。这些变动往往是实质性的，不但影响着公司的生产经营方式，更影响着公司未来的发展趋势和盈利能力。因此有必要对这一类变动引起注意或跟踪研究。

3. 资产周转及其收益

资产周转是指资产的循环使用，决定着资产的使用效率。通常，在投入资源一定的前提下，资产周转速度越快，其利用效率就越好，盈利能力也就越强。考核资产的周转水平可以从不同的侧面进行分析，常见的衡量资产周转速度的财务指标有应收账款周转率、存货周转率、流动资产周转率、固定资产周转率和总资产周转率等，其具体计算与评价详见本书第三章内容。

据有关资料显示：发达国家（如美国）生产性公司的年平均总资产周转率大约为一年 7 次，而我国公司目前该项指标仅为一年 3 次左右。说明我国公司就目前总体资产的利用效率而言，还是相当低的，这也在一定程度上影响了公司的获利水平。

资产收益主要是指资产中所包含的潜在收益，这种潜在收益只有在资产被充分利用时才可能转化为实际的经营利润。例如公司拥有的库存商品，在没有对外售出时，是以成本价值列示在公司相应账簿和报表中的，但它也包含着一定的、尚未入账的剩余价值（即产品附加值或潜在收益），这些剩余价值只有在库存商品销售之后，才会以销售价格的组成部分之一而得以最终实现。也就是说，当库存商品被正常售出时，其实际所得将大于其售出前的账面价值，两者之间的差额即为已经实现了的经营毛利。类似这种包含着潜在收益的资产一般还有各类证券投资、带息的应收票据等。

除了这类通过市场可以最终实现潜在收益的资产之外，公司还有一些资产，在使用中只能原值收回甚至被消耗掉。例如预付账款、应收账款、其他应收款等，在行使权力时只能收回与其等价的另一种资产；而行政办公用低值易耗品以及公司自己使用的无形资产等，在使用中则只能逐渐转化为公司的费用支出。显然，这两类资产中，前者通过市场只能等值转化为另一种资产，不影响公司损益；而后者由于使用时构成了费用支出，直接影响公司损益。因此，含潜在收益的资产越多，公司未来的收益相对越理想；而费用性的资产越多，公司未来的收益越有可能出现下滑趋势。

6.3 资本运营分析

资本运营是资本所有者通过资本的合理配置、优化组合、裂变或兼并等方式将所持有的资本或所控制的企业进行有效整合，以期实现投资收益最大化、达到资本保值与最大限度增值的目的，是企业在短期内实现快速扩张或跨越式发展的一个有效途径。

6.3.1 资本运营的特点与作用

1. 资本运营的特点

与资产经营相区别，资本运营一般体现出如下一些特点：

（1）资本运营一般都伴随着公司股权或债权的变动，是借助于股东与股东之间、或股东与债权人之间权利的变更与重整来达到资本的重新组合与流动，以期提高企业未来的经营运作效果。从表现形式上讲，资本运营讲究的是“以少带多”——即以少量的资本投入推动大量的可控资本，以及“盘活资源”——将闲置资源转变为优质可用资源的资产运营模式。

（2）从运营手段上讲，资本运营常常是以企业兼并、重组、合资、托管，或产权分立、剥离、置换、上市交易等形式，有目的地使资本通过不同的物资形态、价值形态的转换而得以优化甚至增值，追求的是资源的优化组合和企业整体竞争力的增强。

（3）资本运营最终还是需要借助于资产经营而存在。资本是资产的价值形式，企业通过产权转让、并购重组等资本运营，最终变动的实际上依然是各项具体的资产产权和经营权。无论是通过上述哪种资本运营模式，最终都转变为能有效增值的优质资产。对这些优质资产的具体运作，才能最终实现财富的增值。

2. 资本运营的作用

资本运营的作用主要体现在以下四个方面：

（1）有助于企业规模的迅速扩张，增强企业对资本的调控能力。企业通过购并、合资等资本运营形式，将一些规模相对较小的企业联合起来，组建大型企业集团，就可以集中资本优势，形成投资规模，完成小规模企业所无法完成的项目。资本运营一方面有助于企业冲破行业或地区资产重组的条块分割及各种资产运作障碍，在较大的经济资源与市场资源范围内实施优势互补、资源共享；另一方面，资本运营也有利于企业以产权为纽带，借助于控股、参股、联合经营等形式，控制或推动更大规模、更大范围的经济资源，产生“1 ＋ 1 ＞ 2”的经济效果，推动企业规模的迅速扩张。

企业规模的扩张，反过来又促进企业在资金调配、资源占用等方面拥有了更大的支配能力和市场话语权，有助于进一步控制商品生产或服务成本，增加价格弹性空间，扩大资金来源渠道，改善与政府、股东、债权人及其他利益相关者之间的合作关系，增强企业对资本的调控能力。

（2）资本运营有助于增强企业的核心竞争力，提高企业信誉，扩大市场占有份额。通过兼并收购、买壳上市、资产置换等资本运营行为，有助于扩大企业的社会影响，树立企业经营稳定、发展迅速的良好形象。同时，借助于资本运营而获得的优质资产、盘活存量资产、扩大资金融通渠道，有利于企业降低经营风险与财务风险，优化产品与业务构成体系，提高产品的市场影响与市场份额，增强企业竞争优势。

（3）资本运营有助于降低企业对新行业、新地区的进入成本。市场总是有限的，企业发展到一定阶段，往往需要突破原有产品系列、原来行业或原来地区的束缚而尝试开发新的领域或新的产品。然而进入一个完全陌生的新行业、新市场或新地区，如果仅靠企业自身的力量从零开始，无论是在时间上，还是在人力、物力、财力各方面，都可能需要付出高昂的代价，甚至承担巨大的风险；同时还有可能遭遇该行业或该地区原有经营者与管理者的抵制与限制。但如果借助于资本运营，采用收购、兼并等方式迂回进入，就有可能缩短从进入到融入其中的时间，并通过被并购方原有的客户、市场、技术、管理等基础，使行业或地区条块分割与限制所产生的经营障碍或贸易壁垒降至最低，从而以相对较低的成本融入新行业或新地区，在短期内形成新的生产力。

（4）资本运营有助于企业转换经营机制。企业要真正走向市场并立足脚跟，首先必须结合市场经济特点建立一套严密的现代企业制度。这就要求其必须明确产权关系，架构科学完善的公司治理机制，摆脱一切不必要的外来与行政干扰，以确保资本在社会范围内的合理流动，实现资本的保值与增值。资本运营在客观上有助于促进企业转换经营机制，建立产权明晰、权责分明、政企分开、机制灵活、管理科学的现代企业制度体系。

6.3.2 资本运营的基本原则

资本运营是对企业资本运动的管理与运作，其最终目的是在资本保值增值的基础上，不断提高资本积累的效率，形成资本的多触角发展优势，以保证企业在激烈的市场竞争中始终立于不败之地。

成功的资本运营，需要牵涉到方方面面，也需要运用到较多的财务、金融与管理手段。而无论采用哪种运营方式，都应该遵循如下一些基本原则。

1. 必须考虑资本运营与企业核心竞争力的有机结合

资本运营应符合企业发展战略的要求，服从和服务于国家产业政策和企业发展规划。同时，由于资本运营与资产经营之间的内在联系，资本运营最终必然会附着于资产经营，并以资产经营所形成的核心能力为基础，服务于资产经营。因此，为了确保企业资本结构的优化和资本运营效率的提高，资本运营必须与企业核心竞争能力相结合，努力培育和强化企业核心竞争能力。将资本运营运用的出神入化的韩国三星（SAM SUNG）公司，就是通过与西方企业在战略联盟、技术转让等方面的深入合作，形成并巩固了它在通讯设备、家用电器等方面的核心能力，并通过将核心能力注入其主打产品之中，提高了产品的竞争优势，进一步巩固和扩大了市场份额。

2. 把握资本运营的政策、时机，规范资本运营行为

资本经营强调用资本购买那些有发展潜力的企业的控股权，或者运用投资、参股、并购、重组等各种方式，实行跨行业、跨地区的多元化或规模化经营。然而在这一过程中，企业必须仔细分析有关方面的方针政策，规范资本运营行为，切实把握有利的资本运营时机，并尽可能充分利用或积极争取各有关方面（如当地政府部门、金融机构）的大力支持。

3. 注重经济实力与品牌优势的有机结合

作为企业的一种无形资产，品牌在一定程度上是企业市场占有率的基本保证，也是维持企业资产经营的重要标志。企业如果一味地追求资本运营的表象而忽略其全面提高的本质，就有可能在具备一定的资金实力之后，盲目扩张，求大求全，过度看重企业规模而忽略了对拳头产品或其品牌的培育与保护。这样的结果，常常是在一阵短暂的繁荣之后，由于没有拳头产品或靠得住的品牌做支撑而最终被无情地挤出市场。

核心能力是资本运营的基础，品牌优势是核心能力的市场表现。企业在分析考虑资本运营时，必须注重对品牌优势的培育，将规模扩张、经济实力的增强与品牌维护与提高有机结合起来，以保证资本运营的最终效果。

4. 选择合适的资本运营目标及资本运营方式，防范资本运营风险

资本运营，切忌盲目求大求全、求快求多。企业应对各种可能的资本运营备选方案进行充分的可行性分析论证，包括资本运营方案的实施成本、预期效益、可能面临的行业、地区或政策上的障碍，以及企业自身的财务状况、资金实力和调控能力等，以便对各种可能出现的问题及早分析、积极应对。

资本运营不能只顾眼前不看长远，只看效益不顾风险。对资本运营过程中的风险分析，主要包括资产置换风险分析、生产经营失败带来的经营风险分析、与资本运营所需资金密切相关的资本市场的系统风险分析、社会配套风险分析，以及其他如信息风险、违约风险、道德风险、整合风险等。

5. 注重企业内部管理机制的完善

资本运营，常常会引起企业规模扩张，这就要求企业必须要有相应配套的管理体制与管理技能。如果规模扩张较快而管理体制不够完善、管理水平跟不上要求，极有可能形成各相关职能部门的交叉错位，造成企业内部在决策、执行、监督等诸多方面工作脱节或出现扯皮、“踢皮球”等现象。由此一来，资本运营非但不能形成合力，反而会因整合期间的过度“内耗”而

影响运营效果，甚至造成资本运营失败的结局。因此，要搞好资本运营，必须首先练好内功，加强企业内部管理体制的改革与完善，严格依据公司法的要求规范运作，产权明晰、责权分明、功能协调。只有首先从体制上、从管理上符合资本运营的内在要求，才能最终保证资本运营的目的与效果得以实现。

6.3.3　资本运营的基本方式

这些年来，资本运营方式层出不穷，不断创新。具体而言，主要包括资本扩张（如公司并购、发行上市等）、资本收缩（包括股权转让、剥离与分立、股票回购等）、资本重整（主要有债务重组、资产置换、国有股减持、管理层收购等）以及表外资本经营（如托管，合作联盟等）等。其中较为频繁或普遍存在的当属上市、并购、重组等方式。

1. 改制上市

改制上市是我国不少大型国有企业转换经营机制、完善管理体制、优化资产与经营结构的一种主要方式。

国有企业进行公司制改造，主要包括整体改制和部分改制。

企业整体改制，一般是将被改制企业的全部资产投入到改制后的公司制企业。如TCL集团股份公司就是在原TCL集团有限公司的基础上，通过整体变更改制为股份有限公司的，并最终通过公开发行股票和吸收合并的方式实现了整体改制上市。

而部分改制，通常是将被改制企业的专业生产经营系统改造成为公司制企业，非专业生产经营业务则组建为相应的实业公司，实行自主经营，自负盈亏。至于原来的企业主体，则变更为控股股东。例如上海宝山钢铁股份有限公司就是经由上海宝钢集团公司部分改制，将集团公司下属的大部分生产经营性资产、部分生产辅助性资产，以及一些生产职能性部门投入到宝山钢铁股份公司中，使之拥有完整的生产工艺流程，以及相应完善、配套的科研、生产、采购和销售体系。经过这种部分改制，宝钢集团最终独家发起设立了宝山钢铁股份有限公司并成功地在上海证券交易所上市交易。

2. 买壳上市

买壳上市是指企业通过购买某上市公司一定比例的股权来获得对该上市公司的实质性控制，其后再利用资产置换或重组，向上市公司注入自身的优质资产或强势业务，达到企业间接上市的一种资本运营方式。

例 6-5

2009年12月，浙江宋都控股有限公司（以下简称：宋都控股公司）与百科投资管理集团有限公司签订了《股权转让协议》。根据该协议约定：百科投资管理集团有限公司将其拥有的辽宁百科集团（控股）股份有限公司（股票简称：百科集团，证券代码：600077）全部股份共计2 789.652 1万股（占百科集团总股份数的17.53%）转让给宋都控股公司，转让价3亿元。2010年1月，双方完成股份过户手续，宋都控股公司成为上市公司——百科集团——的第一大股东。2011年9月，百科集团发布《重大资产置换及发行股份购买资产暨关联交易报告书》，报告中称：为了提升上市公司整体资产质量，使公司主营业务彻底转型、走出经营困境，提高盈利能力，公司以全部资产及负债与本公司第一大股东宋都控股，以及平安置业、郭轶娟等所持有的宋都集团股份按各自持股比例进行等值资产置换。

同时，为了充分保护上市公司全体股东特别是中小股东的利益，此次重大资产置换拟注入资产及拟置出资产的作价仍以2009年12月公布的《重大资产置换及发行股份购买资产暨关联交易预案》中的约定为准，即以2009年12月31日为估价基准日，经评估后的拟注入资产作价355 093.71万元，拟置出资产净值作价29 130.53万元。两者之间的差额计325 963.18万元，由公司按照8.63元/股的价格分别向宋都控股、平安置业，以及郭轶娟定向发行本公司普通股股份271 950 738股、75 741 872股和30 216 749股作为支付对价(合计发行377 709 359股，占公司发行后总股本70.36%)。本次发行之后，宋都控股对上市公司的持股总数达到29 984.7259万股，占公司总股本的55.86%，宋都控股的一致行动人郭轶娟持股3 021.674 9万股，占公司总股本的5.63%，即宋都控股及其一致行动人合计持有上市公司61.48%的股份。

这次重大资产置换完成后，百科集团原来以经营钢铁物流为主的全部资产及负债被置出，而置入了以房地产开发为主业的宋都集团100%的股权。宋都集团由此顺利实现了上市。2011年12月，百科集团发布公告称：经工商行政管理局核准，公司名称自当月30日起变更为宋都基业投资股份有限公司，股票简称：宋都股份。

买壳上市主要与以往股票发行实行行政审批，以及现在执行的核准制度有关。上市资源的稀缺造成买壳上市的要求。借助于买壳上市，买壳方企业可以扩大其融资渠道，节约时间，迅速完成资本扩张。同时，买壳上市为企业的发展创造了更为宽松，但也要求更高的外部环境，有助于促使企业转换经营机制、优化和改善资产结构。

具体的买壳上市包含两种不同方向的行为：一是非上市公司通过收购上市公司的股份达到绝对或相对控制上市公司。二是上市公司反向收购非上市控股公司的优质资产，也可以说是非上市控股公司将自己的优质资产和强势业务注入上市公司以实现间接上市的行为，如上面宋都股份的案例。

买壳上市虽然有助于企业避开一些直接上市的条件限制、达到节约时间、快速扩张的效果，但也具有成本较高、风险突出的特点。此外，通过买壳上市，还有可能因受让股份比例过高而触发要约收购的义务。

例6-6

2006年5月，浙江物产国际贸易有限公司（简称：浙江物产）与南方建材股份有限公司（简称：南方建材）的前三大股东湖南华菱钢铁集团有限公司、湖南同力投资有限公司和湖南同力金球置业发展有限公司分别签署了收购协议，合计收购后三家公司所持有的南方建材总计1.199亿股非流通股股份（收购价每股1.73元，共耗资2.07亿元），占南方建材股份比例高达50.50%，超过了当时《证券法》规定的30%的要约收购条件，从而触发要约收购义务。2006年5月16日，浙江物产以每股2.91元的价格向全体流通股股东发出了全面要约收购公告。由于在要约收购提示公告期间，受南方建材职工安置方案等问题的影响，收购暂时搁置。

2008 年 4 月，浙江物产重新向全体流通股股东发出要约收购公告，考虑到当时的行业状况及市场环境，此次公告列明的要约收购价为每股 9.11 元（公告前二级市场上该股票市价为 11.25 元 / 股）。虽然说要约收购价相对于当时的市场价格存在有一定的折价，流通股股东不一定会接受。但这种要约收购毕竟存在一定的风险：即在要约收购期满时，如果因收购导致社会公众所持股份低于总股本的 25%，南方建材将会因此而失去上市交易资格。这显然不是并购方的并购初衷，因而是有一定风险的。

3. 分拆上市或分立上市

分拆上市通常是将企业集团下属的某块或某几块独立业务所涉及的资产进行股份制改造后上市，原企业集团作为改造后的股份制公司的第一大股东依然存在。

分立上市则是将一个大型企业分立成为两个或几个独立的公司，并将其中一个公司进行股份制改造之后上市，原母体企业将在分立为两个或几个独立公司后，因主体内容的消亡而不复存在。这两种模式在国内大型国有企业集团改制行为中较为常见。

例如，原上海石油化工总厂在按规定履行了相关程序，并且对总厂所有的相关资产、负债、人员进行了界定、划分之后，将其中的有关生产、经营、贸易、科技、管理等经营单位和职能部门及其相应的资产、债务一并分立转入上海石油化工股份有限公司；其余涉及建造、设计、生活服务等部门以及原来等同于行使政府职能的部门和相应的资产、债务等另行分立归属于新设的中国石化上海金山实业公司实行自主经营、自负盈亏。原上海石油化工总厂则取消法人独立地位。而分立出来的上海石油化工股份有限公司由中国石化总公司代表国家行使国家股股东的权利和义务，并且在上海证券交易所成功上市。

4. 重组

重组，即重新组合与配置。企业重组，包括了对企业资产、债务、产权、业务等要素本身及其相互之间关系的重新组合和配置。企业重组最根本、也最为主要的一种形式是有关产权问题的重组。就我国多年的实践情况而言，“重组”已成为一个表述一切与企业重大的、非正常的或非经营性的变化行为的总括，包括企业并购、改制、资产或业务的优化组合、企业分拆、托管、破产处置等。换句话说，重组是泛指一切与资源的优化配置相关的经济学上的一个大范畴，从形式上讲，不仅包括了并购与上市，还包括了资产置换、债务重组、关联重组等模式。

随着市场化经济的发展，企业所面临的竞争也越来越激烈，生存环境的市场化程度也在逐步提高。越来越多的企业开始认识到资本运营的重要性，并逐步从单纯的生产经营型转变为生产经营与资本运营并重。通过资产重组、联合并购、改制上市等各种资本运营方式，充分吸收与整合社会闲散资本，加强对生产要素等经济资源的优化配置，变存量资产或低效益、低效率的资源为流量资产或集约高效的经济资源，以便实现企业转型升级与规模的快速扩张。

而市场化的外部环境也为企业进行各类重组提供了可能。资本市场的建立与完善以及多元化的产权结构使产权重组成为可能，而追求资本与资产的增值最大化的经营目标使资产和业务重组又成为必然……

重组活动有助于企业的快速扩张，有助于提高企业资产的整体质量和经营效率，也有助于建立和完善现代企业制度，使企业机制更灵活、产权更清晰、责任更明确、管理更科学。但是不同的重组方式依然存在着较为明显的绩效差距。例如，从现有的一些总结上市公司资本运营绩效的研究资料来看，我国上市公司在采用资产置换式的重组之后，由于注入了外部优质资产，使得公司资产质量得以迅速提高，主营业务收入、每股收益和净资产收益率等普遍都有大幅度的增长；而采用股权转让式的重组活动，总体效果就相对差一些。

6.3.4 企业并购的财务分析

企业并购是资本运营中最为常见、也最为重要的一类模式，泛指涉及目标企业控股权发生转移的各种形式的总称，具体包括合并、兼并和收购等。

合并又划分为新设合并和吸收合并两种。其中新设合并是指两个或两个以上的公司合并设立为一个新公司，原有各个公司的法人主体都不再继续保留。这种合并有利于快速聚集资源、扩大规模、增强新设企业的市场竞争能力，并通过对原有生产经营构架、内部管理制度、人员配置等方面的相应调整，使企业能够马上进入日常运营；但新设合并的一个明显问题是在合并原来不同法人主体的过程中以及合并之后，需要经过一段较长时间的“磨合”：包括人员、岗位设置、财务制度、经营业务、管理风格等的协调工作。而“磨合期”的长短，取决于新设企业的经营管理理念、公司治理结构和运行机制及原有企业文化的相互渗透与影响。磨合得好，有利于企业获得协同效应；而磨合不好，将直接影响到新设企业能否正常运作的问题。因此，选择新设合并，合并对象合并后的协调过程都十分重要。

吸收合并是指在两个或两个以上企业的合并中，合并方企业通过吸收其他企业而继续存在，但其他被合并企业则失去其法人主体地位的一种行为，也就是一般人们所说的“兼并”。

既然兼并就是吸收合并，它与新设合并（即狭义的“合并”概念）自然有许多共同之处，但也存在着明显的不同。最主要的区别就在于兼并中有一方企业存续下来；而狭义的合并（新设合并）中则没有任何一方原来企业得以继续存在，原有企业一律被新设企业所替代。

收购是指一个企业用货币资金、股票、债券等资产通过购买或证券交换的形式取得目标企业的全部资产或股权，以最终获得对目标企业的控制权的行为。兼并和收购的最主要区别在于两者在法律意义上有所不同。兼并中除兼并方得以存续之外，其他被兼并方的法人地位将不复存在；而收购只是企业相关资产产权或对企业的控制权的转移，收购行为发生之后，收购双方的法人地位将不受影响。

合并、兼并与收购，虽然在法律形式上存在着明显的不同，但从其实施动因和实施对象来讲，三者基本相同，都是与企业规模扩张、扩大市场占有率、增强企业实力、分散经营风险等目的相关，也都是以企业的产权为交易对象。因此，在实务运作中，通常将这三者合并讨论，称之为公司并购或企业并购。

作为企业资本运营的一种非常重要的方式，并购的优势在于其能够在短时间内迅速扩张，实现规模经营；同时，并购减少了企业对新行业、新领域的进入成本，促进了生产的集中，有利于降低同类产品或同行业的过度竞争，也有利于促进资源的优化组合以及经济结构的调整。

1. 实施并购的主要财务方式

所谓并购的财务方式，是指实施并购时取得与受让产权或股权的各种具体模式，对不同模式适用情况以及不同并购模式所具备的相对优势的分析了解，有助于企业选择恰当的权力交易方式，降低并购过程中及并购之后的财务风险和经营与资金压力。

现实中较常见到的并购方式主要有如下几种。

（1）货币支付方式。这是一种最方便、最干脆利落的方式，一般也最容易被目标企业所接受。采用这种方式，并购方通常会利用发行有价证券或向金融机构借款、或处置部分其他资产等方法先行筹款以满足并购所需。不过，如果并购所需资金量过大，完全以货币资金支付，对并购方造成的资金压力会过于沉重，甚至有可能因大量借款而引发潜在的财务风险。因此，对于涉及巨额资金的并购，一般直接以货币形式全额支付的比率都不太高，并购方也有可能选择利用杠杆收购或卖方融资并购的方式。

所谓杠杆收购方式，也有称为债务式并购，最早出现在20世纪80年代中期的美国。在这一方式中，并购方只拿出相对少量的自有资金，其他并购所需资金则以准备并购的目标企业的资产和未来的收益作抵押进行债务融资，即通过特殊的抵押借款方式取得目标公司的控股权。本质上讲，杠杆收购就是加大力度了的举债收购。因此理论上一般将抵押借款资金占并购资金总额的70%以上的借款收购归类为杠杆收购。这种方式的融资并购成本较高，财务风险也相对较大，资金弹性较小。财务杠杆正效应或负效应对并购绩效的影响非常大，因此在我国较少被并购方所采用。

至于卖方融资方式，是指在实施并购过程中，并购方企业暂时无须向目标公司股东支付全额并购价款，而只需支付其中的一部分，剩余并购价款则作为并购方企业未来的一种特定债务，需要在未来约定时期内向目标公司股东分期支付。这种方式既不会影响并购方企业的控股权，又不会造成并购方目前过大的资金压力，因此当目标公司经营不当、赢利下滑，急于脱手时，兼并方就有可能采用这种支付方式；但这种方式下，并购方企业未来需要向目标公司股东分期支付的特定债务金额却不一定是固定的，而是有可能与目标公司未来一段时期的经营业绩挂钩，业绩越好，并购方未来需要支付的特定债务金额就越大，这可能会增加并购方的并购成本。

（2）股票对价方式。并购方以向目标公司股东定向发行并购方企业新股的方式换取目标公司股东原有的股权以达到对目标公司的兼并目的。例如1998年清华同方股份有限公司吸收合并山东鲁颖电子股份有限公司就采用了这种方式，由清华同方股份有限公司向鲁颖电子股份有限公司股东定向发放清华同方股份有限公司的普通股股票，每1.8股鲁颖电子股票可折换为1股清华同方的股票。再如2008年1月，京东华合创数码科技股份有限公司（简称：东华合创，证券代码：002065）发布了《向特定对象发行股份购买资产报告书》，称根据有合法资质的评估机构对目标公司——北京联银通科技有限公司（简称：联银通科技）股权的评估，联银通科技股东权益的评估总值为29 910.42万元，并购双方参照该评估结果确定的联银通科技100%股权的最终价值为28 895.04万元。东华合创以每股22.86元的价格向联银通科技股东定向发行股份作为支付对价，以换取联银通科技股东持有的联银通科技100%的股权。联银通科技成为东华合创的全资子公司。

这种股票对价方式可以避免并购方企业短期内货币资金的大量流出，使企业在并购后能够保持良好的现金支付能力，有效控制财务风险。但这种方式最大的不利因素是有可能会稀释并购方原有股东，特别是原有大股东对企业的控股权，同时也可能会降低企业每股收益。因此，在以股票对价方式进行收购支付时，有时也可能对定向增发的股票权力有一定的限制。

（3）债转股方式。被并购方将其对并购方无力偿还的债务转作并购方对被并购方企业股权的一种行为。例如在1995～1997年之间，辽通化工股份有限公司先后替锦天化承担了6亿元的债务，之后又以债转股的方式收购了改组后的锦天化股份公司，顺理成章地拥有了其具有国际先进水平的生产设备，从而使自己一举成为当时国内尿素行业的龙头老大。

债转股的方式，比较适合于那些由于原来投资体制的缺失而造成企业先天不足、资本金匮乏、负债率过高等问题的企业，以及由于长期经营不善、负债累累，持续经营遭遇危机的企业。

例 6-7

1986 年成立于美国特拉华州的杰妮芙股份有限公司，曾经是美国最大的沙发床和皮革制品专业零售店集团，旗下员工 500 多名，门店 135 家。我国浙江海宁的蒙努集团一直是该公司稳定的贴牌供应商（该公司 80% 左右的沙发床都来自于蒙努集团）。

2010 年年初，受金融危机的影响，杰妮芙股份有限公司陷入了经营与财务困境，拖欠蒙努集团货款高达 1 700 多万美元，不得不进行破产重组。

出于国际化战略的考虑，同时也看中了杰妮芙公司所拥有的知名品牌和连锁零售网络，当然也为了减少应收债权的损失，蒙努集团决定收购杰妮芙股份有限公司。经过近一年的谈判，双方达成并购共识，蒙努集团以 1 700 多万美元的应收债权作为转股对价，收购了杰妮芙股份有限公司 90.1% 的股权，并与 2011 年 8 月 24 日收到了我国商务部正式下发的企业境外投资证书，成为截至当时经商务部核准的浙商境外投资“债转股”并购模式的第一起。

（4）承担债务式。并购企业以承担被并购企业的全部或部分债务，将被并购企业的整体或部分产权一并吸收的并购方式。一般常用于被并购企业资产与负债基本对等的情况。有资料显示：在我国 2006 年之前发生的诸多企业并购行为中，通过承担债务进行的并购大约占到了并购总额的 70%。

如杭州百货大楼股份有限公司兼并杭州照相器材厂、仪征化纤兼并佛山化纤，以及 2004 年 2 月，天津中迈投资集团有限公司斥资 20 亿元收购河南黄河铝电集团资产，同时承担原黄河铝电集团的全部债权债务，达成对黄河铝电集团的整体并购等，采用的基本都是承担债务式。

承担债务式的并购模式涉及货币资金相对较少，一般不会引起并购方太大的财务或资金困难，对被并购企业的生产经营与组织管理破坏性较少，并购双方在财务上容易整合。同时，采用这种方式，也有可能在一定条件下得到政府部门在资金、税收等方面的政策支持。因此，这种模式也常常与其他方式一起组合使用在并购行为之中。例如 2004 年 12 月，联想集团收购 IBM 个人电脑事业部（PCD）时，就是采用了支付 6.5 亿美元现金和 6 亿美元股票，并同时承担 5 亿元债务的组合并购模式。

（5）投资控股收购模式。这是指并购企业对被并购方进行投资，使其成为自己的控股子公司的并购行为。例如杭州天目药业公司以资产投资入股的形式将临安宝临印刷电路有限公司改组为公司控股 69% 的子公司；1997 年，天目药业又出资 1 530 万元控股了黄山制药总厂等。这种通过现金或其他资产投资入股以达到对目标企业的相对或绝对控股的模式，可以实现以少量投入推动大量资产，达到快速扩大资产规模，推动股本扩张，提高运营效率的良好效果。

（6）资产置换式。采用这种方式，企业通常根据其整体战略和发展规划，将所持有的存量资产或对未来发展意义不大的资产换出，置换入企业急需的或对经营发展作用巨大的优质资产，达到对企业生产经营或产业结构的实质性调整。

例 6-8

2010 年 12 月，长春经开（集团）股份有限公司（股票简称：长春经开，股票代码：600215）发布资产置换公告，公告披露：为了提高公司的资产质量，优化经营业务资产结构，提升公司整体竞争能力和盈利能力，公司与长春经开国资控股集团有限公司（简称“国资集团”）签订了《资产置换协议》，将以长春经开持有的会展整体资产，以及所持有的长春国际会展中心有限公司 95% 的股权、长春经济技术开发区热力有限责任公司 99.99% 的股权、长春经开集团兴隆热力有限责任公司 100% 的股权等，一同与国资集团所持有的吉林省六合房地产开发有限公司 100% 的股权进行置换。置换资产的评估基准日为 2010 年 9 月 30 日。经置换双方协商并参考评估基准日的资产估值，双方确定：长春经开置出资产的交易价格确定为 99 058.57 万元，置入资产的交易价格确定为 99 425.77 万元，两者之间的差额共计 367.20 万元由长春经开以现金方式向国资集团补足。

资产置换式不涉及企业的控制权变动问题，涉及的货币资金流量也相对较少，对企业形成的财务压力不大；此外，资产置换可以有效进行存量资产的调整，转变企业的经营模式和业务结构，在提高企业资产质量的同时也增强企业的竞争与盈利能力。

（7）收购资产式。并购方出资收购被并购方企业的全部资产，以达到对被并购方企业原有资产与相应业务并购的目的。如 2003 年，中国电信从其母公司手中以支付 55.5 亿美元现金并承担 41.1 亿美元债务的方式收购了福建、安徽、江西、广西、四川和重庆 6 省（自治区、直辖市）的电信业务资产。2004 年，中国电信又斥资 678 亿元人民币，收购了包括湖北、湖南、海南、贵州、云南、陕西、甘肃、青海、宁夏、新疆在内的电信网络资产。

资产收购式通常并购速度较快，有利于企业的产业调整或资产重整，并通过资本的快速扩张提高企业整体资产运营效益和竞争实力。不过，资产收购式对并购方的资金实力要求较高，一般适用于资产实力雄厚、资金支付能力较强的企业。

（8）股权置换式。股权置换式并购具体又可以分为两种情况：一种是以股权换股权。如前面所提到的清华同方兼并山东鲁颖电子、东华合创收购联银通科技等案例。二是以股权换资产或以资产换股权，即以一方公司的股票换取另一方公司的资产的行为。如 2004 年 7 月，联想和亚信两家公司在北京正式签署了置换协议，联想集团以其 IT 服务业务的主体部分作价 3 亿元，置换亚信公司 15% 的股权，成为亚信公司的最大股东，原亚信控股有限公司则更名为“亚信联想控股有限公司”。

股权置换一般没有或很少涉及现金交易，因此减轻了置换双方的资金压力。

2. 并购风险分析

大多数经济活动都存在着正反两方面的不确定性，并购也不例外，也存在着风险，这是由于在并购实施前，以及进行并购的过程中和并购之后的磨合中存在着各种各样的不确定因素的影响所造成的，包括并购决策前的信息搜集与分析、协商中的不确定性，办理并购手续各个环节中的不确定性，以及营运整合中的不确定性等。一般归类为 5 个主要风险，即信息风险、资金（融资）风险、反收购风险、法律与体制风险和整合风险。

（1）信息风险。它是指并购前及并购过程中，因决策所依据信息的真实与否，以及是否全面和及时掌握相关动态资讯等方面存在的不确定性对并购所产生的影响。显然，对目标企业的全面了解和评价是进行并购决策的先决条件。当因生产经营本身的复杂性或由于相关人员的工作失职未能获得必要的信息，或目标企业出于某种顾虑而有意隐瞒某些问题时，都可能造成并购企业的决策失误。一旦实施了不恰当的并购，轻则耗费了企业的人力、财力、物力却达不到预期的并购目标；重则使并购方企业陷入债务和产权纠纷，导致并购进退维谷，造成企业巨额损失。

（2）资金（融资）风险。在前面介绍并购的交易价格支付方式中，货币资金是其中非常重要的支付手段，无论是直接的货币支付方式，还是投资控股方式、承担债务方式，以及采用资产置换或股权置换时的估价差额支付等，都需要一定量的货币资金作保障。因此，所谓并购中的资金风险，也称为融资风险，主要体现在两个方面：一是能否积累或及时筹备足量的资金用于必要的并购支付；二是并购流程完成之后，是否还能保障企业日常营运（特别是采购与偿债等）方面对货币资金的基本需求。这些都是管理层在选择并购目标、决定并购支付方式时不可忽视的问题。

（3）反收购风险。所谓反收购风险，主要是在敌意收购时，由于有可能遭到被收购方股东的反击而导致并购成本大幅度上升，甚至并购过程失败的风险。善意并购的前提是并购双方已在相关重要问题和事项上协商一致，因此通常不存在反收购风险；但敌意并购就不一定这么顺利了，我们常常听到的企业并购中所谓的“帕克曼防御术”、“毒丸计划”、“白衣骑士”等，就属于一些较常采用的反收购手段。而一旦遭遇到目标公司股东的反收购行动，不但会导致并购成本的无序上升，也有可能最终迫使并购计划搁浅。

例 6-9

中信证券股份有限公司（简称：中信证券）于 2004 年 9 月 16 日向广发证券股份有限公司（简称：广发证券）全体股东发出了股权收购的要约邀请书，以对广发证券股权评估价基础上溢价 10% ～ 14% 的价格，计划收购广发证券 51% 的股权。这一计划遭到了广发证券 2 000 多名员工的强烈不满和抵制。

由广发员工募集资金认购的深圳吉富创业投资股份有限公司（简称：深圳吉富）在短时间内收购了云大科技持有的广发证券 3.8% 的股份，以及梅雁股份所持有的广发证券 8.4% 的股权，从而以持股 12.23% 的占比位居广发证券第四大股东席位。在此期间，广发证券原第三大股东吉林敖东通过受让风华高科所持有的广发证券 2.16% 的股权，以及珠江投资所持有的广发证券 10% 的股权而跃居广发证券第二大股东之位，总计持有广发证券 27.14% 的股份。而广发证券第一大股东辽宁成大也通过受让美达股份所持有的广发证券 1.72% 的股权而使自己持股份额增加至 27.3%。至此，三家利益共同体——辽宁成大、吉林敖东、深圳吉富，合计持有广发证券 66.67% 的股权，有效阻止了中信证券对广发证券收购的脚步。

当年 10 月 14 日，中信证券正式对外公告称：因公司要约收购广发证券的股权未达到 51% 的预期目标，此次要约收购因此解除。

（4）法律与管理体制的风险。这类风险主要来自收购方面的法律规定，以及反垄断法律的规定和来自市场管理方面的法律规定等所带来的风险。它体现在并购是否有可能涉及垄断、造成市场竞争中的不公平或无序竞争，是否违反相关国家或地区的法律法规及行业规范，以及因其他管理体制等问题而得不到核准或达不到要求给企业并购造成的可能影响。如 2008 年 9 月，可口可乐公司曾对外宣布，将通过旗下的全资附属公司以 179.2 亿港元（约 24 亿美元）的价格要约收购在香港联交所上市交易的中国汇源果汁集团有限公司全部已发行股本。由于该项并购达到并超过了中国商务部反垄断审查申请条款，因此必须先通过中国商务部的反垄断审查。次年 3 月，我国商务部正式宣布，由于该项收购会影响或限制果汁市场的公平竞争，挤压国内中小企业的生存空间，不利于中国果汁行业的健康发展。因此根据中国反垄断法规定，禁止可口可乐收购汇源果汁。

（5）营运风险。营运风险也称为整合风险，即并购之后各方进行整合或磨合的程度以及相互协调的实现程度。并购意味着以往拥有不同管理风格与企业文化、不同经营业务与治理结构和约束机制的两家或多家企业在一定程度上的合并或联动。能否在并购之后求同存异、尽快建立起和谐高效的运营与管理机制，并科学合理地解决并购后岗位职能的重置、人员的调整等问题，都直接影响着企业并购之后能否正常运行、能否发挥并购优势、实现并购预期目标等。

企业并购，从法律程序上讲仅仅只是权利变更的流程问题；但从持续经营的角度去看，却涉及企业管理体制的重新架构、岗位与人员的必要调整、企业文化的融合、经营业务与资源的重新配置等方方面面。任一环节的内讧或不和谐，都有可能降低并购带来的预期红利，甚至产生负面的不利影响。因此管理决策者有必要在并购实施前就对此有充分考虑和全盘计划，切实做到防患于未然。

3. 善意并购和“敌意”并购

并购动机各有不同，可能是出于规模效应，包括管理、营销、财务等各方面协同效应的考虑、也可能是为了战略发展的需要或争取政策优惠的目的而进行的并购，但无论哪种动机，现实中多以并购双方的友好协商为主，即善意式的并购；个别情况下也可能存在一厢情愿式的“敌意”并购。

（1）友好协商的善意并购。即并购之前，双方先就并购有关的各项事务，以及并购的条件、并购交易价格与支付方式、并购后续事项的处理等问题协商一致，再行开始并购的具体操作或法律流程。如中茵股份收购湖北天华、中国平安合并深圳发展银行、联想收购 IBM 个人电脑业务部等，实务中的绝大多数并购都是通过善意并购完成的。这种方式最大的优点就是避免了并购过程中的反收购风险，有利于加速并购进程，减少并购成本、降低并购后的整合风险。但有时久拖不决的协商进程也可能造成并购良机的丧失。

（2）“突然袭击”式的“敌意”并购。并购方未经协商、或在协商未决的情况下，对目标公司发起的强行收购或要约收购的行为。如例 6-9 中的中信证券意欲收购广发证券的举动、2002 年上海高清举牌方正科技的事件，以及 2005 年南京雨润集团旗下的江苏地华房地产发展有限公司成功收购南京中商股份有限公司的案例等。

“敌意”并购模式的最大好处是并购过程耗时短、节奏快、效率高，受外界因素的影响相对较小。但其不利之处也很明显：一是可能遭遇到目标公司股东的抵制，导致反收购风险；二是并购成本可能相对较高，特别是在证券市场进行强行收购时，会因股价的急剧上升而造成购买成本的大幅度增加，给企业的后续运作带来资金压力、也使收购时间被迫延长。

6.3.5 并购中的企业价值评估

评估企业的价值，首先应当明确企业价值的内涵。无论是实体价值、投资价值，还是企业的控股权或少数股权价值，又或者是企业的清算价值，在不同的场合、出于不同的需要，这些都可能被称为是企业价值，但其内涵显然是不一样的。在企业持续经营的会计基本前提下，从所有者的角度看，企业价值被看作是全体股东所持有股权的价值，表现为企业的总资产价值扣除全部债务之后的净值，即称为净资产价值；从经营者的角度看，企业价值被称为是投资价值，表现为企业整体的市场公平价值。

企业是市场经济中的一种特殊商品。现实资本运营活动中，常常会出现将企业作为一个整体进行转让、并购、重组等情况，这就需要确定相应的交易价格，需要对企业价值进行合理评估。然而，企业又不同于一般的商品，其价值是由多种可变要素构成的，包括企业长期运营以来所产生的社会价值、经济价值和品牌价值，也包括对未来盈利能力的估算。因此，企业价值评估不仅应考虑其有形资产和无形资产的评估，也应包括对企业以往经营业绩的分析，和对未来所处市场环境的估计，以及对企业所具备的增值潜力的预期等。

企业价值评估，就是在持续经营的前提下，对“企业”这一特殊商品的内在价值进行评价、估算的过程。从价值量的角度而言，是对企业未来经济效益水平的总体量化，也是对企业内在真实价值的合理体现。

目前关于企业价值评估的方法多种多样，归纳起来主要有基于资产价值基础之上的账面价值法和清算价值法、基于获利水平与市场评价基础之上的市场价值法和市盈率法，以及基于对企业未来预测和货币时间价值基础上的折现现金流量法等。每种方法都有其各自的适用范围和局限性。通常被认为比较科学、实用、客观的还是折现现金流量法。

1. 基于企业资产价值基础之上的评价方法

“资产＝负债＋股东权益”这是会计基本等式，同时也反映出企业经济价值的基本对应关系：即从企业利益所属角度来讲，作为企业价值的最终享有者，债权人权益（即“负债”）与股东权益之和即体现了企业的总体价值，而这一价值又等同于企业全部资产（所创造）的价值。因此，基于企业资产价值基础之上的评价方法就是利用对目标企业的资产进行合理估价以确定其价值的方法。

（1）账面价值法。账面价值法即以企业会计核算时相关账簿中所记录的资产价值为衡量基准。这类价值标准极易获得，但由于会计账簿记录采用的大多是历史成本计价原则，没有充分考虑资产市场的价格波动以及技术进步等客观因素对资产价值及其未来潜在收益的影响，很容易与资产的现实市场价值相脱节。因此实际中以这种方法作为评价手段的极少，一般常用于作为确定评估价值底线的一种参考价值。

（2）清算价值法。这是指当企业因财务危机爆发而破产或歇业清算时，单独出售其所拥有的每一项资产可能获得的交易价格的总和。对于债权人而言，清算价值意味着当企业破产或歇业清算时所能够得到的对全部债权的收回保障；对于股东而言，清算价值即为企业以清算资产偿还全部债务后的剩余价值。

2. 基于企业实际获利水平与市场评价基础上的评价方法

经济运行中，需要正确评价企业价值的情况常常存在于企业之间的整体转让与并购行为中。此时对目标企业的价值评估，不仅仅限于对其现有账面资产价值的估算，更多的是基于对目标企业所拥有或控制的某些稀缺资源或高新技术，以及社会影响等非账面资产的一种需求。因此，仅以资产价值作为评价基础显然已不能真实反映企业的实际状况。市场上对企业的总体评价便成为决定企业价值的基本依据。

（1）市场价值法。该方法是将企业或其所拥有的资产视为公开竞争市场上的“商品”，以市场上对该“商品”的供求平衡价值为估价标准的一种方法。

依据 Tobin（托宾）提出的 Q 模型理论认为：

企业价值＝企业所拥有的全部资产的重置成本＋企业未来增长机会的价值
＝Q× 资产重置成本

式中的 Q 值，是指企业市价相对于企业资产重置成本的倍数，反映了企业资产价值的溢价（或折价）程度，实际中较难确定，通常都以“市净率”即股票市价与企业净资产的比率来代替。

（2）市盈率模型，是通过对市盈率的计算公式变形推导出来的价值评价方法。

由于：

市盈率＝企业股票每股市价 ÷ 每股收益

将分子、分母同乘以企业普通股总股数之后，该公式变形为：

市盈率＝企业股票总市价 ÷ 当期实现的净利润总额

从中即得：

目标企业的价值＝目标企业股票总市价＝目标企业当期预期盈余总额 × 标准市盈率

式中的“当期预期盈余总额”，理论上是指目标企业在未来持续经营过程中可能获得的年平均净利润额。实务中一般常以企业价值评估前近三年税后利润的平均值来代替。当然，出于可比性和持续性的考虑，计算税后利润时应考虑企业当期会计政策变更与会计估计变更对利润的影响，同时应尽量剔除非经常性项目及临时的特殊业务对净利润的影响。

至于标准市盈率的选择，一般可以考虑目标企业在最近一段时期内的股票平均市盈率，或者与目标企业在性质、规模、经营方式、市场影响等有关方面存在较高可比性的企业的平均市盈率，以及目标企业所处行业的平均市盈率等。同时还应根据企业预期未来的经营风险与成长性趋势，对所选择的标准市盈率作适当的调整。

3. 基于对企业未来预测和货币时间价值基础上的折现现金流量估价法

“等价交换”是商品交易中的基本原则，现在的付出为的是获得现时的或未来的“回报”。依据时间价值理论的观点，不同时期的金额或价值是不具备直接的可比性的，这就如同现在付出 800 元和 5 年后付出 800 元对个人的影响是不同的（详见本教材第一章 1.3.1 节内容）。将这一观点运用到企业价值评估上，一般认为：企业的现时价值应该与其未来所能够创造的收益的现值相对等，因此判断企业未来收益对于判断企业目前的价值有至关重要的意义。

表达企业未来收益的方式较多，常见的有股利、净利润、净现金流量等。考虑到现金流量在企业经营活动中的作用远大于账面净利润，且从长远来看，企业实现的净利润总额最终与其获得的现金流量的增加值是一致的。因此实务中习惯于以净现金流量来反映企业未来的可能收益。这便构成了以折现现金流量为基础的企业价值评估方法——折现现金流量法，也称为收益现值法。

用折现现金流量法，既可以评估企业价值，也可以评估股东价值。对股东价值的评估是在企业价值的基础上，减去债务价值而得到的。企业价值、债务价值及股东价值的关系可以通过图 6-2 来表示。

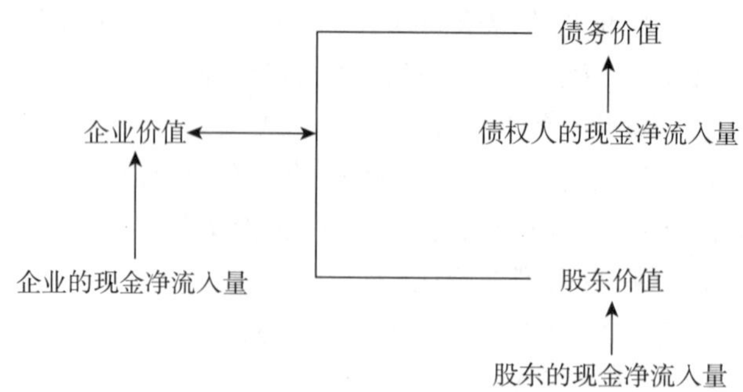

图 6-2 企业价值、债务价值及股东价值的关系

资料来源：此图节选自张先治，陈友邦编著的《财务分析》第 3 版第 348 页。

折现现金流量法的一般模型为：

$$FV = \sum_{t=1}^{n} \frac{CF_t}{(1+r)^t}$$

式中 FV——企业总价值；

CF_t——预期未来第 t 期的现金流量；

r——现金流量的折现率（或企业加权平均资本成本率）；

n——企业预期存续期限。

从上述模型可以看出，影响企业价值高低的因素有三个：一是预计企业未来各期的现金流量，二是企业加权平均资本成本即折现率，三是企业（或项目）的预期存续期限。

（1）现金流量（CF）的确定。这里所指的现金流量不仅包括企业日常经营活动所产生的现金流量，还包括支付给企业股东的现金股利和支付给企业债权人的利息或其他形式的现金回报。根据著名的拉巴波特模型（Rappaport model）理论，决定企业现金流量的重要因素有：预期各年的销售额及其增长率、预期销售利润率、预期新增固定资产投资和新增营运资本等，即：

预期第 t 年的现金流量 $CF_t = S_{t-1} \times (1+g_t) \times P_t(1-T_t) - (S_t - S_{t-1})(F_t + W_t)$

式中 S_t——第 t 年销售额；

S_{t-1}——第 $t-1$ 年销售额；

g_t——第 t 年销售额增长率；

T_t——第 t 年所得税税率；

F_t——第 t 年销售额每增加 1 元所需追加的固定资本投资；

W_t——第 t 年销售额每增加 1 元所需追加的营运资本投资；

t——预测期内某一年度。

（2）折现率 r 的确定。从企业价值评估的角度讲，折现率是企业相关利益各方所要求的最低投资报酬率的加权平均数，也就是企业各项资源的加权平均资本成本。

（3）企业存续期 n 的确定。根据持续经营假设，企业的存续期一般应该是无期限、永远存在的。但在实际操作中，出于简化计算的需要，同时也考虑到对未来的预测期限越长，不确定性越大，可信度越低；而且期限越长的现金流量，其折现后的金额也越少。因此通常只预测不超过 10 年的现金流量而不考虑以后年份的影响；当然实际中也有将企业分为两个时段来预测的，即明确的预测期（如 5 年或 10 年）和预测期后的阶段。

例 6-10

假定A企业对未来10年的经营活动现金净流量和偿还的债务情况预测结果如表6-8所示（企业这10年中假设不考虑固定资产投资等特殊情况），则根据折现现金流量估价法的原理和方法，可以评估该企业的价值如表6-8所示的结果。

表6-8　A企业价值评估表　（单位：万元）

未来10年	经营现金净流量	每年需还债务	折现系数（10%）	债务价值	经营现金流量现值
20×0年	100	10	0.909	9.09	90.9
20×1年	200	15	0.826	12.39	165.2
20×2年	300	30	0.751	22.53	225.3
20×3年	400	50	0.683	34.15	273.2
20×4年	500	90	0.621	55.89	310.5
20×5年	600	110	0.565	62.15	339
20×6年	700	150	0.513	76.95	359.1
20×7年	800	200	0.467	93.4	373.6
20×8年	900	300	0.426	127.8	383.4
20×9年	1 000	420	0.386	162.12	386
合　计	—	—		656.47	2 249.73
企业价值				2 906.2	

事实上任何一种企业价值的估算方法都有其适用的范围和局限性。对初创期的企业而言，由于其缺乏历史的经营业绩记录，对未来的发展态势也暂时难以预料，因此一般用成本法或账面价值法进行估算还是比较适合的；而对于已经进入成长期或成熟期的企业来说，用折现现金流量的方法或市场价值法就比较有效。总之，对企业价值的评估应根据目标企业的具体情况选择适当的测算方法或几种测算方法的组合。

另外，由于企业内部、外部经济活动与经济环境的多样性、复杂性和不确定性，企业价值的量化估算所提供的结果往往只能是企业价值的一个相关范围，可以作为相关企业或投资者进行投资决策、确定投资价格的一个参考依据。实际运作中，还需要对影响企业价值的一些外在的或定性的因素进行详尽分析，包括对企业的成长性、商业运营模式及其盈利模式、企业管理团队及其管理文化，以及行业特性与行业进入屏障等的具体分析考虑。

案例与思考

案例 6-1　　**公司组织形式对经营效果的纳税影响**

杭州某经营总公司前几年在深圳设立了一家分公司，在厦门设立了一家全资子公司。杭州总公司所在地执行的是25%的企业所得税税率，而设在深圳和厦门的公司在符合一定条件时，可以享受15%的优惠所得税税率。

20××年，杭州总公司本部实现利润总额6 500万元；深圳分公司实现利润总额452万元；

厦门子公司实现利润总额1 064万元。根据杭州总公司的统筹规划，两地子公司或分公司都应将税后利润的一半上交总公司统一调配使用，其余留归子公司或分公司自己留用。

由此，杭州总公司及其子公司和分公司20×× 年共计缴纳企业所得税金额为：

总公司自己应交企业所得税＝6 500×25%＝1 625万元

深圳分公司由于和总公司属于同一法律实体，按照税法规定应该与总公司合并计算，统一纳税。因此这部分利润总额应缴纳的所得税＝452× 25%＝113万元。

厦门子公司应缴企业所得税＝1 064×15%＝159.6万元，税后利润904.4万元，该子公司将税后利润的一半上交总公司后，总公司应补交相应税款：

按规定应补缴的税款{904.4×50%÷（1－15%）}×（25%－15%）＝53.2万元

则总公司及其子公司和分公司共计缴纳所得税＝1 625＋113＋159.6＋53.2＝1 950.8万元。

杭州总公司负责人拿到汇总资料后发觉：深圳分公司全年利润总额452万元，缴纳了113万元的所得税；而厦门子公司全年利润总额1 064万元，是深圳公司的2倍还多，缴纳和补交的所得税两项合计共212.8万元，却明显不到深圳公司的2倍。原因何在？

咨询了税务筹划顾问后发现，深圳分公司由于是并入总公司计算纳税的，因此无法享受到当地的优惠汇率。这主要是由其分公司的性质所决定的。如果将其改为子公司，则同样利润总额下，缴纳的所得税将改变为：452×15%＋{452（1－15%）×50%÷（1－15%）}×（25%－15%）＝67.8＋22.6＝90.4万元。

显然，当子公司或分公司处于赢利状态且在其所处当地可以享受到比总公司所在地优惠的所得税税率时，设立子公司缴纳的所得税将比设立分公司缴纳的所得税金额要少一些。

总公司负责人在了解了其中奥妙之后，考虑到深圳公司赢利基本属于稳定增长状态，于是果断决定，在完善各项手续的前提下，将深圳分公司改变为深圳子公司，以保证其能享受到当地的税收优惠政策。

思考

同样是下属公司，性质不同，计税模式也可能出现不同。此案例中，就该总公司全部所得税负而言，设立子公司比设立分公司在税负方面更为有利。那么是否在任何情况下都是如此呢？建议读者查阅我国企业所得税法相关规定，并结合企业不同赢利水平进行测算与分析。

案例6-2 丽珠集团并购案例

丽珠医药集团股份有限公司（简称：丽珠集团，证券代码：000513）是一家主要从事医药产品的生产、营销及科研开发项目的上市公司，产品涉及化学药品、生化药品、生物工程药品、化学合成原料药、抗生素、微生态制剂、中成药、诊断试剂、生物活性材料等医药领域的上百个品种。该公司1999年和2000年的每股盈利仅为0.005元和0.03元。2001年实现净利润1.35亿元，净利润增长率达到385.67%。每股盈利已达到了0.16元。截至2001年12月31日，丽珠集团每股账面净资产2.99元，总股本约3亿股，其中流通股A股1.16亿股，占总股本的37.8%，流通股B股1.223亿股，占总股本的39.96%。作为一个货真价实的医药行业中的优质资产，其多年形成的完善的处方药销售系统和广泛的产品体系在市场上有着极强的影响力。当时，丽珠集团管理层持股且与原第一大股东中国光大（集团）总公司（简称光大集团）之间出现了不和，而光大集团出于自身的战略考虑，也有意趁势高价出售所持有的丽珠集团股份，这种松动的不稳定状态终于引爆了对丽珠集团的收购争夺战。

深圳太太药业股份有限公司（简称太太药业，现更名为：健康元，证券代码：600380）当时从事的是开发、生产、经营营养保健口服液、保健泡腾片、保健颗粒剂、中成药、片剂、胶囊剂、颗粒剂、激素类片剂、强化食品和保健食品等。2002 年 4 月，太太药业通过深圳证券交易所交易系统，分两次购入并持有丽珠集团 A 股流通股 937.167 7 万股和 51 万股，共计占有该集团已发行总股本的 3.228 9%；同月，太太药业旗下子公司天诚实业通过深交所证券交易系统，分三次分别购入并持有丽珠集团 B 股流通股 593 万股、366.58 万股和 118.05 万股，三次交易共计持有丽珠集团 B 股流通股 1 077.63 万股，占其总股本的 3.521 3%。还是在 2002 年 4 月，太太药业又通过深交所 B 股对敲交易系统从中国光泰医药有限公司手中购得其所持有的丽珠集团 B 股流通股 1 547.829 5 万股，占丽珠集团已发行总股本的 5.057 7%；当年 5 月，太太药业再次以每股 4.12 元的价格，受让丽士公司持有的约 600 万股丽珠集团 A 股流通股。

几次收购之后，加上此前（2002 年 3 月）太太药业已经通过协议从珠海丽士投资有限公司处受让的 2 237.923 9 万股丽珠集团法人股（占该集团已发行总股本的 7.312 6%），至此，太太药业及其子公司天诚实业共计持有丽珠集团 6 500 多万股股票，占其总股本的 21.323 9%。由于丽珠集团的股权高度分散，太太药业已形成事实上的控股局面。

而西安东盛集团有限公司（简称：东盛集团）自 1995 年创立以来，东打西拼。1996 年兼并了国有陕西卫东制药厂，进入高科技制药领域。1999 年，借力于同仁铝业买壳上市；接着又收购了我国唯一的麻醉药品生产企业——青海制药集团，获得在这个领域的垄断优势。2000 年完成了对江苏启东盖天力制药股份公司的收购，获得了盖天力、白加黑等著名品牌。至此，东盛集团一发而不可收，又将进军南方医药领域的目光对准了丽珠集团。

在对丽珠集团的股权争购战中，东盛集团使用的是迅速托管战术，即受托管理丽珠集团 12.72% 的股权。2002 年 4 月，丽珠集团董事会公告："公司第一大股东中国光大（集团）总公司将其所持有的我公司全部法人股股权 38 917 518 股托管给西安东盛集团有限公司。"

这场股权之争，太太药业和东盛集团旗下的上市公司——东盛科技（证券代码：600771），双方先后动用了二级市场吸筹、协议转让、大宗交易、股权托管和质押等多种收购手段，触及 A、B 股两个市场，购并行为的真实性和购并后的协同作用都大大增强。区别于以往的买壳上市和报表重组，收购丽珠集团可以看作是国内上市公司之间实施战略购并整合的第一例。

思考

两家上市公司共同争夺另一家上市公司的股权，这在我国二级市场上还是第一次。太太药业对丽珠集团的成功入主，一定程度上也反映了我国资本市场相关法规的完善过程。只有在一个法制健全的资本市场，市场化的操作方式才是最终可行的。通过这两家公司对丽珠集团控股权争持过程及其方式的理解，你对此有何看法？对企业资本运营的策略与风险及其运营方式有哪些评价或见解？

资料来源：改编自财务顾问网吕爱兵、李存玉、陈蓉的《丽珠集团并购案分析》。

第7章 利润及其分配分析

本章要求

- 了解利润构成内容、掌握利润变动与质量分析
- 了解利润分配基本原则及分配模式
- 了解影响利润分配的因素和股利支付方式
- 掌握利润分配策略

引　例

近20多年来，中国股民已习惯于将我国证券市场称之为上市公司的“圈钱机器”，究其原因，一方面和股市上“牛市稍纵即逝、熊市漫漫征途”的不景气密切相关；另一方面，大量上市公司在巨额融资之后，却鲜有对股东持续性的、实实在在的投资回报，甚至有数十家公司连续十多年未进行过利润分配。典型的如青海三普药业股份有限公司（证券简称：三普药业，现已更名为：远东电缆，证券代码：600869），该公司自1995年2月在上海交易所挂牌交易之后，除1995年实施了每10股转增10股，以及1996年实施了每10股派发现金红利1.5元之外，之后十年都没有进行过任何形式的利润分配，现金分红就更无从谈起。直到2006年1月，三普药业才又实施了一次不涉及现金支付的每10股送2股的利润分配，随后又是连续5年利润分配方面的沉寂。直到2012年，在历经十五年的漫长等待之后，三普药业股东才又迎来了公司上市之后的第二次现金分红！

虽然证监会和交易所近几年在促进上市公司现金分红方面做了不少工作，证监会2008年10月还出台了《关于修改上市公司现金分红若干规定的决定》，在此之后，上市公司进行现金分红的情况略有改观但依然不尽如人意。以2010～2012年这3年为例，境内上市公司进行现金分红的公司总数也仅有上市公司总数的一半略多些，各年派现的公司占比分别为50%、58%、68%；而平均进行的现金分红比例也只有上市公司可分配利润的20%左右（3年分别为18%、20%和24%）。

2012年5月，中国证监会又发布了《关于进一步落实上市公司现金分红有关事项的通知》，要求上市公司严格执行公司章程所制定的现金分红政策，以及经股东大会审议通过的现金分红具体方案。一年之后，为了切实保护投资者的合法权益、培育资本市场长期投资理念，引导上市公司强化回报意识、完善现金分红机制，证监会对现行现金分红制度再次进行了梳理和进一步的修改完善，于2013年11月30日颁布了《上市公司监管指引第3号——上市公司现金分红》。“指引”中明确要求：上市公司应强化现金分红政策的合理性、稳定性和透明度，健全分红决策机制；同时要求上市公司应充分披露本公司现金分红政策及相关信息，强化现金分红承诺与执行的一致性；并鼓励上市公司依法通过发行优先股、回购股份等方式多渠道回报投资者。

《上市公司监管指引第3号——上市公司现金分红》中还明确提出，上市公司董事会应当综合考虑所处行业特点、发展阶段、自身经营模式、盈利水平以及是否有重大资金支出安排等因素，区分下列情形，并按照公司章程规定的程序，提出差异化的现金分红政策：

（1）公司发展阶段属成熟期且无重大资金支出安排的，进行利润分配时，现金分红在本次利润分配中所占比例最低应达到80%；

（2）公司发展阶段属成熟期且有重大资金支出安排的，进行利润分配时，现金分红在本次利润分配中所占比例最低应达到40%；

（3）公司发展阶段属成长期且有重大资金支出安排的，进行利润分配时，现金分红在本次利润分配中所占比例最低应达到20%；

（4）公司发展阶段不易区分但有重大资金支出安排的，可以按照前项规定处理。

监管制度在不断完善，但利润分配首先需要良好的业绩支撑。众多股民对上市公司提高经营业绩、切实回报投资者充满期待……

资料来源：中国证券报、中国证监会官方网站等。

利润是指企业一段时期的经营成果，是当期经营收入与经营成本费用相抵之后的增值部分。企业经过一段时期的努力，经营活动步入正轨，开始逐渐产生盈利并有了一定的货币资金净流入。此时，除原始投入依然周而复始地参与生产经营循环之外，企业经营所得净利润是如数发放给股东、作为其投资回报呢？还是继续留在企业以扩大经营范围或经营规模、赚取更多收益比较好呢？如果打算发放给股东，是将全部净利尽数发放，还是只发放部分利润，发放比例以多少为宜？这些问题，关系着企业各相关利益集团的切身权益，也关系着企业的未来融资与持续经营。必须统筹规划、全面考虑。

7.1 利润构成分析

7.1.1 利润的构成

利润是企业收益分配的对象，是企业运用其所拥有或控制的经济资源从事经营活动所获得的财务成果。一般由营业利润和营业外收支净额等构成，即：

利润总额＝营业利润＋营业外收入－营业外支出（含非流动资产处置损失）

其中各项目所包含的内容如下。

1. 营业利润

营业利润是企业从事日常生产经营活动所实现的经营性成果以及所获得的资本利得与损失。其中日常生产经营所实现的经营性成果具有相对稳定、持续和经常性的特点，正常情况下，应该是构成企业利润总额的主要内容。营业利润受下列计算等式中各因素的影响：

营业利润＝营业收入－营业成本－营业税金及附加－销售费用－管理费用－财务费用－资产减值损失＋公允价值变动收益（减变动损失）＋投资收益（减投资损失）

式中

营业收入＝主营业务收入＋其他副业收入

营业成本＝主营业务成本 ＋ 其他副业成本

营业税金及附加＝主营业务与其他副业所应该缴纳的税金及附加

主营业务收入与主营业务成本、主营业务税金及附加是指企业从事主要经营活动项目（如工业企业从事产品的生产与销售、施工建筑单位从事建造活动等）所取得的业务收入以及为此而发生的直接匹配的成本费用及相关税费。

其他副业收入与其他副业成本是指企业从事除主要经营活动项目以外的副业（如工业企业售出多余的原材料、出租暂时闲置的机器设备等）所取得的业务收入以及为此而发生的成本费用及税金等。

销售费用、管理费用、财务费用并称为企业的期间费用。其中销售费用是指企业出于促销目的而发生的耗费如商品运输及包装费、装卸费、保险费、广告展览费、专设营销机构人员开支及办公费等。

管理费用是指企业基于组织和管理日常生产运营的需要而发生的各种相关耗费，包括企业行政部门与董事会等权力机构的经费开支、人员开支、董事会会费、职工劳动保险与待业保险费、职工教育经费、工会经费、必要的审计费、诉讼费、咨询费、研发费、绿化费、排污费、招待费，以及按规定应由管理费用承担的印花税、房产税、土地使用税、车船使用税、矿产资源补偿费等。

财务费用是指企业为筹集生产经营所需资金而发生的融资费用、因外汇汇率波动而造成的汇兑损益，以及通过银行等相关金融机构进行往来结算而发生的手续费等。

资产减值损失是企业资产当期发生的无形损耗，它对企业正常生产经营业务本身不会产生直接的资金流方面的影响，仅仅属于资产持有或使用过程中出现的“潜亏”，因此会减少企业的当期利润。但由于市场价格的波动性，这些发生了减值损失的资产在日后使用与变现时，多数可能成为了真实的损失，也有小部分可能因价值回升而为企业带来一定的潜在利益。

公允价值变动损益主要是指在会计期间，由于资产或负债这两个会计要素的公允价值变动所产生的账面利得或损失。同样由于公允价值存在的波动性，这些变动损益在对应的资产或负债没有真正转移或处置之前仅仅只是一种账面预期。一旦公允价值出现了逆转，这些损益就有可能大幅度减弱或消失，有时甚至出现逆反的结果。

投资收益（减投资损失），是指企业在对外投资活动中所取得的收益扣除发生的投资损失后的差额，包括企业债权投资所获得的实际利息收益（即名义利息加减折价或溢价摊销），股权投资获得的股息收入、收回投资所获得的高于其账面投资价值的部分（若低于原投资的实际成本，即为投资损失），以及在采用权益法核算时依据被投资方当年实现税后净利（或当期发生的净亏损）及企业所持有被投资方的股权份额所确认的投资收入（或投资损失）。

2. 营业外收收入与营业外支出

营业外收支净额是指企业发生的与其日常生产经营活动无直接关系的、偶然的、营业外的收入与支出相抵之后的净差额。其中，营业外收入一般包括固定资产盘盈的净收益、处置固定资产和无形资产的净收益、涉及补价或采用公允价值计量时的非货币性交易确认的收益、债务重组收益、罚没净收入等。营业外支出一般包括固定资产盘亏净损失、处置固定资产和无形资产的净损失、非货币性交易确认的损失、债务重组损失，以及罚款支出、捐赠支出和其他非正常损失等。

利润总额扣除所得税之后的部分，即为企业的净利润：

净利润＝利润总额－所得税

7.1.2 利润变动与质量分析

1. 利润变动分析

对利润变动情况进行分析，是在第 3 章报表分析特别是获利能力分析的基础上进行的。着重是对引起利润变动的各个因素进行分析，以期对企业利润变动的内在动因，以及未来利润的稳定性与持久性等有所了解。

通常，当面临如下一些情况时，难免要对利润变动情况进行分析：

一是外界因素发生了明显变化，估计会对企业未来盈利有较大的影响；二是由于企业自身采取了某些重大行动如战略调整、兼并重组等，影响到利润的构成因素也相应发生变动；三是当期或近几期企业利润出现了超乎寻常的改变，有必要了解引起这些变动的根本原因及其对未来的影响等。

（1）利润总额变动分析。对利润总额的变动情况进行分析，可以借助于利润表及其他相关资料来进行。一方面分析当期利润总额及其构成相对于前期或前几期的利润总额及其构成的变动情况；另一方面分析当期利润总额及其构成相对于目标利润计划的完成情况。前者我们在第 3 章已经作了较为详细的分析。此处仅对后者即当期利润总额及其构成相对于目标利润计划的完成情况进行分析。

例 7-1

假设 SM 公司简化了的有关利润表的预算及实际资料如表 7-1 所示。

表7-1 SM公司简化了的利润表预算及实际对比资料 （单位：万元）

项　目	计　划　数		实　际　数		计划完成程度	
	计划水平	计划构成 %	实际水平	实际构成 %	完成百分比 %	脱离程度 %
营业收入	87 560	100	95 002.6	100	108.5	8.5
营业成本	74 426	85	81 198.77	85.5	109.1	9.1
营业税金及附加	5 253.6	6	5 700.16	6	108.5	8.5
期间费用	2 306	2.6	2 784	2.9	120.73	20.73
投资收益	332.5		467.79		140.69	40.69
营业利润	5 906.9	96.7	5 787.46	98.3	97.98	– 2.02
营业外收支净额	199.5	3.3	100.24	1.7	50.25	– 49.75
利润总额	6 106.4	100	5 887.70	100	96.4	– 3.6

相对于目标利润计划而言，对利润总额及其构成的变动分析主要在于分析其计划完成程度以及脱离计划的幅度。

从表 7-1 可以发现：该公司当年利润计划的完成程度还是略有缺陷的。从利润总额上看，计划实现利润总额 6 106.4 万元，实际完成 5 887.7 万元，比计划略微减少了 3.6%。进一步仔细观察可以发现，就日常运营活动而言，营业收入与营业税金及附加变动幅度基本一致，而营业成本增幅明显大于营业收入的增长，期间费用的增加更是显著，其 20.73% 的增幅远远大于营业收入 8.5% 的增幅，这无疑会使经营活动所产生的利润大幅下滑。只是由于投资收益的大幅度增加（实际比计划增长了 40.69%，净增 135.29 万元），才一定程度上阻止了营业利润下降的规模。

然而，无论是投资收益，还是营业外收入与营业外支出，都具有一定的偶然性或非连续性，在某一期或某几期可能出现增加利润总额的有利结果；而在另一些会计期间又可能会呈现出减少利润总额的情况。这类损益项目通常不存在较为稳定或持续的“盈亏”规律，一定程度上属于“靠天吃饭”的内容。例如，公司对其他企业进行股权投资，一旦选定了被投资企业并对其进行投资之后，能否获得投资收益就要看被投资企业能否经营获利并发放股息，或者能否通过良好的经营业绩而提升其股票交易价格从而让投资公司通过转让投资而获利。

作为企业自身运营活动的要素，“营业收入 – 营业成本 – 营业税金及附加 – 期间费用”等项目具有经常性和连续性的特点，属于企业非资本利得性质的营业利润，是构成企业可持续性利润总额的支撑性要素。表 7-1 中该公司利润总额的绝大部分来自于非资本利得性质的营业利润，说明公司经营状况基本正常，受偶然性损益的绝对数影响不是太大。反之，如果非资本利得性质的营业利润在利润总额中的比重过低，说明公司当年利润的很大一部分来自于偶然因素的影响，属于暂时性获利，以后能否保持这种获利水平就具有很大的不确定性。

（2）非资本利得性质的营业利润变动分析。非资本利得性质的营业利润，是指不包含投资收益与公允价值变动损益的营业利润。对这一指标进行变动分析，如同对利润总额的分析一样，此处也只是对总额及其构成相对于目标计划的完成情况进行分析。

所谓计划完成程度，是指实际水平相对于计划水平的完成比例。由于在正常情况下，非资本利得性质的营业利润应该是构成企业利润总额的最主要、最经常性的要素，是企业利润来源的基本保证。因此该项利润计划完成情况的分析，有助于了解企业未来盈利状况的基本趋势。如在表 7-1 中，我们可以提取并计算出有关该公司非资本利得性质的营业利润及其构成因素等有关数据，如表 7-2 所示。

表7-2 SM公司非资本利得性质的营业利润相关资料 （单位：万元）

项 目	计 划 数		实 际 数		计划完成程度	
	计划水平	计划构成 %	实际水平	实际构成 %	完成百分比 %	脱离程度
营业毛利	7 880.4	100	8 103.67	100	102.83	2.83
期间费用	2 306.0	29.26	2 784.00	34.35	120.73	20.73
非资本利得性质营业利润	5 574.4	70.74	5 319.67	65.65	95.43	–4.57

从表 7-2 可以看出：该公司当年非资本利得性质的营业利润实际水平相对于计划标准而言略有不足，只完成了当年计划任务的 95.43%，差距也较为明显（实际盈利低于计划标准 4.57 个百分点，计 254.73 万元）。从变动情况看，营业毛利实际完成 8 103.67 万元，高于计划指标 2.83 个百分点，说明该公司主体经营业务的直接盈利水平依然较强，只是由于公司当年期间费用增加过快，实际超支 20.73 个百分点，计 478 万元，从而导致企业最终非资本利得性质营业

利润的减少。这一信息提示企业应注意期间费用，包括管理费用、财务费用与销售费用的控制，认真分析各项费用的产生原因与必要性，尽可能剔除那些不必要或可有可无的费用开支，以避免下一会计期间费用的过度膨胀。

对非资本利得性质营业利润的分析除了上述计划完成程度以及期间费用的分析之外，必要情况下，特别是当企业多元化经营活动十分显著，或者企业经营的地区化分布比较突出时，还应该适当考虑不同业务活动与不同地区经营活动对营业利润的影响或贡献大小。

我国证监会在 2004 年 12 月 13 日发布的修订后的《公开发行证券的公司信息披露内容与格式准则第 2 号（年度报告的内容与格式）》中规定，公司董事会报告中应介绍报告期内的经营情况，包括：①分别按行业、产品、地区说明报告期内公司主营业务收入、主营业务利润的构成情况。②介绍生产经营的主要产品或提供服务及其市场占有率情况；应说明占公司主营业务收入或主营业务利润 10% 以上的业务经营活动及其所属行业；对占主营业务收入或主营业务利润总额 10% 以上的主要产品，应分项列示其产品销售收入、产品销售成本、毛利率。

根据这一规定所搜集的信息，我们可以分行业或分地区对营业利润的组成及其变动情况进行分析。一方面有助于全面了解企业各类生产经营业务、各个生产经营地区的经营发展与盈利水平；另一方面也有助于了解企业各类生产经营业务、各个生产经营地区的经营风险及其对企业营业利润总体水平的贡献与影响大小。这样有利于对企业的总体风险程度、总体的财务状况与经营成果进行分析评价，也便于使用者做出相对更合理、更精确的决策。

在对营业利润分行业或分地区进行结构分析时，还应重点考虑如下一些因素对不同行业或不同地区经营活动及其成果的影响（见表 7-3）。

表7-3 影响企业经营活动风险与报酬的一些主要因素

	影响因素
分行业或分业务进行分析	1. 不同行业或不同业务类别生产经营活动的性质； 2. 不同业务类别的经营活动周期； 3. 不同行业或不同业务类别的客户群特征或市场定位； 4. 不同业务类别的经营活动特点或方法； 5. 不同行业或不同业务生产经营活动所涉及的政策与法律环境等
分地区进行分析	1. 不同地区的政治环境与经济发展水平； 2. 不同地区的自然环境与生产经营特色； 3. 不同地区劳动力与其他资源供求关系、客户群体特征与消费心理； 4. 不同地区的经济、技术、市场等特定风险因素； 5. 不同地区的外汇管理体制等

（3）经营业务的变动发展水平分析。分析企业经营业务的发展变动情况，首先应该考虑企业主要经营业务所处行业特征以及企业经营发展与竞争策略。毕竟，行业发展水平、技术更新速率与竞争程度、政府有关行业的经济政策或优惠扶持，以及企业参与和应对竞争的措施和策略，都在很大程度上影响甚至决定着企业主要经营业务的运作与盈利水平。

此外，考虑经营业务的发展状况时，还应结合本企业目前生产技术及其产品或业务的先进性与新产品的研发能力，同时结合企业相关人员的专业技术水平、分析、运作和解决问题的能力等。这些能力对企业经营业务的稳定及未来的发展都有着十分重大的影响。

而在分析经营业务利润水平时，应同步分析与经营活动直接关联的营业收入与营业成本的变动。如在表 7-1 中我们简化出表 7-4 中与公司主要经营业务相关的有关数据。

表7-4 某公司简化的主营业务利润相关资料 （单位：万元）

项目	计划数		实际数		脱离计划幅度（%）
	计划水平	构成（%）	实际水平	构成（%）	
营业收入	87 560	100	95 002.6	100	8.5
营业成本	74 426	85	81 198.77	85.47	9.1
营业税金及附加	5 253.6	6	5 700.16	6	8.5
主要经营业务利润	7 880.4	9	8 103.67	8.53	2.83

从表 7-4 即可清楚地看出，公司当年主要经营业务利润高于计划水平 2.83 个百分点，计 223.27 万元。然而经营业务利润在营业收入中的比重却下降了 0.47%。公司当年营业税金及附加的负担比例并未改变，营业收入相比计划增长了 8.5%，但营业成本却增长了 9.1%。从正常的经营规律上讲，收入增加，成本也同方向增加，这是必然现象。但是考虑到成本构成及成本性态，只有变动成本和混合成本是会随着业务量的增加而同比增加的，而固定成本在一定规模范围内并不会随着业务量的增加而变动。因此，考虑这一点并同时结合规模效应理论可以得知，公司营业成本的增长幅度理论上应略低于营业收入的增长幅度，至少在发展阶段不应高于经营业务收入的增长。也就是说，公司当年营业成本的增加幅度相对高了一些，才因此导致经营业务利润绝对数增加而相对数却在减少。

当然，规模效应并非永恒存在。企业经营规模达到一定程度，随着业务量的提升，市场容量逐渐趋于饱和而生产成本的规模效应则逐渐减弱甚至消失。此时为了实现既定的销售目标，就有可能采取降价或其他促销手段。这种情况下，由于规模效应基本不存在，在产品或业务质量及内涵没有明显改变的前提下，产品或业务的单位成本是基本固定的，因此营业成本总额便会随着业务量的提升而同比例上升；但由于促销措施的影响，产品或业务的平均单位售价却是有所下降的，于是也就会造成营业成本的增长幅度高于营业收入增长幅度的现象，此时并非一定说明企业的成本控制有问题。

（4）分析企业其他项目与营业外收支事项对利润总额的影响。对企业其他涉及利润的项目进行分析，包括公允价值变动损益、投资收益等内容。一方面应分析这些项目在利润总额中的影响大小及其变动走势，另一方面主要还应通过对这些项目具体内容与规模的了解，分析其与公司经营业务之间是否能够相互协调或相互促进，同时分析了解这些项目对利润影响的稳定性及其风险水平。

而对营业外收支事项的分析，侧重于当期营业外收入与营业外支出发生的金额大小及其对利润的影响。由于营业外收支事项是与企业生产经营活动无直接关系的“日常营业外”的收入与支出，具有非经营性与非经常性的特点，它对企业利润的影响通常是暂时的。因此我们在承认营业外收支事项对企业当期利润影响的前提下，分析利润变动特别是预测长期变动趋势时，应该暂时剔除营业外收支事项的偶然性影响。

2. 利润质量分析

企业利润总额及净利润不仅是一个数量概念，还包含着有关质量方面的要素。从财务管理与财务分析的最终目的来讲，不论是企业价值最大化也好，还是股东财富最大化，抑或是每股收益最大化等，都是建立在企业不断盈利、获取高额回报的基础上的。因此，不断增加的利润数量自然显得十分重要。但是从价值转换与价值实现的角度上讲，利润质量的提高往往比纯粹地追求利润数量的扩大更具有现实意义。因此，对利润质量的分析也就显得特别重要。

结合本节以及第 3 章所讲内容，对利润质量的分析不妨可以考虑如下几方面的因素：

（1）投入与净产出的比率，即特定时期（如 1 年）内企业经营活动的净产出除以该时期内投入（或占用）在相应经营活动中的全部资产价值的比值。其中“净产出”数值可以用息税前利润，也可以用营业利润或利润总额计算。这一比值说明日常经营活动中每单位投入所产生最终赢利的幅度，某种程度上反映了投入资产的盈利效率和经营项目的利润空间。

（2）利润总额的结构或组成，以此了解企业利润来源的稳定性、经常性与可靠性。这方面内容已经在第 3 章利润表的解读中以及本章“7.1.1”节“利润的构成”中有所分析，此处不再赘述。

（3）利润来源的时间分布。对该项因素的分析，一方面是了解不同时间利润的形成是否与当时的经济与政策环境密切相关，是否具有季节性的特点，以便于对未来经营活动的应对性安排；另一方面也是为了了解所实现增值的可利用期间，以便充分利用留存收益进行再投资、再生产。

（4）净利润额与净现金流量的数量对比关系，此处的“净现金流量”，既可以是单纯的“经营活动净现金流量”，也可以是“经营活动净现金流量＋投资活动净现金流量”，但不应包括“筹资活动净现金流量”，因为筹资活动净现金流量更多反映了人为的增量资金流入，与当期经营所得缺乏密切的对应匹配关系。以当期实现的净利润与“经营活动净现金流量”对比，即为“3.4.5”节中“营运指数”的概念，反映企业经营活动创造或获取现金的能力。而以净利润与“经营活动净现金流量＋投资活动净现金流量”进行对比，则反映了企业净利润所对应的原有资产增值的质量，以及企业最终实现利润的现金保障程度。

7.2 利润分配模式分析

利润分配政策中最为关键也是最基本的内容就是如何合理分配与使用税后净利润的问题，以及如何解决股利派发与留存收益之间的比例分配问题等。

7.2.1 利润分配原则

企业在进行利润分配时，应遵循以下基本原则：

1. 依法分配原则

所谓依法分配，是指企业在对利润进行分配时，应符合国家相关政策法规的规定，依法行事。例如，在我国 2005 年 10 月 27 日修订后的《中华人们共和国公司法》中就有明确规定：企业进行利润分配时，应依照如下顺序进行：

（1）弥补以前年度未弥补的亏损。

（2）提取盈余公积金。一般而言，公司制企业应按照当年实现的净利润补亏之后余额的 10% 提取盈余公积金。如果该项盈余公积金累计额已经达到公司注册资本的 50% 及以上时，可以暂时不再继续提取。当然，公司也可以在 10% 的比例之外，经董事会提议并股东大会决议，从税后净利润中再多提取一些任意盈余公积金。

（3）向投资者分配利润或向普通股股东分配股利（但公司持有的本公司股份——库藏

股——不得参与利润分配）。

《公司法》同时明确规定：如果股东大会或董事会违反上述利润分配的法定顺序，在公司弥补亏损和提取盈余公积金之前向股东分配利润的，股东必须将违反规定分配的利润退还公司。

2. 资本保全原则

资本保全原则要求企业在进行利润分配时应首先保证注册资本的完整，不能因为利润分配的原因而减少了企业的注册资本。这就对企业的利润分配框定了一个底线：即只能是对企业资本增值的部分进行分配，或者说必须是在企业有足够的留存收益时方能考虑适当分配利润或股利。此即所谓的"有利润则分配，无利润不分配；利润多了多分配，利润少了少分配"的基本规则。这一原则既是对企业维持正常生产经营所需资本的必要保证，也是对企业债权人利益的必要维护。

3. 兼顾各方面利益、公平分配原则

企业在日常运营过程中，必然涉及投资者、债权人、企业职工、往来客户等各相关利益团体。利润分配虽然是对企业税后净利润进行的进一步划分，主要表现为企业股东投资者的投资所得，但却影响着其他各相关经济主体的切身利益。例如，现金股利的分配幅度影响到企业留存的、持续经营的可利用资金，从而影响到对债权人所持债权的现金及时偿还能力；而利润分配中提取盈余公积金的多少，又直接影响着企业的积累、影响每股净资产乃至每股股价的走向及股票投资者的利益问题。因此，进行利润分配，必须兼顾各方利益，切实保证在不有损各方利益的前提下公平分配。对投资者而言，则应按照其出资比例或企业章程的约定进行利润分配，做到真正意义上的同股同权、同股同利。

4. 分配与积累并重原则

此处的分配与积累，一般是指狭义的利润或股利的分配与留存收益的积累。分配意味着将企业净利润的一部分作为投资回报支付给投资者，表现为投资者短期利益所得与企业留利的减少或可供利用资源的流出；而积累则意味着利润与资源的留存与再利用，表现为对投资者长期收益的影响。分配与积累并重原则要求企业兼顾眼前收益与长远利益，既保证企业必要的留存收益以利于持续经营与进一步发展的需要，又适当考虑投资者的当期收益以维护短期投资者的利益并有助于提高企业的社会影响，即所谓的兼顾投资者长期投资与眼前收益的对等原则。

7.2.2 利润分配的基本模式

此处所谈的利润分配，基本上是指企业派发的现金股利，而不包括送股的形式，更不包括以资本公积转增股本的情况。因为"转增"本来就不属于真正意义上的对"利润"的分配；而"送股"也仅仅只是引起企业股东权益各组成项目结构的改变，却并不会对企业实际可利用资产总额产生任何影响。因此以下我们讨论的利润分配政策也主要是指现金股利分配政策，理论上讲主要存在四种基本模式：剩余股利分配模式、固定或持续增长的股利分配模式、固定股利支付率分配模式和低正常股利加额外股利分配模式等。

1. 剩余股利分配模式

剩余股利分配模式是指企业在面临良好的投资机会或依据总体战略规划的需要，按照一定的目标资本结构或项目需求，测算出企业所希望达到的权益资本总额，并将其与原有权益资本进行比较，不足部分首先从税后净利润中留用。只有当留用的利润额达到设定的目标权益资本增量需求时利润仍有剩余，才可能将剩余的部分净利润作为现金股利予以分配。

将利润作为新增资本，预先满足企业进一步发展与持续经营的需要，这是目前国内外许多企业惯常使用的办法。一些企业甚至因此规定在正常生产经营过程中，利润或股息的发放水平一律不得超过原有留存收益的一半等政策。企业之所以习惯选择剩余股利分配这种模式，通常与三方面的因素相关，或者说是基于如下三方面因素的考虑：一是企业发展或规模扩大需要大量资金，但目前负债比率已经很高，利息负担及资金偿还的压力也比较大，潜在的财务风险已比较明显，如果再采用债务融资的方式已明显不适宜或暂时已不具备债务融资的基本条件；同时其他外部融资方式也需要比较可观的融资成本。为了避免这些不利因素的影响，故而采取剩余股利分配模式。二是当外部融资环境变化，暂时不利于企业从外部顺利融通资金或融资难度相对增大的情况下，为了保证企业规模扩张对资金的需要而不得不采用这种分配模式；三是出于对理想资本结构的追求，为达到或维持一个合理的资本结构而利用留存利润进行必要的资本结构调整等。

采用剩余股利分配模式，一方面有利于企业节约融资成本，巩固资本实力，弥补和减少现有的或未来可能的亏损，增加企业未来债务融资的可能与举债经营的能力。毕竟，留存利润是不需要也不会发生直接融资费用的，也不存在按期支付利息或按期偿还本金的压力。因此，与其先将利润分配给投资者，再煞费苦心、承担较大的融资费用去从外部融入资金，还不如直接把利润作为投资者对企业的再投入，这样既满足了企业对发展资金的需求，又简便易行且节省费用，还可以提高企业的资本总值与股票价值。另一方面，采用剩余股利分配模式也有利于企业维持合理的资本结构，保证较强的偿债能力或减少财务风险。

不过，采用这种利润分配模式的前提应该是企业面临有比较好的投资机会，并且该投资机会的预计投资报酬率估计将大于投资者的收益预期。否则，没有合适的投资机会就有可能造成留存资本的闲置和浪费；而没有较为理想的投资回报，也难以被股东所接受。

当然，采用剩余股利分配模式也是有缺陷的：就社会影响而言，由于这种模式下每一会计期间所分配的利润或股利水平会随着企业投资机会和盈利水平的波动而波动，极易给人造成企业经营活动与财务状况不稳定的感觉，不利于企业良好形象的树立。就对投资者或股东的影响而言，这种模式与那些持有股份并希望借此获得稳定股利或利润回报的不少中小投资者的心理偏好产生矛盾，有可能会影响投资者对企业的价值评估，导致企业市场价值被低估或股价下降，为他人趁势进行恶意并购创造了可乘之机。

然而，就资本市场的实际情况而言，由于多数股东看重的是股份公司经营业绩对股价的支撑，以及政策、经济环境和公司一些重大事项（如债务重组、合作经营、重大投资理财项目等）对股票走势的影响。他们虽然也会关注企业利润分配的具体模式，从现金收入与避税角度去考虑持有股权的现时收益，但是关注的重心更多还是公司价值。因此，现行上市公司除非是由于其他约定或股权分置改革时的相关承诺，一般基本上都是采用剩余股利分配模式。

2. 固定或持续增长的股利分配模式

这种分配模式是将每年发放的单位股利或利润固定在某一确定水平之上，并在较长的一段时期内都基本保持不变或维持连续增长。只有当公司预计未来盈余产生了不可逆转的显著变化时，才会相应降低股利或利润的发放水平并在新的水平上保持稳定。

稳定或持续增长的股利政策可以避免由于企业经营的不稳定或市场机遇的不确定性而导致企业盈利水平与盈利总额的经常变动对股利与利润分配带来的不利影响；有利于股东，特别是对现金股利金额有所依赖的股东能够预先合理安排股利收支，从而稳定投资者对该企业运营的信心和股票的市场价格。这种分配模式不仅保证了现有股东的稳定或持续增长的收入，还有助于吸引新增股东的加入，有利于树立企业稳定生产、运行良好的公众形象，从而也有利于稳定甚至提升公司的股票价格。

不过，这种利润分配模式的最大缺陷，就在于无论企业经营好坏，也无论其财务状况如何，每年都必须支付一笔固定的甚或是持续增长的资金。且不说这样做是否符合依法分配原则，单就这如同债务所产生的利息费用一般的固定支出，就可能会给企业造成较大的财务与资金压力，甚至可能影响到企业的留存利润和资本保全。特别是在企业获利水平下降、资金来源不畅，留存收益微薄，财务风险较大时，这种压力就显得更为沉重。此外，这种分配模式由于表面上看似乎传递着企业经营与获利稳定的信息，因此不便于投资者了解企业真实的经营财务状况，甚至有可能使部分不明所以的投资者因此陷入投资“陷阱”之中。

因此，稳定或持续增长的股利分配模式一般比较适用于那些经营状况相对比较稳定或正处于经济稳定增长阶段的企业。

3. 固定股利支付率分配模式

所谓股利支付率，是指企业当期分配的股利或利润在当期可供分配的税后净利润中所占的比率。固定股利支付率分配模式就是指企业按照固定不变的股利支付率与可供分配的税后净利润来计算确定当期应该发放的现金股利总额。这样做的直接好处便是使企业各年度发放的利润直接与经营成果挂钩，并随着经营业绩水平的变动而同比变动，显示出“盈利多了多发股息，盈利少了少发股息，没有盈利不发股息”的基本原则。它避免了固定或持续增长股利分配模式下企业固定股息支出的财务压力，也避免了剩余股利分配模式下企业盈利虽多却有可能不发或少发股利、“铁公鸡一毛不拔”的现象对部分投资者，特别是对短期投资者的不公平待遇。这种分配模式有助于投资者借助于股利额的变动了解企业真实的财务状况与经营成果等信息，以便做出合理恰当的投资选择。

2008 年 10 月 7 日，中国证监会发布了《关于修改上市公司现金分红若干规定的决定》，提出上市公司“利润分配政策应保持连续性和稳定性”且“最近三年以现金方式累计分配的利润不少于最近三年实现的年均可分配利润的百分之三十”。2013 年 11 月 30 日，证监会又颁布了《上市公司监管指引第 3 号——上市公司现金分红》(以下简称《指引》)，要求上市公司应明确现金分红相对于股票股利在利润分配方式中的优先顺序；并提出进行利润分配时，现金分红在利润分配中所占比例最低应达到 20% 的要求。这在一定程度上可能对企业采用固定股利支付率分配模式起到了促进作用。

然而，固定股利支付率分配模式也并非十全十美。这种分配模式依然缺乏一定的财务弹性，特别是当企业当期收入与费用的确认与现金流量在时间上未能保持同步进行，从而造成当期所实现的净利与现金净流量明显不协调时，企业的资金压力便会大幅度增加。此外，如果企业盈利水平变动较大，这种分配模式也容易因分配股息总额的波动性而给投资者造成企业经营不稳定的感觉，从而不利于企业形象与股票市价的维护。因此，固定股利支付率分配模式一般比较适用于那些稳步发展的、财务状况与资金流也相对比较稳定的企业。

4. 低正常股利加额外股利分配模式

这是一种介于固定股利分配模式和变动股利分配模式之间的折中的利润分配模式。采用这种分配模式，在普通年景中企业只需要向投资者分配金额很小、明显低于正常股息水平的股利或利润数额。而在盈利较多的会计期间，或者企业依据经营战略规划不需要留存较多税后利润的年份，再根据当时的利润与资金流的结余情况向投资者增加发放额外的股利。这种额外股利水平并不固定，而是依据企业各期经营理财获利的实际水平和资本需要而作相应调整。

相对于前面三种利润分配模式而言，低正常股利加额外股利分配模式既可以在不过度增加企业财务与资金压力的前提下维持股利水平的稳定性，又有利于增强企业资金统筹安排的机动灵活性。同时，由于投资者通常情况下可以获得稳定的股利回报，当企业盈利大幅度增长时，又可以得到额外的股利收益，分享到企业业绩大幅度增长的喜悦，这对于维护投资者的信心与股票市价、树立企业良好的经营形象都有一定的积极作用。

这种方式的不足之处主要在于：投资者偶尔获得额外的股利收益一般会感到惊喜并因此对企业信心大增；然而，一旦企业因为经营效益稳定、资本结构理想，留存收益丰厚而在一段较长的时期内连续数年发放额外股利之后，投资者就有可能将这种包含了额外股利的利润分配水平当作是新的“正常股利”，从而造成有朝一日一旦取消了额外股利，容易被投资者认为是企业财务状况出现了逆转的不利印象，进而导致对企业社会形象或企业股价的负面影响。此外，虽然低正常股利对现金支付的要求不会很高，但毕竟也形成了企业的一笔“固定性现金流出”，这在企业正常经营与获利的时期对企业的财务压力也许并不显著，但当企业经营不景气、资金紧缺时，这种压力便会给企业带来“雪上加霜”的财务负担。

上述四种利润分配模式各有利弊，对企业资本结构及其外部资金需求等的影响也各不相同。企业在选择确定其分配政策时，还应结合自身经济与经营状况和财务状况统筹考虑与分析。

例 7-2

某公司目前发行在外的普通股共 5 000 万股，净资产（即所有者权益）共 8 000 万元，今年已经执行的股利发放水平为每股派发现金 0.2 元。预计未来 3 年每年的税后净利和公司规模扩大所需要的追加资本性支出总额如表 7-5 所示。

表7-5 未来3年资本性支出预测

年 份	1	2	3
税后净利（万元）	3 000	3 300	3 400
追加资本支出（万元）	1 200	6 500	5 000

公司决策层目前正在讨论研究其未来 3 年的股利分配计划。假设公司目前基本没有债务资金来源，但出于降低综合资本成本以及发挥财务杠杆效应的考虑，公司希望逐步增加负债筹资的比重但资产负债率以 25% 为限。为了减少直接融资成本，计划筹资时优先使用留存收益，其次再考虑长期借款，最后在必要时考虑增发普通股新股或配股。假设表 7-5 给出的“税后净利”已经是考虑过借款利息后的预计数据。此外，一旦公司增发新股或配股，初步确定每股面值 1 元，发行价或配股价为每股 2 元，预计增发新股或配股的筹资费

用率为0.1%，增发新股或配股的当年不需要支付现金股利，下一年度才开始发放股利。

（1）假设公司采用剩余股利分配模式，即当年满足需要后的可分配利润全部发放股息，那么各年预计可分配的现金股利或需要增加的借款与增发新股或配股获得的股权资金估计是多少？

（2）假设公司采用固定股利分配模式，那么各年预计可以分配的现金股利或需要增加的借款与通过增发新股或配股获得的股权资金又是多少？

分析：

（1）采用剩余股利分配模式，各年预计情况如表7-6所示。

表7-6 剩余股利分配模式下的现金股利或外部融资 （单位：万元）

年　份	1	2	3
需要追加资本支出①	1 200	6 500	5 000
税后利润②	3 000	3 300	3 400
留存收益补充资金③	1 200	3 300	3 400
可以分配的现金股利④=②−③	3 000 − 1 200 = 1 800	0	0
需要外部筹资⑤=①−③	0	6 500 − 3 300 = 3 200	5 000 − 3 400 = 1 600
长期资本总额⑥=上年资本总额+①	8 000 + 1 200 = 9 200	9 200 + 6 500 = 15 700	15 700 + 5 000 = 20 700
累计借款上限⑦=⑥ ×25%	—	15 700×25% = 3 925	20 700×25% = 5 175
当年需增加长期借款⑧= min{⑤，⑦−上年数}	—	3 200	1 600
当年需要增发股权资金⑨=⑤−⑧	—	—	—

（2）同样的分析计算方法，可以计算出采用固定股利分配模式下，各年可以派发的现金股利总额或需要外部融资的情况，如表7-7所示。

表7-7 固定股利分配模式下的现金股利或外部融资 （单位：万元）

年　份	1	2	3
需要追加资本支出①	1 200	6 500	5 000
税后利润②	3 000	3 300 + 800[①]= 4 100	3 400
分配现金股利③	1 000	1 000	1 000
留存收益补充资金④=②−③	3 000 − 1 000 = 2 000	4 100 − 1 000 = 3 100	3 400 − 1 000 = 2 400
需要外部筹资⑤=①−④（负数为额外留利，可转下期）	1 200 − 2 000 =− 800	6 500 − 3 100 = 3 400	5 000 − 2 400 = 2 600
长期资本总额⑥=上年资本总额+①	8 000 + 2 000[②]= 10 000	10 000 + 6 500 − 800[③] = 15 700	15 700 + 5 000 = 20 700
累计借款上限⑦=⑥ ×25%	10 000×25% = 2 500	15 700×25% = 3 925	20 700×25% = 5 175
当年需增加长期借款⑧= min{⑤，⑦−已借数}	0	3 400	5 175 − 3 400 = 1 775
另需要增发股权资金⑨=（⑤−⑧）÷（1 − 0.1%）[④]	—	—	$\frac{2\,600-1\,775}{1-0.1\%}=826$

① 指上年发放股息并满足追加资本支出后多留下的那部分净利润800万元。

② 由于发放股息并满足追加资本支出后剩余的800万元净利依然留存在公司内，所以当年长期资本总额应包括这部分留利。

③ 上年留下净利润已经包括在10 000万元中，可用于满足今年的资本需要，因此6 500万元中也包含了以这部分留利满足的金额。故在计算长期资本总额时应减去这部分重复计算的金额。

④ 考虑到筹资费用率0.1%对实际可用筹资额的影响。

7.2.3 股票分割与股票回购

1. 股票分割

股票分割一般是指将面值较高的股票分拆成面值较低的股票的行为，又称为拆股。如将原来每股面值 2 元的一股股票拆细成每股面值 1 元的两股股票等。

股票分割对公司的资本结构和股东权益总额不会产生任何影响，但由于这种拆细成倍增加了股份公司的普通股股数，自然会引起公司每股净资产、每股收益和每股市价等相关财务指标数值的下降，俗称“摊薄”了这些指标水平。

股票分割从性质上讲与支付股票股利存在着根本区别。进行股票分割时，仅仅是将原有股本的每股面值分拆为更低面值的股本，使得股数增加而每股面值同比降低，股本总额并无变化，股东权益结构也没有改变。而股票股利则意味着公司以税后净利转增股本的行为，其结果是在股东权益总额不变的基础上，改变了股东权益的具体构成，增加了公司股本而相应减少了未分配利润的金额，如例 7-3 中所示。

例 7-3

某公司目前普通股股数 3 000 万股，每股面值 2 元，公司目前未分配利润总额 8 000 万元，盈余公积 2 600 万元，资本公积 1 100 万元。假设公司目前考虑将普通股每股面值从现在的 2 元分拆为每股 1 元的两股，或者考虑每 10 股送 10 股的股票股利分配方案（假设送股时不考虑股票溢价问题），则这两种不同行为的结果对比如表 7-8 所示。

表7-8 股票分割与股票股利的对比 （单位：万元）

	股票分割（每股 2 元拆为每股 1 元）				股票股利（10 送 10 股）			
	分 割 前		分 割 后		发 放 前		发 放 后	
	金 额	权益结构（%）	金额	权益结构（%）	金 额	权益结构（%）	金 额	权益结构（%）
股东权益合计	17 700	100	17 700	100	17 700	100	17 700	100
资本公积	1 100	6.2	1 100	6.2	1 100	6.2	1 100	6.2
盈余公积	2 600	14.7	2 600	14.7	2 600	14.7	2 600	14.7
未分配利润	8 000	45.2	8 000	45.2	8 000	45.2	2 000	11.3
普通股股数	3 000		6 000		3 000		6 000	
每股面值	2		1		2		2	
股本	6 000	33.9	6 000	33.9	6 000	33.9	12 000	67.8
每股净资产	5.9		2.95		5.9		2.95	

由此可见，股票分割并不完全等同于股票股利，但由于它对每股净资产以及每股收益等的摊薄影响与发放股票股利基本近似，因此一般应依据有关证券管理部门的具体规定进行区分。有些国家证券交易机构就规定，发放股票股利的比例在 25% 以上的即归属于股票分割。

股票分割的作用主要在于其通过增加普通股股数而降低了每股净资产水平，进而降低每股市价、拓展了股票价格的上升空间，有利于促进股票的交易和流通。同时，当股票分割后每股现金股利的下降幅度小于股票分割的幅度时，便有可能增加股东的现金股利收益，使股东财富得以提高，有利于增强股东对该股份公司的信心。

2. 股票回购

股票回购是指由股份公司出资将其发行并流通在外的股票购回予以注销或作为库存股用于日后公司股权激励计划实施的一种资本运作方式。

股票回购的作用在于其一方面可以巩固公司大股东的控股地位，适度清除中小股东；同时在公司股票价值被市场低估时，通过股票回购可以减少普通股股数而提高普通股每股收益与每股净资产水平，促使股票市场价值的回升。另一方面，现实情况下由于股票回购引起普通股每股市价上升所产生的资本利得需要交纳的税赋较低，且一般是在日后出售股票时才需缴纳，因此便为股东借助于股票回购变相分配超额现金股利、回避纳税义务提供了可能。

有鉴于此，股票回购一般都会受到各国较为严格的法律法规的限制。我国 2005 年 10 月修订后的《公司法》中第一百四十三条对股票回购行为作了相应规定："公司不得收购本公司股票，但是有下列情形之一的除外：①减少公司注册资本；②与持有本公司股份的其他公司合并；③将股份奖励给本公司职工；④股东因对股东大会做出的公司合并、分立决议持异议，要求公司收购其股份的。"

此外，我国《公司法》还针对上述不同情形下的股票回购规定了相应的时间和数量限制，如因减资而回购本公司股票的，必须在回购之日起十天内注销；而作为股权激励的一种模式，将回购股票奖励给本公司职工的，允许回购不超过已发行股份总规模一定比例的公司股票，且所回购股份应当在一年内转让给受激励的职工。

由于股票回购可以提高未回购部分股票的每股收益与每股净资产，提升股票的每股价格使投资者获得资本收益，因此，股票回购实质上也属于企业一种变相分配剩余利润、调整资本结构的行为。在我国证监会 2013 年 11 月 30 日颁布的《上市公司监管指引第 3 号——上市公司现金分红》中，就明确表示："上市公司可以依法发行优先股、回购股份。支持上市公司在其股价低于每股净资产的情形下（亏损公司除外）回购股份。"

当然，在法律法规允许的范围内，公司回购股票还应该考虑如下一些影响因素：一是股票回购对公司可用资金、信用等级以及该股票市场价值的影响；二是股票回购的节税效果或对股东资本利得的影响程度；三是股票持有者对股票回购的反应，包括原股票持有者对其被回购股票的态度以及继续持有股票的股东对回购行为的看法与反应等。

股票回购对上市公司也可能产生一定的负面影响。主要表现在：一方面股票回购使公司股权更加集中，容易导致内幕操纵股价或内幕交易的行为，造成公司面临被有关部门查处而影响其公众形象与正常经营秩序；另一方面，股票回购必然需要大量的资金流出，容易造成公司资金紧缺，影响正常的经营循环与资金周转。而且，对于有些公司发起人股东来说，采用股票回购可以使其创业至今的利润得以变相兑现。因此有可能诱导他们看重利用股票回购来兑现前期累积盈利而忽视了对公司长远发展规划的考虑，从而最终损害公司大多数股东的根本利益。

正因如此，证监会在鼓励上市公司适度回购本公司股票的同时，也增强了对股票回购行为的监管力度。在 2008 年 9 月 21 日中国证监会发布的《关于上市公司以集中竞价交易方式回购股份的补充规定》中，证监会一方面对以集中竞价方式回购股票的行为取消了以往采用的备案式行政许可制度，另一方面也同时加强了对上市公司回购行为的信息披露与市场透明度的监管，要求上市公司在发生第一笔回购行为时即应在发生的次日进行公告，且之后每当回购股份达到总股本 1% 时也有披露义务等。此外，证监会还同时规定：上市公司在进行股票回购的 30 日内不得实施现金分红，在回购期间也不得发行股份融资等。

7.3 利润分配策略分析

利润分配是企业经营管理与财务活动的主要内容之一，影响着企业的融资策略、资本结构、生产经营的正常周转与发展扩大的资金源动力，也影响着企业的市场评价与股票市场价格等各个方面。因此，选择并确定适合企业自身发展需要与经营特点的利润分配模式，便成为企业财务分析与决策的一项重要内容。

7.3.1 影响利润分配的因素

企业进行利润分配，都是在某一特定的法律、经济与政治环境中进行的。因此制定利润分配政策时，就必须考虑这些因素的影响。归纳起来主要有如下一些方面：

1. 法律因素的影响

无论大小轻重，任何游戏首先都必须制定一整套基本的游戏规则。现代社会的经济生活也不例外，有关的法律法规便是人们从事生产经营与投资、融资及分配活动不可或缺的经营游戏规则，如《公司法》、《证券法》、《税法》等都对企业利润分配问题做了相关规定，体现了利润分配在一定程度上的刚性特征。企业制定利润分配政策，必须要考虑这些规则的限制与影响，主要包括以下几个方面：

（1）资本保全约束。为了保护债权人和股东的合法利益，有关法规规定企业不能用资本（包括股本和资本公积）发放股利，而只能用税后利润（包括当期实现的利润和以前年度累积的留存收益）补亏之后的部分来发放股息，以防止企业权益资本被侵蚀。

（2）资本积累约束。如规定企业在向投资者分配利润或发放股息之前，必须按照规定提取盈余公积金。股份制企业按照税后利润补亏之后余额的 10% 提取盈余公积金。若盈余公积金累计达到注册资本金的 50% 或 50% 以上时可以不再提取等。

（3）超额累积利润约束。通常情况下，股东获得股利所需要缴纳的所得税会高于其进行股票交易而获得资本利得时所需缴纳的所得税。因此，一些企业会通过不发或少发股息以增加留存收益、促使股票价格上扬，将股利转化为资本利得的方式来帮助股东避税。为防止这种规避行为，一些国家或地区通常会规定企业不得超额累积利润，一旦发现哪些公司的保留盈余超过了法律法规认可的水平，将会对其加征额外的税额。例如，我国台湾地区的相关法规规定：当会计期间结束时，如果公司盈余经弥补亏损、扣除税额、提存公积、并按照公司章程保留员工分红成数之后还有剩余，就必须将剩余的利润分派股息或股利。我国内地的有关法律法规中目前对企业的超额累积利润问题尚未做出明确的限制性约束。

2. 股东因素的影响

利润分配方案只有经股东大会决议通过方可付诸实施，股东因素对利润分配方案具有决定性的影响。通常情况下，股东在分析利润分配方案时主要会出于如下几方面的考虑：

（1）控制权问题。利润分配方案直接影响着企业发放股息与留存收益的比例大小。如果企业现金股息发放过多，则意味着留存收益偏少，进一步意味着当企业需要追加资本支出时，必须从外部筹措资金。如此，若采用增发新股或配股的方式而原有大股东又不愿意或无法拿出足够的资金认购新股或参与配股，其对企业的控股权就面临着被稀释的危险。因此出于对控股权安全性的考虑，企业大股东便会倾向于不发或少发现金股息的做法。

（2）避税考虑。股东获得股利，一般需要缴纳个人所得税。我国个人所得税法规定：股东从股份公司分得的股息或利润，应按照 20% 的纳税比例计算缴纳个人所得税（注：根据《财政部、国家税务总局、证监会关于实施上市公司股息红利差别化个人所得税政策有关问题的通知》（财税〔2012〕85 号），自 2013 年 1 月 1 日起，股权登记日在 2013 年 1 月 1 日之后且从公开市场取得上市公司股票的个人股东，持股期限 ≤ 1 个月的，股息红利按 20% 计交个人所得税；持股期限在 1 个月至 1 年（含）的，股息红利按 10% 计算交纳所得税；持股期限 >1 年的，暂按 5% 计交所得税。然而，如果股东通过股市进行股票交易而获得资本利得，所需交纳的税款却相对很少，目前只需交纳过户费和极低的印花税，对资本利得税暂时还未开征。因此，一些股东会反对企业大幅度发放股息，而希望企业不发或少发股息以增加留存收益和每股净资产价值，以便带动股票价格的上扬，将现金股利转化为资本利得以达到避税的目的。

（3）稳定收入和规避风险。对公司固定股息有所依赖的股东，往往对避税因素考虑的不多。他们通常对企业保留过多盈余以促使股价上涨的效果及不确定性有所顾虑。为了规避这种风险并获得即时性的稳定收入，这些股东一般会要求公司支付稳定的现金股利。

3. 企业自身方面因素的影响

企业一般出于长期发展与短期经营战略的考虑，并结合其资金需要与财务限制，通常在制定利润分配方案时会重点考虑以下几个方面的问题：

（1）举债能力与契约性债务合约。如果企业具有较强的举债经营能力和较广泛的融资渠道，意味着当企业资金匮乏时，可以比较容易地利用各种途径及时筹措到所需资金。这种情况下，企业对留存收益的依赖性不强，就有可能采取比较宽松的利润分配模式；反之，如果融资渠道狭窄、或企业举债能力较弱，就必须保留较多的利润以备日后发展之需。

企业在以往发行证券、借贷及租赁行为中，通常也可能签订有一些契约性或其他限制性条款，这些契约型合约或限制性条款对企业利润分配的时间、规模等方面可能会有所制约。例如，当优先股股息尚未按约定金额支付时，通常不得先行支付普通股股息。有些债务合同中通常会对企业的流动比率、已获利息倍数以及其他与债权安全性相关的比率规定一个最低标准，当企业这些相关指标没有达到或超出了规定水平时，就不得支付股利；一些债务性契约甚至对企业超过标准后发放的每股股利也规定有最高限额。这些合约或限制，目的都是为了保障各相关利益方面的合法权益，企业在制定利润分配策略时必须严格遵守。

（2）未来投资机会与发展前景。良好的投资机会和优越的发展前景，需要大量的资金支出作后盾。对于那些正处于快速成长阶段的企业而言，一般会面临比较多的发展机遇，也自然需要比较多的资金追加投入。这种境况下，企业一般不会有较多的闲置资金，通常会考虑适当降低其股利支付水平；反之，则会提高其股利支付率。

（3）盈利的稳定性与现金流量情况。利润分配的基本对象就是企业的税后净利。因此，企业是否拥有长期稳定的利润源泉，能否获得相对稳定的税后净利，是决定其利润分配模式能否持续可行的基础。然而，企业经营需要现金，发放股息也需要现金，现金流量的多少及资产流动性的强弱，影响着企业的现金持有量和现金需求量，也影响着后续的实际支付水平。就生产经营流转过程而言，现金流量甚至直接影响着企业的财务风险。

（4）资产流动状况。资产的流动性越强，其变现能力也越强，一定程度上有助于保持企业的现金支付能力，为实行宽松的利润分配方案提供了可能；反之，流动性越弱，对现金持有量的需求越高，较多地发放现金股利的空间便越小。

（5）其他资金来源的可能性和筹资成本等因素。其他资金来源的可能性是指企业获得其他资金来源的渠道及其可利用性。广泛的资金来源渠道和宽松的融资政策为企业利用外部融资提供了可能。而筹资成本的高低直接影响着企业的经营最终成果。当企业能够以较低的融资成本从外部获得所需资金时，他对保留盈余的要求并不强烈；反之，如果外部融资成本较高，企业便会考虑减少股利发放而充分利用留存收益。毕竟保留利润不需要大量的直接筹款费用，成本相对比较低廉。例如，企业为满足某一投资项目的需要而筹措资金，如果采用权益性筹资，既可以利用留存收益也可以通过发行新股来获得权益资本。此时，如果发行新股的成本较高，企业就会通过降低股利支付水平截流较多的留存收益来满足。反之，较低的股票发行成本就可能使公司制定较为灵活的股利政策。此外，如果无须额外增加成本就可以调整企业的资产负债比率，那么即便在收益变动或暂时下滑的情况下，公司仍然可以通过提高负债程度来维持原有的股利水平。而如果企业盈利能力较强，债务筹资还可以使企业获得利息抵税的好处。

（6）资本结构。合理的资本结构既能保证企业综合资本成本最低，又能提高企业抵御风险的能力。而留存利润的多少便直接成为调整资本结构的有效工具。

4. 其他影响因素

其他影响因素主要包括信息含量和通货膨胀限制。信息含量，也叫做信号假说，这种观点认为：投资者总是习惯于将企业经营管理人员对未来可能的股利变化预测当作管理人员对未来企业盈利的预期信号，他们对企业的利润分配模式和具体做法十分关注。因此，企业若要改变利润分配模式或具体分配方案，就有必要考虑利润或股利的信息含量和对投资者的影响。

在出现通货膨胀时，由于资金购买力的相对下降，维持同等生产经营规模需要比以往更多的资金支持。此时，企业一般会采取适当偏紧的利润分配模式以首先保证正常生产运作之需。

概括起来，企业确定利润分配政策应考虑的具体要素如图 7-1 所示。

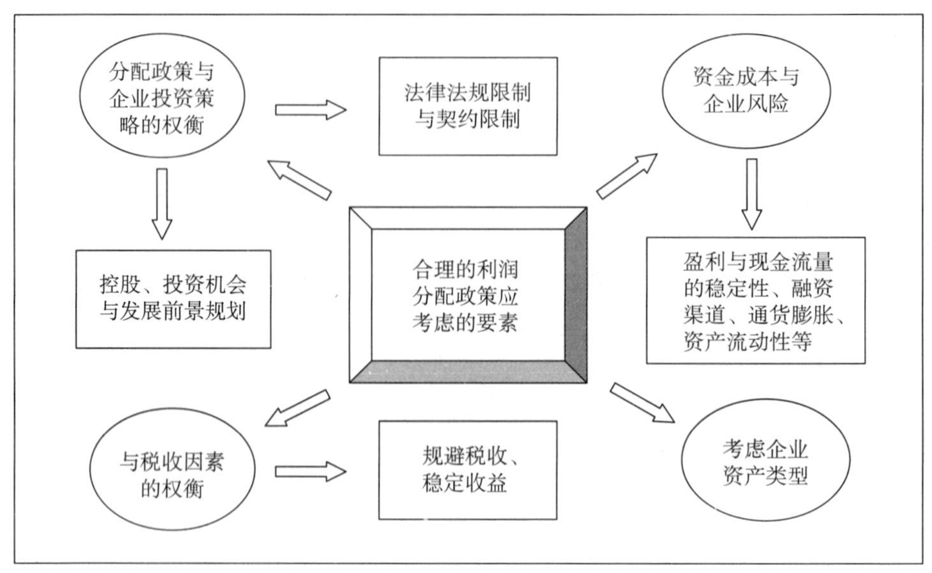

图 7-1 确定利润分配政策应考虑的具体要素

7.3.2 利润分配决策机构

企业的利润分配决策涉及利润分配的模式、类型及分配比率等问题。要完成这一决策的全过程，必须要有完善的决策制度相配套。

现代企业的一个重要特征就是所有权与经营权甚至控制权相分离。所有者（股东）拥有企业的所有权，董事会拥有企业的控制权，而经营权则常常委托给那些具有一定专业技能和实践经验的企业高层管理者。

我国《公司法》规定，作为股东利益代表的董事会，其主要职责包括：负责召集股东会并向股东会报告工作，执行股东会的决议，决定公司的经营计划和投资方案，制订公司的年度财务预算方案和决算方案，制订公司的利润分配方案和弥补亏损方案等。也就是说，董事会在选择制定企业合理的利润分配策略方面起着举足轻重的作用。

企业的利润分配模式以及分配比例等直接涉及投资者、债权人、经营管理者三方面的利益，而这三方面的利益又不是完全一致的。投资者最为关注的是其投资报酬率最大化，债权人关注的是其能否按期足额地收回债权本息，而经营管理者最为关心的是其所得报酬与业绩评价和自身价值的实现。董事会在制定具体的利润分配政策时，必须兼顾各方利益，制定出既不损害各方利益，又不影响企业长远、稳定发展的分配方法。

作为企业最高决策机构，股东大会担负着诸如审批企业的财务预算，批准企业董事会所提出的利润分配方案和弥补亏损方案，决议或批准企业发行股票或债券，以及进行兼并、分立、清算等重大事宜的最终决策职责。对于涉及利润分配策略以及可能会稀释企业控制权的利润分配方案，通常需要 75% 以上的绝大多数股东表决通过；而对于其他一般性的分配方案，则只需要超过 50% 的多数股东表决通过即可。

在利润分配决策机构中，财务部门主要负责提供各种财务资料与财务分析报告，为董事会制定利润分配策略和具体的利润分配方案提供必要的理论依据与资金支持。证券投资部门主要负责研究资本市场，并基于对资本市场的现状与未来变动趋势的研究，为董事会制定相应决策提供资本供求关系方面的相关资讯。

7.3.3 最优股利支付水平

股利支付水平一般常用股利支付率这一指标来衡量。所谓股利支付率，是指企业当年发放的股利与当年实现的税后净利润之比，也可以用每股股利与每股收益相除得出。

股利支付水平的高低，在企业经营中起着至关重要的作用。恰当的股利支付水平有利于企业资本结构的稳定，也有利于企业经营风险与财务风险的防范，有利于企业的持续稳定发展。

1. 最优股利支付水平的主要观点

有关最优股利支付水平的确定，在目前相关书籍和研究文章中提到较多的以西方金融理论中的三个观点为主：

第一个观点是沃尔特（J. E. Walter）模型理论。在设置了一系列假设条件的前提下，沃尔特通过对企业每股收益、每股股价与每股股利、企业的平均投资收益率以及资金成本率等各项指标之间的关系问题进行分析之后认为：当企业的平均投资收益率和资金成本率相等时，股票价值与资金成本和每股收益有关，与股利支付水平无关；此时，所谓最优股利支付水平是不确定的。而当企业的平均投资收益率大于资金成本率时，利润分配越少，股票价值越高，也就是说此时的最优股利支付水平为 0，企业应暂时不进行股利分配而将所有盈利留存参与再生产。当公司的平均投资收益率小于资金成本率时，利润分配越多，股票价值越高，此时最优的股利支付水平是将当期全部税后利润尽数用于股利发放。简言之，沃尔特认为，企业的最优股利支付水平完全取决于其投资收益率：当投资机会较多、投资收益率较高时，应少分利润多留存利润；而当投资机会不多、特别是投资收益率不高时，就应多分利润而少留利润。

第二种观点是股利显示理论。该理论认为：股利支付的最优水平应该是当企业股票市价与其内在价值一致时的水平。因此，具有较好投资与发展前景的企业就应该支付较高股利，直到股东获得股利的边际收益与其所负担的边际成本（主要指税负成本）相等，此时的企业股票市价将因为已经达到最优股利水平而趋向于股票的内在价值。根据这一理论，企业的发展前景越好，就越应该采取较高的股利支付模式。

第三种观点是代理成本理论。这种理论认为：股利支付的最优水平应该是支付股利所降低的代理成本正好等于支付股利所承担的税负成本时的状态。

上面三种观点从不同的侧面对最优股利支付水平进行了论述，分别就企业的投资机会与投资收益率、股票市价和降低代理成本等不同角度分析了他们与最优股利支付水平之间的内在联系。然而，就企业整体而言，最优股利支付水平的判断标准还是难以完全统一的。

2. 最优股利支付水平的评价

股利支付行为本身体现着企业拥有良好的发展前景和较为理想的盈利能力。而企业是否需要对股东派发股利，以及派发股利的比率高低，则主要取决于对企业所处经营发展周期，目前的投资机会与投资前景，企业的再筹资能力及筹资成本，贷款协议以及相关法律法规的限制，企业的控制权与资本结构，顾客效应与股利信号传递功能，以及通货膨胀程度等各项因素的综合考虑与利弊权衡。通常，适度或相对最优的股利支付水平，应该是在理想或适度的资产负债率条件下，既能满足企业持续盈利的投资需求，又能达到综合融资成本相对最低、股权结构最为稳定，企业价值增长幅度最大的可操作性水平。一般以每股净资产最大及利润增长率稳定等指标作为辅助评价要素。

每股净资产是指普通股每股所拥有的所有者权益的账面价值。与股票的市场价值相比较，在假设不存在会计信息失真、会计账簿与财务报表造假的前提下，每股净资产更能反映企业实际的内在价值。每股净资产上升显著，意味着公司当期获利较多，投资者投入资本的保值性越好、增值空间越大。但在投机氛围浓厚的证券市场上，各种信息充斥其间，优劣难辨，股票价格随行就市，受外界因素干扰太多，弹性太大，难以真实地反映企业目前真正的内在价值。

利润增长率是一个相对性指标，通过计算分析企业定基利润增长率和环比利润增长率，可以动态地反映企业经营与获利能力及其发展的状况。利润取决于销售价格、产品生产成本、市场占有率（决定销售量）、经营管理耗费等多方面因素的影响，是一个综合性较强的指标。

最优股利支付模式不是固定不变的，而是随着企业自身的经营特点，所处行业的特定政治、经济环境，以及企业所处的产业周期或发展阶段而不断进行相应调整的。

7.3.4 不同发展阶段的利润分配策略

1. 处于初创期的企业利润分配策略

处于初创期的企业，其经营与投资目标在较长的一段时期内已经确定，暂时不会大规模地向其他行业或地区扩张。同时，由于企业进入市场不久，对所处市场环境、市场条件、产品销路等还不能做出较为准确的预测与判断，需要耗费较大的精力与财力去开拓市场，提升产品或业务的市场影响，经营收益依然存在较大的不确定性。因此，这类企业通常适宜于采用剩余股利分配策略或低正常股利加额外股利的高弹性利润分配策略。一方面当企业遭遇经营风险，经营收益不甚理想时，采用剩余股利分配策略可以暂时不发放股息，即使是采用低正常股利策略，对企业的财务与资金压力也不大；另一方面，若企业收益颇丰，利润留存的比例也不必太大，可以将经营所得利润中的较大部分以额外股利的形式发放给投资者，以吸引投资者对企业的长期关注，同时也有利于企业树立经营良好且不断成长的公众形象。

2. 处于成长期的企业利润分配策略

处于成长期的企业，一般规模扩张的要求比较强烈，面临的投资机会也相对较多，因此需要大量的后续资本作保证以支持企业的快速发展，故而适用于剩余利润分配策略。

处于成长期的企业，通常盈利能力较强，如果将大量的经营所得以利润留存的形式提留并进行再投资，无疑会减少外部筹资费用、节约筹款时间、优化资本结构，促进企业的高速稳定发展。至于投资者对股息的要求以及股息对股票市场价格的影响，此时在很大程度上已被企业的巨大发展潜力所代替。对企业未来的快速发展及高额的获利能力的预期，以及对未来投资收益增加的预期，都将转化为证券市场上股票价格的上涨。因此，部分注重于当期股息要求的投资者，完全可以借助于二级市场上股票的出售来获得类同于股息和未来收益的那部分资本利得。

采用剩余利润分配策略，并非是将企业经营扩张所需增加的资本支出全部交由留存收益来解决、尽可能少分或不分利润，而是根据企业总体战略来规划利润的留存与分配。如果企业过多考虑的是经营与财务风险以及融资费用的影响和未来资金压力等问题，一般会倾向于先以全部税后净利来满足追加资本支出的需要；若还有节余，才考虑向股东分配现金股利。而如果决策者考虑到企业处于成长时期，投资收益率相对较高，出于获取财务杠杆正效应以提高净资产收益率的目的，此时也可能仅按照某一确定的目标资本结构来测算留存利润的多少而将其余利润悉数分配给股东，追加资金不足的部分则以债务资金来补充以获取超额收益。

当然，对处于成长期的企业而言，剩余利润分配策略也并不是一成不变的。当企业因竞争加剧、经济运行周期变化等原因不适合采用剩余利润分配策略时，也应当适度考虑其他利润分配政策。当然，在采用其他利润分配策略时，若能结合股票股利分配方式，则对企业的资金需求与筹措并无太大负面影响。毕竟，股票股利改变的仅仅是企业所有者权益的内部结构，并不会造成企业资金的流出，因此它所对应的那部分资金依然可以由企业继续支配。

3. 处于成熟期或稳定期的企业利润分配策略

处于成熟期或稳定期的企业，一般已经拥有相对稳定的客户群，市场占有率基本稳定，日常经营业绩也有保障。同时，由于企业现有经营业务已日趋成熟，从长远发展角度来讲，企业需要在巩固现有相对稳定的获利能力的基础上，积极开发新产品或拓展新领域，寻求新的经济增长点，这方面需要企业有一定规模的研发资金投入或新增项目投资。因此，对处于成熟期或稳定期的企业而言，固定股利支付率的利润分配模式相对有利；这种利润分配策略下，企业除了从相对稳定并趋于增长的利润中拨出一定比例的利润以满足股利分配的需求之外，其余利润便可以留存企业以满足新产品开发与研究的需要，而且，无论是发放的股息，还是留存的利润，都将随着企业的稳步发展、随着利润的不断增长而同步增长。

7.3.5 股利支付方式

股利支付方式是企业利润分配策略的具体实施形式。理论上讲，股利支付方式有许多种，包括现金股利、股票股利、负债股利和财产股利等。除此之外，有时股票分割与股票回购也会被视为是一种特别的股利支付方式。

1. 现金股利

现金股利是企业以货币资金形式支付的股利。企业选择发放现金股利，必须事先对其现金流量，特别是现金净流量的具体状况予以关注。发放现金股利的多少，一方面取决于企业的利润分配策略，另一方面更依赖于企业的经营业绩和资金流量与资金预算。就一定会计期间而言，只有当企业现金流入量超出现金流出量，且现金净流量足够多，现金的可调剂头寸与机动弹性也足够大，企业才有可能在不影响正常持续经营的前提下派发较高的现金股利。否则，如果企业的现金头寸吃紧，或者经营业绩与现金流量波动较大，则为了保证发生意外情况时对资金的预防性需求，通常就不太会冒着较大的财务风险而派发大量现金股利。目前上市公司发放现金股利一般常常出于三个动因：一是投资者的偏好或政策压力；二是为了减少代理成本或为未来再融资积累条件；三是向市场传递公司经营向好的信息。

2. 股票股利

股票股利是企业以股票形式发放的股利，即通常所谓的“送转股”，是按照股东持有股份的比例发放相应数额的股票作为股利的分配形式。股票股利一般通过将盈余公积转增股本或将未分配利润转作股本的方式来实现。当企业资本公积金相对较多时，一些企业也采用以资本公积金转增股本的形式来增加股东的持股数量。但严格来讲，以资本公积金转增股本的形式并不属于企业对其“利润”的分配，因为资本公积金并非来源于企业留利，而主要是由资本（股票）溢价、可供出售金融资产的公允价值变动损益、资产重估增值，以及其他资本公积等所组成。真正的利润分配则是针对未分配利润而进行的，有时也涉及盈余公积（盈余公积也来自于利润）。

相对于现金股利而言，股票股利的最大优势就是不涉及货币资金的实际流出，但又与现金股利具有几乎相同的信息传递价值。股票股利只涉及企业所有者权益内部结构的调整。当企业出现资金紧张而难以如愿发放现金股利时，股票股利可以在一定程度上满足投资者对企业利润分配的欲望。此外，发放股票股利，一方面有助于维持企业的社会形象与市场价值，并向股东传递企业谋求未来进一步发展的信号，以增强投资者对企业的信心；另一方面，股票股利增加了企业普通股股数，降低了每股净资产和每股收益，有利于对股票市场流通程度的调整。同时，对企业而言，减少了外部追加筹资所需支付的筹资费用；对股东个人而言，则有效避免了现金股利所需交纳的较多的所得税金额。

股票股利说到底只是企业对所有者权益各有关具体账户账面金额的一种调整或转换，并没有真正发生企业资产向投资者转移的现实行为。对企业而言，资产总额并未减少，资产结构也并未改变；而对股东来说，虽然股数增加，但由于每股净资产和每股收益的相应减少，其所持股份的账面价值总额也并未改变。如果发放股票股利之后，股票的市场价值并未上涨进行填权，则意味着股东其实没有从股票股利中获得实际的利益。只有在股票市场交易中出现了填权行情，股东才算真正从中受益。因此，一些国家或地区对股票股利是否应属于利润支付方式持有不同的见解。在美国，股票股利是被排除在利润分配范畴之外的概念。

3. 财产股利与负债股利

财产股利是指企业以现金之外的其他资产支付股利的一种方式，包括以实物资产（如库存商品）、有价证券（如企业所持有的股票、债券等）作为股利支付给股东。

负债股利是指企业以债务形式向股东支付股利，如填发企业应付票据给股东，或以企业发行的债券作为股利发放给股东等。负债股利充其量只是一种权宜之计，是当企业已经宣布发放现金股利却又没有充足的资金支持时的暂时过渡，其本质是现金股利滞后发放的一种书面凭证。

财产股利与负债股利从法律规范角度上讲都是可行的，但在实际操作中，由于对企业的公众形象、对企业的声誉等都或多或少存在着负面影响，所以这两种支付方式很少被企业采用。

例 7-4

2013 年 4 月 20 日，曾经连续十年没有分红的南方黑芝麻集团股份有限公司（简称：南方食品，证券代码：000716）发布了公司《2013 年第一次临时股东大会决议公告》，公告中称：为了使公司新产品黑芝麻乳更符合市场需要，扩大新产品的宣传和影响，公司股东大会表决通过，将在公司股东中开展新产品品尝活动，针对 2013 年 4 月 11 日登记在册的股东（大股东除外），每持股 1 000 股股份的，发放黑芝麻乳产品礼盒（12 罐装）一份，持股 1 000 股以下的，发放黑芝麻乳产品简易包装（6 罐装）一份。

赠送黑芝麻乳的消息最初出现在 4 月 3 日该公司《关于召开 2013 年第一次临时股东大会的通知》中，消息一出，舆论哗然，当天该公司股票收盘价就较前日跌幅高达 6.87%，并连续下跌 3 天。有评论认为，公司此举是在借实物（财产）分红推销产品，也暴露了公司财务紧张的局面。

尽管南方食品在4月20日的《关于向股东征集新产品意见相关事项的公告》中再次强调：公司此举仅仅只是给股东品尝并征求对新产品改进意见的一次活动，不属于实物分红。但依然改变不了人们对此举真实动因的质疑。

4. 股票分割与股票回购

股票分割从对股东的影响上讲类同于股票股利的作用。而股票回购则相当于是对部分股票被回购的股东支付的一种现金股利；对股票未被回购的股东而言，则意味着将现金股利转换为资本利得的一种行为。有关股票分割与股票回购的详细叙述具体请参见本章第二节第三部分（即7.2.3）的内容。

7.4 关于利润分配对象的简单讨论

利润分配，就目前已经成熟并被广泛使用的理论来讲，是企业税后净利在投资者之间的分配。这里所指的投资者，是指以货币资金、实物资产或工业产权、土地使用权等形式出资形成企业的注册资本、并因此持有企业股份的投资者，是一种财务资本意义上的所有者。而人力资本的提供者在接受股权激励成为企业的所有者之后，究竟如何对企业经营所形成的税后净利进行分配，已成为目前理论界正在激烈讨论的一个热点问题。有学者认为：考虑到人力资本所具有的特殊性，以及财务资本潜在的机会成本等因素，企业的经营所得只有在扣除了人力资本所有者的必要回报（即从事日常经营管理工作的报酬性收入）和财务资本所有者的最低资本报酬之后，若有剩余，方可作为人力资本所有者和财务资本所有者共同进行利润分配的对象，即企业应该以经济增加值作为利润分配的对象。

同时，作为股权激励的后续话题，当享受股权激励的本公司职工因离职、退休、调动等各种原因离开公司时，其所持有的公司股份如何参与利润分配，在公司股票尚未上市或暂时不能公开交易的时期，如何转让或回购、如何确定恰当的转让价格，依然是不少企业急于解决的问题。

案例与思考

用友软件股份有限公司的利润分配

1. 利润分配方案

伴随着用友软件股份有限公司（简称：用友软件，股票代码：600588）2002年一份靓丽的年报，显示其当年主营业务收入达到4.88亿元，较上年增长了46.4%；实现净利润9 160万元，较上年增长了30.1%，每股收益也因此攀升到了0.92元。用友软件随即公布了2002年的利润分配预案：拟向全体股东每10股派发现金股利6元（含税），共计派发股利6 000万元；并拟进行每10股转增2股。在此之前进行的2001年度该公司的利润分配方案中，公司也曾实施了每10股派发6元的分配方案。据当时国泰君安证券分析师彭继忠的统计结果显示，用友软件是2002年我国大陆A股高科技板块中唯一分红且是高比例分红的公司。

事实上，与用友软件相比，沈阳东软软件股份有限公司（简称：东软股份，股票代码：

600718）这两年的业绩也不错，但并不派股息。类似地，创智信息科技股份有限公司（简称：创智科技，股票代码：000787）2002 年实现每股收益 0.12 元，也不分红。而在中国香港上市的金蝶国际（8133，HK），2001 年派发股息为每股 0.01 港元，2002 年虽然业绩有了大幅度增长，实现税后净利 4 070 万元人民币，合计每股收益 0.092 元，但仍然只是象征性地派发了每股 0.02 港元的现金股利。

2. 用友软件董事长王文京的分红所得

2002 年年末，用友软件整个资本的规模是 1 亿股，其中 7 500 万股为当时不能流通的法人股，其余 2 500 万股为流通股。不流通的 7 500 万法人股分别掌握在用友软件的前五大股东手中，分别是：北京用友科技股份有限公司持有 41.25% 的股份、北京用友企管研究所有限公司持有 11.25% 的股份、上海用友科技咨询有限公司持有 11.25% 的股份、上海益倍管理咨询有限公司持有 7.5% 的股份、上海优富信息咨询有限公司持有 3.75% 的股份。在这 5 家公司的股份构成中，王文京又分别持有着 73.6%、73.6%、90%、42.8% 和 86% 的股份。以此推算，王文京间接持有上市公司——用友软件的股份高达 55.2%。

依此推算，如果不考虑个人所得税等税收因素，王文京在 2002 年利润分配中将获得 3 000 多万元的现金股利。如果再加上 2001 年的分红，那么这两年连续的分红累计，将带给王文京个人 6 642 万元（含 20% 的股息税）的现金股利收入。

3. 王文京对用友软件的投入资金

根据有关资料显示，1988 年，王文京、苏启强最初创立用友财务软件服务社时，注册资本仅为 5 万元人民币。1990 年，公司更名为北京市海淀区用友电子财务技术有限责任公司。1993 年公司注册资本金增加到 500 万元。1995 年又在原公司的基础上组建用友集团公司，注册资本金增加到了 2 000 万元。到 1997 年，公司注册资本金再次增加，达到 5 000 万元。1999 年，用友集团公司由有限责任公司变更为股份有限公司，注册资本最终增至 7 500 万元。

按照用友软件成为上市公司前的 7 500 万元注册资本计算，王文京在其中所持有的股份为 73.6%，折算为股本面值即 5 520 万元，这也被认为就是王文京本人投入到用友软件公司中的资金。如果以此投入资金和 2001 年及 2002 年两年 6 642 万元的累计分红相对比，无怪乎一些媒体或有关人士顺理成章地推出了“王文京两年全部套现原始投资”的说法。

4. 不同的声音

也有一些相关人士认为：判断一家公司的价值，不能仅仅从其账面资产上来判断。即使是像用友软件这类高科技股份公司，其注册资本金经过几次追加之后，虽然已经接近于公司账面净资产，但从其注册资本金的构成来看，其中有一部分应该是属于用友软件的知识产权。而按照我国现行的会计制度规定，知识产权在会计处理上往往是很谨慎、很保守的。因此如果只是从取得现金股利的角度来谈套现的问题，其实是没有意义的。

就拿金蝶国际收购开思股份公司为例：开思公司被收购前的账面净资产实际上是负的 1 500 万元，而金蝶国际对其收购价格却是 1 500 万元，整整溢价了 3 000 万元！以此类推，用友软件公司本身的价值和王文京的智力投入到底值多少钱，实际是要看公司的市场价值是多少，或者用友软件公司一旦被收购，其收购价格是多少，而不应仅仅关注于其注册资本金的多少。事实上，仅以当时用友软件几十元的股票市价计算，其流通股的市值就高达十几亿元。

假如用友软件没有上市的话，以它此前每年 30% 的增长速度来看，王文京照样可以用两三年的时间让公司资产或者个人财产膨胀一倍，这和是否套现没有一点关系，只是公司对利润的一种处理方法而已。

一般来说，高科技、高成长型的公司很少给股东派发股息，只有处于稳定成长型的公司才会定期给股民发放股息。高成长型公司的利润往往被再次投入到新产品的研发等方面，因为公司相信，新的投资会给股东带来更大的回报，这方面最有代表的当属微软公司。

上市17年间，微软公司从来没有给股民派发过一次现金股息。直到2002年，微软公司迫于手中430亿美元的现金压力和布什政府宣布取消股息税的利好政策，才向54.4亿流通股的股民发放了每股16美分的股息，股息支付率仅为0.29%，远远低于标准普尔500种股票指数成份股平均1.71%的股息支付率。显然，这种分红的作秀意义要高于其实质意义。

用友软件无论从哪种角度来衡量，都不是一个小富即安的公司，也不能用稳定成长来概括。在公司上市不久，用友就提出了到2010年力争成为世界级软件公司的目标。王文京本人为此还不惜花费500万元的年薪请来洋管家担任公司的CEO，使公司无论从管理团队、公司制度，还是企业文化等多方面都在逐渐向国际化标准靠拢。

而资金这一通向国际化的保证，王文京又怎么会舍得把它白白地分给股东？虽然这中间自己可以落得6 000多万元的收入，但这显然又与他所制定的公司发展策略发生了矛盾。作为个人的王文京拿到现金股息也许是高兴的，但是作为公司董事长的王文京，应该是不愿意看到这种局面的。这样的分红其实也许是一种暂时无奈的选择。

"每10股派6元转增2股"的分配预案，实际上暴露的是用友软件现金过于充足而暂时没有较为理想的投资项目的尴尬处境，从另一个侧面反映了用友软件资金利用质量不高的老问题。

用友软件2002年年底财务报告显示：截至2002年12月31日，用友IPO募集到的8.9亿元的资金，已经用于主营业务项目的为5.43亿元，其中2002年度使用了2.57亿元，另外还有2.61亿元用于非募集资金项目，包括：500万元用于受让冶金自动化研究设计院持有的中投信用担保有限公司0.5%的股权；1.71亿元用于建设软件园项目的土地开发；8 500万元用于投资北京市商业银行股份有限公司等。而2002年委托兴业证券理财的2亿元人民币，为用友软件带回的收益仅为800万元，回报率为4%，明显低于用友软件主营业务8.9%的净资产回报率。

因此，与其把9 000多万元的利润留在公司中不知该怎么处理，还不如分一些给股民。况且，处理掉6 000万元的闲置现金之后，还有利于提高公司2003年度的净资产收益率，让来年公司的财务报告变得更好看一些。

其实，所谓高派现，充其量只是针对用友软件拿出9 000多万元利润中的6 000万元用于派发现金股息这一绝对数据而言的，对于流通股股民来说，当时用友软件市场价格大约为每股51元，如果以此价格来推算，回报率大概只有1.2%，仅和当时一年期的定期存款利率相当。也就是说，如果从相对数上来看，用友软件的现金股息派发实际也算不上是什么高派现。

思考

利润分配涉及的问题实在不少。仅仅就现金股利的分配金额而言，就实在令企业决策者感到为难。且不论现金股利对企业正常生产经营与资本运作的影响，也不论企业未来发展对资金的需求，单就每股股利的高低，就是一笔难以算清的账。少发或不发现金股息会被指为"一毛不拔"，发多了又有"抽逃资金"的嫌疑。请结合用友软件的利润分配案例，并进一步查阅该公司2003年之后至今的经营业绩与利润分配方案，谈谈你自己的见解。如果你是公司高层管理者，你又将从哪些方面去考虑有关利润分配的问题？

资料来源：改编自2003-04-21《证券时报》和2003-04-26日的《财经时报》。

附录 A
复利终值系数表

计算公式：$(F/P,\ r,\ n) = (1+i)^n$

期　数	1%	2%	3%	4%	5%	6%	7%	8%	9%	10%
1	1.010 0	1.020 0	1.030 0	1.040 0	1.050 0	1.060 0	1.070 0	1.080 0	1.090 0	1.100 0
2	1.020 1	1.040 4	1.060 9	1.081 6	1.102 5	1.123 6	1.144 9	1.166 4	1.188 1	1.210 0
3	1.030 3	1.061 2	1.092 7	1.124 9	1.157 6	1.191 0	1.225 0	1.259 7	1.295 0	1.331 0
4	1.040 6	1.082 4	1.125 5	1.169 9	1.215 5	1.262 5	1.310 8	1.360 5	1.411 6	1.464 1
5	1.051 0	1.104 1	1.159 3	1.216 7	1.276 3	1.338 2	1.402 6	1.469 3	1.538 6	1.610 5
6	1.061 5	1.126 2	1.194 1	1.265 3	1.340 1	1.418 5	1.500 7	1.580 9	1.677 1	1.771 6
7	1.072 1	1.148 7	1.229 9	1.315 9	1.407 1	1.503 6	1.605 8	1.773 8	1.828 0	1.948 7
8	1.082 9	1.171 7	1.266 8	1.368 6	1.477 5	1.593 8	1.718 2	1.850 9	1.992 6	2.143 6
9	1.093 7	1.195 1	1.304 8	1.423 3	1.551 3	1.689 5	1.838 5	1.999 0	2.171 9	2.357 9
10	1.104 6	1.219 0	1.343 9	1.480 2	1.628 9	1.790 8	1.967 2	2.158 9	2.367 4	2.593 7
11	1.115 7	1.243 4	1.384 2	1.539 5	1.710 3	1.898 3	2.104 9	2.331 6	2.580 4	2.853 1
12	1.126 8	1.268 2	1.425 8	1.601 0	1.795 9	2.012 2	2.252 2	2.518 2	2.812 7	3.138 4
13	1.138 1	1.293 6	1.468 5	1.665 1	1.885 6	2.132 9	2.409 8	2.719 6	3.065 8	3.452 3
14	1.149 5	1.319 5	1.512 6	1.731 7	1.979 9	2.260 9	2.578 5	2.937 2	3.341 7	3.797 5
15	1.161 0	1.345 9	1.558 0	1.800 9	2.078 9	2.396 6	2.759 0	3.172 2	3.642 5	4.177 2
16	1.172 6	1.372 8	1.604 7	1.873 0	2.182 9	2.540 4	2.952 2	3.425 9	3.970 3	4.595 0
17	1.184 3	1.400 2	1.652 8	1.947 9	2.292 0	2.692 8	3.158 8	3.700 0	4.327 6	5.054 5
18	1.196 1	1.428 2	1.702 4	2.025 8	2.406 6	2.854 3	3.379 9	3.996 0	4.717 1	5.559 9
19	1.208 1	1.456 8	1.753 5	2.106 8	2.527 0	3.025 6	3.616 5	4.315 7	5.141 7	6.115 9
20	1.220 2	1.485 9	1.806 1	2.191 1	2.653 3	3.207 1	3.869 7	4.661 0	5.604 4	6.727 5
21	1.232 4	1.515 7	1.860 3	2.278 8	2.786 0	3.399 6	4.140 6	5.033 8	6.108 8	7.400 2
22	1.244 7	1.546 0	1.916 1	2.369 9	2.925 3	3.603 5	4.430 4	5.436 5	6.658 6	8.140 3
23	1.257 2	1.576 9	1.973 6	2.464 7	3.071 5	3.819 7	4.740 5	5.871 5	7.257 9	8.254 3
24	1.269 7	1.608 4	2.032 8	2.563 3	3.225 1	4.048 9	5.072 4	6.341 2	7.911 1	9.849 7
25	1.282 4	1.640 6	2.093 8	2.665 8	3.386 4	4.291 9	5.427 4	6.848 5	8.623 1	10.835
26	1.295 3	1.673 4	2.156 6	2.772 5	3.555 7	4.549 4	5.807 6	7.396 4	9.399 2	11.918
27	1.308 2	1.706 9	2.221 3	2.883 4	3.733 5	4.822 3	6.213 9	7.988 1	10.245	13.110
28	1.321 3	1.741 0	2.287 9	2.998 7	3.920 1	5.111 7	6.648 8	8.627 1	11.167	14.421
29	1.334 5	1.775 8	2.356 6	3.118 7	4.116 1	5.418 4	7.114 3	9.317 3	12.172	15.863
30	1.347 8	1.811 4	2.427 3	3.243 4	4.321 9	5.743 5	7.612 3	10.063	13.268	17.449
40	1.488 9	2.208 0	3.262 0	4.801 0	7.040 0	10.286	14.794	21.725	31.408	45.259
50	1.644 6	2.691 6	4.383 9	7.106 7	11.467	18.420	29.457	46.902	74.358	117.39
60	1.816 7	3.281 0	5.891 6	10.520	18.679	32.988	57.946	101.26	176.03	304.48

（续）

期　数	12%	14%	15%	16%	18%	20%	24%	28%	32%	36%
1	1.120 0	1.140 0	1.150 0	1.160 0	1.180 0	1.200 0	1.240 0	1.280 0	1.320 0	1.360 0
2	1.254 4	1.299 6	1.322 5	1.345 6	1.392 4	1.440 0	1.537 6	1.638 4	1.742 4	1.849 6
3	1.404 9	1.481 5	1.520 9	1.560 9	1.643 0	1.728 0	1.906 6	2.087 2	2.300 0	2.515 5
4	1.573 5	1.689 0	1.749 0	1.810 6	1.938 8	2.073 6	2.364 2	2.684 4	3.036 0	3.421 0
5	1.762 3	1.925 4	2.011 4	2.100 3	2.287 8	2.488 3	2.931 6	3.436 0	4.007 5	4.652 6
6	1.973 8	2.195 0	2.313 1	2.436 4	2.699 6	2.986 0	3.635 2	4.398 0	5.289 9	6.327 5
7	2.210 7	2.502 3	2.660 0	2.826 2	3.185 5	3.583 2	4.507 7	5.629 5	6.982 6	8.605 4
8	2.476 0	2.852 6	3.059 0	3.278 4	3.758 9	4.299 8	5.589 5	7.205 8	9.217 0	11.703
9	2.773 1	3.251 9	3.517 9	3.803 0	4.435 5	5.159 8	6.931 0	9.223 4	12.166	15.917
10	3.105 8	3.707 2	4.045 6	4.411 4	5.233 8	6.191 7	8.594 4	11.806	16.060	21.647
11	3.478 5	4.226 2	4.652 4	5.117 3	6.175 9	7.430 1	10.657	15.112	21.119	29.439
12	3.896 0	4.817 9	5.350 3	5.936 0	7.287 6	8.916 1	13.215	19.343	27.983	40.037
13	4.363 5	5.492 4	6.152 8	6.885 8	8.599 4	10.699	16.386	24.759	36.937	54.451
14	4.887 1	6.261 3	7.075 7	7.987 5	10.147	12.839	20.319	31.691	48.757	74.053
15	5.473 6	7.137 9	8.137 1	9.265 5	11.974	15.407	25.196	40.565	64.359	100.71
16	6.130 4	8.137 2	9.357 6	10.748	14.129	18.488	31.243	51.923	84.954	136.97
17	6.866 0	9.276 5	10.761	12.468	16.672	22.186	38.741	66.461	112.14	186.28
18	7.690 0	10.575	12.375	14.463	19.673	26.623	48.039	85.071	148.02	253.34
19	8.612 8	12.056	14.232	16.777	23.214	31.948	59.568	108.89	195.39	344.54
20	9.646 3	13.743	16.367	19.461	27.393	38.338	73.864	139.38	257.92	468.57
21	10.804	15.668	18.822	22.574	32.324	46.005	91.592	178.41	340.45	637.26
22	12.100	17.861	21.645	26.186	38.142	55.206	113.57	228.36	449.39	866.67
23	13.552	20.362	24.891	30.376	45.008	66.247	140.83	292.30	593.20	1 178.7
24	15.179	23.212	28.625	35.236	53.109	79.497	174.63	374.14	783.02	1 603.0
25	17.000	26.462	32.919	40.874	62.669	95.396	216.54	478.90	1 033.6	2 180.1
26	19.040	30.167	37.857	47.414	73.949	114.48	268.51	613.00	1 364.3	2 964.9
27	21.325	34.390	43.535	55.000	87.260	137.37	332.95	784.64	1 800.9	4 032.3
28	23.884	39.204	50.066	63.800	102.97	164.84	412.86	1 004.3	2 377.2	5 483.9
29	26.750	44.693	57.575	74.009	121.50	197.81	511.95	1 285.6	3 137.9	7 458.1
30	29.960	50.950	66.212	85.850	143.37	237.38	634.82	1 645.5	4 142.1	110 143
40	93.051	188.83	267.86	378.72	750.38	1 469.8	5 455.9	19 427	66 521	*
50	289.00	700.23	1 083.7	1 670.7	3 927.4	9 100.4	46 890	*	*	*
60	897.60	2 595.9	4 384.0	7 370.2	20 555	56 348	*	*	*	*

* > 99 999

附录 B 复利现值系数表

计算公式：$(P/F, r, n) = (1 + i)^{-n}$

期　数	1%	2%	3%	4%	5%	6%	7%	8%	9%	10%
1	0.990 1	0.980 4	0.970 9	0.961 5	0.952 4	0.943 4	0.934 6	0.925 9	0.917 4	0.909 1
2	0.980 3	0.971 2	0.942 6	0.924 6	0.907 0	0.890 0	0.873 4	0.857 3	0.841 7	0.826 4
3	0.970 6	0.942 3	0.915 1	0.889 0	0.863 8	0.839 6	0.816 3	0.793 8	0.772 2	0.751 3
4	0.961 0	0.923 8	0.888 5	0.854 8	0.822 7	0.792 1	0.762 9	0.735 0	0.708 4	0.683 0
5	0.951 5	0.905 7	0.862 6	0.821 9	0.783 5	0.747 3	0.713 0	0.680 6	0.649 9	0.620 9
6	0.942 0	0.888 0	0.837 5	0.790 3	0.746 2	0.705 0	0.666 3	0.630 2	0.596 3	0.564 5
7	0.932 7	0.860 6	0.813 1	0.759 9	0.710 7	0.665 1	0.622 7	0.583 5	0.547 0	0.513 2
8	0.923 5	0.853 5	0.789 4	0.730 7	0.676 8	0.627 4	0.582 0	0.540 3	0.501 9	0.466 5
9	0.914 3	0.836 8	0.766 4	0.702 6	0.644 6	0.591 9	0.543 9	0.500 2	0.460 4	0.424 1
10	0.905 3	0.820 3	0.744 1	0.675 6	0.613 9	0.558 4	0.508 3	0.463 2	0.422 4	0.385 5
11	0.896 3	0.804 3	0.722 4	0.649 6	0.584 7	0.526 8	0.475 1	0.428 9	0.387 5	0.350 5
12	0.887 4	0.788 5	0.701 4	0.624 6	0.556 8	0.497 0	0.444 0	0.397 1	0.355 5	0.318 6
13	0.878 7	0.773 0	0.681 0	0.600 6	0.530 3	0.468 8	0.415 0	0.367 7	0.326 2	0.289 7
14	0.870 0	0.757 9	0.661 1	0.577 5	0.505 1	0.442 3	0.387 8	0.340 5	0.299 2	0.263 3
15	0.861 3	0.743 0	0.641 9	0.555 3	0.481 0	0.417 3	0.362 4	0.315 2	0.274 5	0.239 4
16	0.852 8	0.728 4	0.623 2	0.533 9	0.458 1	0.393 6	0.338 7	0.291 9	0.251 9	0.217 6
17	0.844 4	0.714 2	0.605 0	0.513 4	0.436 3	0.371 4	0.316 6	0.270 3	0.231 1	0.197 8
18	0.836 0	0.700 2	0.587 4	0.493 6	0.415 5	0.350 3	0.295 9	0.250 2	0.212 0	0.179 9
19	0.827 7	0.686 4	0.570 3	0.474 6	0.395 7	0.330 5	0.276 5	0.231 7	0.194 5	0.163 5
20	0.819 5	0.673 0	0.553 7	0.456 4	0.376 9	0.311 8	0.258 4	0.214 5	0.178 4	0.148 6
21	0.811 4	0.659 8	0.537 5	0.438 8	0.358 9	0.294 2	0.241 5	0.198 7	0.163 7	0.135 1
22	0.803 4	0.646 8	0.521 9	0.422 0	0.341 8	0.277 5	0.225 7	0.183 9	0.150 2	0.122 8
23	0.795 4	0.634 2	0.506 7	0.405 7	0.325 6	0.261 8	0.210 9	0.170 3	0.137 8	0.111 7
24	0.787 6	0.621 7	0.491 9	0.390 1	0.310 1	0.247 0	0.197 1	0.157 7	0.126 4	0.101 5
25	0.779 8	0.609 5	0.477 6	0.375 1	0.295 3	0.233 0	0.184 2	0.146 0	0.116 0	0.092 3
26	0.772 0	0.597 6	0.463 7	0.360 4	0.281 2	0.219 8	0.172 2	0.135 2	0.106 4	0.083 9
27	0.764 4	0.585 9	0.450 2	0.346 8	0.267 8	0.207 4	0.160 9	0.125 2	0.097 6	0.076 3
28	0.756 8	0.574 4	0.437 1	0.333 5	0.255 1	0.195 6	0.150 4	0.115 9	0.089 5	0.069 3
29	0.749 3	0.563 1	0.424 3	0.320 7	0.242 9	0.184 6	0.140 6	0.107 3	0.082 2	0.063 0
30	0.741 9	0.552 1	0.412 0	0.308 3	0.231 4	0.174 1	0.131 4	0.099 4	0.075 4	0.057 3
35	0.705 9	0.500 0	0.355 4	0.253 4	0.181 3	0.130 1	0.093 7	0.067 6	0.049 0	0.035 6
40	0.671 7	0.452 9	0.306 6	0.208 3	0.142 0	0.097 2	0.066 8	0.046 0	0.031 8	0.022 1
45	0.639 1	0.410 2	0.264 4	0.171 2	0.111 3	0.072 7	0.04 76	0.031 3	0.020 7	0.013 7
50	0.608 0	0.371 5	0.228 1	0.140 7	0.087 2	0.054 3	0.033 9	0.021 3	0.013 4	0.008 5

（续）

期 数	12%	14%	15%	16%	18%	20%	24%	28%	32%	36%
1	0.892 9	0.877 2	0.869 6	0.862 1	0.847 5	0.833 3	0.806 5	0.781 3	0.757 6	0.735 3
2	0.797 2	0.769 5	0.756 1	0.743 2	0.718 2	0.694 4	0.650 4	0.610 4	0.573 9	0.540 7
3	0.711 8	0.675 0	0.657 5	0.640 7	0.608 6	0.578 7	0.524 5	0.476 8	0.434 8	0.397 5
4	0.635 5	0.592 1	0.571 8	0.552 3	0.515 8	0.482 3	0.423 0	0.372 5	0.329 4	0.292 3
5	0.567 4	0.519 4	0.497 2	0.476 1	0.437 1	0.401 9	0.341 1	0.291 0	0.249 5	0.214 9
6	0.506 6	0.455 6	0.432 3	0.410 4	0.370 4	0.334 9	0.275 1	0.227 4	0.189 0	0.158 0
7	0.452 3	0.399 6	0.375 9	0.353 8	0.313 9	0.279 1	0.221 8	0.177 6	0.143 2	0.116 2
8	0.403 9	0.350 6	0.326 9	0.305 0	0.266 0	0.232 6	0.178 9	0.138 8	0.108 5	0.085 4
9	0.360 6	0.307 5	0.284 3	0.263 0	0.225 5	0.193 8	0.144 3	0.108 4	0.082 2	0.062 8
10	0.322 0	0.269 7	0.247 2	0.226 7	0.191 1	0.161 5	0.116 4	0.084 7	0.062 3	0.046 2
11	0.287 5	0.236 6	0.214 9	0.195 4	0.161 9	0.134 6	0.093 8	0.066 2	0.047 2	0.034 0
12	0.256 7	0.207 6	0.186 9	0.168 5	0.137 3	0.112 2	0.075 7	0.051 7	0.035 7	0.025 0
13	0.229 2	0.182 1	0.162 5	0.145 2	0.116 3	0.093 5	0.061 0	0.040 4	0.027 1	0.018 4
14	0.204 6	0.159 7	0.141 3	0.125 2	0.098 5	0.077 9	0.049 2	0.031 6	0.020 5	0.013 5
15	0.182 7	0.140 1	0.122 9	0.107 9	0.083 5	0.064 9	0.039 7	0.024 7	0.015 5	0.009 9
16	0.163 1	0.122 9	0.106 9	0.098 0	0.070 9	0.054 1	0.032 0	0.019 3	0.011 8	0.007 3
17	0.145 6	0.107 8	0.092 9	0.080 2	0.060 0	0.045 1	0.025 8	0.015 0	0.008 9	0.005 4
18	0.130 0	0.094 6	0.080 8	0.069 1	0.050 8	0.037 6	0.020 8	0.011 8	0.006 8	0.003 9
19	0.116 1	0.082 9	0.070 3	0.059 6	0.043 1	0.031 3	0.016 8	0.009 2	0.005 1	0.002 9
20	0.103 7	0.072 8	0.061 1	0.051 4	0.036 5	0.026 1	0.013 5	0.007 2	0.003 9	0.002 1
21	0.092 6	0.063 8	0.053 1	0.044 3	0.030 9	0.021 7	0.010 9	0.005 6	0.002 9	0.001 6
22	0.082 6	0.056 0	0.046 2	0.038 2	0.026 2	0.018 1	0.008 8	0.004 4	0.002 2	0.001 2
23	0.073 8	0.049 1	0.040 2	0.032 9	0.022 2	0.015 1	0.007 1	0.003 4	0.001 7	0.000 8
24	0.065 9	0.043 1	0.034 9	0.028 4	0.018 8	0.012 6	0.005 7	0.002 7	0.001 3	0.000 6
25	0.058 8	0.037 8	0.030 4	0.024 5	0.016 0	0.010 5	0.004 6	0.002 1	0.001 0	0.000 5
26	0.052 5	0.033 1	0.026 4	0.021 1	0.013 5	0.008 7	0.003 7	0.001 6	0.000 7	0.000 3
27	0.046 9	0.029 1	0.023 0	0.018 2	0.011 5	0.007 3	0.003 0	0.001 3	0.000 6	0.000 2
28	0.041 9	0.025 5	0.020 0	0.015 7	0.009 7	0.006 1	0.002 4	0.001 0	0.000 4	0.000 2
29	0.037 4	0.022 4	0.017 4	0.013 5	0.008 2	0.005 1	0.002 0	0.000 8	0.000 3	0.000 1
30	0.033 4	0.019 6	0.015 1	0.011 6	0.007 0	0.004 2	0.001 6	0.000 6	0.000 2	0.000 1
35	0.018 9	0.010 2	0.007 5	0.005 5	0.003 0	0.001 7	0.000 5	0.000 2	0.000 1	*
40	0.010 7	0.005 3	0.003 7	0.002 6	0.001 3	0.000 7	0.000 2	0.000 1	*	*
45	0.006 1	0.002 7	0.001 9	0.001 3	0.000 6	0.000 3	0.000 1	*	*	*
50	0.003 5	0.001 4	0.000 9	0.000 6	0.000 3	0.000 1	*	*	*	*

* ＜ 0.000 1

附录 C
年金终值系数表

$(S/A, r, n)$ 即 $\frac{(1+r)^n - 1}{r}$

期　数	1%	2%	3%	4%	5%	6%	7%	8%	9%	10%
1	1.000 0	1.000 0	1.000 0	1.000 0	1.000 0	1.000 0	1.000 0	1.000 0	1.000 0	1.000 0
2	2.010 0	2.020 0	2.030 0	2.040 0	2.050 0	2.060 0	2.070 0	2.080 0	2.090 0	2.100 0
3	3.030 1	3.060 4	3.090 9	3.121 6	3.152 5	3.183 6	3.214 9	3.246 4	3.278 1	3.310 0
4	4.060 4	4.121 6	4.183 6	4.246 5	4.310 1	4.374 6	4.439 9	4.506 1	4.573 1	4.641 0
5	5.101 0	5.204 0	5.309 1	5.416 3	5.525 6	5.637 1	5.750 7	5.866 6	5.984 7	6.105 1
6	6.152 0	6.308 1	6.468 4	6.633 0	6.801 9	6.975 3	7.153 3	7.335 9	7.523 3	7.715 6
7	7.213 5	7.434 3	7.662 5	7.898 3	8.142 0	8.393 8	8.654 0	8.922 8	9.200 4	9.487 2
8	8.285 7	8.583 0	8.892 3	9.214 2	9.549 1	9.897 5	10.260	10.637	11.028	11.436
9	9.368 5	9.754 6	10.159	10.583	11.027	11.491	11.978	12.488	13.021	13.579
10	10.462	10.950	11.464	12.006	12.578	13.181	13.816	14.487	15.193	15.937
11	11.567	12.169	12.808	13.486	14.207	14.972	15.784	16.645	17.560	18.531
12	12.683	13.412	14.192	15.026	15.917	16.870	17.888	18.977	20.141	21.384
13	13.809	14.680	15.618	16.627	17.713	18.882	20.141	21.495	22.953	24.523
14	14.947	15.974	17.086	18.292	19.599	21.015	22.550	24.214	26.019	27.975
15	16.097	17.293	18.599	20.024	21.579	23.276	25.129	27.152	29.361	31.772
16	17.258	18.639	20.157	21.825	23.657	25.673	27.888	30.324	33.003	35.950
17	18.430	20.012	21.762	23.698	25.840	28.213	30.840	33.750	36.974	40.545
18	19.615	21.412	23.414	25.645	28.132	30.906	33.999	37.450	41.301	45.599
19	20.811	22.841	25.117	27.671	30.539	33.760	37.379	41.446	46.018	51.159
20	22.019	24.297	26.870	29.778	33.066	36.786	40.995	45.752	51.160	57.275
21	23.239	25.783	28.676	31.969	35.719	39.993	44.865	50.423	56.765	64.002
22	24.472	27.299	30.537	34.248	38.505	43.392	49.006	55.457	62.873	71.403
23	25.716	28.845	32.453	36.618	41.430	46.996	53.436	60.883	69.532	79.543
24	26.973	30.422	34.426	39.083	44.502	50.816	58.177	66.765	76.790	88.497
25	28.243	32.030	36.459	41.646	47.727	54.863	63.294	73.106	84.701	98.347
26	29.526	33.671	38.553	44.312	51.113	59.156	68.676	79.954	93.324	109.18
27	30.821	35.344	40.710	47.084	54.669	63.706	74.484	87.351	102.72	121.10
28	32.129	37.051	42.931	49.968	58.403	68.528	80.698	95.339	112.97	134.21
29	33.450	38.792	45.219	52.966	62.323	73.640	87.347	103.97	124.14	148.63
30	34.785	40.568	47.575	56.085	66.439	79.058	94.461	113.28	136.31	164.49
40	48.886	60.402	75.401	95.026	120.80	154.76	199.64	259.06	337.88	442.59
50	64.463	84.579	112.80	152.67	209.35	290.34	406.53	573.77	815.08	1 163.9
60	81.670	114.05	163.05	237.99	353.58	533.13	813.52	1 253.2	1 944.8	3 034.8

（续）

期　数	12%	14%	15%	16%	18%	20%	24%	28%	32%	36%
1	1.000 0	1.000 0	1.000 0	1.000 0	1.000 0	1.000 0	1.000 0	1.000 0	1.000 0	1.000 0
2	2.120 0	2.140 0	2.150 0	2.160 0	2.180 0	2.200 0	2.240 0	2.280 0	2.320 0	2.360 0
3	3.374 4	3.439 6	3.472 5	3.505 6	3.572 4	3.640 0	3.777 6	3.918 4	3.062 4	3.209 6
4	4.779 3	4.921 1	4.993 4	5.066 5	5.215 4	5.368 0	5.684 2	6.015 6	6.362 4	6.725 1
5	6.352 8	6.610 1	6.742 4	6.877 1	7.154 2	7.441 6	8.048 4	8.699 9	9.398 3	10.146
6	8.115 2	8.535 5	8.753 7	8.977 5	9.442 0	9.929 9	10.980	12.136	13.406	14.799
7	10.089	10.730	11.067	11.414	12.142	12.916	14.615	16.534	18.696	21.126
8	12.300	13.233	13.727	14.240	15.327	16.499	19.123	22.163	25.678	29.732
9	14.776	16.085	16.786	17.519	19.086	20.799	24.712	29.369	34.895	41.435
10	17.549	19.337	20.304	21.321	23.521	25.959	31.643	38.593	47.062	57.352
11	20.655	23.045	24.349	25.733	28.755	32.150	40.238	50.398	63.122	78.998
12	24.133	27.271	29.002	30.850	34.931	39.581	50.895	65.510	84.320	108.44
13	28.029	32.089	34.352	36.786	42.219	48.497	64.110	84.853	112.30	148.47
14	32.393	37.581	40.505	43.672	50.818	59.196	80.496	109.61	149.24	202.93
15	37.280	43.842	47.580	51.660	60.965	72.035	100.82	141.30	198.00	276.98
16	42.753	50.980	55.717	60.925	72.939	87.442	126.01	181.87	262.36	377.69
17	48.884	59.118	65.075	71.673	87.068	105.93	157.25	233.79	347.31	514.66
18	55.750	68.394	75.836	84.141	103.74	128.12	195.99	300.25	459.45	770.94
19	63.440	78.969	88.212	98.603	123.41	154.74	244.03	385.32	607.47	854.28
20	72.052	91.025	102.44	115.38	146.63	186.69	303.60	494.21	802.86	1 298.8
21	81.699	104.77	118.81	134.84	174.02	225.03	377.46	633.59	1 060.8	1 767.4
22	92.503	120.44	137.63	157.41	206.34	271.03	469.06	812.00	1 401.2	2 404.7
23	104.60	138.30	159.28	183.60	244.49	326.24	582.63	1 040.4	1 850.6	3 271.3
24	118.16	185.66	184.17	213.98	289.49	392.48	723.46	1 332.7	2 443.8	4 450.0
25	133.33	181.87	212.79	249.21	342.60	471.98	898.09	1 706.8	3 226.8	6 053.0
26	150.33	208.33	245.71	290.09	405.27	567.38	1 114.6	2 185.7	4 260.4	8 233.1
27	169.37	238.50	283.57	337.50	479.22	681.85	1 383.1	2 798.7	5 624.8	11 198.0
28	190.70	272.89	327.10	392.50	566.48	819.22	1 716.1	3 583.3	7 425.7	15 230.3
29	214.58	312.09	377.17	456.30	669.45	984.07	2 129.0	4 587.7	9 802.9	20 714.2
30	241.33	356.79	434.75	530.31	790.95	1 181.9	2 640.9	5 873.2	12 941	28 172.3
40	767.09	1 342.0	1 779.1	2 360.8	4 163.2	7 343.2	27 290	69 377	*	*
50	2 400.0	4 994.5	7 217.7	10 436	21 813	45 497	*	*	*	*
60	7 471.6	18 535	29 220	46 058	*	*	*	*	*	*

* > 99 999

附录 D

年金现值系数表

$$(P/A, r, n) = \frac{1-(1+r)^{-n}}{r}$$

期　数	1%	2%	3%	4%	5%	6%	7%	8%	9%	10%
1	0.990 1	0.980 4	0.970 9	0.961 5	0.952 4	0.943 4	0.934 6	0.925 9	0.917 4	0.909 1
2	1.970 4	1.941 6	1.913 5	1.886 1	1.859 4	1.833 4	1.808 0	1.783 3	1.759 1	1.735 5
3	2.941 0	2.883 9	2.828 6	2.775 1	2.723 2	2.673 0	2.624 3	2.577 1	2.531 3	2.486 9
4	3.902 0	3.807 7	3.717 1	3.629 9	3.546 0	3.465 1	3.387 2	3.312 1	3.239 7	3.169 9
5	4.853 4	4.713 5	4.579 7	4.451 8	4.329 5	4.212 4	4.100 2	3.992 7	3.889 7	3.790 8
6	5.795 5	5.601 4	5.417 2	5.242 1	5.075 7	4.917 3	4.766 5	4.622 9	4.485 9	4.355 3
7	6.728 2	6.472 0	6.230 3	6.002 1	5.786 4	5.582 4	5.389 3	5.206 4	5.033 0	4.868 4
8	7.651 7	7.325 5	7.019 7	6.732 7	6.463 2	6.209 8	5.971 3	5.746 6	5.534 8	5.334 9
9	8.566 0	8.162 2	7.786 1	7.435 3	7.107 8	6.801 7	6.515 2	6.246 9	5.995 2	5.759 0
10	9.471 3	8.982 6	8.530 2	8.110 9	7.721 7	7.360 1	7.023 6	6.710 1	6.417 7	6.144 6
11	10.367 6	9.786 8	9.252 6	8.760 5	8.306 4	7.886 9	7.498 7	7.139 0	6.805 2	6.495 1
12	11.255 1	10.575 3	9.954 0	9.385 1	8.863 3	8.383 8	7.942 7	7.536 1	7.160 7	6.813 7
13	12.133 7	11.348 4	10.635 0	9.985 6	9.393 6	8.852 7	8.357 7	7.903 8	7.486 9	7.103 4
14	13.003 7	12.106 2	11.296 1	10.563 1	9.898 6	9.295 0	8.745 5	8.244 2	7.786 2	7.366 7
15	13.865 1	12.849 3	11.937 9	11.118 4	10.379 7	9.712 2	9.107 9	8.559 5	8.060 7	7.606 1
16	14.717 9	13.577 7	12.561 1	11.652 3	10.837 8	10.105 9	9.446 6	8.851 4	8.312 6	7.823 7
17	15.562 3	14.291 9	13.166 1	12.165 7	11.274 1	10.477 3	9.763 2	9.121 6	8.543 6	8.021 6
18	16.398 3	14.992 0	13.753 5	12.689 6	11.689 6	10.827 6	10.059 1	9.371 9	8.755 6	8.201 4
19	17.226 0	15.678 5	14.323 8	13.133 9	12.085 3	11.158 1	10.335 6	9.603 6	8.960 1	8.364 9
20	18.045 6	16.351 4	14.877 5	13.590 3	12.462 2	11.469 9	10.594 0	9.818 1	9.128 5	8.513 6
21	18.857 0	17.011 2	15.415 0	14.029 2	12.821 2	11.764 1	10.835 5	10.016 8	9.292 2	8.648 7
22	19.660 4	17.658 0	15.936 9	14.451 1	13.163 0	12.041 6	11.061 2	10.200 7	9.442 4	8.771 5
23	20.455 8	18.292 2	16.443 6	14.856 8	13.488 6	12.303 4	11.272 2	10.371 1	9.580 2	8.883 2
24	21.243 4	18.913 9	16.935 5	15.247 0	13.798 6	12.550 4	11.469 3	10.528 8	9.706 6	8.984 7
25	22.023 2	19.523 5	17.413 1	15.622 1	14.093 9	12.783 4	11.653 6	10.674 8	9.822 6	9.077 0
26	22.795 2	20.121 0	17.876 8	15.982 8	14.375 2	13.003 2	11.825 8	10.810 0	9.929 0	9.160 9
27	23.559 6	20.705 9	18.327 0	16.329 6	14.643 0	13.210 5	11.986 7	10.935 2	10.026 6	9.237 2
28	24.316 4	21.281 3	18.764 1	16.663 1	14.898 1	13.406 2	12.137 1	11.051 1	10.116 1	9.306 6
29	25.065 8	21.844 4	19.188 5	16.983 7	15.141 1	13.590 7	12.277 7	11.158 4	10.198 3	9.369 6
30	25.807 7	22.396 5	19.600 4	17.292 0	15.372 5	13.764 8	12.409 0	11.257 8	10.273 7	9.426 9
35	29.408 6	24.998 6	21.487 2	18.664 6	16.374 2	14.498 2	12.947 7	11.654 6	10.566 8	9.466 2
40	32.834 7	27.355 5	23.114 8	19.792 8	17.159 1	15.046 3	13.331 7	11.924 6	10.757 4	9.779 1
45	36.094 5	29.490 2	24.518 7	20.720 0	17.774 1	15.455 8	13.605 5	12.108 4	10.881 2	9.862 8
50	39.196 1	31.423 6	25.729 8	21.482 2	18.255 9	15.761 9	13.800 7	12.233 5	10.961 7	9.914 8

（续）

期 数	12%	14%	15%	16%	18%	20%	24%	28%	32%
1	0.892 9	0.877 2	0.869 6	0.862 1	0.847 5	0.833 3	0.806 5	0.781 3	0.757 6
2	1.690 1	1.646 7	1.625 7	1.605 2	1.565 6	1.527 8	1.456 8	1.391 6	1.331 5
3	2.401 8	2.321 6	2.283 2	2.245 9	2.174 3	2.106 5	1.981 3	1.868 4	1.766 3
4	3.037 3	2.913 7	2.855 0	2.798 2	2.690 1	2.588 7	2.404 3	2.241 0	2.095 7
5	3.604 8	3.433 1	3.352 2	3.274 3	3.127 2	2.990 6	2.745 4	2.532 0	2.345 2
6	4.111 4	3.888 7	3.784 5	3.684 7	3.497 6	3.325 5	3.020 5	2.759 4	2.534 2
7	4.563 8	4.288 3	4.160 4	4.038 6	3.811 5	3.604 6	3.242 3	2.937 0	2.677 5
8	4.967 6	4.638 9	4.487 3	4.343 6	4.077 6	3.837 2	3.421 2	3.075 8	2.786 0
9	5.328 2	4.946 4	4.771 6	4.606 5	4.303 0	4.031 0	3.565 5	3.184 2	2.868 1
10	5.650 2	5.216 1	5.018 8	4.833 2	4.494 1	4.192 5	3.681 9	3.268 9	2.930 4
11	5.937 7	5.452 7	5.233 7	5.028 6	4.656 0	4.327 1	3.775 7	3.335 1	2.977 6
12	6.194 4	5.660 3	5.420 6	5.197 1	4.793 2	4.439 2	3.851 4	3.386 8	3.013 3
13	6.423 5	5.842 4	5.583 1	5.342 3	4.909 5	4.532 7	3.912 4	3.427 2	3.040 4
14	6.628 2	6.002 1	5.724 5	5.467 5	5.008 1	4.610 6	3.961 6	3.458 7	3.060 9
15	6.810 9	6.142 2	5.847 4	5.575 5	5.091 6	4.675 5	4.001 3	3.483 4	3.076 4
16	6.974 0	6.265 1	5.954 2	5.668 5	5.162 4	4.729 6	4.033 3	3.502 6	3.088 2
17	7.119 6	6.372 9	6.047 2	5.748 7	5.222 3	4.774 6	4.059 1	3.517 7	3.097 1
18	7.249 7	6.467 4	6.128 0	5.817 8	5.273 2	4.812 2	4.079 9	3.529 4	3.103 9
19	7.365 8	6.550 4	6.198 2	5.877 5	5.316 2	4.843 5	4.096 7	3.538 6	3.109 0
20	7.469 4	6.623 1	6.259 3	5.928 8	5.352 7	4.869 6	4.110 3	3.545 8	3.112 9
21	7.562 0	6.687 0	6.312 5	5.973 1	5.383 7	4.891 3	4.121 2	3.551 4	3.115 8
22	7.644 6	6.742 9	6.358 7	6.011 3	5.409 9	4.909 4	4.130 0	3.555 8	3.118 0
23	7.718 4	6.792 1	6.398 8	6.044 2	5.432 1	4.924 5	4.137 1	3.559 2	3.119 7
24	7.784 3	6.835 1	6.433 8	6.072 6	5.450 9	4.937 1	4.142 8	3.561 9	3.121 0
25	7.843 1	6.872 9	6.464 1	6.097 1	5.466 9	4.947 6	4.147 4	3.564 0	3.122 0
26	7.895 7	6.906 1	6.490 6	6.118 2	5.480 4	4.956 3	4.151 1	3.565 6	3.122 7
27	7.942 6	6.935 2	6.513 5	6.136 4	5.491 9	4.963 6	4.154 2	3.566 9	3.123 3
28	7.984 4	6.960 7	6.533 5	6.152 0	5.501 6	4.969 7	4.156 6	3.567 9	3.123 7
29	8.021 8	6.983 0	6.550 9	6.165 6	5.509 8	4.974 7	4.158 5	3.568 7	3.124 0
30	8.055 2	7.002 7	6.566 0	6.177 2	5.516 8	4.978 9	4.160 1	3.569 3	3.124 2
35	8.175 5	7.070 0	6.616 6	6.215 3	5.538 6	4.991 5	4.164 4	3.570 8	3.124 8
40	8.243 8	7.105 0	6.641 8	6.233 5	5.548 2	4.996 6	4.165 9	3.571 2	3.125 0
45	8.282 5	7.123 2	6.654 3	6.242 1	5.552 3	4.998 6	4.166 4	3.571 4	3.125 0
50	8.304 5	7.132 7	6.660 5	6.246 3	5.554 1	4.999 5	4.166 6	3.571 4	3.125 0

参 考 文 献

[1] 谢剑平 . 财务管理——新观念与本土化 [M]. 北京：中国人民大学出版社，2004.

[2] 张先治，陈友邦 . 财务分析 [M]. 大连：东北财经大学出版社，2004.

[3] 杨淑娥 . 公司财务管理 [M]. 北京：中国财政经济出版社，2004.

[4] 中国证券业协会 . 证券发行与乘销 [M]. 北京：中国财政经济出版社，2007.

[5] 谢志华 . 财务分析 [M]. 北京：高等教育出版社，2003.

[6] 赵锡军，李向科 . 证券投资分析 [M]. 北京：中国金融出版社，2003.

[7] 2007 年注册会计师全国统一考试辅导教材，财政部注册会计师考试委员会办公室 . 财务成本管理 [M]. 北京：经济科学出版社，2007.

[8] 2007 年注册会计师全国统一考试辅导教材，财政部注册会计师考试委员会办公室 . 税法 [M]. 北京：经济科学出版社，2007.

[9] Hamilton, Garner, Black and Jackson. Accounting—A User/Decision Perspective[M]. Copyright Prentice Hall Australia, 1995.

[10] Palepu, Healy, Bernard. Business Analysis & Valuation：Using Financial Statements，Text and Cases [M]. 北京：中信出版社，2002.

[11] Altman E. Financial Ratios，Discriminant Analysis and the Prediction of Corporate Bankruptcy[J]. Journal of Finance，1968: 589-609.

[12] 查尔斯·莫尔，詹姆斯 R 麦圭根，威廉斯 J 库艾洛 . 当代财务管理：英文版 [M]. 7 版 . 大连：东北财经大学出版社，1998.

[13] 周首华，杨济华，王平 . 论财务危机的预警分析——F 分数模式 [J]. 会计研究，1996（8）.

[14] 于晓镭，徐兴恩 . 新企业会计准则丛书 [M]. 北京：机械工业出版社，2006.

[15] 杨淑娥，徐伟刚 . 上市公司财务预警模型——Y 分数模型的实证研究 [J]. 中国软科学，2003（1）.

[16] 郑茂 . 我国上市公司财务风险预警模型的构建及实证分析 [J]. 金融论坛，2003（10）.

[17] 金永红 . 证券投资与资本运营案例 [M]. 北京：中国致公出版社，2007.

[18] 道格拉斯 R 爱默瑞，约翰 D 芬尼特 . 公司财务管理 [M]. 北京：中国人民大学出版社，Prentice Hall 出版公司，1999.

[19] 上海证券报 .

[20] 中国证券报 .

[21] 新浪财经网等 .

HZ BOOKS
华章教育

财务管理

课程名称	书号	书名、作者及出版时间	版别	定价
计算机财务管理	978-7-111-47319-0	财务管理：以Excel为分析工具（第4版）（霍顿）（2014年）	外版	49
国际财务管理	978-7-111-40501-6	国际财务管理（第6版）（尤恩）（2012年）	外版	69
国际财务管理	978-7-111-40854-3	国际财务管理（英文版·第6版）（尤恩）（2013年）	外版	75
国际财务管理	即将出版	国际财务管理（英文版·第7版）（尤恩）（2015年）	外版	75
国际财务管理	即将出版	跨国金融管理（第2版）（贝克特）（2015年）	外版	59
国际财务管理	978-7-111-47216-2	跨国金融管理（下册）（英文版·第2版）（贝克特）（2014年）	外版	59
财务会计	978-7-111-24170-6	财务会计 为决策提供的信息（第4版）（怀尔德）（2008年）	外版	75
财务会计	978-7-111-43453-5	财务会计（戈德温）（2013年）	外版	59
财务会计	978-7-111-28081-1	财务会计（赖莫斯）（2009年）	外版	75
财务会计	即将出版	财务会计：概念、方法与应用（第14版）（威尔）（2015年）	外版	95
财务会计	978-7-111-39244-6	财务会计教程（第10版）（亨格瑞）（2012年）	外版	79
财务会计	978-7-111-17322-8	财务会计理论 （第3版）（斯科特）（2005年）	外版	41
财务会计	978-7-111-24756-2	经济环境下的财务会计（第6版）（帕拉特）（2008年）	外版	78
财务管理（公司理财）学习指导	978-7-111-32466-9	公司理财（第8版）习题集（汉森）（2010年）	外版	42
财务管理（公司理财）	978-7-111-43300-2	财务管理（布里格姆）（2013年）	外版	65
财务管理（公司理财）	978-7-111-31128-7	财务管理基础（第13版）（中国版）（布洛克、吴立范）（2010年）	外版	49
财务管理（公司理财）	978-7-111-46111-1	财务管理基础（第6版）（阿特利尔）（2014年）	外版	59
财务管理（公司理财）	978-7-111-27750-7	财务管理基础（英文版·第13版）（布洛克）（2009年）	外版	75
财务管理（公司理财）	978-7-111-40145-2	公司财务原理（第10版）（布雷利）（2012年）	外版	119
财务管理（公司理财）	978-7-111-36884-7	公司财务原理（英文版·第10版）（布雷利）（2012年）	外版	109
财务管理（公司理财）	978-7-111-36751-2	公司理财（第9版）（罗斯）（2012年）	外版	88
财务管理（公司理财）	978-7-111-47887-4	公司理财（精要版）（第10版）（罗斯）（2014年）	外版	75
财务管理（公司理财）	978-7-111-44907-2	公司理财（精要版）（英文版·第10版）（罗斯）（2013年）	外版	99
财务管理（公司理财）	978-7-111-35128-3	公司理财（英文版·第9版）（罗斯）（2011年）	外版	108
财务管理（公司理财）	978-7-111-30324-4	现代财务管理（第11版）（麦奎根）（2010年）	外版	78
财务分析	978-7-111-47254-4	财务分析：以Excel为分析工具（第6版）（梅斯）（2014年）	外版	59
税务筹划	978-7-111-45031-3	税务筹划与国际税务（王素荣）（2013年）	本版	39
计算机财务管理	978-7-111-48648-0	公司理财：Excel建模指南（张周）（2014年）	本版	35
高级财务会计	978-7-111-44076-5	高级会计实务（傅秉潇）（2013年）	本版	35
财务会计	978-7-111-36072-8	财务会计（第2版）（赵书和）（2011年）	本版	38
财务会计	978-7-111-31107-2	财务会计实务（陈澎）（2010年）	本版	32
财务会计	978-7-111-33443-9	财务会计实务（赵红）（2011年）	本版	29
财务管理专业英语	978-7-111-47499-9	财务管理专业英语（第3版）（刘媛媛）（2014年）	本版	30
财务管理（公司理财）学习指导	978-7-111-30619-1	现代公司理财习题集（姚益龙）（2010年）	本版	38
财务管理（公司理财）案例	978-7-111-49470-6	公司财务管理案例分析（马忠）（2015年）	本版	55
财务管理（公司理财）	即将出版	财务管理（刘淑莲）（2015年）	本版	39
财务管理（公司理财）	978-7-111-23417-3	财务管理（刘云丽）（2008年）	本版	30
财务管理（公司理财）	978-7-111-48770-8	财务管理学（雷声）（2015年）	本版	30
财务管理（公司理财）	978-7-111-44665-1	财务管理原理（第2版）（王明虎）（2013年）	本版	35
财务管理（公司理财）	978-7-111-31468-4	公司财务管理（吴立范）（2010年）	本版	48
财务管理（公司理财）	978-7-111-46442-6	公司财务管理（叶陈刚）（2014年）	本版	39
财务管理（公司理财）	978-7-111-48670-1	公司财务管理：理论与案例（第2版）（精品课）（马忠）（2015年）	本版	65
财务管理（公司理财）	978-7-111-25066-1	公司财务管理：理论与案例（精品课）（马忠）（2008年）	本版	58
财务管理（公司理财）	978-7-111-33229-9	公司理财（周夏飞）（2011年）	本版	38
财务分析	978-7-111-48649-7	财务分析（第3版）（鲁爱民）（“十二五”普通高等教育本科国家级规划教材）（2014年）	本版	35
财务分析	978-7-111-42302-7	企业财务分析（第2版）（袁天荣）（2013年）	本版	35
财务法规	978-7-111-46121-0	财经法规与会计职业道德（第3版）（李立新）（2014年）	本版	39
财务报表分析	978-7-111-28815-2	企业财务报表分析（刘国峰）（2009年）	本版	36

经济管理类精品规划教材系列

课程名称	书号	书名、作者及出版时间	定价
税务筹划	978-7-111-45031-3	税务筹划与国际税务（王素荣）（2013年）	39
财务管理（公司理财）	978-7-111-44665-1	财务管理原理（第2版）（王明虎）（2013年）	35
财务管理（公司理财）	978-7-111-31468-4	公司财务管理（吴立范）（2010年）	48
财务管理（公司理财）	978-7-111-46442-6	公司财务管理（叶陈刚）（2014年）	39
财务管理（公司理财）	978-7-111-33229-9	公司理财（周夏飞）（2011年）	38
财务分析	978-7-111-48649-7	财务分析（第3版）（鲁爱民）（“十二五”普通高等教育本科国家级规划教材）（2014年）	35
网络支付与结算	即将出版	网上支付与电子银行（第2版）（帅青红）（2015年）	29
网络支付与结算	978-7-111-30379-4	网上支付与电子银行（帅青红）（2010年）	29
网络营销	978-7-111-35888-6	网络营销（杨路明）（2011年）	32
网络营销	978-7-111-44080-2	网络营销：理论、策略与实战（卓骏）（2015年）	30
电子商务物流管理	978-7-111-44294-3	电子商务物流管理（第2版）（杨路明）（2013年）	39
电子商务法	978-7-111-32870-4	电子商务法（张继东）（2011年）	32
电子商务安全管理	978-7-111-32556-7	电子商务安全与电子支付（第2版）（杨坚争）（2011年）	28
电子商务	978-7-111-48635-0	电子商务概论（第2版）（孙军）（2015年）	35
战略管理	978-7-111-30855-3	战略管理：获取竞争优势之道（张文松）（2010年）	38
运营管理	978-7-111-45739-8	生产与运作管理（第2版）（陈志祥）（2014年）	35
运营管理	978-7-111-46120-3	运营管理（第3版）（马风才）（“十二五”普通高等教育本科国家级规划教材）（2014年）	35
领导学	978-7-111-47932-1	领导学：方法与艺术（第2版）（仵凤清）（2014年）	39
管理学学习指导	978-7-111-44584-5	管理学学习指导（郝云宏，向荣）（2013年）	35
管理学	978-7-111-43793-2	管理学（郝云宏、向荣）（2013年）	39
管理学	978-7-111-35399-7	管理学（李彦斌）（2011年）	35
管理学	978-7-111-44254-7	现代管理学（第2版）（“十一五”国家级规划教材）（张英奎）（2013年）	30
创业管理	978-7-111-36622-5	创业学（张文松）（2011年）	29
质量管理	978-7-111-41192-5	质量管理（第2版）（马风才）（2013年）	30
项目管理	978-7-111-32042-5	项目管理（孙新波）（“十二五”普通高等教育本科国家级规划教材）（2010年）	39
项目管理	978-7-111-40259-6	项目管理概论（第2版）（宋伟）（2012年）	30
税务会计	978-7-111-41879-5	纳税会计（王红云）（2013年）	39
会计学	978-7-111-46279-8	会计学基础（邱玉莲）（2014年）	39
管理会计	978-7-111-46850-9	管理会计：理论·模型·案例（第2版）（精品课）（温素彬）（2014年）	40
成本会计	978-7-111-49022-7	成本会计学（韩庆兰）（2015年）	35
成本管理会计	978-7-111-44597-5	成本管理会计（第3版）（精品课）（崔国萍）（2013年）	38
组织行为学	978-7-111-46172-2	组织行为学（第2版）（王晶晶）（2014年）	35
组织行为学	978-7-111-27494-0	组织行为学（肖余春）（2009年）	38
薪酬管理	978-7-111-44129-8	薪酬管理：理论与实务（第2版）（刘爱军）（2013年）	39
人力资源管理	978-7-111-44594-4	人力资源管理（张英奎）（2013年）	35
人力资源管理	978-7-111-43953-0	人力资源开发与管理（冯光明）（2013年）	39
营销策划	978-7-111-38329-1	营销策划：方法、技巧与文案（第2版）（孟韬）（2012年）	39
消费者行为学	978-7-111-48390-8	消费者行为学（第3版）（王曼）（2014年）	39
消费者行为学	即将出版	消费者行为学：基于消费者洞察的营销策略（吴柏林）（2015年）	39
市场营销学（营销管理）	即将出版	市场营销：超越竞争，为顾客创造价值（第2版）（精品课）（杨洪涛）（2015年）	39
市场营销学（营销管理）	978-7-111-42983-8	市场营销管理：需求的创造与传递（第3版）（精品课）（钱旭潮）（“十二五”普通高等教育本科国家级规划教材）（2013年）	39
市场营销学（营销管理）	978-7-111-24623-7	市场营销学（兰苓）（2008年）	32
市场调研与预测	978-7-111-41102-4	市场研究：方法与应用（唐小飞）（2013年）	39
商务谈判	978-7-111-23176-9	商务谈判实务与案例（石永恒）（2008年）	28
品牌管理	978-7-111-45544-8	品牌审美与管理（李杰）（2014年）	45
零售营销（管理）	978-7-111-38292-8	零售营销（李桂华）（2012年）	39
客户关系管理	即将出版	客户关系管理：理念、技术与策略（第2版）（苏朝晖）（2015年）	35
客户关系管理	978-7-111-39847-9	客户关系管理：理念、技术与策略（苏朝晖）（2012年）	32
国际市场营销学	978-7-111-39277-4	国际市场营销学（第2版）（精品课）（李威）（2012年）	38
国际市场营销学	即将出版	国际市场营销学（第3版）（精品课）（李威）（2015年）	39
广告策划	978-7-111-42350-8	广告策划：实务与案例（第2版）（吴柏林）（2013年）	35